U0901081

2024 HUBEI RURAL STATISTICAL YEARBOOK

湖北农村统计年鉴

《湖北农村统计年鉴》编辑委员会 编

中国统计出版社
China Statistics Press

图书在版编目（CIP）数据

湖北农村统计年鉴. 2024 = Hubei Rural Statistical Yearbook 2024 / 《湖北农村统计年鉴》编辑委员会编. -- 北京 : 中国统计出版社, 2024. 11.
ISBN 978-7-5230-0499-9
Ⅰ. F327.63-66
中国国家版本馆 CIP 数据核字第 2024G521G4 号

湖北农村统计年鉴 2024

作　　者/《湖北农村统计年鉴》编辑委员会
责任编辑/ 高媛媛
装帧设计/ 周　莎
出版发行/ 中国统计出版社有限公司
地　　址/ 北京市丰台区西三环南路甲 6 号
邮政编码/ 100073
电　　话/ 邮购（010）63376909　书店（010）68783171
网　　址/ http://www.zgtjcbs.com
印　　刷/ 武汉市楚风印刷有限公司
经　　销/ 新华书店
开　　本/ 890mm×1240mm　1/16
字　　数/ 400 千字
印　　张/ 21.5
版　　别/ 2024 年 11 月第 1 版
版　　次/ 2024 年 11 月第 1 次印刷
定　　价/ 320.00 元　Price: 320.00 yuan(RMB)

本书附同版本 CD-ROM 一张，光盘内容以书面文字为准。
如有印装差错，由本社发行部调换。

《湖北农村统计年鉴 2024》编辑委员会

主　　任：谢高波

副 主 任：宋　雪　张小青　李宗友　孙国荣　李　光　张　维
齐兴旺

委　　员：（以姓氏笔画为序）
左华朗　祁　伟　伍力宇　刘传勇　朱利明　张　舒
汪明阳　郭贵洲　雷文涛

编　　辑：（以姓氏笔画为序）
冯　鑫　朱　青　李　晖　李永桢　李邦志　周　真
尚　毅　柳长君　胡将伯　胡艳欣　黄　华　黄淑芬
雷　迪　蔡先锋

责任编辑：高媛媛

编 辑 说 明

一、《湖北农村统计年鉴 2024》由湖北省统计局、国家统计局湖北调查总队、湖北省农业农村厅、湖北省水利厅、湖北省自然资源厅、湖北省农业事业发展中心、湖北省林业局、湖北省监狱管理局等部门共同编辑。

二、本年鉴中农业机械化、农业技术推广及应用资料、渔业、兽药生产企业和农垦统计资料由省农业农村厅提供；水利建设资料由省水利厅提供；耕地情况由省自然资源厅提供；畜禽规模养殖、畜产品加工和畜牧兽医站机构等资料由省农业事业发展中心提供；林业统计资料由省林业局提供；监狱系统农场资料由省监狱管理局提供；粮食和畜牧产量由国家统计局湖北调查总队提供；其余资料由省统计局提供。

三、《湖北农村统计年鉴 2024》收录了 2023 年湖北省农业统计及省级部分年份资料，本年鉴中涉及到的历史数据，均以最新出版的本年鉴数据为准。

四、本年鉴文字资料部分主要反映 2023 年湖北省及各市州农业农村经济发展、十大重点农业产业链建设情况。

五、本年鉴由于组稿、资料整理和编辑时间紧迫，难免有失误之处，敬请广大读者谅解，并欢迎指正。

目　录

5. 畜牧业

6. 渔业

7. 农业机械化

8. 农村主要能源及物资消耗

9. 农业技术推广及应用

10. 水利建设

11. 农垦及监狱系统农场

一 文字篇

2023年湖北十大重点农业产业链统计监测报告

2023年，全省十大重点农业产业链建设稳步推进，主要农产品产量不断提高，品牌数量不断壮大，有效助力县域经济的发展。同时，农业产业链建设还存在一些短板和弱项，极具影响力的品牌不多，农产品加工转换效率需提升。在重点领域环节需突破发展，延长农业产业链，固链、强链，激活全域经济潜力。

一、建设农业产业链要重点关注的几个问题

(一)农业产业链生产加工不够。

2023年全省农林牧渔业总产值与农产品加工产值之比为1.1，比上年下降0.3个百分点。其中十大重点农业产业链农业产值大于十大重点农产品加工产值，多数农产品还是以初级产品形态在市场上交易，附加值还不高。

十大产业链生产端占比较大的是特色淡水产品和蔬菜。2023年，全省特色淡水产品养殖产值、蔬菜种植产值分别占产业链合计产值的61.2%、59.7%，而这两个农产品加工产值只占产业链的8.0%和16.9%，这部分重点农业产业是以生产为主直接面向消费市场，模式仍偏传统产业。全省生猪生产产值占全链条产值的45.5%，屠宰加工产值占产业链条产值16.7%，加工产值占比比上年下降2.2个百分点。生猪加工与农业产值比为1:0.4，低于全部农产品加工与农业产值比0.7个百分点。全省柑橘类种植与加工橘、橙汁等饮品产值比为1:0.25，“鲜食”所占比重较大。

(二)农业产业链研发创新不足。

研发投入低。根据2023年重点农业产业链监测统计，农业研发投入24.92亿元，占农业产值比为0.4%，种业、农产品加工等关键技术、共性技术制约产业链的发展。稻米、菜籽油、中草药材研发投入11.16亿元，研发投入占该产业链农业产值比为0.7%。

产品层次低。2023年全省稻米加工产值占产业链产值47.8%、中草药材加工产值占产业链46.6%，菜籽油加工占产业链产值38.5%，这部分重点农业产业模式是加工带动农业生产和销售的产业链，但加工产品的结构、种类、用途比较单一。全省大米加工企业1696家（其中规上企业627家），稻谷年加工生产能力超5500万吨，年产能利用率不到50%。大米产品结构、种类、用途单一，大多以加工一级大米为主，科技创新能力不足。在对湖北37家稻谷生产企业调研中发现，仅有1家企业生产留胚米，其他企业主要生产一级籼米或一级粳米。居民多样化消费需求的大米产品、特殊人群需要的功能性大米以及年轻人需要的方便化大米制品，产品开发和市场供应还有较大空间。

产业链延伸短。米糠、稻壳等加工副产物未能得到充分有效利用，缺乏高附加值产品，极大限制了稻谷产业高质量发展。在一些发达国家，稻谷副产物的综合利用与精深加工已形成产业化，开发出20余种产品，米糠的综合利用率可达90%，稻谷加工业对稻谷资源的增值率约4倍。我国稻谷加工业对稻谷资源的增值率大约1:1.3，对比发达国家，我国稻谷深加工业还有广阔发展空间。

(三)农业产业链销售触网不深。

2023年全省柑橘销售产值占产业链45.6%、茶叶销售产值占产业链39.5%，禽蛋销售占产业链32.9%，这部分重点农业产业模式是销售带动型，但农产品销售仍以传统模式为主，订单生产、网上销售、直播带货等新型农产品销售方式占比不高。全省十大农产品网络销售额303亿元，比上年下降9.2%，虽然农产品网络销售近几年发展较快，但是网络销售额只占全部销售额6.8%，其中茶叶网上直销占比6.5%、禽蛋网上直销占比5.0%。

(四)农业产业链品牌竞争不强。

品牌就是附加值。我省极具影响的农产品品牌占比还不高。根据2023年重点农业产业链监测统计，全省农产品“二品一标”总数为3432个。总体来看，“二品一标”数量较大，比上年增加549个，但产品质量不高、规模不大，极具影响的品牌——农产品省域(及以上)影响力品牌占“二品一标”数量的9.2%，全省中国驰名商标(农产

品类)91个,占全部商标核准注册数的2.5%。中国品牌杂志社区域农业品牌研究中心联合央视网光华创想共同编制的《2022中国区域农业品牌发展报告》显示,在前100个区域农业产业品牌中,湖北只有3个。

二、持续加强十大重点农产品产业链建设的建议

(一)支持产业链龙头企业发展,推动产业精深加工。

农产品加工龙头企业在农产品产业链建设中具有不可替代的作用。根据重点农产品产业链监测,2023年全省十大农业产业链中主营业务收入超过10亿元的农产品加工企业59家,比上年增加2家,1-10亿元的农产品加工企业为648家,比上年减少55家。全省农产品加工企业营业收入约1.2万亿元,而邻省湖南的省委一号文件新闻发布会数据:2022年全省农产品加工业营业收入突破2万亿元大关,同比增长7%,是湖南三大万亿产业之一;近三年湖南规模以上农产品加工企业增加649家、增长13%,上市农业企业数量达22个。

通过龙头企业带动向产业链两端发展,实现一二三产业深度融合势在必行。根据我省特点选择农产品在全国有影响力的行业如水产、粮食油料,做大做强。在生产端,以龙头企业为核心,农民合作社、家庭农场和农户跟进,社会化服务组织参与,提升农业生产组织化程度,带动农业规模化、集约化经营。在消费端,依托龙头企业的资金、品牌优势,扩大市场,推动消费。

(二)立足县域特色产品,强力打造县域精品。

要坚持以地域产生品牌、以品牌影响地域,挖掘湖北生态、历史和文化价值,提高湖北农产品品牌的知名度和辨识度,扩大湖北农产品影响力。

全省积极推进县域"一县一品",并取得明显成效,但在质量、规模和影响力上还需加强,打造湖北"茶叶县""魔芋县""莲藕县"等特色"精品县"大有可为。通过发展小龙虾、茶叶、柑橘、香菇、莲、蕲艾等特色县域精品,带动一批农文旅融合发展的休闲农业园或示范点,吸引资金进入,发布招商引资重点项目,招引一批产业链头部企业及上下游配套企业。对于区域特色优势明显、产品在全国叫得响的"精品县",政策上予以支持,财政资金给予引导,鼓励支持设立金融资本、社会资本广泛参与的农业产业化发展基金,促进"精品县"快速做大做强。

(三)加快建设"全国现代农业基地",推动产业链拓深研展。

湖北水稻、生猪、淡水产品、油菜籽等主要农产品生产在全国占有一席之地,为"确保中国人的饭碗主要装中国粮"作出了重要贡献。推动十大重点农业产业链加快向预制菜领域延伸,以现代工业赋能传统农业,让田间地头直通市民餐桌,变"菜篮子"为"菜盘子",让湖北种养、荆楚味道走向全国、飘香全球。预制菜产业一头连接田间地头,一头连接餐桌消费,是推动农村一二三产业融合发展的重要抓手,是发展现代农业、促进农民增收的重要途径,也是推进乡村振兴的重要载体。

如"寿光模式"以创意农业新型消费导向,以品牌打造、融合发展提升终端附加值,坚持"品牌兴农"之路,大力实施品牌化战略,持续完善电商产业链条,打造农村电商品牌,2023年已连续举办23届菜博会,寿光预制菜全产业链规模突破350亿元,销售端产值占比达到65%。

(四)促进种业高质量发展,推动特色产业升级。

种业是农业发展的核心和关键环节,科技创新是推动农产品全要素生产率提高的重要力量,也是保障种业安全的根本措施。全省种业发展水平还不高,2023年宜昌、襄阳、咸宁三地种业研发投入为1100多万元,占营业收入比为0.7%。武汉是全省种业基地,但缺少规模较大的种业企业,还没有营业收入超过10亿的企业,1-10亿的企业数4个,比上年减少一个。关键核心技术仍有待突破,种源技术"卡脖子"的问题仍然存在,先进技术与农产品生产结合的紧密程度还有待提高。必须加快发展水稻、蔬菜、生猪、家禽、水产、中药材等优质种业,优化种养业品质,落实"科技支撑""藏粮于技"的粮食安全战略,落实农产品的精品名牌战略,从而推进农产品加工提档升级,实现重点农业产业链向深延伸。

撰稿:李邦志

2023年武汉重点农业产业链发展报告

近年来,在市委、市政府高度重视下,武汉聚焦现代种业、"菜篮子"、"农业+"和农业科创,以发展都市农业为核心,整合各类资源要素,大力推动农村一二三产业融合发展,着力引进和培育农业龙头企业,不断推进农业产业化向纵深发展。

一、重点农业产业总体情况

武汉农业产业链呈现出品牌稳定增长,生产保持稳定,农产品加工企业营业收入大幅增长,农产品仓储冷链物流设施快速增长的特点。2023年全市"二品一标"品牌750个,增长49.7%;区域公用品牌15个,增长15.4%;优质农产品种植面积513.41万亩,与上年基本持平;农产品产量(十大产业汇总数)994.93万吨,增长0.5%;农产品加工企业数(规上企业)84个,下降14.3%;农产品加工企业营业收入220.79亿元,下降22.2%;冷链(仓储)物流中心24个,增长41.2%,冷链仓储(容积)83786立方米,增长64.3%。

二、"菜篮子"产业链持续稳定发展

(一)品牌数量持续增长,结构亟需优化。

2023年,全市产业链"二品一标"品牌数量750个,同比增长49.7%。其中:蔬菜品牌471个,增长19.8%;生猪品牌5个,与上年持平;特色水产品牌数量42个,同比增长61.5%;禽蛋品牌3个,与上年持平。区域公用品牌15个,同比增长15.4%。其中:蔬菜11个,增长83.3%。

从结构来看,品牌结构有所改善,但仍体现出不平衡。蔬菜品牌数量占"菜篮子"品牌的62.8%,生猪品牌数量占0.67%,特色水产品牌占5.6%,禽蛋品牌占0.4%。

(二)"菜篮子"生产保持稳定。

2023年全市蔬菜播种面积279.55万亩,同比下降0.1%,蔬菜(食用菌)产品产量842.80万吨,同比增长0.5%。生猪出栏203.77万头,增长4.5%;猪肉产量15.96万吨,增长5.7%。牛肉产量0.33万吨,同比增长6.5%;牛奶产量1.95万吨,同比增长1.8%。羊累计出栏3.05万只,同比增长8.9%;羊肉产量0.05万吨,同比增长8.8%。家禽全年出栏3784.99万只,同比增长1.3%;禽肉产量5.04万吨,同比增长1.3%;禽蛋产量12.18万吨,同比增长6.2%。全市水产品产量47.37万吨,同比增长4.5%;池塘养殖面积65.74万亩,与上年基本持平;稻田养殖面积22.25万亩,同比增长2.1%;增殖养殖面积69.43万亩,下降3.4%。

(三)加工企业数量下降,营业降幅较大。

2023年,规模以上产业链农产品加工企业84家,比上年减少14家,同比下降14.3%。其中:蔬菜食用菌加工企业18家,下降21.7%;生猪加工企业5家,下降28.6%;淡水产品加工企业3家,下降25.0%;禽蛋加工企业3家,与上年基本持平。

2023年,产业链农产品加工企业主营业务收入220.79亿元,同比下级22.2%。其中:蔬菜食用菌39.61亿元,下降24.6%;生猪19.47亿元,下降50.2%;特色水产8.20亿元,下降84.1%;禽蛋5.97亿元,增长27.5%。

(四)农产品流通设施增加,冷链仓储面积保持增长。

2023年,"菜篮子"产业链冷链(仓储)物流中心20个,同比增长33.3%。其中:生猪与上年持平,新增1个水产物流中心、2个禽蛋物流中心和2个蔬菜物流中心。2023年,"菜篮子"产业链冷链仓储面积5.78万立方米,同比增长18.5%。

三、现代种业产业链尚需加强

(一)种业基地大幅增长,规模企业有所减少。

2023年,全市现代种业市州级以上龙头企业32家,增长88.2%。其中省级以上龙头企业12家与上年持平;主营业务收入1-10亿的有4家,比上年减少1家。

(二)种业结构变化显著,油菜育苗大幅增长。

2023年,种业产品产量3.53万吨,下降27.5%。其中:水稻1418.5吨,下降40.0%;蔬菜苗200吨,下降3.4%。能繁母猪存栏9.41万头,同比下降22.3%;鱼苗39.21亿尾,下降57.7%。

三、存在的问题

(一)品牌发展多而不精。

2023年“二品一标”品牌750个,看似数量巨大,实际缺处于多而不强的状况。除少数品牌获得消费者认同,具有一定的商业价值,大多数品牌都处于名不见经传的尴尬境地,仅在全市范围内这些品牌都未能获得本地消费者的认同,如何走出武汉,走向全国,这些品牌的商业价值无从谈起。

(二)种业基地多而不强。

2023年, 虽然种业基地数量较上年有所增加,但缺少规模较大的种业基地,从营业收入来看,目前还没有营业收入超过10亿的企业,1-10亿的企业数比上年减少一个。从种业产品结构来看,缺少种禽基地。从种业产品产量看,较上年也有所下降,种业基地多而不强的问题较为突出。

四、对策建议

(一)强化产学研对接,提质增效。

农业部门要充分领会习近平总书记“藏粮于地,藏粮于技”的指示精神,充分利用我市科教资源,立足我省实际,面向全国大市场,深入挖掘我省高品质农产品,以科技为引领持续推进本地特色的优质农产品的研发和推广,从向规模要效益转变为向品质要效益,加大投入提升农业现代化生产水平。坚持调优结构,扩大优质农产品的生产。以全国市场需求为导向,加强政策引导,推广优质优价农产品生产,做好优势区域布局,提升产业集中度,提升产业效益。

(二)转变发展思路,聚力品牌价值。

一个成功的商业品牌的树立,需要持续不断的推广传播,讲好品牌故事,建立品牌文化才是重中之重,而不是简单的追求品牌的数量。因此,我们建议对相关数量指标的考核机制要转化为对品牌质量的考核,以此来推动各级政府部门凝心聚力,合力推动我市农业高质量发展。

撰稿:周天树

2023年黄石重点农业产业链统计监测报告

为监测反映重点农业产业链和农业产业化龙头企业发展情况，黄石统计局积极部署联动相关部门协调配合，收集重点农业产业链和农业产业化龙头企业相关基础数据，现将具体情况分析如下：

一、重点农业产业链基本情况

（一）农产品品牌。

2023年全市有“两品一标”品牌50个，在去年基础上增加10个；无农产品类中国驰名商标，与去年一致；区域公用品牌5个，较去年增加2个。

（二）农产品生产情况。

2023年优质稻米覆盖率达到100%，种植面积88.04万亩，同比增长0.9%，产量46.36万吨，同比增长1.9%；生猪出栏107.80万头，同比增长4.0%，优质产品出栏103.42万头，同比增长4.5%；淡水产品养殖面积52.97万亩，与去年持平，淡水产品产量25.64万吨，同比增长4.5%；蔬菜种植面积47.25万亩，同比增长0.3%，蔬菜产量94.95万吨，同比增长3.2%；家禽出栏1904.98万只，同比增长0.4%，蛋产品产量5.64万吨，同比增长4.3%；茶园面积8.77万亩，同比增长5.2%，茶叶产量2003吨，同比增长7.0%；全年油菜籽播种面积58.18万亩，同比下降0.1%，油菜籽产量9.24万吨，同比下降0.8%；柑橘播种面积13.59万亩，同比增长4.0%，柑橘产量8.47万吨，同比增长5.7%；中药材播种面积10.01万亩，同比增长6.8%，中药材产量1.59万吨，同比增长20.1%。

（三）农产品加工情况。

2023年全市重点农业产业链规上农产品加工企业36个，较去年增加3个；市州及以上龙头企业数8个，与去年持平；省级以上龙头企业13个，比去年增加2个；省级农业产业化联合体7个，较去年增加2个；省级现代农业产业园3个，较去年减少1个；农产品加工企业营业收入32.9亿元，同比增长93.8%；重点农业产业链规上农产品加工产值63.09亿元，同比增长111.6%。

（四）农产品流通情况。

2023年全市冷链（仓储）物流中心17个，较去年减少3个；农产品销售额73.39亿元，同比增长23.8%；农产品网络销售额2.05亿元，同比增长18.0%。

二、重点农业产业链建设进展情况

（一）高起点部署、高标准谋划。为深入贯彻落实中央经济工作会议、中央农村工作会议精神，认真落实中央和省市委一号文件部署，进一步推动全市农业产业链高质量发展。我市高起点起草印发黄石市《五大重点农业产业链2023年工作要点》，并将五大产业链建设内容，纳入市委1号文件出台印发，系列政策文件的出台为我市产业链建设提供了行动指南，增添了发展动能。

（二）抓基地建设、促进龙头企业发展。2022-2023年新建蔬菜产业项目35个，已完工31个，在建4个，投资金额超2亿元。其中，银瑞公司、东冶蔬菜产业园一期等重点项目已实现投产达效。2023年蔬菜产业链招商引资项目3个，预计投资2400万元，其中，东冶蔬菜产业园建设项目和芜湖王子蔬菜基地建设项目已投产达效，展望公司水南湾设施蔬菜基地土地平整完成，正在建设配套设施。重点支持金鹰农业、康之堂申报国家龙头，大冶市骏鑫祥农业等申报省级龙头，积极鼓励劲牌持正堂、华润三九等龙头药业原料采购本土化。支持阳新县宝塔湖水产有限公司成功入选省集中连片养殖池塘标准化改造和尾水治理项目名单；大冶市致海水产养殖有限公司、黄石市富尔水产苗种有限责任公司成功入选湖北省水产绿色健康养殖技术推广“五大行动”骨干基地名单。

（三）抓品牌创建，培养产业发展后劲。一是加大品牌创建力度，坚持实施品牌化战略。我市鑫东生态农业有限公司38个系列产品被南京国环有机产品认证中心认定为有机农产品，“保安水芹菜”被认定为中国国家地理标志证明商标，鑫东“东角山”牌有机蔬菜获评“湖北省名牌产品”、武汉农业博览会金奖，龙凤山集团被授予

"省级生态农场"资质。重点打造了"阳新野菊花"、"阳新紫苏"、"阳新吴茱萸"、"阳新枳壳"、"大冶栀子黄"、"大冶淫羊藿"6个中药材区域公共品牌创建。大冶市白茶品牌"殷祖白茶"在第27届、第28届中国(武汉)茶博会,连获两届"特别金奖"。二是强化品牌推介,积极开展产品推介促销活动,提高品牌知名度。组织兴茗食用菌、鑫东生态农业等企业参加2023年度"荆楚优品"深圳展销活动,举办"黄石市首届茶文化节"、"茶产业高质量发展论坛"全方位、多渠道传播品牌形象,积极拓展线上渠道。

三、存在的问题和短板

对标先进地区,全市农业产业链建设还存在三个方面问题。

一是规模化程度不够、区域化特色化不明显。相对工业、商贸服务业,我市农业基础相对薄弱,企业主体较少,呈现出小而散、常规化的特点,种植规模和品种竞争力不够,农产品加工企业少。缺乏规划和政策引导,很多主体自主盲目选择种植品种,导致品种多而杂,单一产品总量不足,无法形成产品集散地,无法形成区域化特色化发展格局。

二是营销体系还未形成规模、销路不畅。目前,农产品的统一的市场价格、营销策略没有形成,农产品流通渠道不畅,市场开拓能力不强。受气候、时节影响,农产品丰产丰收旺季集中大量上市,受市场影响,终端消费需求减弱,导致本地企业存在滞销等问题。

三是社会化服务体系还需突破。近年来,我市虽然争取到国家社会化服务项目资金,但是社会化服务项目按照上级要求主要用于粮食生产方面,涵盖农业各行业生产的全链条,包括产前、产中和产后服务,提供专业化、多元化、个性化的服务,以满足农民多样化需求的服务体系还未形成。

四、相关工作建议

(一)培育壮大经营主体。以产业发展为核心,培植行业龙头企业,推进企业扩规提质,聚集成群。扶持一批产业基础好、设施条件完善、社会影响力大的行业龙头企业,支持企业配套建设高标准储藏库、冷冻库、加工包装车间,引进新设备、新生产线、新技术开展储藏保鲜,精深加工和精美包装等。着力推进现有龙头企业进规进限,进一步发挥大经营主体的示范带动作用。

(二)补齐延伸产业链条。建立产业链招商地图,重点引进设施基地建设、种苗供应、农技服务、产品加工和产品营销等专业化服务机构,每个环节分别发展1家有资源、有技术、有市场、带动能力明显的经营主体。鼓励经营主体开展本地初加工,通过分选、清洗、整理和包装等产地初加工进行农产品商品化处理,逐步提升农产品商品化处理率。支持本土企业提升现有加工生产线和生产车间,同步引进市外加工企业,开发高品质、受市场欢迎的加工产品。进一步提升农产品冷链物流配送建设,对接武汉、黄石和大冶各大农贸市场、商超和社区单位等,建立完善冷链配送体系。

(三)提升产业标准化水平。支持新建或改建一批设施农业生产基地,推进钢架大棚、生产道路和沟渠等基础设施及喷滴灌和水肥一体化等生产设施建设。加快推进主导农产品生产、采收、加工、包装和销售等环节的标准制定,实现产品统一工艺、统一品质和统一包装,逐步建立和完善适合本地的农产品产业发展的技术标准体系。

(四)扩大销售渠道。一是稳定内销,加强农产品批发交易的市场建设,为种养殖户和企业提供交易、预冷、分级、包装和暂存等服务,保持产品品质,增加产品价值,充分发挥田间市场的辐射带动作用;鼓励已有的综合性农产品批发市场增设档口,进一步推动大型商超与本地农产品生产企业签订长期对接合同,建立长期、稳定和紧密的合作关系。二是拓展外销,通过农业农村、商务、供销、工商联等部门和有关乡镇,积极联系对接省内外购销企业,动员各地商会提供销售渠道和信息来源;利用电商带货、网络平台展示我市特色农产品,为产销双方提供信息服务,实现销售"线上线下"齐头并进。

撰稿:胡攀峰

2023年十堰十大重点农业产业链发展监测分析

全市农业产业链基地建设，以十大产业链为抓手，以“生态立市”为主线，着力改变农业发展方式，突出产业基地建设，发挥比较优势，深化结构调整，突破性发展农产品加工业，着力促进农业一二三产业融合发展，十大重点农业产业发展虽然取得较好成绩，但也存在一些问题。

一、十大重点农业产业链发展现状

(一)产业开发势头良好。

2023年全市十大产业链中优质农产品种植面积419.9万亩，农产品产量305.7万吨，农产品产值272.6亿元，同比分别增长3.2%、5.5%、6.9%，农产品加工企业营业收入131.9亿元，规上农产品加工产值143.4亿元。其中：蔬菜(食用菌)播种面积143.6万亩，产量188.9万吨，产值102亿元，同比分别增长2.1%、3.8%、3.4%，蔬菜食用菌加工业主营业务收入53.5亿元，规上加工业产值59.1亿元；中药材面积54.2万亩，产量16.1万吨，产值31.9亿元，面积产值同比分别增长2.1%、16.8%，中草药材加工业主营业务收入28.6亿元，规上工业产值31.4亿元；茶叶面积87.5万亩，产量2.7万吨，产值26.9亿元，同比分别增长5.0%、21.5%、9.2%，茶叶加工业主营业务收入11.4亿元，规上工业产值16.1亿元；油菜籽播种面积76.9万亩，产量10.9万吨，产值7亿元，同比分别增长5.5%、5.3%、5.2%，油菜籽加工业主营业务收入2.8亿元，规上工业产值7.2亿元；淡水产品养殖面积10.9万亩，产量5.4万吨，产值14.6亿元，产量同比增长12.1%，淡水产品加工业主营业务收入9.3亿元，规上工业产值6亿元。

(二)产业龙头加快培育。

围绕稳存量、扩增量、提质量，坚持内部培育和外部引进，着力培育壮大市场主体。2023年十大产业链全市新增规模以上农产品加工企业15家、省级农业产业化龙头企业6家、市级农业产业化龙头企业15家，总数分别达到111家、57家和151家；主营业务收入过10亿元农产品加工企业4家，同比增加3个；主营业务收入1-10亿农产品加工企业38家；新增省级农业产业化联合体7个，省级农业产业化联合体总数16个，省级现代农业产业园7个。中药材产业发展中争取省农业农村领域(中药材)科技计划项目2个，全市培育陵州药业有限公司、十堰云浩药业有限公司等中药材领域高新技术企业6家，培育中药材领域科技平台8家。茶叶产业发展中新增国家农业高新技术企业1家，总数达5家，新增国家农民专业合作社示范社2家，总数达9家，竹山茶业集团被中国茶叶流通协会授予“2023年重点茶企”。柑橘产业发展中投资5.5亿元建设北京一轻食品产业园项目，投产后日收购柑橘500吨，达产后可年产茶饮料、高端饮用水、果汁汽水饮料、鲜榨橘汁等饮品30万吨，年产值10亿元以上，丹江口红甘苹智慧农业科技有限公司投资5000万元建设智慧橘园项目，建成100亩智能温室及配套田间设施设备、大数据中心、专家工作站、植保站、柑橘科普展厅、500吨预冷库和鄂西北首条柑橘红外无损智能检测分级生产线，实现了按果实颜色、内质分级。

(三)产业品牌加快整合。

2023年“两品一标”品牌159个，同比增加30个，中国驰名商标(农产品类)8个，区域公用品牌35个。按照一个产业链重点打造一个区域公用品牌的思路，全市已确立“武当山茶”“武当山珍”“武当蜜橘”“房县黄酒”“房县香菇”等重点产业主导品牌。成立“武当山茶”品牌联盟，实行“区域品牌+企业品牌”母子品牌运行模式，推动武当山茶“统一品牌、统一标识、统一标准、统一外宣”。“武当山茶”跻身中国绿茶区域公用品牌二十强，品牌价值名列2023中国茶叶区域公用品牌第31名，是我省绿茶类唯一获此殊荣的区域公用品牌，被纳入央视品牌强国公益广告宣传。“武当山茶”品牌授权企业164家，全市117家茶叶门店更新使用“武当山茶”招牌。“房县香菇”“房县黑木耳”通过中欧地理标志互认证，“房县小花菇”享誉海内外，“武当山珍”品牌综合评估价值23.75亿元，跻身全国20强。全市有11

个中药材品种被认定为农产品地理标志保护产品或国家地理标志保护产品，黄连、苍术、黄精入选2022年湖北省“十大楚药”，虎杖被评为“五大特色药材”。房县、郧阳区已启动“房县黄精”“大柳连翘”地理标志认证工作。

（四）产品开发纵深推进。

突出特色农产品深度系列开发，提升产业价值链。竹山、竹溪两地大力推广“三季采茶、四季制茶”模式，夏秋茶产量增加0.5万吨，产值增加2.3亿元，茶农亩平收入增加3000元以上；“武当山茶”系列产品斩获首届“楚茶杯”斗茶大赛金奖11个、银奖9个，新开发白茶、抹茶、甜茶、袋泡茶、小罐茶、杜仲茶等茶叶产品12款。建成国家食用菌产业技术体系鄂西综合试验站，为全国地级市3个站点之一，推动上海农业科学院与产业联盟签订合作协议，共建十堰市食用菌产业技术研究院；鄂西综合试验站技术团队人员制定2项地方标准，获得1项发明专利授权；诚友公司在郧西县河夹镇建成“食用菌智慧绿谷”，房县昌利、诚友2家企业获得省一级菌种生产经营资质认证（全省仅6家），房县食用菌被认定为首批10个省级区域性良种繁育基地（全省仅2个），菌种“卡脖子”关键取得突破。竹溪县丰溪镇、房县上龛乡认定为十堰市首批“一村一品”中药材示范乡镇，百草堂特色种养及中草药产品深加工项目已投产运营。

二、十大重点农业产业链生产特点

（一）优质稻米订单种植面积小。2023年优质稻米种植面积25.6万亩，其中优质稻米订单面积6.9万亩，占优质稻米面积的27.0%。优质稻米产量14.2万吨，同比增长11.7%。

（二）优质生猪占六成。2023年优质生猪出栏104.8万头，同比增长3.3%，占生猪出栏的62.8%。受猪价下降影响，生猪产品产值同比下降23.4%。

（三）小龙虾养殖面积小产量小。2023年小龙虾养殖面积0.4万亩，占淡水养殖3.5%；小龙虾养殖产量0.1万吨，占淡水产品1.9%。

（四）食用菌产量增长较快。2023年香菇产量7.9万吨，其他食用菌类产量2.5万吨，同比分别增长13.6%、33.6%。

（五）禽蛋产品产量保持稳定。2023年家禽出笼3753.14万只，禽蛋产量8.0万吨，比上年7.8万吨增加0.2万吨，增长2.8%。

（六）茶叶优质产品面积增长较快。优质产品面积由2022年的62.5万亩增长到2023年的68.5万亩，增加6万亩，同比增长9.6%。

（七）现代种业面积产量双降。2023年种业播种面积29.7万亩，同比减少1.2万亩，下降3.9%；种业产品产量15万吨，同比减少2.3万吨，下降13.5%。十堰市主要农作物种子不能自给，每年要从外地购进种子。

（八）优质油菜籽面积稳定增长。2022年优质油菜籽播种面积54.95万亩，2023年优质油菜籽播种面积57.3万亩，增加2.3万亩，同比增长4.3%。

（九）柑橘产量迅猛增长。2022年受干旱影响柑橘减产，2023年气候条件较好，柑橘喜获丰收。2022年柑橘面积31.7万亩、柑橘产量34.5万吨，2023年柑橘面积32.1万亩，柑橘产量44.5万吨，同比增加10万吨，增长29%。

（十）生态药材面积稳定增长。2022年生态药材播种面积38.3万亩，2023年生态药材播种面积39.9万亩，增加1.6万亩，同比增长4.3%。中药材面积增长原因，一是部分中药材加工企业扩建新基地；二是部分村、农户通过土地流转成立中药材合作社种植中药材。

三、十大重点农业产业链发展存在的问题

（一）农业产业基地质量不高。部分农业产业基地规划面积大，实际种植面积小，产量小；部分产业基地布局随意性较大，没有经过科学论证；部分产业品种结构不合理，优良品种特别是符合市场需求的品种少；部分产业基地水、电、路设施不配套，抵御自然灾害能力弱；重建轻管、重数量轻质量、重速度轻效益的现象仍未从根本上改变。产业基地以山坡地居多，基地质量整体不高，单产低、产量低、效益低，缺乏规模效应。

（二）农产品加工深度开发不够。十堰市农产品初加工多，精深加工少，高附加值的农产品提取物及深度开发产品更是屈指可数，优势未能彰显；农产品结构虽然有较大改观，但总体上仍较单一，农产品质量不高，特色农产品产业链不长、不协调；没有相应技术含量较高的产业配套和链接，农产品加工、运输、储藏、销售中的浪费损失

严重。

(三)农业产业融合程度低层次浅。农业产业融合关系不紧密,链条短,附加值不高,还有待发掘的潜力;农业多功能开发层次有限,休闲农业、旅游农业多以旅游观光为主,缺乏文化、民俗的历史引入;在农业与二三产业的融合项目中存在同质化的趋势,地方资源竞争严重,缺乏差异化的竞争。

(四)农业产业发展机制不活。在经营主体层面,农户分散经营,企业各自为阵,农户与企业、企业与企业之间未能建立有效的利益同盟和合作机制,市场交易成本较高,农业产业链规模小且松散,组织化程度较低;在市场营销方面,眼光局限在本地,外地市场开拓不够;农户和中小农产品加工企业获取市场信息少,再加上农业的分散性和小规模特点,在生产组织、质量监控、信息传输、价格协商等方面难度大,阻碍农业产业链健康发展。

四、十大重点农业产业链发展建议

(一)做好基地建设,筑牢产业发展基础。在基地建设上,对老基地进行整治,建设标准化、规模化、机械化、优质化生产基地;在经营方式上,由粗放经营模式向集约经营转变,加速推进土地向新型农业经营主体流转集中,提高基地管理水平,提高企业经营效益;在品种选择和加工上,要加强高产优质品种的选育和推广,提高农产品产量和质量,统筹发展农产品初加工、精深加工和综合利用加工;做好物流体系配套建设,推动农产品生产、加工和销售一条龙产业链发展;在产业发展上,注重第一产业向二、三产业融合发展转变,由数量型向效益型转变。

(二)加强主体引领,打造农业全产业链。依托市级以上农业产业化龙头企业,培育"链主"企业,构建生产基地、仓储设施、科研院所、加工流通、产业协会、种子种苗、服务机构、电商平台、融资机构等经营主体,一体打造农业全产业链。由龙头企业牵头,与种业公司、粮食收储企业、种养大户、合作社、家庭农场、小农户和社会化服务组织组建农业产业化联合体,把小农户引入现代农业轨道;建设区域性农业全产业链综合服务中心,整合农艺、农机、农资、技术、信息、人才等各类生产要素和服务主体,提供全程专业社会化服务。

(三)拓展农业功能,催生新产业新业态。拓展农业生态涵养功能,推动农业绿色发展、低碳发展、循环发展,培育绿色低碳新增长点,生产优质绿色品牌产品,加快形成发展新动能,提高农业质量效益和竞争力;拓展农业休闲体验功能,推动农业与旅游、文化、教育、康养加快融合,发展休闲农业、创意农业、乡村旅游、健康养老等新兴业态,跨行业融合、产业叠加,提高产业链附加值;拓展农业文化传承功能,保护、传承和弘扬农耕文化,推动生产、消费、文化协同发展,融入现代元素,推进产业创新,为产业链铸魂赋能。

(四)创新体制机制,加强产业服务指导。建立完善农业产业开发建设目标考核机制,优化调整考核目标,统一考核标准,严格目标考核。积极探索农业产业建设的企业融资、土地流转、农业保险、政府激励等新机制,用机制创新激活产业发展活力。转变政府指导方式,将重点转移到示范带动、服务指导、检查督导上来,围绕重点农业产业链,创建示范基地。职能部门各司其职,密切配合,为农业产业经营主体提供优质服务,在全市上下营造关心支持、推进农业产业基地建设的良好氛围,促进农业产业又好又快发展。

撰稿:舒　闻

2023年宜昌十大重点农业产业链统计监测报告

宜昌坚持八大赛道不动摇，紧紧围绕“做强龙头、提升品质、唱响品牌、贯通渠道”四大主攻方向，深入实施农业产业化发展“六大行动”，全力打造农业全产业链，促进全环节提升，全链条增值、全产业融合，提升农业产业化发展水平，八大重点农业产业链综合产值突破2200亿元。现将有关情况报告如下：

一、重点农业产业链发展基本情况

(一)放大品牌，拓宽产业发展空间。

全市立足农业特色和发展优势，实施“品牌唱响”行动，持续推进农产品“两品一标”工程，加大农业品牌宣传推介和扶持力度，打造出了“宜昌蜜橘”“秭归脐橙”“清江椪柑”“宜昌白山羊”“清平猪”等一批市场影响力大、竞争力强的“宜”字号农产品品牌和区域公用品牌，将农业产业优势转化为品牌优势与发展优势。农产品品牌化效应持续发力，打造农产品“区域公用品牌+企业品牌+产品品牌”矩阵。2023年，“二品一标”农产品总数达到360个，同比增加56个；区域公用品牌33个，同比增加1个。其中茶叶“二品一标”品牌66个，中国驰名商标9个，区域公用品牌9个，“宜昌宜红”“宜昌毛尖”公用品牌授权使用企业分别达55家、48家。2023年“宜昌宜红”品牌价值31.35亿元，居中国茶叶区域公用品牌价值评估排名第46位；在2023年中国茶叶区域公用品牌影响力指数排名中，“宜昌宜红” 排名第15位，“宜昌毛尖”排名第43位，宜昌茶叶公用品牌知名度和市场竞争力明显提升。

(二)壮大基地，夯实产业发展底盘。

宜昌自然资源禀赋独特，全域耕地面积达439万亩，独特的山水林田湖草和气候资源孕育出了柑橘、茶叶、蔬菜、水产、畜牧等优势特色产业。全国最大的温州蜜柑生产和橘瓣罐头加工基地；农业农村部规划的“长江中上游特色和出口绿茶重点区域”；中国传统三大工夫红茶之一“宜红茶”的主要原产地。着眼做大产业规模，全市集聚资源，集中力量，大力建设富有特色、规模适中、带动力强的特色产业集聚区。发展了一批柑橘村、蔬菜乡、茶叶镇等，先后创建全国“一村一品”示范村镇21个，其中十亿元镇2个、亿元村2个，蔬菜产业强镇2个、柑橘产业强镇1个、中药材产业强镇1个、畜牧业产业强镇1个，形成了长江流域柑橘产区、清江流域水产产区、武陵山道地药材和中药材产区、宜东平原粮油产区、秦巴山道地药材和茶叶产区、长阳高山蔬菜产区等产业集聚区。2023年优质农产品面积达到830.39万亩，农产品产量达到1111.31万吨，产值达到835.77亿元。

(三)做大加工，提升产业增值效益。

把农产品加工作为提升产业质效的重要手段，统筹推进初加工、精深加工、综合利用加工协同发展。目前，全市农业产业化重点龙头企业达450家，其中特色产业相关企业比例超过82%；国家专精特新“小巨人”企业4家，省级专精特新“小巨人”企业17家。一致魔芋公司在北交所上市，成为国内“魔芋第一股”；萧氏茶业建成全球首家智能化加工“无人工厂”；清江鲟鱼谷建成全球最大的单体人工鲟鱼养殖工厂化车间。引导农产品加工企业、项目向园区集聚，形成一批规模大、特色鲜明、竞争力强的产业集群。累计创建国家级园区4个、省级园区15个，基本形成产业门类齐全、空间相对聚集的产业格局，产品涵盖13个行业门类，加工产品超过千余种。统筹利用产业融合发展项目，先后建成三峡银岭、翠林农业产业园等一批城郊和产地大仓，实现了柑橘、蔬菜、水产等“土”字号产品周年供应和错峰销售。2023年，全市十大产业链规模以上农产品加工企业数达到257家，同比增加38家，其中市州级以上龙头企业数167家，同比增加16家。

(四)扩大销路，提升产业流通效能。

围绕水果、茶叶、蔬菜、中药材产业等特色农产品，开展农产品冷藏保鲜设施建设，带动果、蔬、茶、中药材主产区发展冷链设施。2023年，冷链(仓储)物流中心254个，同比增加34个；冷链仓储(容积)达到173.02万立方米。通过展销推介、产销对接、电商直播推介三峡宜昌优质农产品，聚焦电商产业升级和商贸企业数字化转型积极对接抖音集团搭建线上线下产销对接平台，推动消费市场下沉，引导农特产品上行，助农增收。2023 年，农产品销售额 813.86 亿元，同比增长 2.6%，其中农产品网络销售额 82.97 亿元，同比增长 11.2%；农产品出口 61.69 亿元，同比增长 29.7%。

二、存在的主要问题

(一)龙头企业不够强壮。

缺乏跨区域、跨行业、大规模的深加工企业集团。全市主营业务收入过 10 亿的企业只有 6 家，占规上企业比仅为 2.3%。分别是柑橘 1 家，粮油 2 家、畜禽 1 家、水产品 1 家，中药材 1 家，茶叶、蔬菜等产业没有实力较强的本土大型龙头企业。市级产业化龙头企业 450 家，规上大企业占比不足 1%，龙头企业深加工消化农产品比例不高，产品创新研发能力不足。

(二)渠道贯通有待拓宽。

目前农产品收购价格很低，加之农户分散经营、盲目生产的情况导致产业链前端的利润分配不均且水平很低；完全竞争的市场令农户在农业产业链中处于最弱势的地位，同时成为农产品流通中获利最小的主体。此外，农产品流通环节越多，农产品的市场价格就越高。绝大多数农产品主要随着流通环节农产品层层加价销往主销区市场，网络销售比例很小。农产品网络销售额仅为 82.97 亿元，占农产品销售额的 10.2%。

三、发展方向

(一)培优引强行业领军企业。

一是精准发力，招大引强。紧紧围绕农业八大主导产业，瞄准世界 500 强、中国 500 强和国际国内行业领军企业、专精特新企业，整合资源、聚合要素，点对点精准对接，补齐产业发展短板。二是精准指导龙头企业规范管理。培植好企业上市的后备梯队。在产业基础良好的县市区筛选培育一批农产品加工流通企业、科技服务企业，储备一批带动能力强、有发展潜力的农业企业。三是强化对专业合作社的扶持与管理规范。要重视对农民专业合作社的扶持与规范化管理，鼓励其与龙头企业加强协作，打造产业联合体，有效应对财务核查等上市难题。

(二)抓实公用品牌运营管理。

全力打造每条产业链 1 至 2 个核心公用品牌，通过设立专项基金进一步强化运营，建立从源头到消费终端的标准体系，并通过深入挖掘历史文化，讲好品牌故事。打造“农业 IP”叫响“宜字号”。打造融合长江、三峡等地域特色的地标性产品，创建农产品城市 IP，加强“宜字号”农产品“种草”，提升“万里挑宜”的消费魅力。

(三)着力提升流通体系建设。

引导支持新型农业经营主体建设通风贮藏库、机械冷库等仓储设施，建设农产品产地仓，提高农产品商品化处理和错峰销售能力。创新“生产基地 + 中央厨房 + 餐饮门店”“生产基地 + 加工企业 + 商超销售”“生产基地 + 中央厨房 + 食堂”等产销模式，提升农产品产地集散分销能力。建立健全适应农产品电商发展的标准体系，支持农产品电商平台和乡村电商服务站点建设，完善物流集散、人才培养、技术支持、质量安全等服务体系，发展农商直供、预制菜、团餐服务等新业态，推动线上线下互动发展，丰富农产品销售渠道。加快建立健全农产品市场数据采集制度，建立农产品市场信息预测预警体系，引导农产品供需对接平衡。

撰稿：吴华蓉

2023年襄阳十大重点农业产业链监测报告

襄阳坚持把"三农"工作作为重中之重，坚持"以龙头企业培育为抓手，推动重点产业集群建设、全力以赴补链延链强链"的发展思路，抓时起势、攻坚破题，积极融入省十大重点产业链布局，奋力向农业强市迈进。

一、十大重点农业产业链发展现状

(一)产业链总体情况。

1.培育主体，龙头企业队伍不断壮大。2023年，正大食品(襄阳)新晋级农业产业化国家重点龙头企业，全市国家级龙头企业达7家，省级、市级以上龙头企业总量分别达122家、278家，省级以上龙头企业数量稳居全省第一。新推荐4家企业申报国家级龙头、23家企业申报省级龙头企业(11家已入围)。规上农产品加工企业508家，较年同期增长49.4%，规上农产品加工企业占全省14%。涉农领域上市后备"金种子"企业达到11家，"银种子"企业30家，分别新增5家和16家。

2.唱响品牌，驰名品牌越来越多。通过组织筹办或参加各项活动，在各类展会、论坛、推介会及节庆等活动上大力宣传襄阳区域公用品牌。2023年，十大重点农业产业链中获取"两品一标"品牌287个，同比增长20.6%；中国驰名商标(农产品类)21个，区域公用品牌42个。以茶产业链为例：积极参加"楚茶论坛"暨楚茶高质量发展论坛、世界大健康博览会(武汉)、国际茶日宣传、武汉茶博会、2023"一带一路"赤壁青砖茶产业发展大会等省内外重大茶业展会活动等省内外重大茶业展会活动。首届"楚茶杯"斗茶大赛中，襄阳高香茶品牌获得1个绿茶王、5个金奖、7个银奖。湖北汉家刘氏茶业股份有限公司、湖北玉皇剑茶业有限公司、保康茶业集团有限公司获评中国茶叶流通协会2023年度重点茶企，谷城县、保康县获评中国茶叶流通协会2023年度重点产茶县。

3.打造产业，农业产业强镇加快建设。发挥乡镇上联城市、下接乡村的纽带作用，支持乡镇聚焦一个农业主导产业，加快产城融合、产村融合。已培育流水西瓜、店垭茶叶、马桥中药材、石花花卉、新市皇桃、刘猴葛根、卧龙山药、欧庙麦冬、龙王虾稻等十多个特色产业强镇。枣阳市吴店镇被新增认定为国家农业产业强镇，全市国家农业产业强镇达到7个；襄州区被认定为国家现代农业产业园，获中央产业发展资金7000万元；宜城市纳入全省优质稻米特色产业集群项目，襄州、枣阳、老河口入围全省生猪特色产业集群项目。

(二)重点产业链具体建设情况。

1.优质稻米。作为全省粮食主产区，襄阳始终坚持扛牢粮食安全责任，2023年，全市优质水稻种植面积297.4万亩，产量180.3万吨。其中订单生产面积122.9万亩，同比增长13.1%。市级以上粮食加工企业发展到97家，其中国家级4家，省级33家，市级60家。品牌竞争力进一步提升。宜城大米通过国家"生态原产地"标志保护产品评定，形成"汉江水、宜城米"生态品牌；地理标志商标"宜城米"已授权19家大米生产企业使用；已创建的落花潭、银针、楚皇城等知名大米品牌中，2个荣获"湖北省著名商标"称号，5个荣获"绿色食品"称号。

2.生猪。2023年全市生猪出栏合计641.1万头，同比增长4.0%。全年共有57家猪场申报国家级生猪调控基地，13家猪场申报省级生猪调控基地。省级农业产业化联合体3家。规模以上加工业产值达118.6亿元。建有冷链物流中心6个。产业培育卓有成效，老河口市金元帅牧业有限公司"篷帅香"注册商标获国家知识产权局批准。正大食品(襄阳)有限公司被评为国家级农业产业化龙头企业。

3.特色水产品。2023年，全市淡水产品产量21.8万吨，增加0.9万吨，同比增长4.3%。淡水产品养殖面积51.5万亩，同比增长4.4%。

4.蔬菜产业链。2023年，全市蔬菜及食用菌种植面积140.0万亩，产量317.5万吨，同比增长2.1%。全市蔬菜(食用菌、山药)产业链有市州级重点龙头企业45家，省级重点龙头企业16家，"两品一标"45个，区域公共品牌6个，中国驰名商标4个，国家级外贸出口转型升级基地(食用菌)1个，2023年蔬菜食用菌出口7.5亿元。

5.家禽及蛋制品产业链。2023年，全市家禽出笼7233.98万只，禽蛋产量41.82万吨，同比增长3.4%。家禽及蛋制品相关国家级龙头企业2家、省级10家、市级19家。区域公用品牌5个，“二品一标”品牌14个。枣阳贝迪鸽业肉鸽现代农业产业园集养殖、加工于一体，生产的预制菜已走入市场，并获得500万元省级家禽及蛋制品产业链奖补资金。

6.茶叶产业链。2023年，全市茶叶种植面积35.1万亩，产量1.3万吨，同比增长4.2%。规模以上茶叶加工企业25家，规上产值达33亿元。市州级以上农头企业37家，省级以上龙头企业16家。主营业务收入过10亿元企业1家，亿元以上10家。“两品一标”品牌117个，比2022年多44个。中国驰名商标4个，区域公用品牌6个。

7.菜籽油产业链。油菜生产增长较快。2023年，襄阳油菜种植面积71.5万亩，比去年同期增长10.7%；产量12.1万吨，比去年同期增长7.1%。规模以上菜籽油加工企业17家，市州级以上农头企业15家，省级以上重点龙头企业13家。“两品一标”品牌11个，中国驰名商标5个，区域公用品牌3个。主营业务收入过10亿元企业1家，亿元以上7家。

8.道地药材产业链。疫情以来，中药材销售量及价格成倍上升，农民种植热情高涨。2023年，全市道地药材种植面积13.6万亩，同比增长6.3%，亩均效益在5000元以上。特别是襄阳两个山区县南漳、保康，已将中药材种植作为特色农业支柱产业之一，取得了明显成效。目前“两品一标”品牌达22个，比上年增长10个。规模以上中草药材精深加工企业个数9家。

二、发展中存在的问题

（一）产业链融合程度仍然不高。从产业链上看，种植业与二三产业融合程度仍然存在融合不紧密，链条短，附加值不高的现象。农民生产的农产品与加工和市场的需要不相匹配，价格波动大，原料供应不稳定，企业原料多通过市场收购。二产业发展不平衡，畜禽、水产加工规模较小、实力较弱，占比不高，缺少深加工、精加工规模企业带动。

（二）农产品加工实力仍然不强。截止2023年，全市规模以上农产品加工企业812家，约占全市规模以上工业企业37.5%；实现工业产值1042.7亿元，占全市工业总产值的19.3%以上。虽略高于全省平均水平，但部分企业主要靠规模效益、打价格战与同行竞争，企业综合竞争力较弱，抗风险能力差。一是营业利润不高。规模以上农产品加工企业营收利润率仅为6.7%，远低于石油、化工、汽车、有色金属等行业。二是抵御风险能力不强。受到原料价格波动、人工工资和物流成本增高等因素影响就会限产停产。

（三）影响力大的品牌仍然不够多。据十大重点农业产业链统计监测表来看，全市“两品一标”品牌为238个。中国驰名商标（农产品类）仅有17个，占“两品一标”比例7.2%；区域公用品牌24个，占“两品一标”比例10.1%。

三、推进产业链发展的建议

（一）继续统筹推进，建立“政府引导，各方参与”的发展机制。建议各级政府把推进产业链发展摆上重要议事日程，统筹推进产业链发展。进一步加强政府在顶层设计、组织动员、统筹协调方面的作用，营造良好市场环境，加快培育市场主体，动员最广泛的社会力量参与产业链融合发展。

（二）继续加大农产品科技含量。大力培育和引进“链长”企业，带动产业链发展。通过定向招商等方式，弥补高附加值食品、专业市场、品牌培育和进出口贸易服务等产业链薄弱环节。支持冷链物流发展，补齐鲜活农产品、低温保鲜食品专用冷链物流短板。引导产业整合，建议采取公共商标、一主多副商标等办法，把加工同业、产地同源、产品同质的企业通过市场化运作整合起来，解决产业规模大、份额小、品牌弱、竞争力差的问题。对于联合重组的企业，建议给予奖励和扶持，进行基金跟投，对品牌宣传和渠道建设给予适当补贴。

（三）继续实施品牌培育提升工程。围绕“襄十随神”城市群做好区域品牌宣传。深入实施“公用品牌＋企业品牌、市级品牌＋县级品牌”双品牌战略，聚焦基地建设、龙头培育、标准建设、协会建设、宣传推介，打造“襄”字号农产品品牌。唱响擦亮中国有机谷、襄阳高香茶、襄阳牛肉面、襄阳大米、襄江清水虾五大市级区域公用品牌和枣阳皇桃、南漳香菇、保康核桃、汉水梨桃等若干县级主导品牌，构建“一业一品”发展格局。

撰稿：刘　征

2023年鄂州十大产业链监测报告

大力发展农业重点产业链一直是鄂州市委、市政府“三农”工作的重点，农产品深加工的程度决定着农业增值程度、农民富裕程度和农业现代化程度。近些年来，全市加大了农产品品牌的创建和宣传，十大重点农业产业链快速发展，各具特色。初步解决了千家万户小生产与大市场的对接，形成了规模扩大、领域延伸的新格局，显现了竞争力增强、带动力加大的新态势。

一、发展现状

(一)加工企业门类齐全。

全市十大产业链规模以上农产品加工企业共有14家，其中优质稻米加工企业2家，生猪加工企业1家，淡水产品加工企业4家，蔬菜食用菌加工企业1家，禽蛋加工企业1家，柑橘加工企业1家，中草药加工企业5家。

(二)龙头企业初具规模。

围绕大宗农产品深加工，主导产品精加工，农副产品综合利用，着力培育和发展了一批有基地、有特色、有前景的龙头企业。全市现有十大重点农业产业市级重点龙头企业16家（其中省级6家），涵盖八大类，其中优质稻米类2家，生猪类1家，淡水产品类3家，蔬菜食用菌类1家，禽蛋加工1家，茶叶1家，现代种业类3家，柑橘类2家，中药材加工类2家。上述16家龙头企业中主营业务收入1-10亿的有4家，主营业务收入超过10亿的有3家。

(三)生猪养殖有所突破。

中新开维现代牧业项目，是现代化、智能化、环保化、低碳化生猪全产业链项目，投资20亿元，年出栏生猪120万头，第一期主体已完工，第二期正在施工。中新开维紧紧抓住鄂州加快建成“两区一枢纽”的发展机遇，依托鄂州花湖机场和武鄂同城化发展优势，在建设生猪养殖项目的基础上，又迅速谋划建设绿色食品产业园项目。据了解，该项目主营武昌鱼、特色猪和有机果蔬的深加工，主要产品定位为新鲜健康营养的新型预制菜系列，致力于在5年内成长为世界单厂规模最大的现代绿色营养食品工厂。项目全部建成后，预计实现年产值120亿元，直接安排就业5000人。该项目在推动一二三产业融合发展、带动周边居民就业、发展生态农业等方面具有示范意义。

二、发展瓶颈

(一)农产品加工业滞后。

全市农产品产后保鲜、贮运、加工环节产业链构建不完善，特别是深加工、精加工更薄弱。规上农产品加工企业数增长缓慢，农产品加工产值呈下降趋势，加工业的滞后还包括生产加工、储存运输、宣传销售等环节的相对落后，需要大力发展全产业链才能有所改善。

(二)农产品流通困难。

全市冷链物流中心只有2个，仓储容积虽然从700立方增长到3700立方，但仍然只能满足很少一部分农产品的流通需求。农产品出口水平较低，出口额仅75万元，大部分农业加工产品都只能本地消耗，以本地市场的规模难以养活更多更大的加工业企业，因此急需开拓市场将产品流向外地。

(三)生猪养殖成本持续上升。

近年来，饲料价格、人工成本的持续增加，大幅拉高了养殖户生产成本，加之非洲猪瘟疫情防治成本，导致养殖盈亏线持续上调，据调查与正常年份相比头均饲料成本上升200至500元；头均防疫成本上升20至40元；头均人工成本上升15至40元，目前鄂州市地区养殖盈亏线基本在16-18元/公斤。养殖成本的持续上升，大幅削弱了中小型养殖户和散养户的养殖收益，降低其抵抗风险能力，对稳定本地生猪产能带来了不利影响。

三、对策建议

(一)加强农业主体引领，打造农业全产业链。依托市级以上农业产业化龙头企业，培育“链主”企业，构建生产基地、仓储设施、科研院所、加工流通、产业协会、种子种苗、服务机构、电商平台、融资机构等经营主体，一体打造农业全产业链。由龙头企业牵头，与种业公司、粮食收储企业、种养大户、合作社、家庭农场、小农户和社会化服务组织组建农业产业化联合体，把小农户引入现代农业轨道；建设区域性农业全产业链综合服务中心，整合农艺、农机、农资、技术、信息、人才等各类生产要素和服务主体，提供全程专业社会化服务。

（二）大力发展冷链物流，疏通农产品流通渠道。应该充分发挥政府的宏观调控作用，加大资金投入，建立以“企业为主体、政府引导、多方参与”的多元化投入机制。形成政府、行业协会和龙头企业联动体系，制定农产品冷链物流发展规划。根据目前优势农产品区域布局和农产品冷链物流的特点，建立多种组织形式并存的农产品冷链物流体系，以加工企业为核心，产供销一体化的农产品冷链物流体系；以物流配送中心为核心，发展区域内农产品短途冷链物流体系；利用第三方物流，发展跨区域的农产品长途冷链物流体系。实施供应链物流管理模式，推动农产品冷链物流的健康、稳定、快速发展。

（三）加大金融扶持力度。生猪养殖行业投入周期长、收益相对缓慢，而其资产的行业限定又使得养殖场、户难以获得所需金融扶持。建议政府部门及时总结金融支持畜牧业发展的良好经验做法，强化金融服务、拓宽融资渠道、加大信贷力度、扩大对中小型养殖户的金融扶持覆盖面，特别是优先扶持一批品质优良的龙头畜牧业企业，助力地区畜牧业产业做优做强。

撰稿：刘雨涵

2023年荆门重点农业产业链调研报告

荆门把推进农业产业化作为实施乡村振兴的重要抓手，协同推进农产品初加工和精深加工，延伸产业链、提升价值链，拓展农业发展空间，促进农业增效、农民增收，重点农业产业链发展取得新成效。

一、发展情况

全市农业产业链呈现品牌不断增多，生产保持稳定，农产品流通基础增强的局面。2023年全市“二品一标”品牌163个，比上年增加35个；中国驰名商标8个，与上年保持一致；区域公用品牌8个，比上年增加1个。优质农产品种植面积596.9万亩，增长21.4%；农产品产量（十大产业汇总数）543.4万吨，增长1.8%。冷链（仓储）物流中心11个，比上年增加3个。全市重点农产品主要集中在稻米、生猪、特色淡水产品、蔬菜、菜籽油五个品种。

1.稻米产业链。品牌建设稳步推进。2023年“二品一标”品牌84个，比上年增加12个；中国驰名商标4个，与上年持平；区域公用品牌3个，与上年持平。

稻米生产、加工、流通有效衔接。优质水稻种植面积383万亩，其中订单生产面积70万亩。稻米加工企业（规上）93个，其中主营业务收入过10亿的企业5个；市州级以上龙头企业56个，省级以上龙头企业27个，比上年增加2个；省级农业产业化联合体5个，省级现代农业产业园4个。稻米销售额97亿元，网络销售额6.4亿元。

2.生猪。生产平稳增长。2023年生猪出栏390万头，其中优质生猪品种出栏124.2万头，增长46%。

加工环节稳步提升。2023年生猪加工企业（规上）5个，比上年新增2个；市州级以上龙头企业21个，较上年增加3个；省级以上龙头企业7个，较上年新增1个；省级农业产业化联合体3个，较上年增加2个。生猪和猪肉的销售额稳中有升，为46.5亿元。

3.特色淡水产品。品牌建设步伐加快。2023年“二品一标”品牌4个，比上年增加3个；区域公用品牌2个，比上年增加1个。

生产、加工环节有所提升。2023年小龙虾养殖面积96.9万亩，产量12.9万吨，均较上年有所增长。淡水产品加工企业（规上）2个，与上年持平；市州级以上龙头企业7个，省级以上龙头企业7个，较上年增加2个。省级农业产业化联合体1个，实现由0到1。淡水产品销售额26.2亿元。

4.蔬菜。品牌显著增多。2023年“二品一标”品牌51个，较上年新增11个；中国驰名商标1个，与上年持平。

生产稳步增加。蔬菜播种面积85.25万亩，增长2.9%；蔬菜产量203.44万吨，增长3.2%。

加工、销售环节增长较快。蔬菜食用菌加工企业（规上）27个，较上年新增7个；市州级以上龙头企业32个，较上年增加3个；省级以上龙头企业19个，较上年增加5个。省级农业产业化联合体4个，比上年增加1个。冷链（仓储）物流中心5个，比上年增加1个；蔬菜食用菌销售额27.8亿元。

5.油菜籽。生产规模不断扩大。油菜籽播种面积224.15万亩，其中优质油菜籽面积120.99万亩，增长10.3%。

加工、流通环节保持稳定。菜籽油加工企业（规上）10个；市州级以上龙头企业9个；省级以上龙头企业5个。菜籽油销售额8.5亿元。

二、存在的问题

（一）品牌影响力偏小，极具影响力的品牌产品占比低。2023年全市“二品一标”品牌163个，总体来看数量较大，但极具影响力的品牌占比较低。2023年中国驰名商标占“二品一标”品牌数量比重仅为5%，区域公用品牌占“二品一标”品牌数量比重仅为5%。“荆品名门”区域公用品牌价值虽然达到600多亿元，但实际影响力有限，品牌溢价能力不高，对会员企业带动作用不强。虽然全市“绿色、有机、地理标志”有效企业数排名全省第5，但除“京山桥米”有一定知名度外，其它品牌在国内甚至省内的认知度都不高。在产品品牌方面，缺少像良品铺子、稻花香、周黑鸭等知名度高、市场占有量大的品牌，品牌建设和拳头产品打造任重道远。

（二）农产品加工业发展滞后、产业层次偏低。农产品加工以粮、油初级加工为主，产业链条偏短，总体处在价值链中低端，没有形成上中下游完整的产业链。初级加工比重偏大，精深加工企业数量占比只有32%。全市8家国家级农业龙头企业中，从事粮油初加工的就有5家，以大米加工为例，全市172家大米加工企业，全部都处在把稻谷加工成稻米的阶段，在大米基础上做深加工文章的一个都没有。

（三）产业链发展的要素支撑力不足。多数本土农产品加工企业从“小作坊”起家，从事“原字号”“初字号”产品生产，“小满即足、小富即安”，创新能力不足制约企业发展。集中表现在缺乏科技、人才、拳头产品和品牌影响力。调查显示，90%以上的企业没有研发团队，缺乏技术储备；平均每个企业拥有发明专利仅1.14件。一部分中小企业分散在偏远的乡镇，实行的仍是“家族式”、“作坊式”管理，无法吸引到专业技术人才加入。

三、有关建议

（一）实施品牌营销推广计划。按照“一业一品”的思路，加快推进风干鸡、清水虾等特色产业品牌整合提升，实行统一标准、分级销售。进一步织密“荆品名门”营销网络，壮大品牌家族，促进加工产品品牌化改造。加强与全国性的行业协会、知名科研机构等开展合作，策划开展一批高水平、高规格的展示展销活动，提升行业影响力

（二）坚持把发展精深加工作为主攻方向。农产品精深加工是延长农业产业链、提升价值链、优化供应链、构建利益链的关键环节。要围绕初级产品多元转化，最大限度提高产品附加值。要围绕产业融合，推动农产品精深加工与初加工、综合利用加工协调发展，推动原料生产、仓储物流、市场消费等上下游产业有机衔接。要围绕加工技术装备升级，引导企业开展精深加工技术和信息化、智能化、工程化装备研发，加快技术改造、装备升级。要围绕品牌增值，大力培育“荆品名门”品牌矩阵，完善标准体系，实现“卖资源”向“卖品牌”转变。

（三）引进人才、实施创新能力提升计划。人才是促进农产品加工业转型发展的重要支撑，也是提高农产品加工业综合竞争能力的关键因素。要结合“雁归农谷”工程，促进人才回归、资金回流、项目回迁，培育加工新动能。坚持以情感为纽带，用好“关系网”、打出“亲情牌”，全力以赴引雁归谷。坚持以项目为牵引，跟踪管理，定期晾晒，壮大声势。坚持以服务为保障，当好“店小二”，推出“政策包”，让回乡能人舒心生活、放心创业、安心发展。构建以企业为主体的科技创新体系，引导农产品加工企业联合高校、科研院所共建技术研发中心和创新联盟，提升新产品开发能力。支持企业技术改造，淘汰落后产能。引导企业加强设计包装赋能，赋予产品更多文化内涵，持续开发“荆门好礼”和系列文创产品，提升辨识度，增加附加值。

撰稿：赵　肖

2023年孝感重点农业产业链统计监测分析

习近平总书记指出,"乡村振兴,关键是产业要振兴"。2023年,孝感市委、市政府深入学习贯彻习近平总书记关于"三农"工作重要论述,深入贯彻落实习近平总书记关于湖北工作的重要讲话和指示批示精神,扛起农业兴市使命担当,聚焦"五个一"产业强链工程,加快建设农业产业强市,全面推进乡村振兴。现将十大重点农业产业链统计监测情况分析如下:

一、重点农业产业链发展情况

(一)产业链监测总体情况。

1.农产品品牌建设稳步推进。2023年十大重点农业产业"二品一标"品牌144个,比上年新增3个,其中:优质稻米新增18个,生猪、水产品、蔬菜、禽蛋、茶叶等有所整合调整。在省域和全国有影响力的区域公用品牌29个,比上年新增6个,其中:优质稻米新增6个,水产品新增2个,茶叶新增2个,蔬菜持平,生猪、水产品、禽蛋有所整合。

2.农产品生产规模逐步扩大。2023年十大重点农业产业优质农产品种植面积733.75万亩,同比增长3.9%,其中:优质水稻种植面积372.61万亩,同比增长0.7%;蔬菜播种面积183.24万亩,同比增长2.4%;茶叶播种面积33.88万亩,同比增长1.4%;淡水产品养殖面积106.00万亩,同比增长7.5%。农产品产量804.28万吨,同比增长4.0%,其中,优质水稻产品产量203.66万吨,同比增长1.1%;蔬菜(食用菌)产品产量494.07万吨,同比增长4.8%;茶叶产品产量1.14万吨,同比增长17.3%;淡水产品产量48.85万吨,同比增长3.6%;生猪出栏311.62万头,同比增长4.1%;蛋产品产量30.03万吨,同比增长3.7%。

3.农产品加工产业持续发展。2023年十大重点农产品规上加工企业97家,同比新增4家,其中:市州级以上龙头企业数达184家,同比新增6家;主营业务收入过10亿2家,同比新增1家;省级以上龙头企业50家,与上年持平。农产品加工企业招商引资农产品加工企业投产数4个,比上年增加1个。省级农业产业化联合体16家,同比新增1家。省级现代农业产业园8家,同比新增1家。农产品加工企业营业收入188.45亿元,同比增长8.8%,其中:生猪加工业主营业务收入30.09亿元,同比增长70.2%;蔬菜食用菌加工业主营业务收入6.94亿元,同比增长11.1%;茶叶加工业主营业务收入9.91亿元,同比增长39.4%。

4.农产品流通行业快速增长。2023年全市农产品冷链仓储物流建设完成由量到质的转化,由量的覆盖积累后转为质的提档升级。冷链(仓储)物流中心达76个,比上年新增2个,冷链仓储(容积)45.51万平方米,同比增长156.0%。冷链行业建设的快速发展带动农产品销售的快速增长,2023年十大重点农产品销售额为311.54亿元,同比增长4.9%,其中:稻米销售额为50.35亿元,同比增长4.8%;生猪和猪肉销售额为57.91亿元,同比增长10.1%;淡水产品销售额为55.71亿元,同比增长2.4%;蔬菜食用菌销售额为80.69亿元,同比增长5.1%;茶叶销售额为15.26亿元,同比增长29.3%。

(二)农业产业链发展重点。

2023年,突出农业特色资源和优势产业,全力重点培育优质稻米、蔬菜、生猪、禽蛋、茶叶等五条农业全产业链。实施培育壮大农业产业化龙头企业"五个一"产业强链工程,立足资源禀赋锻造长板,瞄准弱项补齐短板,深化拓展创造新板,精心绘制5条产业链图谱。到2025年,全力打造5条综合产值过100亿元的农业产业链。

1.培优壮强龙头企业。通过兼并重组、股份合作、资产转让,支持优质稻米、蔬菜、茶叶、生猪、禽蛋等企业组建大型龙头企业集团,每条产业链重点培育3家左右头部加工企业,拉动延伸产业链。全市共有各类农业产业化组织近4万个,其中工商注册的涉农企业21901家、农产品加工企业3670家,基地型企业202家,专业市场近百个。鼓励各地招引产业链头部企业及上下游配套企业,进一步促进产业融合发展,创建6个农业产业强镇,推介26个省级休闲农业重点园区，推动农业“接二连三”。培育14个省级农业产业化联合体，让广大农户深度融入农业产业链、价值链。

2.宣传打造知名品牌。讲好品牌故事，挖掘特色农业产业人文、自然、历史文化资源，把天仙配的传说、孝感麻糖米酒故事、孝昌太子米的来历、古桃花驿的记载、孝感红传统制作工艺等历史文化总结好，宣传好。育好品牌名片，实施地理标志农产品保护工程，打造孝感香米、应城、朱湖糯米、汉川莲藕、孝感红茶、孝昌血桃等地理名片，把全国唯一地理标志，做成全国第一特色产业，实现质效双升。培育宣传孝感香米、七仙红桃、中华孝文化名茶、孝感红等区域公共品牌，构建“区域公共品牌+企业产品品牌”母子品牌模式，鼓励创建中国驰名商标、湖北名牌产品。做好品牌推介。通过湖北经视“荆楚好粮油”栏目，推介孝感香米、黄毛粘米、孝感红等优质农产品品牌。参加湖北农业博览会，提升了孝感农产品知名度、美誉度和影响力，推动从“卖原料”向“卖产品”、“卖资源”向“卖品牌”转变。

3. 加大对农政策扶持。引导资金服务农业，将农业全产业链培育作为财政支持的重点，整合相关资金倾斜。市财政安排2000万元资金支持农业全产业链建设，统筹300万元对新型经营主体贷款进行贴息，投入200万元为农业产业发展提供2亿元的风险保障。与多家金融机构签署合作协议，“十四五”期间投入20亿资金支持“三农”发展；截至9月底，全省涉农贷款余额达到8.2亿元，同比增长18.4%，高于各项贷款增速近3个百分点。强化农业用地保障，将农产品加工用地优先纳入国土空间规划和年度用地计划。出台保障农村产业融合发展用地实施细则和支持龙头企业用地文件。市级每年安排10%的新增建设用地计划指标，专项用于乡村产业用地需求。

4.强化农业人才支撑。实施农业农村创业人才提升行动，梯次落实“一镇一头雁、一乡一领军、一村一致富”带头人计划，产业头雁人才达到65人、产业领军人才达到81人。2023年培育高素质农民4000余人，农业产业领军人才10人，实现镇、村致富人才全覆盖。孝昌县实施农村青创工程，聚焦苗木、桃、茶、粮四大产业，构建“1+4+N”招才引才平台成效显著。实施“一村多名大学生计划”新增培养农民大学生215人，参加农村创新创业大赛，支持10余名“新农人”。

二、农业产业链发展中存在的问题

（一）产业层次总体不高。全市农产品加工业总产值与农业总产值之比近2.12:1，农产品加工转化率约为65%，但加工产品处在价值链低端，品牌溢价、规模溢价、科技溢价有限。大部分以销售初级产品和粗加工原料，产业链条短，效益不高，比如果蔬、水产品、油菜籽、糯米、莲藕等特色产品还处于卖原料、卖半成品的阶段，存在较大发展空间。

（二）创新发展力度不够。农产品加工业整体专业化、智能化水平亟待提升。农业企业科技人才匮乏，自主创新能力不足，投入不足，缺乏自主知识产权，一些好的特色产品因核心技术没有突破难以实现跨越式发展。比如云梦鱼面、应城豆皮等传统特色产品，至今还停留在作坊式生产层面，工业化、规模化生产因缺科技支撑而无法破题。

（三）龙头企业带动不足。大部分农产品加工企业的原材料来源基地缺乏稳定性和规范性，龙头企业、合作社和农户之间的利益联结不紧，没有形成稳定的农产品供求关系，为当地农业增效、农民增收不够。比如达利、盼盼等因生产薯片对马铃薯需求非常大，近年来组织薯业协会、企业与马铃薯种植合作社（基地）、农户之间开展对接，但由于产品标准问题，效果不甚明显。

三、促进农业产业链发展的思考与建议

（一）优化产业布局。着眼孝感实际，以构建现代农业发展新格局为目标，持续优化“五八七产业布局”。一是完善五个功能区。孝南区继续建设国家级现代农业示范区；安陆市、应城市、汉川市、云梦县打造国家级循环农业绿色发展示范区；安陆市建设国家农业科技园区核心区；汉川市打造国家级一二三产业融合先导区；大悟县、孝昌县建设国家级生态农业示范区。二是做强八个园区。安陆畜禽蛋产业园、汉川农产品加工园、孝南农产品全产业链物流园（打造首衡城华中农产品物流园区）、孝昌苗木花卉产业园、应城糯稻产业园、大悟“两茶”产业园、高新区出口红茶产业园（打造孝感红万吨茶叶出口基地）、麻糖米酒产业园。三是培育七个特色产业带。“香稻+”优

质稻稻田综合种养产业带（汉川、孝南、安陆、应城、孝昌）；特色林果绿色产业带（孝南、孝昌、大悟、安陆）；沿京港澳高速茶叶百里绿色产业带（孝南、孝昌、大悟）；水生菜、速生菜、特色菜绿色产业带（孝南、安陆、云梦、汉川）；肉畜禽蛋产业带（安陆、汉川、应城、孝昌）；特色水产健康养殖产业带（汉川、孝南、应城、云梦）；农旅养融合发展产业带（全域）。

（二）壮大产业规模。突出孝感香米、糯稻、孝感茶、水生速生菜、早红桃、生猪和禽蛋产业优势，全市一盘棋，打破县域行政区划，布局谋划特色优势农产品产业化区域结构。一是实施"香稻+"，做优孝感香米产业。以中化集团、禾丰集团为龙头，唱响"孝感香米"地标品牌，推广香稻+（虾、鳅、鳖、蛙、鸭）渔稻共生、稻禽协同，"一种两收"、"一水两用"、"双水双绿"模式，在安陆、孝南、孝昌、汉川等县市建100万亩标准化香稻生产基地。二是融入双循环，做绿蔬菜产业。以武汉三良集团、湖北惠致农贸为龙头，打造"湖北名藕"——楚禾乡莲藕公共品牌和"汉川莲藕"地标品牌，开展莲藕规模化种植、标准化生产，藕产品深加工。开发利用"云梦白合花菜"、"万里小香葱"等地标品牌，在云梦、孝南、汉川建立30万亩绿色速生菜的"菜篮子"保供基地。三是拓展国内外市场，发展孝感茶产业。建设孝感百里绿色生态茶叶产业带40万亩，开拓茶园功能，充分利用茶园资源，加大茶产品创新力度，加强品牌建设，开拓茶叶市场。创建"孝感红"公共品牌，发挥大悟、孝昌、孝南茶资源优势，认证登记10万亩出口茶基地，在市高新技术开发区建设孝感茶叶出口中心，在俄罗斯、迪拜建"中国茶海外展销中心"。四是打造新业态，壮大以桃为主的水果产业。发挥孝感"七仙红桃"果业联合社带动引领作用，共同打造"湖北名桃——七仙红桃"区域公共品牌，在孝南、孝昌建立15万亩精品果园，开展农旅融合，电商销售，用新业态提升传统果业。五是打造禽蛋产业链。以神丹公司为龙头，继续打响"神丹"商标。按照"公司+农户+标准化"的养殖模式在安陆市及周边地区建立200万只蛋鸡和200万只蛋鸭养殖基地。六是打造生猪全产业链。以新希望、牧原等生猪龙头企业为依托，打造生猪全产业链，开展生猪产品精深加工。

（三）培育产业龙头。坚持兼并重组和组织产业联合体并行、招商引进和技改升级结合，多层次、多形式、多渠道培育发展壮大一批过10亿元、过30亿元、过50亿元的领军龙头企业，着力推动龙头培育工程。一是培育一批。分行业对龙头企业进行排序、分析，有针对性加强指导和服务，鼓励企业之间的联合重组，既引进更多头部企业，对内挖潜培育本土大型龙头企业；树立一批龙头企业标杆，推荐一批企业参选全国农产品加工100强企业；按标准开展农业产业化国家级、省级、市级龙头企业监测工作，三年力争新增省级及以上农业产业化重点龙头企业20家、市级农业产业化重点龙头企业50家。二是招引一批。像孝南的亲亲集团、首衡城华中农副产品批发市场、汉川的旺旺食品、应城的中磐粮油、云梦的九三零牧业等，都是由引产业项目到引项目产业、引资引项到引智引才，打通了产业链，实现扶持一个项目、带动一个产业、致富一方百姓。三是提升一批。借鉴神丹公司的做法，引导加工同业、产地同源、产品同质的龙头企业采取兼并重组、股份合作、资产转让等形式，建立大型农业企业集团。四是联合一批。扶持村集体经济入股的"村组化"、"联社化"的农民专业合作社、企业，推广大悟新城镇金岭村、安陆巡店镇大坝村等村集体经济发展模式，提高农民组织化程度。

撰稿：张玮玮

2023年荆州十大重点农业产业链监测报告

在习近平总书记“农业强国”战略与荆州市农产品加工业发展三步走最后一年的背景下，荆州作为闻名全国的农业大市，致力于提高农业质量与发展效率，以十大产业链为抓手，合理科学规划农业生产步调，全市农业发展呈现稳中有进的良好态势，优质稻米、菜籽油和淡水渔产品实现蓬勃发展。现将十大重点农业产业链生产情况监测结果报告如下：

一、农业产业融合发展亮点

（一）农业总产值位居全省第一，农业地位难以撼动。

全市认真贯彻落实“农业强国”战略要求，紧紧围绕中央一号文件积极发展农业经济，全年农业总产值达1097.10亿元，位居全省第一。今年全市在农业特色产品、新型农业经营主体和创建农业产业集群方面都有一定发展，农业产能进一步提升。

（二）特色农作物逐步开拓，产业集群引动农户增收。

全市立足自身资源优势，统筹涉农项目，大力培育乡村特色产业，拓宽农民增收致富渠道。在优质稻米、虾稻共作、柑橘、西甜瓜、花卉苗木、鸭蛙稻共作、莲藕等方面均有新的开拓，2023年农业方面共有8个村镇获评第一批省级“一村一品”示范村镇，包括：荆州区马山镇双龙村（优质稻）、沙市区岑河镇定向村（虾稻共作）、江陵县沙岗镇东津村（虾稻共作）、松滋市老城镇白龙埂村（柑橘）、公安县黄山头镇马鞍山村（花卉苗木）、石首市大垸镇天字号村（西甜瓜）、石首市团山寺镇长安村（鸭蛙稻共作）、洪湖市万全镇（莲藕）。公安葡萄、三湖黄桃、松滋鸡、石首西甜瓜、洪湖莲藕等一批特色产业不断做大做强。

（三）农产品加工业稳步推进，预制菜产业茁壮成长。

全市农产品规上企业537家，比去年同期净增67家；规上农产品加工产值461.26亿元，同比增长4.8%。2023年新增市州级以上龙头企业14家。

在预制菜产业方面，荆州抓住预制菜产业发展的历史机遇，倾力打造以荆州鱼糕、洪湖莲藕、松滋鸡、公安牛肉等知名菜式为主的优质食材产业链条。2023年9月16日，中国食谷•华中国际预制菜加工展示交易中心正式开工，荆州区、荆州高新区举行中国食谷•华中国际预制菜加工展示交易中心开工和预制菜项目集中签约活动。这次签约活动中，共签约5个预制菜项目，总金额38.5亿元，分别是湖北云腾汇预制菜智慧产业园项目、湖北康而富绿色食品加工项目、南海腾佳预制菜智慧冷链物流产业园项目、肉牛养加销一体化建设项目和智慧蛋鸡生态循环产业园项目。

二、十大重点产业链建设现状

（一）重点产粮区地位安如磐石，稻米产业稳步前进。

荆州以水稻产业的转型升级为核心，依托“鱼米之乡”的地理气候优势苦下功夫，致力提升稻米品牌效益，产出一批高档优质稻米，巩固产粮大市地位。2023年粮食产量457.02万吨，较上年增3.66万吨；共有稻米“二品一标”品牌107个，较上年增3个；打造中国驰名商标4个，较上年增2个；稻米加工规上企业151个，较上年增14个；市州及以上龙头企业124个，较上年增12个，其中省级以上龙头企业37个，较上年增3个；稻米规上加工业产值265.70亿元，较上年增4.4%；全市优质水稻种植面积691.31万亩，较上年增4.42万亩；优质水稻种植产量383.26万吨，较上年增2.68万吨。

（二）油料产能逐渐扩大，菜籽油产业链愈发稳固。

2023年油菜籽产业链愈发稳固，波动较小，产能增长突出。优质油菜籽面积330.07万亩，较上年增19.60万亩，在已成为全国油菜籽生产第一大市的基础上产能进一步扩大，优质油菜籽产量达59.15万吨，较上年增4.45万吨，连续27年位居全国第一。产业链方面，菜籽油“二品一标”品牌、中国驰名商标、区域公共品牌、市州级以上龙头企业数较上年无变化，网络销售额达6740

万元，较上年增 11.9%。

（三）特色水产徐徐爬升，小龙虾产业链逐步完善。

《中国小龙虾产业发展报告（2023）》中指出，荆州小龙虾产量约占全国 30%，占湖北 50%以上。全国产虾十强县市区中，荆州占 3 席，分别为监利市、洪湖市、公安县。本年淡水产品产值达 407.13 亿元，较上年增 46.75 亿元，小龙虾产量达 52.05 万吨，较上年增 7.65 万吨；淡水加工规上企业达 40 家，较上年增 6 家；市州级以上龙头企业 26 家，较上年增 3 家；规上加工业产值 60.53 亿元，较上年增 2.94 亿元，增 5.1%；淡水产品网络销售额 4.03 亿元，较上年增 0.61 亿元，增 17.9%。

（四）生猪产业面临挑战，于探索中承压前行。

2023 年优质生猪品种出栏 385.84 万头，较上年增 14.16 万头；共有规上生猪加工企业 15 家，较上年新增 3 家；市州级以上龙头企业 9 家，较上年增 1 家，其中主营业务收入 1-10 亿的企业有 6 家，较上年增 2 家。在生猪养殖、加工方面产能有所提升，但养殖市场较为低迷，猪肉价格出现一定程度下滑。行业主管部门积极应对，抓实生猪生产稳产保供，全市畜牧业总体平稳。

三、存在的问题

（一）生猪价格偏低且波动较大。

2023 年生猪市场供应稳定，但价格处于较低水平。除 1 月初与八月份生猪价格分别为 17.71 元 / 公斤与 16.44 元 / 公斤外，其余月份生猪价格一直保持在 13.5-15.5 元 / 公斤，四月份以后较上年一直偏低。据了解，当前平均每头生猪养殖成本在 2000 元左右，养殖户平均每头生猪出栏亏损达 400 元以上。养殖户盈利困难，不利于养殖积极性的提升，也导致生猪产值较上年有一定下降，本年生猪产值 88.43 亿元，较上年下降 3.9%。

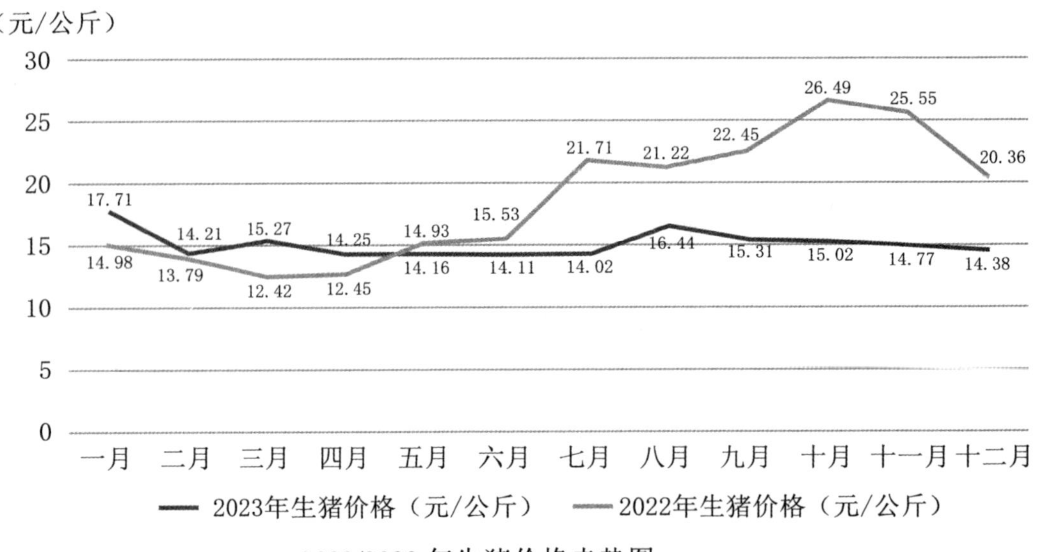

2022/2023 年生猪价格走势图

（二）产业结构仍需优化。

2017-2023 年，荆州的农产品加工产业产值与农业产值间的比例为：1.8:1，1.4:1，1.2:1，1.0:1，0.96:1，0.96:1，0.94:1，荆州市农产品加工产业产值与农业产值间比例较低，且这种差距在不断扩大。目前全市仅有 7 家国家重点农业龙头企业，仅占全省总量的 8.5%。其中，有 123 家省级龙头企业，仅占全省总量的 10.7%，营业收入 10 亿元以上企业荆州市仅 7 家。荆州农业企业数量虽较多，但距离形成具有较大影响力的“超级龙头企业”还需进一步探索与研究。

（三）种植品种、结构受限，挖掘内经济效益难度大。

作为闻名全国的农业大市，荆州在农业生产方面备受瞩目，也创造了许多出彩的成绩。但由于地域和政策限制，农业发展也面临许多困难。荆州农业以粮、油、蔬菜、棉花为主，油料、蔬菜、棉花种植面积占经济作物总面积 89.0%，品种较为单一，经济效益不高，由于种植结构较为单一，品类较为固定，土壤肥力下降、病虫灾害频率上升的问题也愈发明显。近年来荆州积极出台有关措施，鼓励多样化发展特色经济作物。但经济作物种植有一定的市场倾向性，农户也更倾向于保守稳定，改变种植方向的意愿不强，难以匹配市场节奏。

(四)农业农村生产收益较低，农村人口流失日渐明显。

劳动力的逐年流失是目前农村经济发展面临的重要问题之一，农村产业融合发展、农业产能提升对劳动力和人才的需求与农村人才、劳动力流失之间的矛盾日益凸显。由于农业先天存在着自然和市场两重风险，加之盈利相对更低，大量社会资本和先进成熟的技术生产要素更愿意向服务业、工业等方向拓展，同时由于大部分农村地区发展相对落后，导致农村劳动力技能素质相对低下，农村产业融合型人才缺乏，也抑制了先进技术要素的融合渗透，进而加剧了农业生产收益增长缓慢的问题。近几年除疫情期间外，农村劳动力外出务工人数均逐年增长，返乡人数逐渐降低。

四、下一步发展建议

(一)积极应对生猪价格下行压力。

应对生猪价格下行压力，需明确生猪产业发展目标，重点围绕生猪产业链的培育、品牌创建等方面进行部署。一是要做足相关预防预警工作，不断关注猪肉市场，关注国家已出台或待出台的猪肉收购相关政策。相关部门可结合收购政策建议农户随时关注市场价格走势，适时调出。二是要培植猪肉处理的相关产业，提升本地对猪肉消化能力以扩大内需。如生产猪肉罐头、猪肉脯、猪油等产品的企业，延长生猪养殖产业链。三是要规范原材料市场，降低养殖综合成本。

(二)培育壮大龙头企业。

一是要引导龙头企业加强科技创新和技术改造，推动深加工企业与高等院校、科研机构的产学研用合作，共建各类技术中心，加强技术攻关和成果储备转化。二是要加大实用型技术人才培养培训力度，努力开发高附加值产品，提升核心竞争力。三是要充分利用现有农企资源，将龙头企业、专业合作社、家庭农场、村集体和个体农户等主体紧密联结起来，遵循优势互补原则，将资金、技术、品牌等优势集中，抱团发展，提高地区整体实力。

(三)优化农业生产结构，寻求多种出路。

一是要继续抓实粮食生产，优化种植结构需要以保障粮食播种面积为前提。调整种植结构一方面需要在轮作模式上下功夫，推广早熟油菜籽种植，推广“油一早一晚”或“油一稻一再”，实现收割茬数的接二连三。二是需要在经济作物品种上下功夫，打造特色蔬果品牌，提升农产品经济效益。三是要继续保持宣传，鼓励农户因地制宜，多样化发展特色经济作物。

(四)加强劳动力培养与人才引进，提高农业生产收益。

由于农业生产先天性有风险大、收益低的问题，提高农业生产收益一是要加大对现有农业生产者的扶持力度，提供农业补贴、农业保险等政策，留住现有的农业农村劳动力与人才。二是要加强对高校、相关企业高素质人才的引进，通过各类人才下乡返乡创业计划为农村龙头企业发展壮大、产业融合、农业生产现代化提供推力，进而提高农业生产的收益。

撰稿：梅华丽

2023年黄冈十大重点农业产业链监测报告

围绕培育壮大农业产业化龙头企业“双十双百”工程，围绕“大产业、大龙头、大平台、大科技、大品牌”发展思路，针对全市农产品流通体系不健全、农产品品牌建设滞后、规模化标准化种养程度较低、农产品加工链条短、布局分散等突出问题，以供应链思维重构产业链，强化龙头企业带动、城乡要素联动、科技进步促动，着力推进重点农业产业链建设，助推农业转型升级。

一、十大产业链监测情况

2023年，全市农业十大产业链“二品一标”品牌251个，较上年增加48个；中国驰名商标（农产品类）4个；区域公用品牌30个，较上年增加3个。优质农产品种植面积1034.25万亩，较上年增长4.4%。十大产业链农产品产量771.27万吨，与上年基本持平；实现产值767.82亿元，增长1.3%。产业链农产品加工企业151家，较上年增加17家，实现产值196.42亿元。其中省级以上龙头企业74家，较上年增加7家。有省级现代农业产业化联合体19个，较上年增加3个。冷链（仓储）物流中心219个，较上年增加14个。实现农产品销售额378.3亿元。

1.优质稻米。有优质稻米“二品一标”品牌58个，占全产业链“二品一标”品牌的23.1%。优质水稻种植面积424.92万亩，优质水稻产量222.31万吨，实现产值96.89亿元。优质稻米产业链规模以上工业企业39家，实现产值60.67亿元；其中，省级以上龙头企业28家。

2.生猪。全市生猪出栏474.3万头，实现产值130.93亿元；有规模以上生猪加工企业13家，其中省级以上龙头企业3家，较上年增加2家；建设有生猪冷链（仓储）物流中心26个，总容积2.96万立方米；生猪和猪肉销售额83.82亿元。牧原、温氏、金旭等行业龙头企业在黄布局，全市现有部级标准化生猪养殖场2家，分别为湖北金旭农业发展股份有限公司黄冈分公司（国家级生猪核心育种场）、湖北省金浠农牧有限公司。生猪屠宰企业34家，其中A类屠宰企业13家，B类屠宰企业21家，其中中粮家佳康（湖北）有限公司为国家级标准化屠宰企业。

3.特色淡水产品。全市淡水产品“二品一标”品牌14个，较上年增加2个；区域公用品牌3个，较上年增加1个。全市淡水养殖面积95.43万亩，淡水产品产量50.69万吨。实现淡水产品产值166.19亿元，销售额80.78亿元。小龙虾养殖面积97.39万亩（含虾稻连作），产量12.6万吨，占淡水产品产量的比重为24.9%。淡水产品规模以上加工业企业实现主营业务收入29.67亿元。

4. 蔬菜。全市全年蔬菜种植面积196.72万亩，产量384.94万吨，实现产值172.77亿元。“二品一标”品牌79个，较上年增加27个。蔬菜产业链加工企业7家，其中省级以上龙头企业数5家。共建设蔬菜冷链（仓储）物流中心66个较上年增加7个，总容积达14.98万立方米，蔬菜物流供应体系进一步畅通。

5.禽蛋。全市全年家禽出笼6859.89万只；禽蛋产量35.86万吨，实现产值63.69亿元，禽蛋销售额43.85亿元。禽蛋加工企业6家，实现产值9.20亿元；其中省级以上龙头企业3家。建设有禽蛋冷链（仓储）物流中心10个。

6.茶叶。全市有茶叶“二品一标”品牌50个，较上年增加5个。茶叶种植面积49.64万亩，其中优质茶面积33.43万亩，种植面积进一步稳定增长。茶叶产量4.29万吨，产值38.64亿元，茶叶销售额22.49亿元。有茶产业链规模以上加工企业23家，实现产值9.85亿元；其中，省级以上龙头企业11家。有冷链（仓储）物流中心20个，库容5300立方米。

7.现代种业。全市有省级以上龙头企业3家。国家级良繁基地2个，省级保种场1个。大宗作物（水稻、油菜、蔬菜、柑橘）繁育播种面积9400亩，种苗产量超过4164吨；能繁母猪存栏6.53万头，鱼苗45亿尾。

8. 菜籽油。全市油菜籽播种面积268.05万亩，产量42.67万吨，实现农业产值25.67亿元。菜籽油产业链有规模以上加工企业11家，实现加工产值32.75亿元；其中市州级以上龙头企业7家，省级以上龙头企业5家；主营业务收入亿元以上的有3家，其中10亿元以上1家。28个冷链（仓储）物流中心扩容，总容积达2.03万立方米。

9.柑橘。全市柑橘种植面积5.33万亩，其中优质产品面积3.69万亩，柑橘总产量5.77万吨，实现产值3.29亿元。

10.中药材。截至2023年底，全市中药材产业链有“二品一标”品牌36个，较上年增加6个；中国驰名商标1个，区域公用品牌（十大楚药）12个。全市中药材种植面积108.88万亩，同比增长5.3%；其中生态药材种植面积63.63万亩。中药材产量24.75万吨，增长6.8，实现产值69.76亿元，增长2.8。全市中药材产业链有规模以上工业企业52家，较上年增加12家，其中有市州级以上龙头企业49家，省级以上龙头企业17家；中药材产业链规模以上工业企业实现产值38.23亿元。中药材产业链招商引资项目投产18个，招商引资实现金额16.3亿元。

二、重点产业链建设的做法与成效

（一）优质稻米。稳定生产基础。建成优质稻规模化、标准化百亩核心示范点469个，千亩示范区98个、万亩示范片23个，粮食初级产品供给能力不断增强。积极整合项目资金向优质稻主产区倾斜，建设规模化、标准化优质稻生产基地，为打造优质稻米产业链提供优质原粮。其中，黄梅县初步建成优质稻生产基地近70万亩，麻城市、浠水县、武穴市建设优质稻基地超过50万亩，蕲春县建设优质再生稻和优质稻示范基地15万亩。科技赋能生产。积极组织开展优质稻品牌提升暨“种粮工程”行动，印发了《2023年黄冈市优质稻品牌提升暨“种粮工程”示范行动方案》，结合农业科技赋能成果推广应用，采取3+3模式（全市统一示范品种3个，各县市区自选示范品种3个），围绕“优品种、提品质、创品牌”的目标，着力提高种植质效，解决品种“多乱杂”的突出问题。培育市场主体。进一步加大优质稻生产补贴力度，充分调动地方主管部门和龙头企业积极性，重点对成长型企业、种植主体、服务主体等进行扶持，推进优质稻米产业快速发展。全市培育水稻规模化种植超过2000余家，优质水稻产业化联合体达到12家。加强品牌打造。创建优质稻米品牌50个，其中，中国驰名商标1个，湖北名牌产品1个，湖北省著名商标产品6个，荣获中国好粮油产品1个，荆楚好粮油产品6个。黄梅县全力打造“黄梅香米”公共区域品牌，重点培育“二度梅”、“溜尔鲜”、“泽众”等品牌，着力打造虾稻米、翻生米等地方特色稻米。蕲春拥有蕲春珍米、蕲春再生稻两个水稻公用品牌，积极参与地标优品等展示会，对外展示蕲春大米品牌，提高品牌知晓度。

（二）特色淡水产品。争资立项循序渐进。立足于黄冈好水好水产资源，紧扣渔业发展项目，加大协调对接力度，积极向上争取到中央和省级池塘改造、尾水治理、水产品初加工和冷藏保鲜等项目资金9168万元，同比增长14.5%。苗种繁育稳步推进。牢牢抓住渔业发展的关键种苗“芯片”，以太白湖渔场为主体，探索以市场化运作的办法，筹建全市苗种繁育公司。黄州区着力做大做强做优幸福鱼苗孵化产业，实现3000余亩鱼池标准化改造，目前已完成鱼苗孵化近170亿尾。黄梅改造小龙虾苗种繁育基地6440亩，水产苗种产量已达66亿尾。武穴注重亲本引进和提纯复壮，鱼苗生产达25.5亿尾，投放鱼种1.4万吨。渔业招商突飞猛进。充分利用黄冈好水好资源，以商招商、精准招商，黄冈渔业招商引资实现新突破，其中10亿元以上投资项目2个。麻城华创鲟鱼科技有限公司流转土地1000亩，计划投资20亿元进行鲟鱼养殖、加工和旅游观光，已完成征地手续。团风湖北冠廷投资管理有限公司，总投资10亿元建设国家级水产全产业链产业园，并引进福州宗俊化工有限公司，总投资1.5亿元建设稻蛙养殖、加工、繁育一体化产业园区。鳗鱼产业齐头并进。全市鳗鱼类企业由2家增至15家，已投产13家，2023年全市鳗鱼产量6530吨。黄州区鳗鲡现代智慧农业产业园项目，投资2.66亿元建设集养殖、产能发电、加工、观光休闲于一体的鳗鱼产业园区，一期已于10月建成投入使用。

（三）蔬菜。抓招商、引项目。黄冈市齐农生态农业科技发展有限公司先后在黄州区、龙感湖、武穴、麻城、红安、浠水、黄梅等地投资建设高标准温控设施大棚合计22000亩。浠水县积极引进江苏企业浠东农业发展有限公司落户散花沈墩村，目前基地面积1000亩，设施蔬菜300亩。强基础、优配套。黄州区累计争取整合涉农项目资金达3000万元，全部用于蔬菜基地基础建设及标准化生产、绿色防控、品牌建设等。英山县利用乡村振兴衔接项目4800万元资金新建集约化育苗中心50.4亩，年集约化育苗能力达到1000万株；武穴市实施武穴佛手山药生产示范基地建设项目，建设武穴佛手山药集中连片标准化生产示范基地500亩。育主体、壮龙头。预制菜加工坚持"一菜一菌"并重，主要加工品种为脱水蔬菜、平菇、秀珍菇、金针菇加工，香菇干制和提炼、豆制品加工、山野菜干制、萝卜、雪里蕻、"高脚白"白菜、豇豆、辣椒、蒜头、藠头等鲜品蔬菜腌制或制成酱菜。基本形成集源头生产、质量管控、商品集散、冷链物流、精深加工、市场销售为一体的蔬菜产业链条。调结构、展特色。罗田特色品种羊肚菌种植面积接近4000亩，千亩以上羊肚菌基地2个；罗田黄花菜通过龙头企业带动发展，从最初的1个基地发展到4个乡镇13个村，总面积超过3000亩，白杨冲牌干黄花菜通过了绿色食品认证。红安县围绕"红宝萝卜""珍珠花""荆芥"等蔬菜开展"二品一标"认证4个以上。深加工，增产值。黄州区月果老农产品加工有限公司和永通食品有限公司依托周边原材料供应，以腌制和脱水蔬菜为主，产品销往全国及台湾、韩国等地区；英山县神峰山庄先秾坛牌酱菜、小磨香油被评为黄冈市"地标优品"，年加工各类蔬菜及农产品340万斤。追溯源、抓监管。坚持质量、安全第一，建立蔬菜产品检测和质量可追溯制度，严格落实从田间地头到餐桌食用全过程监管，确保市民吃上"放心菜"。健全完善制度，确保机制到位。健全完善相关监管制度。进一步完善了产地环境、农业投入品监管、农产品生产管理、产地准出、收购储运过程监管和生产企业诚信管理等制度，并相继建立了农产品质量安全监管检测追溯平台、农业物联网应用管理平台、农资监管追溯平台，实现农产品及农业投入品源头可追溯、流向可追踪、信息可查询、责任可追究，形成了产地准出与经营市场准入有效衔接机制。

（四）茶叶。推动各县市区改造老茶园，建设生态茶园、提高茶新品系种植面积等方法推进茶品质提升工程。积极推进茶叶自动化、智能化、清洁化加工技术，保障茶叶质量安全，提升茶叶品质。部分茶叶生产经营主体完成技术改造、设备更新等工作，支持鼓励茶企购置新建改造升级初加工生产线，着力推动茶叶市场主体完成茶叶绿色认证工作相关程序，努力使黄冈市茶叶品质大幅度提升。进行茶叶品牌资源整合优化，不断提升黄冈茶叶整体形象和品牌竞争力。英山县英山云雾茶产业协会已成立英山云雾茶知识产权保护站，授权20家企业使用"英山云雾茶"区域公用品牌，20家企业均使用了英山云雾茶防伪标识，品牌使用率达到100%。树立"生态优先，绿色发展"的理念，着力按茶叶品类开展标准体系建设，持续推进标准化茶园建设。英山县成立英山茶产业技术研究院，制定英山云雾茶生产技术规程、加工技术规程、产品质量标准、茶艺冲泡规程4个团体标准，进一步健全英山云雾茶标准体系。集成绿色防控、科学施肥、茶园生态优化、农机农艺融合等先进技术，确保茶叶质量安全，示范带动茶农增收、茶企增效，促进茶产业高质量发展。英山县建成大别山茶树良种科技示范园，引进国家级茶树良种7个，主推鄂茶1号茶树良种，加速低产茶园改种换植。红安县新建高标准生态茶园3000亩，改造低产茶3000亩。

（五）中药材。加大种质资源保护。全市上下不断加大种质资源圃、良种母本园和良种繁育基地建设，制定《黄冈市中药材"一库两中心"建设方案》，依托黄州区、蕲春、麻城、英山、罗田等县市，构建"一核引领、四城联动、全域协同"的黄冈道地中药材良种繁育基地和种质资源保护库。2023年，在英山、蕲春、罗田、麻城建设苍术、菊花、蕲艾等中药材良种繁育基地87个，逐步实现全市中药材种子种苗自给自足和产业化经营。大力推广中药材规模化、标准化种植。按照统一规划、区域布局、突出特色、连片开发的原则，重点在蕲春、英山、罗田、麻城、红安等县市建设一批湖北十大楚药品种和五大特色药材规模化、标准化示范基地。2023年，全市建设千亩以上集中连片的中药材生产示范基地65个，辐射带动全市中药材生产向规模化、标准化方向发展。其中蕲春县通过招商引资湖北浩晟艾世界项目计划建设5万亩蕲艾机械化标准化种植基地，2023年已建设1.5万亩。做强市场主体。支持中药材加工企业合作，通过资产重组、抱团发展等方式，优化资源配置，培育壮大有竞争力的龙头企业。鼓励和支持中药材企业申报省级以上农业龙头企业。2023年，全市新推荐申报省级以上中药材龙头企业3家。加大招商引资力度。全市共签约农产品加工产业链上下游招商引资项目130个，协议投资额246.95亿元，其中亿元以上中药材项目9个。开展科技攻关。依托市农科院成立中药材研究所，组建中药材专业研究团队，联合华中农业大学、湖北中医大学、湖北省农科院等省内外专家，科技赋能中药材产业发展。2023年，在全市示范推广蕲艾、菊花、茯苓新品种及技术成果3个，在罗田县、英山县推广天麻保鲜新技术1项，建设单个储量100m³以上的标准化气调库7000m³，着力解决制约我市中药材产业发展中的种质资源退化、种植栽培技术单一、采收成本高等共性关键问题。强化品牌建设。积极组织市场主体申报“二品一标”认证，2023年全市新增中药材“二品一标”认证3个。组织英山县参加“第四届湖北地理标志大会暨地理标志展示品鉴活动”、组织全市65家大健康企业参加2023年世界大健康博览会、21家中药材市场主体参加湖北第30届中药材交易会暨第7届蕲艾文化节，举办第十一届麻城菊花旅游文化节。促进医养融合发展。开发中药养生茶、药酒、蕲艾药包等健康养生产品，丰富中药材产业链。全市开发蕲艾条、菊花眼罩、茯苓饼干，葛根面等中药材系列产品2000余个。

三、产业链发展的建议

（一）*在创建产业基地上下功夫*。围绕中药材、菜籽油、红安苕、板栗、茶叶、家禽及蛋制品等特色产业，扩大标准化、规模化基地建设；实施种业振兴行动方案，聚焦十大重点农业产业链开展种质资源保护利用、种业创新能力提升工程建设，切实提升农产品品质；坚持市场导向，推进龙头企业、合作社、家庭农场建立产业化联合体，指导市场主体以销定产，确保产销两旺。

（二）*在培育壮大龙头企业下功夫*。坚持“两条腿”走路，积极发展壮大现有的，引进培育新生的；引导现有龙头企业不断提升标准化生产水平、质量管理水平，进一步提质增效，不断增强市场竞争力；大力开展招商引资，主动对接央企和大型企业集团，招引一批领军型农产品精深加工企业落户。

（三）*在搭建完善产业平台下功夫*。提升现代农业产业园创建水平，以蕲春县、武穴市国家级现代农业产业园以及18家省级现代农业产业园为依托，推进园区“生产＋加工＋科技”一体化，提升设施化、园区化、融合化、绿色化、数字化水平。加快红安食品饮料工业园、蕲春农产品加工园、黄梅大胜农产品加工园、武穴火车站农产品加工园、团风马曹庙农产品加工园提档升级，推动麻城、罗田等建设农产品加工园区。

（四）*在完善农产品供应链上下功夫*。推进农产品物流体系建设，对接花湖机场，融合产地物流、仓储物流、冷链物流、寄递物流、航空物流，打造华中现代农产品物流枢纽。建设黄冈市公共物流配送平台，加快推进“一县一中心”物流配送中心建设，改造提升乡镇综合服务站功能，确保农村电商和快递物流服务网点行政村建点率达到100%。推进农产品仓储冷链设施建设，在优势特色农产品主产县建设一批具有预冷处理、初级加工、分拣、储存、包装、交易等功能的冷库、集配中心和“田头小站”。

（五）*在打造农产品品牌上下功夫*。整合资源、集中力量，聚焦十大重点农业产业链，持续做好农产品区域公用品牌、企业品牌、产品品牌培育，构建“区域公用品牌＋企业品牌＋产品品牌”的农产品品牌体系。重点打造蕲春蕲艾、麻城福白菊、大别山黑山羊、英山云雾茶、罗田板栗、红安苕、白莲青背胖头鱼等一批精品品牌，做大做强企业品牌和产品品牌。

（六）*在推进产业融合上下功夫*。积极创建产业集群、现代农业产业园和产业强镇建设，提升农产品精深加工能力，培育一批农产品加工强县和10亿元镇、亿元村，贯通产加销促增收；积极开发农业产业新功能、农业生态新价值，推动农业与旅游、教育、康养等产业融合，发展田园养生、研学科普、民宿康养等休闲农业新业态，努力打造有特色主导产业、优美人居环境、完备旅游设施、过硬基层组织的样板区。

（七）*在加强市级统筹上下功夫*。突出重点区域、重点产业、重点企业、重点品牌和重点环节，在全市进行优化布局，集中解决政策创设、品牌整合、技术攻关等问题；市农业产业化联席会议办公室加强对十大重点农业产业链工作统筹协调，推动各部门各单位各司其职、各负其责、协调联动，确保全市一盘棋、上下一条心，始终做到方向不偏、靶心不散、力度不减。

撰稿：徐秉东

链链生辉强动能　聚势融合谱新篇

——2023年度咸宁市十大重点农业产业链统计监测报告

2023年以来，咸宁认真贯彻落实省委办、省政府办《关于培育壮大农业产业化龙头企业的意见》和《关于印发培育壮大农业产业龙头化企业工作方案的通知》要求，立足资源禀赋和市情实际，继续以工业化思维强力推进重点农业产业化建设，聚焦优质稻米、生猪、特色淡水产品、蔬菜、禽蛋、茶叶、现代种业、菜籽油、柑橘、中药材等十大重点农业产业扎实开展延链强链补链，通过链式发展积蓄动能，通过融合发展谋划新篇，十大重点农业产业展现出强劲活力。现将2023年度监测情况报告如下：

一、咸宁十大重点农业产业链发展情况

2023年咸宁农业生产保持稳定，农村经济持续向好。农林牧渔业增加值达276.36亿元，按不变价计算，同比增长4.8%，其中：第一产业增加值257.73亿元，同比增长4.7%。从初级农产品稳产保供情况看，全年粮食作物面积198.94千公顷，同比增长0.6%；经济作物面积254.04千公顷，同比增长0.6%。根据反馈数据，全市2023年粮食产量120.82万吨，比上年增长1.8%。油料产量20.32万吨，再创历史新高；蔬菜及食用菌产量261.91万吨，同比增长1.7%；肉类总产量和水产品产量达到24.72万吨和25.34万吨，均比上年增长4.5%。

与此同时，全市农业产业化推进质效明显。2023年，全市市级及以上农业产业化重点龙头企业291家，其中：国家级3家、省级74家。农业产业延链建设成效斐然，全市省级农业产业化联合体发展至11家、省级现代农业产业园区达到6个，其中：涉及十大重点农业产业链的联合体共9家。各地积极做好“土特产”文章，“一村一品”示范村镇培育效果显现。咸安区贺胜桥镇（肉鸡）、嘉鱼县潘家湾镇（蔬菜）、赤壁市茶庵岭镇（羊楼洞砖茶）入列2022年全国乡村特色产业产值超十亿元镇名单。2023年，全市共有“二品一标”农产品167个，其中：绿色食品127个、有机产品29个，地理标志产品11个。农业产业化成为助推乡村产业振兴的强劲引擎。

1.优质稻米。2023年，全市新稻收购价格稳定在1.3元每斤以上，实际种粮补贴和耕地地力保护补贴政策得到有效落实，有力保障农民种粮积极性。从生产情况看，全市稻谷总面积211.31万亩，同比增长1.1%；稻谷总产量102.09万吨，同比增长1.7%。其中：优质水稻种植面积172.02万亩，同比增长0.6%；其中，订单生产面积33.51万亩，同比增长2.0%。全市优质稻米产品产值41.79亿元，同比增长12.0%。从加工情况看，规模以上稻米加工企业11家（含省级以上龙头加工企业4家），全年营收总额26.21亿元，同比增长14.2%。

2.生猪。2023年以来，全市生猪出栏价格一路下跌，至当年6月末跌破14元/公斤关口后呈低位震荡走势。当年8月以来，出栏生猪收购价格止跌回升，维持震荡偏弱走势。从生产情况看，全年生猪出栏量248.71万头，比上年增长4.0%；其中：优质品种生猪出栏量75.95万头，比上年增长4.4%。全市积极引进正大、双胞胎、温氏、丹育、海大、大北农、天邦等7家集团公司，“公司+合作社+养殖场”代养发展模式日益扩大。受价格因素影响，全年生猪产业链产品产值63.12亿元，同比下降6.7%。从加工情况看，现有规模以上屠宰加工企业6家，规模以上生猪加工业产值达到12.10亿元。从流通环节看，生猪和猪肉销售额达68.50亿元，同比下降0.8%。冷链物流中心发展至17个，冷链仓储库容比上年增加1.9倍。

3.特色水产品（小龙虾）。全市渔业加快“转方式、调结构”，池塘养殖投放面积46.37万亩，同比增长5.9%；各地投放鱼苗5.17万吨，生产鱼苗50.80亿尾，水产品供给保持稳定。全年小龙虾养殖面积48.84万亩，产量达到4.42万吨，同比增长6.7%。全市8类名特优产量占比达26.8%，渔业结构持续优化。全市淡水产品产值 73.04 亿元。从加工环节看，2 家规上淡水产品加工企业年营收达 3.30 亿元；从流通环节看，淡水产品销售额 74.53 万元，同比增长 2.13%。

4.蔬菜及食用菌。2023 年，全市蔬菜播种面积 147.14 万亩，同比增长 1.8%。全市露地大宗蔬菜、设施精细蔬菜、特色水生蔬菜、食用菌并列发展格局初步形成。继嘉鱼甘蓝、嘉鱼大白菜登榜国家地理标志产品之后，2023 年 11 月 29 日嘉鱼县正式挂牌“中国甘蓝之乡”，“珍湖莲藕”“富德蔬菜”受到人民日报、湖北日报持续报道。嘉鱼累计引进试种甘蓝新品种 2062 个，选育筛选的“思特丹”甘蓝打破国外市场垄断，畅销湖北省内宜昌、襄阳、荆州、荆门、天门和上海、江苏等地，成为长江流域越冬甘蓝主栽品种。经过连续 5 年推广验证，“思特丹” 已全面超越国外同类品种，种植面积近 10 万亩。

5.家禽及蛋产品。“贺胜鸡汤”商标离“家”20 余年之后正式回归咸宁贺胜桥，全市家禽产业发展迎来新机遇。从生产情况看，2023 年全市家禽出笼 3495.08 万只，同比增长 2.0%；禽蛋产量 6.30 万吨，同比增长 4.5%。全年禽蛋产品产值 19.72 亿元，同比增长 10.9。咸安区温氏集团 5000 万羽肉鸡产业链规模持续扩大，温氏佳丰产业园精深加工技改稳步推进。从加工和流通情况看，全市规模以上禽蛋加工企业达到 4 家，主营业务收入 17.15 亿元，同比增长 26.1%；禽蛋加工产值 13.77 亿元，同比增长 11.0%。咸安区肉鸡产业化联合体跃升省级 1 个。全市禽蛋产品销售额达 6.38 亿元。

6.茶叶。2023 全市茶园基地面积 52.98 万亩，同比增长 1.2%；其中，优质高产茶园面积 31.81 万亩，占比达 60%。全年茶叶产量 9.43 万吨，同比增长 5.3%，其中青砖茶产量达 7.41 万吨，占据全市茶叶产量近 8 成，同比增幅 4.2%。茶叶初级农产品产值 23.24 亿元；全产业链综合产值超过 185 亿元。全市规上茶叶加工企业 25 家，比上年度增长 9 家。赤壁青砖茶知名度持续提升，2022 年，“赤壁青砖茶”入选国家地理标志产品保护示范区筹建名单；2023 年，“第十九届中国茶业经济年会、和“一带一路”赤壁青砖茶产业发展大会如期举行；“十一”黄金周期间，湖北黑茶制作技艺（赵李桥砖茶制作技艺）上榜“万里茶道”（中国段）非物质文化遗产品牌；新华社客户端《玛莎茶道日记：我到茶厂去搬“砖”》，阅读量达 117.4 万人次。

7.现代种业。种业产业迎来新机遇，各地牢牢掌握蔬菜（含莲藕）等作物种子“芯片”，推动育苗育种标准化、产业化和现代化。2023 全市市级以上种业龙头企业 1 个，常规农作物（水稻、油菜、柑橘、蔬菜）种业播种面积连续 3 年稳定在 10 万亩以上；渔业、畜牧业种业规模持续扩大，2023 年末能繁母猪存栏量 13.04 万头；种禽数量 3495.08 万只。全市繁育鱼苗 50.80 亿尾，小龙虾苗 25.40 亿尾。从流通环节看，种业销售总额 7443 万元，同比增长 5.7%。全市各地加大种苗选育和集约化育苗行动，着力破解种植业种苗依赖问题。嘉鱼富德蔬菜专业合作社采用“漂盘育苗”等智能化、科技化技术大大提高育苗效率；通城县绿康种苗公司培育辣椒、丝瓜、西瓜等 20 多个品种，2023 年全年育苗年产值达 1400 余万元，辐射湖北、江西、湖南等地。

8.菜籽油。全市继续实施油菜轮作试点，积极开发冬闲田推动油菜扩面种植。全市油菜品种升级迭代，低芥酸、低硫苷品种占比达 100%。2023 年，全市优质油菜籽面积 142.81 万亩，比上年增长 1.1%；受秋冬季连旱影响，2023 年夏收油菜籽产量 16.72 万吨，同比下降 0.8%；油菜籽产值 11.99 亿元，同比增长 5.9%。从流通情况看，油菜籽销售市场向好，干籽收购价格继续保持在 3.2 元 / 斤以上。在流通环节，成品菜籽油全年销售额 11.73 亿元，同比增长 22.3%，其中：网络销售额 740 万元。

9.柑橘。截至 2023 年末，全市柑橘园面积稳步发展至 15.49 万亩，同比增长 1.6%。其中：优质柑橘园面积 8.99 万亩，同比增长 12.9%。全年柑橘产量 5.26 万吨，同比增长 2.5%；柑橘产值 1.87 亿元，同比增长 5.3%。冷链仓储物流中心 3 个，比上年增加 1 个；仓储库容 1.93 万方，同比增长 18.5%。全年柑橘销售额 2.17 亿元，同比增长 14.9%。柑橘类“绿标”新增 1 个，其中：通山柑橘产业跃升为省级产业化联合体，实现历史突破。

10.中药材。2023 年全市中药材基地在地种植面积达 25.58 万亩，同比下降 3.1%，其中：生态药材面积 16.81 万亩，同比增长 1.2%；当年采收面积 13.35 万亩，同比增长 5.1%；全年中药材产量 11.56 万吨，同比增长 6.6%。黄精（幕阜山区南三县）入选“十大楚药”，金刚藤（通城）入选“五大特色药材”，鄂优十六味绝大多数在鄂南幕阜山系实现人工栽植。通城县金刚藤基地（福人药业）和崇阳县黄精基地（领康药业）成功入选“中国优秀道地中药材种植示范基地”。在加工环节，中药材精深规上加工企业 3 家，中药材规上加工产值达到 11.13 亿元。全市新建仓储物流中心 3 个，全年中药材销售额 23.11 亿元，较同期有所下降，网络销售额逆势增长 32.5%。咸安区真奥金银花药业开发的核心产品金银花口服液被列入国家医保药品目录，连续多年研发投入保持在 5000 万元以上。全市雄厚的中药材资源禀赋，有力支撑了全市生物医药等重点产业迈向“百亿产业集群”。与此同时，国家区域医疗中心落户咸宁投产建设，进一步推动全市大健康产业和医卫事业发展。

二、2023 年十大重点农业产业链发展中的新特征

重点农业产业链建设实施以来，咸宁市坚持以工业化思维发展和推进现代农业，10 个“链长制”专班各负其责、协同发力，基地建设不断推进，加工能力不断增强，品牌建设不断推进，产业融合不断深入，农业产业链在发展中竞相涌现新的特点。

一是适销产品风格多元，延链成果求新出彩。传统农业初级产成品走向产业融合型、产业链延伸型、业态包容型的发展模式。从生产、加工、流通到末端消费，适销产品风格日趋多元化。“虾稻共作”模式加速推广应用，实现“一水两用、一田双收、稳粮增效”；赤壁青砖茶由“青”变“轻”，从“板砖”到“潮饮”，不断求新突破、勇闯新路！赤壁青砖茶已开发出速溶茶、青砖茶面膜、青砖茶啤酒等 30 余类 160 多款新品。赤壁茶发集团紧跟年轻人口味，加快新茶饮市场布局，全省已开设青砖茶奶茶店 26 家。茶产业聘请中国工程院刘仲华院士倾力指导，围绕便捷化、高雅化、时尚化、功能化等“四化”创新研究，开发茶饮料、茶食品、茶医药等 100 多类 300 多种产品。

二是重点产业龙头壮大，示范带动效应显现。我市精心培育重点龙头企业，新增金桂科技、本草汇农业等 26 家市级以上龙头企业。从全市 2023 年重点龙头企业结构来看，龙头企业数量稳步增长，发展梯队持续优化。各地积极组建龙头企业带领农民合作社、家庭农场抱团发展的省级农业产业化联合体 7 个。围绕全省 10 个优势农业产业，聚焦我市青砖茶、莲等优势产业，以赤壁青砖茶、嘉鱼莲藕为重点，特色产业集群示范带动效应不断彰显。全市 13 个重点农业产业带动脱贫户 2.70 万户，8255 家农民专业合作社、家庭农场带动脱贫户 3.89 万户。

三是资源利用“吃干榨净”，农旅融合“接二连三”。结合自身农业特色和资源禀赋实际情况，咸宁市着力在重点农产品精深加工、产值转化、产业融合方面加力做好文章。湖北联创食品有限公司作为莲产业领域的国家级龙头企业近年来加快推动莲藕、莲叶、莲蓬、莲子全行业精细加工，探索对莲产业和莲产品“吃干榨净”。依托“楠竹之乡”丰富的竹木资源，我市着力夯实自然生态本底，德国 15 亿欧元负碳材料项目落地咸宁赤壁，项目对竹竿、竹根到竹叶甚至竹屑进行“全竹利用”，是“绿水青山就是金山银山”理论的生动实践。与此同时，各地发挥资源优势，延伸产业链条，丰富业态融合，宜农则农，宜旅则旅，从百亩药谷，千顷荷塘，到万亩茶园，再到油菜花海，众多农旅融合项目层出不穷、四季交替，重点农业产业链链生辉，产业发展深度融合，真正奔向“接二连三”。

四是拓展功能和品牌建设催生农业“新质生产力”。积极推进特色农产品产区变景区，咸宁农高区依托绿色产业项目建设，发展现代庄园经济，振兴乡村特色产业，把农业风景变为产业美景、把农业颜值变为经济产值。各地坚持聚焦产业发展，筑牢品牌根基；聚焦主体培育，激发发展活力；聚焦“地标”管理，助力体系建设；聚焦媒体宣传，提升品牌关注度；聚焦节庆展会，拓展营销市场，加大咸宁农业品牌建设，嘉鱼蔬菜、赤壁茶叶通城生猪等一大批优势农产品加速进入外销市场，实现从“卖原料”到“卖产品”、“卖资源”到“卖品牌”的华丽转身。农业延链发展的同时，新质生产力也在孕育催生。

三、当前农业产业链发展中存在的困难和问题

在新形势和新机遇叠加之际，我市农业产业链条不完整、精深加工不足、龙头企业集群力度不高、产业综合带动效应不强、传统经营模式仍占主导等现实困难和问题也逐步凸显出来。

一是产业链条不完整仍然制约发展动能。我市大量初级农产品作为原材料运往外地，附加值外流现象明显。通山县柑橘、枇杷等特色水果种植历史悠久、产量可观，但在加工环节尚无1家规模以上企业；全市油菜籽收割后9成以上直接收购外销，无本地大型油脂精深加工规模企业。二是人才队伍建设和产品精深加工能力建设仍然不足。咸宁水产资源丰富，但绝大多数只从事水产品粗加工，对小龙虾等名优产品开展深加工的企业培育明显滞后于市场需求。同时，现阶段我市农业产业科技攻关、技术推广、市场营销等方面人才匮乏，在咸职教院校未设立农业重点产业课程，无法在我市科研院所和学校引进高层次人才。三是产业龙头企业仍需扶持壮大。从统计监测数据看，全市十大产业链规上农产品加工企业数量58家，数量虽然有所增长，但主营业务收入超过1亿元的规上企业同比减少1家，超过10亿元的龙头企业数量仍为0家；规上农产品加工产值同比下降约30.2%，产业发展动力不足。四是农业产业化建设仍需加力。从2023年省市新增省级产业化联合体和年末省级现代农业产业园数量分布情况看，全市2023年末现代农业产业园数量6家，较上年无新增，且没有国家级产业园区。同时，我市重点农业产业存在品牌偏少、影响力不强，除稻米、蔬菜、茶产业合计有9个中国驰名商标以外，其他特色产业国家和省级著名商标基本空缺，特色品牌创建工作仍需持续发力。

四、推动重点农业产业链延伸发展的几点建议

2024年是全面贯彻落实党的二十大精神的关键之年，是深入实施“十四五”规划的攻坚之年，也是学习运用“千村示范、万村整治”工程经验有力有效推进乡村全面振兴的关键之年。加快推进农业产业链条延伸，补齐产业发展中的薄弱短板，增强产业发展新动能，需要从以下4个方面持续发力。

一是坚持政策赋能，强化重点链条建设。明确围绕全市重点农业主导产业链，支持龙头企业立足主导产业，加快推动品种培优、品质提升、品牌打造，推进农业产业链建设。全市要继续实践好产业链“链长制”，对重点农业主导产业实行“一条产业链一名市领导领衔、一个牵头单位负责、一个工作专班推进、一个工作机制贯彻、一个专家团队指导、一名县级干部联络”的制度。不断优化市级联席会议协调制度，统筹市县两级专项奖补资金，全面推进“以工业化思维发展现代农业”典型经验做法，推动重点行业领军企业和龙头企业扶持培育力度。

二是坚持绿色引领，推动特色提质增效。深入践行“绿水青山就是金山银山”的生态文明思想和绿色发展理念，以更高站位加快建设自然生态公园城市，切实把咸宁生态资源优势转化为发展优势，努力在自然生态公园城市建设上走在全国前列，以鄂南一域之光助力全域出彩。一是继续优化改进种养模式和作物品种。大力推广连作、套作、共作等高效种植养殖新模式，做深做细特色品种保护开发，推进生猪生态养殖、水产健康养殖等绿色产业发展。二是下好生态红利资源转化“先手棋”。严守生态保护红线，守好自然生态本底，坚持以优质、安全、绿色为导向，持续开展茶叶加工、畜牧养殖行业标准化示范基地建设，加快推动农业面源污染整治，积极创建农业绿色发展先行区，培育壮大农业+大健康等特色产业。

三是坚持科技助力，提升农业保供能力。进一步增强“保障好初级农产品供给是事关全局战略性问题”的思想认识和政治站位，坚持粮食安全党政同责，坚决遏制耕地“非农化”，有效防止耕地“非粮化”，围绕保供给、固安全，层层压实粮经饲等作物播种面积，通过加大科技投入要素提升农业产能。一是要深入推进高标准基本农田建设，实施优质粮工程，提升耕地地力水平和农业基础设施保障水平，确保重要初级农产品供给稳定充足。二是要加快推进茶叶蔬菜、中药材等特色产业转型升级，以赤壁青砖茶为重点，推动全市茶产业协同发展。大力发展现代种业配套服务业发展，在优质资源供给端加大投入研发。三是鼓励正大、温氏、双胞胎等重大畜禽产业链加强

现代养殖技术转化应用，推动肉蛋及水产品供给稳定增长。

四是坚持三产融合，激发业态发展潜能。一是要持之以恒推进农业产业化建设，以产业链、供应链、价值链为切入点，围绕“补链、强链、延链”做文章，推动农业价值链迈向中高端，通过产业融合发展提升农产品附加值。各地要优化调整产业布局、服务重大农业产业项目申报建设，积极培育壮大农业龙头企业，确保省级农业产业化联合体全域覆盖。二是要持续推动农林牧渔业“接二连三”融合发展，推动农旅产业融合发展，做好农业生产与文旅观光产业有机结合，实施咸宁农产品品牌计划和美丽乡村建设工程，充分利用 CCTV、学习强国、党报媒体等媒介多样化开展咸宁品牌宣介，提升全产业链价值。

撰稿：胡大利

2023年随州十大重点农业产业链统计监测报告

近年来，在市委、市政府高度重视下，全市聚焦优质稻米、生猪、特色淡水产品、蔬菜、禽蛋、茶叶、菜籽油、柑橘、中药材等十大重点农业产业延链补链强链，有序推进优质农产品生产基地建设。2023年，农产品加工业产值356.3亿元，同比增长6.3%，占全市规上工业总产值的26.7%；农产品出口75.91亿元，连续20年居全省第一。

一、重点农业产业链发展总体情况

（一）优质稻米产业。全市稻谷面积194.12万亩，稻谷总产量116.26万吨。全年优质稻米产品面积144.6万亩，订单生产率占44%。优质稻米产品产值28.3亿元，30家规模以上加工企业稻米加工产值43.42亿元，稻米销售额10.02亿元，同比增长1%。随州香稻收购价格3.2-3.46元/公斤，较普通优质稻高出0.4-0.7元/公斤，价格优势明显，大大提升了农民种粮积极性。

（二）生猪养殖产业。2023年全年生猪出栏量219.08万头，同比增长3.67%。实现全市常住人口人平一头猪，高于全省人平0.76头水平，出栏量在全省十七个地市州位居第九位。优质品种生猪出栏占比达100%。生猪产业链产品产值51.73亿元，同比下降3%；现有规模以上屠宰加工企业5家，生猪和猪肉销售额达37.75亿元，同比增长2.3%，流通领域建有冷链物流中心3个。

（三）特色水产品。2023年，全市池塘养殖面积36.45万亩，其中稻田养殖面积9.91万亩。全年水产品总量达9.13万吨，同比增长3.7%。全市淡水产品产值19.06亿元，同比下降10.1%，全市1家规上淡水产品加工企业产值7.07亿元，同比下降17.67%。淡水产品销售额12.08亿元，同比增长3.67%。

（四）蔬菜及食用菌产业。2023年全市蔬菜播种面积56.61万亩，同比下降5.73%；蔬菜及食用菌总产量145.14万吨，同比下降10.87%。蔬菜（食用菌）产品产值77.73亿元，同比下降10.63%。全市“二品一标”品牌51个。食用菌产业发展成为全国四大主产区之一、全国最大的菌种生产基地、全国第二大交易市场、全国重要的加工出口基地，全产业链产值突破300亿元，2023年种植规模达到3.25亿袋，同比增长1.25%，香菇及其制品出口额达10.19亿美元。

（五）家禽及蛋产品。2023年全市活家禽出笼7822.27万只，同比增长0.94%；禽蛋产品16.10万吨，同比增长4.08%。规模以上禽蛋加工企业3家，禽蛋产品产值22.63亿元，同比下降4.11%；3家规上企业加工产值5.46亿元，同比增长33.17%。禽蛋产品销售额11.55亿元，同比下降2%。

（六）茶叶产业。2023年全市茶叶基地面积8.15万亩，同比增长1.49%，全市茶业重点龙头企业省级3个，市级龙头企业5家；拥有茶叶规上加工企业3家，国家级示范社1家。

（七）菜籽油。全市继续实施油菜轮作试点，积极开发冬闲田推动油菜扩面种植。2023年全市继续实施油菜轮作试点，通过扩种油料作物、开发冬闲田，大力保障油料供给。全年油菜籽面积37.07万亩，同比增长6.41%，油菜籽产量4.41万吨，同比下降24.49%。优质油菜籽面积占比40%；菜籽油产品产值3.30亿元，同比增长3%。菜籽油市场向好，网销额同比增长2.82%。

（八）柑橘。截至2023年末，全市柑橘播种面积0.13万亩，与去年持平。柑橘产量1862吨，柑橘产品实现产值1189.63万元；全市柑橘销售额162万元，同比增长5%，其中网络销售额5万元。

（九）中药材产业。2023年全市中药材播种面积6.97万亩，同比增长14%；中药材产量2.49万吨，同比增长25%。中草药材销售额5.24亿元，同比增长3.83%。全产业链综合产值达3.27亿元。全市拥有省级以上龙头企业2家，市级以上龙头企业4家。

二、全市重点农业产业链发展亮点

（一）对标先进与短板，全方位提升产业价值。一方面以品牌价值提升赋能产业发展。围绕“两香一油”核心品牌建设，打造线上线下品牌宣传联合矩阵。积极参加国内外重大展会活动，开展品牌推介活动；与中国土畜食品进出口商会、武汉大学质量发展战略研究院等国内顶级团队加强合作，不断提升区域品牌价值。另一方面以标准体系抬高产业底盘。加快申报认定香菇菌种和花菇种植两项省级地方标准；依托华中香菇智慧交易城、香菇菌种研发中心，加强校企合作，建设香菇质量标准中心、香菇价格指数中心，打造全国食用菌产业风向标。加入全国数字乡村标准化白皮书编制指导委员会，依托甲骨文公司、旺龙科技公司等，打造“随农码”，对接“全农码”，构建从生产加工到市场终端的全链条标准化可溯源的农产品供应链平台。

(二)对标核心与关键，集群化培育壮大龙头企业。一是壮大市场主体。持续推进市场主体“个转企、小进规、规改股、股上市”，大力培育龙头企业、规上企业、上市企业、专精特新企业、单项冠军企业等，以龙头打造农业产业化联合体。同时，进一步梳理明确五大产业链重点龙头企业，整合政策、项目资源重点支持。二是打造四个园区。聚集特色产业链上下游企业，抢抓预制菜等新兴产业风口，着力打造随县农产品加工产业园、湖北正大食品产业园、香思里热干面产业园、共富牧业生猪食品产业园。

(三)对标机制与模式，深化改革加强联农带农。湖北正大等畜禽企业采用“五统一保”模式，积极发展规模化标准化养殖场，实现互利共赢；品源现代组建辣椒公司，构建辣椒等原辅料种植生产成本标准化核算体系；借鉴四川代代为本公司的利益联结模式，探索完善“龙头企业＋合作公司＋金融和保险机构＋基地＋农户”利益联结模式，打造利益共同体；发挥乡村合作公司平台作用，发展订单农业、推进村企共建，健全“龙头企业＋合作公司＋基地＋农户”互利共赢模式，盘活农业农村资源，巩固联农带农成果。

三、十大重点农业产业链建设需要关注的几个问题

(一)市场主体不强。全市规模以上农产品加工企业只有225家，2023年销售收入过10亿元企业仅4家(现代农业、裕国菇业、湖北正大、品源现代)。企业、合作社、家庭农场等新型经营主体数量较多，但在全国全省有实力的较少，整体竞争力不强。

(二)产业链条不壮。良种繁育、原料基地建设、深加工、出口、品牌建设、市场营销等各个环节都存在数量和质量上的不足。香菇标准化、规模化种植基地达444个，但水果、蔬菜、生态茶叶基地、畜禽规模化养殖小区、香稻订单式面积等特色产业基地的“三化”比例不高。特色香菇产业发展遭遇瓶颈问题。一是供应链有待进一步升级。目前随州香菇已形成完整的产业链条，但供应链体系建设还不够完善，要素资源配置效率还有待提升。二是贸易出口仍需进一步规范。随州香菇以外销为主，尽管我市常态化开展农产品外贸出口企业“抓服务、抓规范、提品质”行动，但由于缺失香菇精深加工产品出口的国际标准、行业标准，当前香菇精深加工产品出口无标可依、波动较大。三是政策要素亟需进一步发力。2024年起，现有的国家、省级政策和项目逐步退出，产业支持力度锐减，无法满足全产业链各关键环节协同发展。

(三)特色品牌不响。“随州香菇”“随州香稻”等区域品牌正处于培育阶段，名气还不够大；农业企业几乎没有中国驰名商标。香菇、茶叶、中药材等特色农产品长期以来以外销为主，对国内市场的开发力度不大，市场占有率较低。国际品牌较少，缺乏一批出口“龙头”企业和“拳头”产品。

(四)基地联农带农机制空间需进一步拓展。如随州香稻虽有“双订单”协议，但粮食收购有限，带动能力有限。大多数菇农只是参与了第一产业部分，获得了初次分配的经营性收入，在再分配、三次分配环节参与度较低。生猪产业，虽然发展势头很好，但受限于防疫形势、市场波动、深加工刚起步等因素，联农带农的水平有限。

四、建议

(一)继续培育壮大龙头企业。培育国家级龙头企业、省市级龙头企业。支持品源现代、裕国菇业、湖北现代农业加快上市步伐。以培育壮大龙头企业为关键，引领优质农产品生产基地高质量发展。

(二)以龙头企业推动精深加工。持续聚焦资源要素强化服务，支持食用菌、畜禽、粮油、茶药、果蔬产业链精深加工项目建设，创新和丰富精深加工产品，提高科技附加值。抢占预制菜产业等新风口，组建随州预制菜产业联盟，出台支持措施。

(三)以龙头企业带动基地建设。加强协调服务,打造标准化基地,帮助品源公司发展辣椒等辅料基地、大自然米业发展随州香稻基地、意亚公司发展水果标准化基地、湖北正大创新发展肉鸡养殖模式加强联农带农、楚丹禽业完善蛋鸭"五统一保"模式等。发挥乡村合作公司平台作用,发展订单农业、推进村企共建、改善要素流入环境,健全"龙头企业+合作公司+基地+农户"互利共赢模式。学习借鉴代代为本公司标准化生产模式,依托龙头构建农产品生产成本标准化核算体系、全流程溯源体系,稳固龙头企业、合作公司、基地、农户之间的利益联结,打造利益共同体。

撰稿:李　琳

2023年恩施州十大重点农业产业链统计监测报告

恩施州坚定不移地贯彻习近平总书记关于“三农”工作的系列重要论述和指示精神，以乡村振兴战略为主线，突出做好“土、硒、茶、凉、绿”五字文章，聚焦十大重点农业产业链建设，通过谋实延链、补链、强链措施，着力推进农业产业化链条式发展，农业产业链建设呈现稳中有进发展态势。

一、产业链建设基本情况

(一)农产品品牌同比增加。全州农产品“二品一标”品牌694个，同比增加35个。其中蔬菜77个，同比减少8个；茶叶566个，同比增加37个；柑橘12个，同比增加6个，中药材7个，同比持平。现有中国驰名商标(农产品类)3个，同比持平；区域公用品牌20个，同比减少13个。

(二)农产品生产实现增长。全州实现优质农产品种植面积541.05万亩，实现农产品产量405.5万吨，同比增长3.5%。其中蔬菜种植面积222.34万亩，同比增长0.8%；季末优质茶园面积182.78万亩，油菜籽播种面积72.7万亩，同比增长0.2%。

(三)农产品加工有序推进。十大产业链建设中，省级农业产业化联合体12个，同比增加3个；现代化农业产业园8个，同比减少1个。全州规上农产品加工企业203家，同比增加43家，其中：省级以上龙头企业53家，同比增加2家；市州级以上龙头企业184家，同比增加9家。农产品加工企业营业收入由去年74.42亿元增加到81.74亿元，同比增长9.9%。

(四)农产品流通前景可佳。全州农产品销售额197.23亿元，同比增长13.5%，农产品出口5.27亿元，同比增长42.4%，其中茶叶销售额90.8亿元，出口4.99亿元，与同期相比分别增长5.3%、37.4%。

二、产业链发展具体情况

(一)“粮袋子”安全保供。2023年，全州加强品牌稻米产业链建设，打造优质水稻种植，随着水稻“两杂”品种普及、“旱育早发、盘育抛秧”等技术广泛推广与应用，全年种植面积69.06万亩，产量37万吨，与同期相比基本持平。稻米加工企业14家，同比增加2家；稻米加工业主营业务收入4.7亿元，增长7.8%。

(二)“油瓶子”逐步端牢。继续实施油菜轮作试点，积极开发冬闲田推广油菜扩面种植，2023年，全州优质油菜种植面积72.7万亩，产量9.84万吨，分别同比增长0.2%、1.5%。菜籽油加工、销售市场前景广阔，规上菜籽油加工企业达7家，增加2家；菜籽油加工业主营业务收入1.91亿元，同比增长3.8%；菜籽油加工规上工业产值2.21亿元，同比增长0.1%。

(三)“钱袋子”稳定增收。优质的富硒茶叶是我州农民增收的第一大支柱产业，远销欧美等发达国家。全州共有茶园种植面积182.78万亩，茶叶产业化步伐不断加快，全州茶叶加工企业2484家，规模以上茶企达到124家。涉茶农业产业化国家重点龙头企业2个，省级龙头企业36个。来凤藤茶集团挂牌成立。一红一绿产销两旺，恩施玉露授权市场主体达到109家，产量3004吨，增幅7.1%，品牌价值达到32.63亿元；利川红授权企业达176家，产量19420吨，实现产值19.40亿元。

(四)“菜篮子”稳步发展。依据传统种植习惯，结合市场需求，不断培育壮大高山特色蔬菜产业。一是蔬菜生产供给有力。全州蔬菜播种面积222.34万亩、同比增1.9%，其中：城郊蔬菜30万亩，高山蔬菜126万亩，设施蔬菜5.3万亩。产量299.3万吨、增3.4%。魔芋播种面积9.2万亩，产量12.1万吨，食用菌生产规模2360万袋(筒)。播种面积居前十位的品种为大白菜、白萝卜、辣椒、甘蓝、四季豆、黄瓜、茄子、菠菜、大蒜、南瓜。年产量过5万吨的品种共9个，分别为大白菜、白萝卜、甘蓝、辣椒、黄瓜、四季豆、茄子、南瓜和西红柿。二是生猪产业整体态势稳中向好。全年生猪出栏441.6万头，同比增长3.9%。规上生猪加工企业12家，同比增加2家。特别是2023年全州新建成投产柏树枝食品有限公司、发阳食品有限责任公司、湖北晓明食品有限公司等多条腊肉加工生产线，全州腊肉制品生产能力有效提升，猪产业链建设的不断提升。

（五）果盘子”巩固发展。近年来，全州突出打造巴东柑橘，宣恩黄金梨、白柚，建始官口葡萄等水果产业。特别是柑橘发展较好，全州共发展柑橘种植面积42.97万亩，其中巴东县16万亩、宣恩县17.8万亩。柑橘产量23.62万吨，增长15%，共有规上柑橘加工企业2家，实现柑橘加工产值4087万元。

三、产业链发展短板问题

（一）具有影响力的农产品品牌缺乏。2023年，我州全部农产品“二品一标”694个，总体来看，茶叶和蔬菜基本占据整个“二品一标”全部品牌，但产品质量和规模不大，具有影响力的大品牌仍然缺乏，除少数品牌获消费者认同之外，绝大多数农产品难以走出恩施。

（二）农产品深度加工销售能力不足。全州茶叶、蔬菜等规上农产品加工企业203家，绝大部分企业对农产品仅具备初级加工能力，精深加工能力不足，对农产品的附加值开发不够。农产品出口水平较低，绝大部分农业加工产品都只能满足本地消耗，产业链流通不畅，流通效益低下。

（三）农业产业化融合发展程度不够。农业与二三产业的融合发展存在差距，农业多功能开发层次不够，休闲农业、旅游观光农业缺乏文化、民俗等元素引入，农业附加值开发不高，产业链条不长，农业产业化融合关系不紧密。

四、产业链发展工作建议

（一）强化品牌宣传氛围。建立“政府引导、各方参与”的发展机制，围绕区域公用品牌、商标专利、地理标识等综合打造一批具有民族影响力的农产品品牌，通过各级各类农博会和展销会，加大推介宣传。支持鼓励企业申报驰名商标、“二品一标”产品标志和绿色认证，唱响擦亮恩施茶叶全域有机品牌。

（二）打通物流畅销渠道。充分发挥政府的宏观调控作用，建立以市场为主体、政府引导、行业协会和龙头企业联动的机制。改变农产品传统销售模式，采取线上＋线下相结合的方式，加快发展订单直销、连锁配送、网络直播、“832”电子商务平台等新型物流业态，打开农产品销售市场，让我州具有民族特色的农产品走出大山。

（三）融合发展激发潜能。深入践行绿水青山就是金山银山的理念，持之以恒推进农业产业化建设进程，优化调整农业产业化布局，推动农业与二三产业深度融合，做活农文旅产业有机结合，充分激发农业产业综合价值潜能。

撰稿：张　康

2023年仙桃农业十大产业链研究报告

仙桃是著名的"鱼米之乡"，历来是全国重要的粮棉油、猪鱼蛋生产基地，形成了优质粮油、绿色蔬菜、生态畜禽、名特水产等四大特色板块，先后被授予全国粮食生产先进市、全国油料生产大市、全国生猪调出大市、全国淡水养殖大市、中国"黄鳝之都"、国家现代农业示范区等荣誉称号。全市农业发展现已形成以黄鳝为主导的"1+4"重点农业产业链，即：黄鳝产业链、富硒农产品产业链、特色淡水产品产业链、畜禽及蛋制品产业链和现代种业产业链，农业产业发展取得了明显成效。

一、十大产业链的发展特点

（一）加强基地建设。

始终牢记"国之大者"的殷殷嘱托，多措并举确保"米袋子""菜篮子"产品生产稳定、供应充足，为农产品精深加工夯实基础。2023年，全市粮食收获面积177.23万亩，全年粮食总产量71.31万吨，蔬菜产量64.48万吨，油料产量14.45万吨。全年生猪出栏41.2万头，猪肉产量3.21万吨，禽蛋产量2.03万吨。水产养殖面积稳定在53.45万亩水产品产量31.98万吨。同时，大力实施"二品一标"工程，农产品质量和安全水平进一步提升。全市绿色食品、有机食品认证数量达到21个，"二品"覆盖面积达7万亩；"仙桃黄鳝"区域公共品牌商标注册成功，国家发展改革委价格监测中心编制的中价·仙桃黄鳝价格指数（EPI）正式对外发布；在省、市农产品质量安全例行监测总体合格率均为100%，顺利通过省级农产品质量安全市复审。

（二）培优壮强主体。

目前，全市农业主体已进入稳定发展阶段。截至2023年底，全市发展重点农业经营主体达到6250家，同比新增563家。其中：全市农业产业化重点龙头企业110家，国家级龙头2家，省级龙头30家；农民合作社数量达2180家，家庭农场数量达3960家，农民合作社、家庭农场成员总数超过18万人，带动农户20万户以上，占全市农户数60%以上。省级现代农业产业园4个，省级农业产业化联合体6个，省级休闲农业重点园区4个。

（三）发展特色产业。

黄鳝及富硒农产品、特色水产品、畜禽及蛋制品、现代种业等四大重点产业链建设稳步推进，助力全市农业农村不断发展。一是黄鳝产业链。"黄鳝苗种繁育＋网箱养鳝景观＋稻鳝农事体验＋黄鳝精深加工＋鳝鱼饮食文化＋黄鳝营销推介"全产业链条不断延伸，2023年繁育黄鳝苗种3亿尾，建成网箱养殖基地10.95万亩，黄鳝总产8.04万吨，年加工产能达到1万吨。二是富硒农产品产业链。恒泰米业、万田米业等重点加工龙头企业纷纷技改扩规，优质稻年加工产能达到100万吨、莲藕加工产能超过2万吨，带动全市优质稻、菜籽油、蔬菜实现产量和效益双增。三是特色水产品产业链。随着永华食品预制菜加工、嘉康公司虾粉加工等一批技改扩规项目的建设，带动全市小龙虾年加工产能新增1万吨、达到2万吨，小龙虾产业链条不断延伸、做大做强。四是畜禽及蛋制品产业链。九珠蛋业、贤哥食品、沙湖蛋业等稳步发展，年屠宰生猪近20万头、年加工禽类制品、禽蛋制品分别超过5万吨、2万吨，带动全市畜禽及蛋制品产业链稳步发展。五是现代种业产业链。开展种质资源保护利用、农校合作、企业扶优、基地提升、技术转化五大行动，全年繁育各类水产苗种33亿尾，水稻制种企业年制种能力达400万斤。忠善黄鳝苗种繁育合作社和中垦锦绣华农武汉科技有限公司入选国家种业阵型企业。

（四）集聚发展要素。

围绕产业链，布置资金链、资源链、人才链，全方位为农业产业输血赋能。一是产业扶持。争取到2023年产业化发展资金3755.15万元，其中十大产业链2050万元，贷款贴息1665.15万元，返乡下乡创业创新40万元。二是金融支持。加强与省农业信贷担保公司、市"三农"金融服务中心、市财源担保公司等金融机构合作，为190家新型农业经营主体担保贷款2.1亿元。三是技术支撑。鼓励重点农业主体加强与科研院所合作，强化科技支持。目前，全市已建有专家工作站15个，培育农业国家高新技术企业9个。成立了省级黄鳝产业研究院，研究院教授团队和洪渊泽、永泰坊、忠善合作社、伟鸣合作社等已经开展多项科研成果转化。

二、推动十大产业链发展的制约因素

（一）*产业融合度不高*。一是主体实力不强。全市各类新型农业经营主体数量很多，但普遍规模偏小、水平偏低，国家级农业产业化龙头企业仅2家，具有区域带动性、行业引领力的主体稀缺。二是产业链条不长。“企业＋基地”的链接不紧，大部分食品加工企业原料从外地购进，与本地农产品生产基地链接不紧，加工企业带农富农作用发挥不明显。三是思想认识不足。大部分企业、合作社、家庭农场、种养大户等对产业融合发展认识不足、信心不足，担心利益受损。

（二）*品牌影响力不够*。仙桃虽然拥有丰富资源，但是无驰名品牌，特色不特，亮点不亮，品牌不响。如沙湖皮咸蛋、毛嘴卤鸡、沔城莲藕、仙桃香米、郑场豆豉等传统仙桃风味农产品，产品质量很好，但部分企业品牌意识比较淡薄，创大品牌、闯大市场、做大营销的观念不强，创新能力较弱，品牌市场占有率不高，竞争力不强，仍然停留在“以量取胜”阶段，品质优势没有挖掘。

（三）*融资能力还不强*。全市中小农产品加工企业总体规模偏小，大多在5000万元以下，抗风险能力较差，有效的抵押物不足，银行信用等级不高，难以获得银行贷款。从金融机构的角度来看，由于农业投入大、见效慢，受自然灾害影响比较大，银行放贷的风险相对较大，单笔成本也比较高，导致银行对中小龙头企业，特别是信用体系还未完善的企业发放贷款的积极性不高。

三、十大产业链的发展建议

（一）*推进产业聚集升级*。结合现代纺织服装、食品及生物医药、机械制造及电子信息、黄鳝等主导产业，依托国家级“四基地两中心”、仙西服装产业聚集区、中国食品产业名城、“一镇一带一园”等产业平台，按照“宜工则工、宜农则农、宜游则游”的思路，着力打造彭场非织造布特色产业镇、毛嘴服装特色产业镇、张沟黄鳝特色产业镇、郭河水产品加工特色产业镇、沙湖文旅特色产业镇等。着力提升国家农业产业强镇和稻鳝共作产业园、虾蟹产业园、富硒农业产业园、循环农业产业园等4个省级现代农业产业园建设，吸引农民进城入园务工，实现就地城镇化。

（二）*加快农业主体培育*。围绕水稻、蔬菜、水产、畜禽等特色产业，坚持项目为王，全力以赴招大引强、培优壮强。促进农民合作社、家庭农场高质量发展，加大示范培育力度。发挥重点农业园区、农业龙头企业联农带农作用，鼓励龙头企业牵头组建产业化联合体。

（三）*实施“种优粮香”行动*。坚持优粮优种、优产、优购、优储、优加、优销“六优联动”，着力推进“种粮一体化”示范基地建设，推行“一镇一种一企一片”种植模式，推动“仙桃香米”纳入江汉大米品牌矩阵。支持中垦锦绣公司打造农业产业化联合体，建设优质稻示范基地和生产加工基地，建设“荆楚富硒粮仓”，形成湖北省优质种粮一体化模式；支持中粮米业（仙桃）、恒泰米业、旺旺食品等稻米加工龙头企业开展技改扩规，开发胚芽米、米糠油、米饼等多元化、高附加值增值产品。

（四）*实施黄鳝延链行动*。加快建设黄鳝育种研究中心，形成“农发集团＋仙桃市＋专家团队”的研发团队，完善繁育技术，在技术上实现完全突破。支持全市苗种生产基地提档扩能，培育“1+4+N”繁育梯队，在量级上实现整体提升。围绕大黄斑品种开展良种选育，建立黄鳝种质资源库，在品种上实现培优创新。壮大黄鳝加工产业集群规模，打造黄鳝加工生产聚集区；支持允泰坊、顾大嫂、强农、永华等骨干龙头企业技改扩建，配备自动化加工设备，扩大加工生产线，提高黄鳝预制菜、冷链净菜、休闲产品的生产规模。

（五）*深化农旅融合发展*。依托全域旅游开发、美丽乡村建设，大力发展田园观光、农耕体验、文化休闲等农旅产业，持续打造一批美丽休闲乡村。以胡场为核心，打造现代田园综合体，打造城郊乡村旅游特色镇。以剅河为核心，对接梦里水乡与排湖旅游度假区，大力发展休闲、观光、采摘、民宿等农旅融合产业，创建宜居宜游“桃花小镇”。以郑场镇渔泛古村、沔城唐朝复州古城墙遗址等文旅开发项目为载体，打造秀美古村镇。以梦里水乡、沙湖国际重要湿地、排湖旅游度假区为核心，打造梦里水乡生态风光旅游基地。

(六)加大资金保障力度。将农业产业培育作为政府支持重点，构建长效投入机制。落实"'十四五'期末土地出让收益用于农业农村的比例要达到50%以上"的政策，优先支持乡村产业振兴。鼓励和支持金融机构加强面向小农户、新型农业经营主体、民营小微企业等的普惠金融服务。用好用足中央、省委一揽子惠农政策，力争更多产业政策、产业项目进入国家、省级层面规划。

撰稿：孙浩光

2023年潜江重点农业产业链发展报告

认真贯彻落实中央、省委一号文件精神，抢抓“虾十条”政策机遇，以粮食稳产保供为根本，立足潜江龙虾和潜江虾稻双轮驱动战略，高位统筹、高频调度、高效落实，聚焦聚力打造“虾—稻”特色产业链构筑现代农业发展高地。

一、重点农业产业链总体发展情况

(一)农产品品牌情况。

2023年全市十大重点产业共有“二品一标”品牌21个，同比增长16.7%，其中优质稻米13个，蔬菜6个，小龙虾1个，中药材1个；中国驰名商标5个，其中小龙虾3个，优质稻米1个，菜籽油1个；区域公用品牌3个，小龙虾、优质稻米、中药材各1个。

(二)农产品生产情况。

2023年十大产业优质农产品种植面积147.49万亩，同比增长1.2%，农产品产量167.82万吨，同比增长1.9%。

(三)农产品加工情况。

2023年涉及十大产业的规上农产品加工企业48家，同比增长14.3%，其中水产品加工企业22家，同比增长15.8%，稻米加工企业21家，同比增长10.5%，禽蛋加工企业2家，生猪加工企业1家，柑橘加工企业1家，中药材加工企业1家。年主营业务收入过10亿元的2家，1-10亿元的12家，完成产值58.43亿元。

(四)农产品流通情况。

十大产业冷链(仓储)物流中心48个，容积32.17万立方米。农产品销售额112.78亿元，其中网络销售额3.76亿元，农产品出口1.45亿元。

二、虾、稻两大重点产业链发展情况

(一)做精一产，在创新驱动上迈出优势一步。一是推动良种选育繁育科学化。以培育小龙虾优良品系为核心，积极与中科院水生所桂建芳院士团队和华中农业大学合作，实现小龙虾良种选育和苗种规模化繁育的攻关突破，筛选出生长速度快的新品系，以优良品种辐射带动全省小龙虾产业发展。扎实推进种业振兴行动，虾稻新优良品种推广普及率达到85%以上，平均增产幅度在4%以上。二是推进立体种养模式高效化。我市抓紧成立湖北省小龙虾产业技术研究院，迅速开展“四季有虾”种养模式攻关，成功探索了新型“四季有虾”重要模式新范本，为下一步扩面推广夯实基础。强力推动传统的虾稻共作模式转型，全面推广虾稻共作标准模式、立体模式、复合模式、池塘精养等4种成熟模式，新模式下的商品虾亩平超330斤、大规格虾占比达到60%以上，养殖成效较为明显，2023年全市水产品养殖总面积100.04万亩，小龙虾养殖面积87.17万亩；水产品产量16.88万吨，其中小龙虾产量13.44万吨，占比达79.6%。三是推广订单生产规范化。我市将优质水稻订单生产作为优质稻米产业链建设的重要抓手，指导各区镇街道按照“一镇一种一企一片”种植模式和“种业公司＋合作社(家庭农场、种粮大户)＋加工企业”的合作方式，开展优质稻品种订单生产。2023年水稻面积88.76万亩、产量48.12万吨，订单生产面积65.28万亩，同比增长27.1%，生产稻米全部达到国家优质标准。

(二)做强二产，在主体培育上使出关键一招。一是培育壮大龙头企业。我市深入开展十大产业链重点龙头企业经营状况调查，发挥“店小二”服务精神，加大对龙头企业的培育力度，成功申报国家优质稻米产业集群项目，为25家省级以上龙头企业争取贷款贴息1184.05万元，心辉粮油获批为国家级龙头企业。2023年全市规上水产品加工企业22家，比上年增加3家，其中主营业务收入过10亿元的2家，比上年增加1家；全市规上稻米加工企业21家，比上年增加2家。二是深入挖掘精深加工潜力。我市统筹建设全国虾—稻特色产业高质量发展示范基地，推动虾稻相关企业加大技改力度，挖掘精深加工产业的潜力，华山科技股份有限公司建成全国唯一的淡水甲壳素精深加工基地，甲壳素衍生制品年销售收入逾30亿元；新柳伍、楚虾王等龙头企业研发预制菜7个，大力发展预制菜产业；心辉公司转化实施了“大米淀粉高效制备及碎米深加工产品研发”技术成果，形成针对不同人群的大米产品；晶汇公司、虾乡公司、一口香公司通过技改项目有效提升加工能力和水平。2023年我市淡水产品加工业主营业务收入226.27亿元，稻米加工业主营业务收入26.03亿元。三是推动标准价值成果转化。我市成功举办“一会一节”，发布8项团体标准，以标准引领潜江虾—稻生态价值转化为经济价值、生态优势转化为经济优势，在“一会一节”期间开展招商引资活动，因地制宜招引配套产业，共签约项目83个、协议引资260.3亿元，其中农产品加工企业招商引资实际到位金额20.7亿元。

（三）做大三产，在延链强链上提出务实之策。一是新型消费加快发展。抢抓新型经济业态发展机遇，利用互联网、物联网、云计算、大数据等现代信息技术发展电子商务，与天猫、京东、抖音、拼多多等线上平台合作，精心组织各类直播带货活动，成功拓宽市场渠道，搭建了全面覆盖的农村电商网络体系，布局村级网点360家、镇级服务网点15家、市级电商运营中心1个，构建了专业的网络交易平台和服务体系。2023年全市淡水产品网络销售额3.62亿元，稻米网络销售额0.07亿元。二是物流体系日益完善。大力推进“互联网＋小龙虾”行动计划，构建区域一体化、内外一体化、线上线下融合发展的小龙虾产业发展新格局。建立了虾谷360、星抖直播基地等网上交易平台，依托潜网集团，建成了目前全国最大的小龙虾专业交易市场——潜网集团中国小龙虾交易中心，建成冷库81座，总库容量约43万吨，开通物流直达专线到全国所有省会城市，18小时内可将鲜活潜江龙虾供应到全国600多个城市。深化虾稻物流体系完善重构，构建了市、镇、村三级虾稻物流配送体系，共建23个区镇街道分中心，打通流通渠道，解决物流最后和最初“一公里”，优质稻米可以供应到长江流域及以南地区。三是餐旅融合成效凸显。打造集餐饮文化、旅游购物、娱乐休闲为一体的潜江生态龙虾城，五一期间单日前来生态龙虾城打卡的游客量突破10万人，龙虾节期间到访游客也创历年之最，生态龙虾城成为热门美食旅游胜地。成立全国首家小龙虾主题旅行社，依托深厚的历史文化资源，全方位推进文旅、农旅、体旅、教旅融合发展，推出4条“魅力虾乡一日游”线路，努力让“食客”变成游客，年接待游客三百万人次。

（四）做强品牌，在宣传推广上突出领跑之势。一是区域公用品牌价值持续提升。积极开展“潜江龙虾”走出去战略，2023年外出开展品牌推介10余次，“潜江龙虾”被认定为中国驰名商标，荣获国家地理标志证明商标、中国驰名商标、中国百强农产品区域公用品牌，纳入国家农业品牌精品培育计划，被列为中欧互认免检农产品地理标志产品，“潜江龙虾”区域公用品牌价值达350.8亿元，同比增长21.4%，获评2022中国地理标志农产品品牌声誉榜（水产类）首位，实现750亿元综合产值。二是榜首品牌红利持续释放。充分发挥全省唯一小龙虾区域公用品牌作用，完善“潜江龙虾”品牌管理规范、品牌共建共享联席会议制度，已与5个省内小龙虾主产地签订共同使用“潜江龙虾”品牌合作协议，合作开展品牌运营合作，推动“潜江龙虾”区域公用品牌共建共享共用。三是品牌建设力度持续提升。推进实施潜江虾稻“三品一标”提升行动，虾稻品牌效应逐渐凸显，“潜江虾稻”荣获首批“荆楚粮油”杯湖北粮食行业最具影响力品牌，成为潜江市域内水稻加工行业主体使用的特色生态大米专业商标，2个品牌荣获“中国好粮油”称号，4个品牌获评“荆楚好粮油”品牌，32个优质水稻注册商标数量，8个绿色食品和有机产品认证，30万亩绿色食品和有机产品认证面积。

三、产业链发展短板

（一）优质稻米订单生产遭遇瓶颈。由于优质虾稻品种推广尚处于起步阶段，虾稻米售价与普遍稻米价格相差无几，导致农民种植优质虾稻品种的积极性不高。在比较效益驱动下，农民存在重虾轻稻的想法，采用虾稻共作模式主要看中小龙虾带来的丰厚效益，选择水稻品种看产量多，看品质少。各地单品种订单种植没有达到预期，全市没有种植面积过10万亩的单品种，水稻种植品种多、杂、乱的局面没有得到根本扭转。

（二）小龙虾精深加工水平亟待提升。2023年规上水产品加工企业22家，同比增长15.8%，但加工产值49.2亿元，同比减少5.1%。我市小龙虾加工企业先后开发了整肢虾、调味虾和休闲即食小龙虾等系列产品。但小龙虾加工产品主要是速冻虾尾、虾仁。如华山科技生产的虾壳粉仅四分之一用于甲壳素精深加工,其它小龙虾加工企业产生的虾壳,基本上直接出售到饲料加工企业,产品附加值不高,未实现农业生产循环增值、梯次增值、全链增值。

(三)文农旅融合发展基础较为薄弱。全市文农旅融合发展还处于起步、初创阶段,虽然规划了本地文化、休闲农业和乡村旅游的发展,但与特色产业、绿色生态、农耕文明、乡风文化等方面联系不紧密,缺乏对文农旅精品项目的深度开发和设计,导致文农旅融合发展的亮点和品牌不多,主要是以农家乐、观光农业、休闲渔业等小而散的形式存在,文化内涵发掘不够,吸引大众的景点单一,文创产品匮乏,“低小散”情况比较突出,即使餐饮市场非常火爆,却难以留住食客。

四、产业链发展建议

(一)深入推进优质稻米产业创新发展。研发筛选适合于虾稻共作模式的优质稻品种,向大米加工企业、农民专业合作社及种粮大户进行宣传推广,发展优质稻订单种植,为加工企业提供优质粮源,为“潜江虾稻”品牌培育打下坚实的产品基础。适当集中资金,突出重点,培育领军企业和公用品牌,发展米锅巴、方便米粉、米糠油等粮食精深加工品,提高粮食就地加工转化能力。聚焦目标人群,精准开展品牌营销推介,全面提升潜江虾稻米知名度和影响力,围绕好土好水产好米,讲好潜江虾稻米健康好吃的营销故事,不断推动稻米产业提质增效。

(二)大力推进精深加工产业高质量发展。坚持高标准建设现代农业科技示范园,重点建设50万吨潜江龙虾精深加工聚集区、龙虾辅料加工及虾稻精深加工聚集区,不断提升农产品精深加工水平。坚持内培外引相结合,对现有的优质加工企业进行技术改造、生产扩能,培育一批仓储加工能力超万吨的龙头精深加工企业,依托当前的小龙虾、虾稻、潜半夏等特色产业,重点招引特色农副产品种养殖、深加工、冷链企业,促进加工增值,延长产业链条。

(三)加快推进文农旅融合综合发展。推动文化、农业、乡村旅游融合,充分挖掘“旅游+”的功能,深入挖掘虾—稻文化创意,全面打造集文化艺术展览中心、农事生产销售、主题酒店、特色餐饮等多种业态为一体的乡村文化创意产业园,重点围绕“虾稻连作”和“虾稻共作”发源地、龙展馆、生态龙虾城、五七龙虾城、龙虾特色小镇和虾谷小镇等地标性龙虾文化旅游景点,争取项目支持,形成精品旅游线路,实现乡村旅游与文化创意之间的互融与共荣。

撰稿:杨　隽

2023年天门十大重点农业产业链监测报告

天门农业产业链紧紧围绕“三区三基地”建设，以“明特色、搭平台、育龙头、建品牌、增收入”为主线，以创建国家农业现代化示范区、华中地区蔬菜集散基地为抓手，着力于优化营商环境、培育市场主体、建设平台载体、强化科技支撑、打造强势品牌，努力促进农业农村产业化高质量发展，为建设四化同步发展示范区提供基础支撑。

一、重点产业链建设基本情况

(一)特色产业提档升级。一是优质稻米。全市稻谷面积106.9万亩，产量57.9万吨，其中全市优质稻种植面积发展到45万亩以上，比上年增加3亩。今年，我市被纳入全国优质水稻特色产业集群项目建设区；佛子山镇(稻米)入选第十二批全国“一村一品”示范村镇名单；庄品健水稻基地入选第二批全国种植业“三品一标”基地。二是特色黄豆。蒋湖农场黄豆种植面积5万亩，黄豆产业链综合产值达到2.7亿元，“天门黄豆”为中国地理标志集体商标（2021年)，“天门早黄豆”入选全国“名特优新”农产品名录(2021年)，2022年天门市被纳入国家大豆科技自强示范县创建名单，蒋湖农场入选2023年农业产业强镇创建名单。三是绿色蔬菜。2023年全市蔬菜播种面积33.4万亩，同比增长2.8%，产量99.8万吨，同比增长4.0%。目前已形成天西露地蔬菜、城郊设施蔬菜、精品水生蔬菜、地方特色蔬菜等4大蔬菜板块基地，有万亩以上的蔬菜种植专业镇10个。2023年，张港镇(花椰菜)连续三年被评为“全国乡村特色产业产值超十亿元镇”，多宝镇(蔬菜)入选首批国家农业产业强镇名单，蒋湖农场纳入财政支持插花地区农业特色产业发展示范试点(蔬菜)。全市现有国家级“一村(镇)一品”示范村镇5个(张港镇花椰菜、黄潭镇万场村西甜瓜、九真镇明庙村炒米、拖市镇何场村马铃薯、佛子山镇水稻)。12月1日-2日，2023江汉平原(天门)蔬菜产业大会成功举办，我市被中国蔬菜流通协会授予“中国华中地区蔬菜集散基地”称号。

(二)产业化水平显著提升。一是企业培育。现有农副产品加工企业543家，年产值达1000万元以上的有171家，其中规上企业55家。市级以上农业产业化龙头企业132家（国家级3家、省级22家、市级107家)。有省级休闲农业示范园点9个、省级产业化联合体6家(庄品健、红日子、鑫天、元淼、知青农场、水乡园)，2023年新增联合体2家。农业产业化联合体主要以“龙头企业＋合作社/家庭农场＋农户”形式组建，通过入股分红、订单种植、加价收购、吸纳务工等形式，既使龙头企业带动农户增收，又促进产业链条完善、延伸，有力促进乡村振兴。二是平台建设。一是建设天门市现代农业产业园。以蒋湖农场为核心区，并带动辐射周边张港镇、多宝镇等8个镇，构建“产城＋产镇＋产村”融合的产业园区发展链路，塑造“服务链＋科技链＋物流链”的三位一体链路闭环，以“互联网＋”为核心，形成“一心一带二轴四区”的空间结构。二是建立三个省级以上的现代产业园区。即：华中地区蔬菜集散基地、江汉平原粮食物流产业园、蒋湖农场黄豆加工集散基地。三是组建天门市农业产业融合发展协会，依托天门市粮食协会、天门市蔬菜协会、天门市天西农产品产销协会、领尚农业产业联合体组建平台，与农民形成利益共同体，通过产业协会制定地方生产技术规程，制订产品上市的等级标准，规范产品从田头到餐桌的安全追溯。四是市政府负责投资建设“三中心一研究院一示范园”项目，望家欢农产品集团公司负责运营。三是品牌创建。2023年“二品一标”品牌33个，比上年增加6个。其中，优质稻米10个，比上年增加1个，蔬菜“二品一标”品牌19个，比上年增加9个；区域公用品牌10个，比上年增加4个。其中，优质稻米4个，比上年增加3个，蔬菜2个，比上年增加1个。建设农产品区域公用品牌窗口展示中心，开辟“壹品天门”品牌媒体官方宣传专栏，发布“壹品天门”品牌宣传线下广告，实现“壹品天门”品牌新媒介推广。“壹品天门”农产品区域公用品牌2022年入选中国区域农业形象品牌影响力名单，目前已授权18家市场主体

30余款产品（包括大米、萝卜、白菜、豆制品、番茄、黄桃等）使用“壹品天门”LOGO进行包装销售，2023年，“石家河”获评“中国十佳粮油（食品）品牌”。四是科技应用。现有农业数字化基地3家（佛子山镇陆泉茶叶种植信息化示范基地、“湖北领尚”农业大数据服务中心、红日子”泡菜数字化工厂建设基地）；现有冷藏仓储设施430座，设施容积50万立方米。

二、重点产业链建设推进情况

（一）发展三种模式，培育特色产业。

1.以地域为主发展特色产业。天门市根据各乡镇水土资源优势，发展不同的特色产业，初步形成了“天东双水双绿”“天西蔬菜药材”“天北四季瓜果”三大农业功能板块，粮食功能区种粮面积达130万亩。

2. 以国家级示范社为主辐射周边农户发展特色产业。国家级示范社三新花椰菜产销专业合作社，立足本地农业资源，每年带动张港镇1.8万户农户种植8万亩花椰菜，使天门市张港镇成为全国花菜第一镇。

3. 以同类型合作社联合的方式发展特色产业。黄潭镇三军菊花种植专业合作社、知青农场种植专业合作社、群星泽龙农产品种植专业合作社等农旅休闲类合作社联合打造一站式休闲农业，连续6年参与承办天门市乡村文化旅游周暨农民丰收节，接待游客近60万人次。

（二）引导三大联合，实现合作共赢。

1.开展生产合作。福农生态农业专业合作社联合社由8家合作社组建而成，为成员社和农户提供粮食作物的耕、种、管、收全程农事服务，现有粮食仓库1座，粮食烘干机组及各种农业机械69台（套），常年雇工50余人，各成员社之间形成了分工合作、互相协调的稳定利益联结关系。

2.开展要素合作。湖北庄稼人农业专业合作社联社以湖北庄品健（实业）集团有限公司为龙头，联结全市丘陵地区25家合作社，实行统一农资、统一耕种、统一技术、统一销售、统一分配，实现了基于要素合作的抱团发展。

3.开展销售合作。领尚种养殖专业合作社联社整合全市27家合作社，创建领尚生态农业星创天地、领尚现代农业产业化综合服务平台，孵化梦享农场和领尚食方缘农商互联供应链平台，在全国开办食养生活超市217家，推出地方品牌129个，托管运营农特精品264种。

（三）强化三类支持，助力发展壮大。

1.加大财政支持。今年，我市被纳入省优质水稻特色产业集群项目（2023-2025）建设区，中央资金3年累计投入2040万元，庄品健、元淼、金璨、城郊合作社、富谷家庭农场、群乐合作社、瑞丰合作社等主体3年累计投入6120万元，优质水稻特色产业集群项目3年累计投入共8160万元。

2.开展项目支持。根据《农业农村部办公厅 财政部办公厅关于公布2023年农业产业融合发展项目创建名单的通知》文件精神，我市蒋湖农场被纳入2023年产业强镇创建名单，中央资金1000万元采取先建后补形式支持福满源、集福德、元淼食品等主体新建黄豆深加工项目。

3.拓展金融支持。我市江汉平原“双低”油菜优势特色产业集群项目建设初步完成，建设主体“庄品健”、“悦禾”、“城郊合作社”、“雄峰合作社”均已完成各自建设任务。该项目中央资金奖补805万元，各建设主体自筹资金2455万元，累计投资3260万元。

三、存在的困难和问题

（一）市场风险仍存在。今年以来，市场大环境影响，经济下行压力进一步加大，我市农产品加工企业带来更大生存压力，成本上升、资金紧张、物流不畅、订单减少，老问题与新困难叠加。

（二）企业扩规用地难。很多成长性企业受现有生产场地限制，无法扩大生产规模。对农业企业而言，当前要赋能放权，惠企纾困，农副产品深加工产业尤其需要在用地调规、组卷报批、土地摘牌、基础设施建设返款方面得到有关部门的强力支持。

（三）融资担保未解渴。我市“楚农贷”有力地解决了企业在经营中的困难。但此项贷款基本上用于经营中的收购，而企业扩产能、强技改却无力支撑，企业进行产品生产线扩规升级改造，加工农产品大包装改小包装、精包装，打造网红农产品，需要中长期贷款。

（四）技术人才缺口大。企业经过市、镇组织专场招聘活动等方式已不缺普工，但因企业生产工艺要求，需要有一定技能的员工，高新技术人才奇缺，专门管理人才难以招聘，招不进人才，管不好人才，留不住人才。

四、几点建议

（一）持续优化营商环境。继续发扬“店小二”精神，持续定期走访，协调解决企业反映的困难问题。继续推进政府担保的“楚农贷”，缓解企业资金周转困难。同时，大力推动中长期贷款，用于企业技改和扩产能，用于企业基础设施和产能提升建设。

（二）加快招商引资。抓住现代农业产业园建设契机，争取各级各单位要积极协助落户企业解决项目建设和企业生产过程中的各种困难和实际问题，为打造平台载体提供坚强的组织保障。同时，要精准编制产业链招商地图和产业链招商图谱，瞄准行业领军企业开展招商、安商工作。

（三）培育新业态。积极推荐企业申报国家级龙企业、省级龙头企业，积极开展国家级产业强镇、“一村（镇）一品”示范村镇、休闲农业、全国乡村特色产业等评选评定。支持办好农业博览会、食品博览会、农产品加工业洽谈会等展会，持续推介我市农业企业和产品品牌。引导我市的加工产能向天门市现代农业产业园集中，做大做强做专做优，打造专用原料、加工转化、现代物流、便捷营销融合发展的产业集群。积极向上争取产业链、产业集群、产业强镇等项目资金支持，壮大龙头企业，提升价值链。

（四）打造强势品牌。做大做强“壹品天门”农产品区域公用形象品牌，支持优势农产品更高层次进入市场，加快实现从“卖资源”向“卖品牌”转变。继续与三方媒机构开年度传播合作，传播推广“壹品天门”形象品牌。依托天门市粮食协会、天门市蔬菜协会、天门市天西农产品产销协会、领尚农业产业联合体组建平台，引导已授权的企业在产品包装上使用“壹品天门”农产品区域公用形象品牌标识。

撰稿：曾　珍

2023 年神农架林区农业农村经济形势分析

2023 年，全区坚守粮食安全和防止规模性返贫底线，着力推进农业增产农民增收，农业农村经济稳中有增。

一、农村经济和农业生产情况

2023 年，全区农业总产值 44527.5 万元，同比增长 5.4%。其中：农业产值 25886.8 万元，同比增长 3.5%；林业产值 7055.5 万元，同比增长 29.6%；牧业产值 10245.2 万元，同比下降 3.1%；渔业产值 102.4 万元，同比增长 48.4%；农林牧渔及服务产值 1237.6 万元，同比增长 8.2%。

（一）粮食生产稳中有增。全区农作物播种面积 158308.6 亩，同比增长 10.8%。其中：粮食作物播种面积 80214.1 亩，同比持平。粮食总产 17992.1 吨，同比增长 2.97%。在粮食作物播种中除薯类、杂粮播种面积分别增长外，其他粮食播种面积呈下降趋势。

2023 年全区主要粮食播种面积明细表

名　称	小麦（亩）	谷物（亩）	玉米（亩）	薯类（亩）	豆类（亩）	杂粮（亩）
2023 年	1105.0	1973.1	30018.1	21446.2	8214.2	868.0
2022 年	1369	2103.1	30263.9	11679.3	8339.5	734.1
增减	−264.0	−130.0	−246.8	9766.9	−125.3	133.9
增减%	−19.28	−6.18	−0.82	83.63	−1.50	18.24

全区粮食单产明显提高。如：大豆单产 89.52 公斤 / 亩，同比增长 15.3%，粮食单产 224.3 公斤 / 亩，同比增长 2.94%，薯类单产 269.95 公斤 / 亩，同比增长 56.19%。

2023 年全区主要粮食产量明细表

名　称	小麦（吨）	谷物（吨）	玉米（吨）	薯类（吨）	豆类（吨）	杂粮（吨）
2023 年	168.4	346.5	7367.6	3473.2	723.4	78.1
2022 年	194.9	253.4	7755.3	2763.8	646.4	58.5
增减	−26.5	93.1	−387.7	709.4	77.0	19.6
增减%	−13.60	36.74	−5.00	25.67	11.91	33.50

（二）经济作物生产保持平稳。经济作物种植面积 78108.6 亩，同比增长 10.2%。其中：油料播种面积为 3764 亩，同比下降 8.4%；油菜籽播种面积 3415 亩，同比增长 7.0%。油料产量 319.2 吨，同比增长 20.2%；蔬菜及食用菌面积 40389.5 亩，同比下降 8.0%；蔬菜及食用菌产量 32735.9 吨，同比下降 27.01%。中药材在地面积 34304.1 亩，同比增长 1.4%；中药材采收面积 17581.7 亩，同比增长 62.8%；产量 4219.3 吨，同比增长 51.2%。

（三）茶叶产量有所下降。神农架茶叶在地面积 16235 亩，同比持平；采收面积为 15538 亩，茶叶产量 116.5 吨，同比下降 14.6%。

（四）水果生产稳中有降。全区园林水果种植面积 5707 亩，同比下降 12.1%，园林水果产量 224 吨，同比增长 1.85%。

（五）林业经济快速增长。全区林业产值 7055.5 万元，同比增长 29.6%。

（六）畜牧业生产基本平稳。全区肉产量 3731.7 吨，同比增长 5.1%。其中：猪肉产量 2925.2 吨，同比增长 4.53%。禽蛋产量 362.59 吨，同比下降 1.56%。截止 2023 年底，全区现有中蜂蜂箱 43247 个，已成群 33084 个；现有中蜂养殖户 2038 户，其中规模户 51（100 群以上）、养殖大户（60 箱以上）93 户，全年蜂量 113.15 吨，同比下降 10.6%。

2023年全区年末畜禽出栏(笼)情况明细表

名　称	生猪(头)	牛(头)	山羊(只)	家禽(万羽)
2023年	37500	1199	11501	32.6
2022年	36164	985	10821	31.74
增减	1336.0	214.0	680.0	0.9
增减%	3.69	21.73	6.28	2.71

2023年全区年末畜禽存栏(笼)情况明细表

名　称	生猪(头)	牛(头)	山羊(只)	家禽(万羽)
2023年	27975	3271	14000	19.5
2022年	29921	3389	17265	22.59
增减	−1946.0	−118.0	−3265.0	−3.09
增减%	−6.50	−3.48	−18.91	−13.68

(七)农业秋冬播工作顺利推进。据秋冬播调查报表显示，全区秋冬播种面积26940.9亩，其中粮食播种面积24205.5亩，同比增长0.1%;油菜籽播种面积2738.3亩,同比下降18.9%。播种面积下降原因主要是受冰冻雨雪天气影响。

二、存在的问题

上年受极端高温干旱天气影响,2023年全区农业经济实现恢复性增长,但制约林区农业农村经济持续发展的因素未发生根本性改变。

一是农业基础薄弱,涉农资金投入不足。农业设施规模小,农业产业链不强,产业化发展水平低。农业抗风险能力差,面对极端气候和病虫害、重大动物疫病等自然灾害,农民防灾抗灾自救能力依然薄弱。高标准农田建设、农业排水及抗旱设施建设、防灾减灾救灾能力建设、基层动植物疫病防控体系建设等投入严重不足;农产品产供销平台建设滞后、农业信息化程度不高,仍然是制约我区农业高质量可持续发展的最大“瓶颈”。

二是畜牧业生产后劲不足,稳定生产难度加大。生猪发展受市场价格影响,养殖大户发展意愿不强,养殖规模化程度低,科技含量相对低下,影响畜牧产品产量及产值增长。

三是农村劳动力和专业技术人员匮乏。我区现有农村劳动30340人,从事农业生产的劳动力占农村劳动力人数的39.2%，大多数为50岁以上的中老年人,有一定文化知识和技能的青壮年农民大多外出务工。

三、工作措施与对策

一是提高农业生产防御和应对自然灾害的能力。继续加大农田基本建设投入,改善耕地生产条件,提高农业生产保障能力。不断提高动物疫病防控能力和水平,最大限度降低对畜禽生产的不利影响,加快养殖规模化、标准化建设步伐,积极培育规模化养殖企业,提高养殖水平和养殖效益。

二是加大对新型农业和规模农业的扶持力度。对发展新型农业和规模农业的生产经营主体进行重点帮扶,重点培养一批懂技术、有实力、有市场的农业经营主体。

三是加强农业农村统计基层基础规范化建设。加大统计基层基础建设和统计业务培训指导力度,进一步规范基层统计工作,确保应统尽统,杜绝统计数据虚报瞒报、弄虚作假现象。

撰稿:金立新

二 数据篇

《湖北农村统计年鉴2024》

1.农村基本情况 ☑

农村基层组织情况

单位：个

地区	乡镇政府个数	其中:镇个数	办事处个数	村民委员会个数	村民小组个数
湖北省	**922**	**761**	**338**	**20994**	**191875**
武汉市	**4**	**1**	**156**	**1824**	**16347**
武汉市辖区	1		104	61	534
汉南区			7	51	242
蔡甸区	1		8	283	2032
江夏区			10	268	2645
黄陂区	1		15	587	6116
新洲区	1	1	12	574	4778
黄石市	**28**	**27**	**19**	**789**	**7790**
黄石市辖区	1	1	14	15	105
阳新县	16	16		417	3841
大冶市	11	10	5	357	3844
十堰市	**106**	**72**	**13**	**1782**	**10011**
茅箭区	3	1	4	41	210
张湾区	4	2	4	70	428
郧阳区	19	16		340	1753
郧西县	16	9		275	2020
竹山县	17	9		227	1285
竹溪县	15	11		313	1742
房县	20	12		291	1445
丹江口	12	12	5	225	1128
宜昌市	**86**	**67**	**24**	**1319**	**8003**
宜昌市辖区	5	2	18	72	567
夷陵区	11	9	1	177	1101
远安县	7	6		102	494
兴山县	8	6		88	514
秭归县	12	8		167	1095
长阳自治县	11	8		146	908
五峰自治县	8	5		97	717
宜都市	9	8	1	120	813
当阳市	7	7	3	156	937
枝江市	8	8	1	194	857
襄阳市	**78**	**74**	**30**	**2278**	**14303**
高新区				13	108
襄城区	3	2	6	117	651
樊城区	3	3	10	70	673
襄州区	13	13	6	425	2952
南漳县	10	10		269	1247
谷城县	10	9		240	984
保康县	11	10		257	1224
老河口	8	7	2	217	1580
枣阳市	12	12	3	480	3518
宜城市	8	8	3	190	1366
鄂州市	**21**	**18**	**4**	**284**	**3550**
梁子湖	5	5		87	1002
华容区	6	4		78	1018
鄂城区	10	9	4	119	1530
荆门市	**50**	**48**	**11**	**1319**	**9777**
东宝区	7	6	2	162	1019
掇刀区	2	2	4	75	619
沙洋县	13	13		233	2443
钟祥市	16	15	2	493	3352
京山市	12	12	3	356	2344
孝感市	**95**	**72**	**13**	**1630**	**21466**

续表 单位：个

地区	乡镇政府个数	其中：镇个数	办事处个数	村民委员会个数	村民小组个数
孝感市辖区				9	54
孝南区	11	8	4	200	2951
孝昌县	12	8		219	3471
大悟县	17	14		265	3685
云梦县	12	9		133	1605
应城市	10	10	5	246	3224
安陆市	13	9	2	227	2837
汉川市	20	14	2	331	3639
荆州市	**100**	**88**	**19**	**1478**	**16633**
荆州开发区	1		1	14	84
沙市区	4	4	7	47	376
荆州区	7	7	5	111	877
公安县	16	14		258	3354
江陵县	9	7		107	809
石首市	12	11	2	153	2470
洪湖市	15	14	2	233	2738
松滋市	15	13	2	232	2386
监利市	21	18		323	3539
黄冈市	**115**	**99**	**13**	**3655**	**36660**
龙感湖农场					
黄州区	4	3	5	101	778
团风县	10	8		202	2349
红安县	11	10		403	3787
罗田县	12	10		397	4082
英山县	11	8		301	2575
浠水县	13	12		523	5559
蕲春县	14	13		529	4771
黄梅县	16	12		434	4006
麻城市	16	15	4	453	6210
武穴市	8	8	4	312	2543
咸宁市	**64**	**52**	**6**	**883**	**9924**
咸安区	10	9	3	125	2212
嘉鱼县	8	8		79	533
通城县	11	9		165	1962
崇阳县	12	8		187	1875
通山县	12	8		187	1751
赤壁市	11	10	3	140	1591
随州市	**37**	**37**	**9**	**840**	**8395**
曾都区	5	5	5	149	1504
随县	13	13	4	344	3948
广水市	19	19		347	2943
恩施自治州	**83**	**54**	**7**	**1347**	**15484**
恩施市	13	6	5	165	1348
利川市	12	8	2	262	4018
建始县	10	7		139	1438
巴东县	12	10		122	1934
宣恩县	9	5		140	1865
咸丰县	10	7		183	1894
来凤县	8	6		184	1787
鹤峰县	9	5		152	1200
仙桃市	**15**	**15**	**4**	**642**	**4519**
潜江市	**10**	**10**	**7**	**329**	**2557**
天门市	**22**	**21**	**3**	**528**	**6107**
神农架林区	**8**	**6**		**67**	**349**

耕地情况

单位：公顷

地区	耕地	水田	水浇地	旱地
湖北省	**4752032**	**2550693**	**364893**	**1836445**
武汉市	**238095**	**125930**	**62324**	**49842**
武汉市辖区	16829	5098	9865	1865
汉南区	8771	729	8006	36
蔡甸区	29781	14584	14088	1109
江夏区	50746	30705	493	19549
黄陂区	79598	49627	4044	25927
新洲区	52371	25187	25828	1356
黄石市	**105538**	**58419**	**1237**	**45881**
黄石市辖区	1504	464	289	751
阳新县	56887	29686	693	26509
大冶市	47147	28270	256	18621
十堰市	**184883**	**27442**	**1468**	**155973**
十堰市辖区	2315	45	242	2028
郧阳区	39396	2172	394	36830
郧西县	38950	2527	108	36316
竹山县	27056	6131	215	20711
竹溪县	22062	4755	8	17299
房县	31975	6981	168	24826
丹江口市	23130	4832	333	17964
宜昌市	**292925**	**92857**	**17402**	**182665**
宜昌市辖区	2680	503	179	1998
夷陵区	28649	10134	113	18402
远安县	15711	9424	450	5838
兴山县	15586	984	10	14593
秭归县	22418	285	43	22089
长阳县	44369	2455	12	41902
五峰县	20090	46		20044
宜都市	14099	2325	1	11773
当阳市	81345	45950	16528	18867
枝江市	47977	20752	65	27160
襄阳市	**672702**	**248995**	**9080**	**414627**
襄阳市辖区	49225	24053	1722	23451
襄州区	167302	40901	1199	125202
南漳县	69495	33574	1434	34487
谷城县	33214	17889	819	14506
保康县	28257	3149	2	25106
老河口市	58304	15062	642	42600
枣阳市	162507	66674	1471	94361
宜城市	104398	47692	1792	54914
鄂州市	**45184**	**22385**	**13845**	**8954**
梁子湖区	15071	9382	549	5140
华容区	15473	6316	7960	1197
鄂城区	14640	6687	5336	2617
荆门市	**496485**	**312015**	**3439**	**181030**
荆门市辖区	62281	46507	733	15041
京山市	111736	71390	586	39760
沙洋县	123035	100600	1235	21200
钟祥市	199432	93519	884	105029
孝感市	**389882**	**251154**	**45442**	**93286**

续表 单位:公顷

地区	耕地	水田	水浇地	旱地
孝南区	45533	29312	2509	13713
孝昌县	54681	36837	556	17288
大悟县	59016	28868	143	30005
云梦县	36138	26114	5580	4444
应城市	60299	47039	244	13016
安陆市	61298	48494	124	12681
汉川市	72918	34491	36287	2139
荆州市	**692724**	**523772**	**157210**	**11742**
沙市区	22653	18179	4474	
荆州区	47113	30700	16342	71
公安县	133936	91604	40654	1678
监利市	186156	164432	21724	
江陵县	67746	57590	10156	
石首市	70260	45447	23905	908
洪湖市	78580	62192	16385	3
松滋市	86280	53628	23571	9082
黄冈市	**484417**	**320048**	**15502**	**148867**
黄州区	9010	3776	3524	1709
团风县	25527	18500	2304	4724
红安县	58966	31452	735	26779
罗田县	33018	28149	12	4857
英山县	18270	11291	181	6798
浠水县	67480	48963	1228	17290
蕲春县	60272	45277	482	14512
黄梅县	74811	47600	436	26774
麻城市	89869	52520	2266	35083
武穴市	47194	32520	4334	10340
咸宁市	**172830**	**121292**	**17125**	**34412**
咸安区	25687	19349	706	5632
嘉鱼县	32322	15702	13977	2643
通城县	26185	22626	145	3414
崇阳县	27531	19737	1412	6381
通山县	24604	13588	665	10351
赤壁市	36502	30291	219	5991
随州市	**231811**	**166575**	**4827**	**60408**
曾都区	41347	31240	931	9177
随县	114527	85299	2096	27132
广水市	75936	50037	1800	24099
恩施土家族苗族自治州	**335188**	**56198**	**203**	**278787**
恩施市	62714	4739		57975
利川市	79055	19170		59885
建始县	39819	2739	2	37078
巴东县	44458	1219	122	43117
宣恩县	32718	7613	68	25038
咸丰县	36149	10059		26090
来凤县	21752	9855		11897
鹤峰县	18522	804	11	17707
仙桃市	**115279**	**67270**	**6157**	**41852**
潜江市	**122923**	**77580**	**5104**	**40239**
天门市	**166981**	**78737**	**4482**	**83761**
神农架林区	**4187**	**23**	**45**	**4119**

农村劳动力文化程度和年龄状况

单位：万人

地区	外出从业人员		从业人员文化程度			从业人员年龄状况		
		其中：男性	小学及以下	初中	高中及以上	20 岁以下	21 岁-49 岁	50 岁以上
湖北省	**1198.40**	**722.40**	**111.14**	**619.94**	**467.32**	**129.80**	**859.71**	**208.89**
武汉市	**69.15**	**43.87**	**6.11**	**35.99**	**27.06**	**8.66**	**45.94**	**14.55**
武汉市辖区	0.59	0.27	0.07	0.27	0.26	0.05	0.41	0.13
汉南区	1.20	0.68	0.07	0.43	0.70	0.09	0.90	0.21
蔡甸区	6.41	3.79	0.44	3.11	2.86	0.54	4.39	1.48
江夏区	11.66	6.86	1.67	5.71	4.28	1.66	7.13	2.88
黄陂区	26.74	17.75	3.21	14.74	8.80	3.40	18.14	5.20
新洲区	22.54	14.53	0.65	11.74	10.15	2.92	14.98	4.65
黄石市	**57.34**	**36.84**	**6.01**	**27.05**	**24.28**	**9.12**	**36.29**	**11.94**
黄石市辖区	0.83	0.49	0.07	0.31	0.45	0.07	0.51	0.25
阳新县	36.56	22.61	3.66	17.29	15.60	6.91	21.90	7.75
大冶市	19.95	13.75	2.28	9.45	8.22	2.14	13.88	3.93
十堰市	**79.30**	**49.90**	**10.47**	**42.22**	**26.60**	**7.03**	**57.53**	**14.73**
茅箭区	1.04	0.61	0.08	0.48	0.48	0.02	0.78	0.25
张湾区	1.56	0.98	0.21	0.81	0.54	0.17	1.07	0.32
郧阳区	15.97	10.19	1.70	8.34	5.93	1.78	11.69	2.50
郧西县	14.91	8.62	1.74	8.52	4.66	1.14	10.78	2.99
竹山县	13.81	8.58	2.15	7.19	4.47	1.50	9.74	2.57
竹溪县	9.50	6.34	1.57	5.12	2.81	1.01	6.49	2.00
房县	13.19	8.81	2.32	6.84	4.03	0.88	10.47	1.83
丹江口市	9.32	5.77	0.70	4.93	3.69	0.53	6.51	2.27
宜昌市	**69.88**	**41.17**	**5.56**	**33.04**	**31.28**	**5.32**	**49.03**	**15.52**
宜昌市辖区	4.12	2.27	0.35	1.65	2.12	0.24	2.95	0.94
夷陵区	10.31	6.31	0.99	4.34	4.98	0.88	6.87	2.56
远安县	4.80	2.56	0.37	2.81	1.62	0.41	3.46	0.93
兴山县	2.59	1.81	0.13	1.31	1.15	0.13	1.91	0.55
秭归县	9.28	5.35	0.62	4.61	4.04	0.48	7.09	1.71
长阳土家族自治县	10.74	6.19	1.28	5.14	4.32	0.92	6.98	2.84
五峰土家族自治县	3.90	2.35	0.46	1.93	1.50	0.45	2.67	0.77
宜都市	9.55	5.82	0.62	4.45	4.47	0.70	6.68	2.17
当阳市	7.14	4.33	0.48	3.28	3.37	0.76	5.45	0.94
枝江市	7.46	4.17	0.24	3.51	3.71	0.35	4.99	2.12
襄阳市	**110.62**	**65.27**	**6.49**	**50.54**	**53.59**	**8.97**	**82.49**	**19.16**
高新区	2.16	1.42	0.11	1.02	1.03	0.13	1.75	0.28
襄城区	5.77	3.19	0.34	2.51	2.92	0.42	3.58	1.77
樊城区	5.90	4.22	0.59	2.92	2.38	0.48	3.85	1.56
襄州区	26.72	14.79	1.16	5.58	19.99	0.71	22.85	3.16
南漳县	13.02	7.61	1.27	7.20	4.55	1.72	9.24	2.07
谷城县	11.78	6.96	0.98	7.22	3.58	1.17	8.53	2.07
保康县	6.49	4.11	0.42	2.92	3.15	0.16	4.90	1.44
老河口市	9.24	5.11	0.51	5.26	3.48	1.62	6.31	1.31
枣阳市	18.55	11.92	0.51	10.29	7.76	1.70	13.94	2.91
宜城市	10.99	5.95	0.60	5.63	4.77	0.87	7.54	2.58
鄂州市	**18.03**	**10.66**	**1.50**	**9.53**	**7.01**	**2.31**	**11.99**	**3.73**
梁子湖区	4.47	2.32	0.17	2.63	1.68	0.49	3.37	0.62
华容区	4.02	2.52	0.06	2.16	1.80	0.21	2.86	0.95
鄂城区	9.54	5.82	1.27	4.74	3.53	1.61	5.77	2.16
荆门市	**56.74**	**34.47**	**3.04**	**29.22**	**24.48**	**4.84**	**44.95**	**6.95**
东宝区	4.20	2.47	0.15	1.50	2.55	0.35	3.31	0.54
掇刀区	1.59	1.07	0.03	0.80	0.77	0.07	1.34	0.19
沙洋县	13.30	7.74	1.11	6.69	5.51	1.03	11.02	1.25
钟祥市	23.27	14.52	1.50	12.96	8.81	2.37	18.15	2.74
京山市	14.38	8.66	0.26	7.27	6.85	1.01	11.13	2.23
孝感市	**139.41**	**92.84**	**10.02**	**84.20**	**45.19**	**16.90**	**103.29**	**19.23**

续表 单位：万人

地区	外出从业人员	其中：男性	从业人员文化程度			从业人员年龄状况		
			小学及以下	初中	高中及以上	20 岁以下	21 岁-49 岁	50 岁以上
孝感市辖区	0.49	0.33	0.11	0.29	0.08	0.03	0.30	0.16
孝南区	17.51	11.39	1.58	11.72	4.22	1.22	13.83	2.46
孝昌县	20.60	13.25	1.65	13.50	5.45	2.68	16.01	1.90
大悟县	20.05	12.81	0.92	11.51	7.62	3.29	13.75	3.02
云梦县	19.08	16.22	1.79	12.30	4.99	2.09	13.96	3.04
应城市	19.21	11.90	0.73	11.05	7.43	2.01	14.26	2.93
安陆市	17.24	11.80	0.93	9.28	7.03	1.71	13.92	1.61
汉川市	25.24	15.15	2.31	14.57	8.36	3.87	17.26	4.11
荆州市	**118.11**	**65.27**	**9.83**	**62.00**	**46.28**	**15.13**	**86.06**	**16.92**
荆州开发区	0.47	0.26		0.23	0.24	0.01	0.39	0.07
沙市区	2.84	1.54	0.19	0.90	1.75	0.36	2.25	0.22
荆州区	6.99	3.87	0.38	3.25	3.36	0.52	5.25	1.21
公安县	18.80	10.35	1.07	9.64	8.09	2.17	13.68	2.95
监利市	35.26	19.12	4.60	19.65	11.01	6.52	22.40	6.34
江陵县	6.42	3.57	0.59	3.11	2.73	0.84	5.37	0.21
石首市	13.16	7.59	0.76	6.29	6.11	1.21	10.27	1.67
洪湖市	15.87	8.81	1.38	8.81	5.69	1.80	11.92	2.14
松滋市	18.31	10.17	0.87	10.13	7.31	1.70	14.52	2.09
黄冈市	**175.97**	**106.37**	**22.22**	**88.09**	**65.65**	**16.95**	**125.46**	**33.56**
龙感湖农场	0.47	0.27	0.02	0.28	0.18	0.03	0.35	0.10
黄州区	3.97	2.47	0.46	2.04	1.48	0.35	2.62	1.00
团风县	10.70	6.75	1.51	6.17	3.02	0.96	6.84	2.90
红安县	18.79	11.13	2.03	9.35	7.41	1.90	12.03	4.85
罗田县	17.21	11.02	1.55	9.39	6.28	0.96	13.44	2.81
英山县	9.98	5.18	0.67	1.52	7.80	0.87	7.37	1.74
浠水县	29.23	17.23	3.75	13.10	12.38	2.61	20.17	6.46
蕲春县	27.32	15.74	4.50	14.87	7.95	3.37	18.53	5.42
黄梅县	13.72	7.43	2.38	7.98	3.36	1.51	12.06	0.15
麻城市	25.18	16.12	3.53	13.91	7.75	2.96	18.79	3.44
武穴市	19.38	13.03	1.83	9.50	8.04	1.44	13.25	4.68
咸宁市	**58.16**	**34.45**	**6.45**	**30.41**	**21.30**	**8.16**	**40.73**	**9.27**
咸安区	7.50	5.04	1.20	3.34	2.97	1.21	5.21	1.08
嘉鱼县	7.19	4.38	0.71	3.59	2.88	0.85	4.52	1.82
通城县	11.35	6.26	0.98	6.83	3.55	2.35	8.16	0.84
崇阳县	11.26	6.73	1.14	5.54	4.59	1.32	8.33	1.61
通山县	11.66	6.98	1.80	6.12	3.73	1.51	7.83	2.32
赤壁市	9.20	5.06	0.63	4.99	3.58	0.92	6.68	1.60
随州市	**50.80**	**29.08**	**4.78**	**27.78**	**18.24**	**6.80**	**36.22**	**7.77**
曾都区	9.86	6.29	0.60	5.26	4.00	1.12	7.54	1.20
随县	18.30	10.22	1.86	10.52	5.92	3.10	12.93	2.27
广水市	22.64	12.57	2.32	12.00	8.32	2.58	15.76	4.30
恩施州土家族苗族自治州	**100.68**	**59.76**	**11.35**	**54.32**	**35.01**	**8.88**	**74.13**	**17.67**
恩施市	15.61	9.56	1.82	8.78	5.01	1.27	11.28	3.07
利川市	24.21	14.57	2.46	12.55	9.20	2.36	17.72	4.13
建始县	14.00	8.06	1.31	8.12	4.58	1.05	10.56	2.39
巴东县	10.71	6.31	1.07	5.67	3.96	0.78	7.21	2.72
宣恩县	11.54	6.49	1.38	7.39	2.77	1.04	8.60	1.90
咸丰县	9.21	5.92	0.82	4.98	3.42	0.78	7.16	1.28
来凤县	10.09	5.84	2.06	4.37	3.66	1.35	7.53	1.21
鹤峰县	5.30	3.01	0.43	2.47	2.40	0.25	4.07	0.97
仙桃市	**36.90**	**19.63**	**2.21**	**18.16**	**16.53**	**5.17**	**26.08**	**5.65**
潜江市	**20.63**	**11.87**	**1.66**	**9.85**	**9.13**	**1.88**	**15.17**	**3.59**
天门市	**35.65**	**20.25**	**3.23**	**16.99**	**15.43**	**3.65**	**23.55**	**8.45**
神农架林区	**1.02**	**0.69**	**0.19**	**0.55**	**0.28**	**0.03**	**0.81**	**0.19**

农村劳动力外出渠道和从业时间

单位:万人

地区	外出渠道				外出从业时间		
	政府有关部门组织	中介组织介绍	企业招收	自发及其他	1个月-3个月	3个月-6个月	6个月以上
湖北省	**147.09**	**81.66**	**180.19**	**789.46**	**102.22**	**265.46**	**830.71**
武汉市	**6.33**	**3.79**	**11.36**	**47.67**	**5.75**	**17.55**	**45.86**
武汉市辖区	0.06	0.04	0.20	0.29	0.02	0.07	0.50
汉南区	0.04	0.01	0.58	0.57	0.02	0.14	1.04
蔡甸区	0.28	0.52	1.71	3.90	0.72	1.76	3.93
江夏区	1.22	0.84	2.15	7.45	1.53	3.89	6.24
黄陂区	2.86	0.91	2.76	20.21	2.12	7.41	17.22
新洲区	1.87	1.48	3.95	15.25	1.34	4.28	16.93
黄石市	**6.47**	**3.58**	**10.45**	**36.83**	**6.24**	**13.80**	**37.30**
黄石市辖区	0.03	0.03	0.18	0.59	0.10	0.14	0.59
阳新县	4.76	2.20	6.88	22.72	4.28	8.18	24.10
大冶市	1.68	1.35	3.40	13.52	1.86	5.48	12.61
十堰市	**10.24**	**6.78**	**10.68**	**51.59**	**6.36**	**18.72**	**54.22**
茅箭区	0.04	0.06	0.19	0.76	0.06	0.15	0.83
张湾区	0.13	0.25	0.17	1.00	0.10	0.34	1.11
郧阳区	1.67	1.29	2.11	10.89	1.21	4.07	10.69
郧西县	3.91	1.80	2.13	7.07	1.02	3.05	10.84
竹山县	1.34	1.13	1.74	9.60	1.92	4.21	7.68
竹溪县	1.37	0.40	1.63	6.09	0.48	1.64	7.39
房县	1.24	1.14	1.38	9.42	0.98	2.51	9.69
丹江口市	0.54	0.70	1.33	6.75	0.59	2.75	5.98
宜昌市	**11.64**	**5.73**	**12.70**	**39.81**	**6.76**	**16.80**	**46.32**
宜昌市辖区	0.22	0.27	0.87	2.77	0.50	1.07	2.55
夷陵区	0.99	0.90	1.86	6.57	1.07	2.40	6.84
远安县	0.52	0.45	1.02	2.81	0.38	0.79	3.63
兴山县	0.16	0.10	0.29	2.04	0.19	0.50	1.90
秭归县	1.08	0.68	1.13	6.38	0.75	1.64	6.88
长阳土家族自治县	1.07	0.85	1.91	6.90	1.38	3.61	5.75
五峰土家族自治县	1.02	0.41	0.47	2.00	0.51	1.17	2.22
宜都市	0.98	0.98	2.87	4.72	0.68	2.26	6.61
当阳市	0.89	0.69	1.75	3.81	0.66	1.44	5.03
枝江市	4.71	0.40	0.53	1.81	0.63	1.91	4.92
襄阳市	**9.23**	**7.96**	**18.86**	**74.56**	**8.49**	**21.43**	**80.70**
高新区	0.07	0.35	0.55	1.18	0.50	0.78	0.87
襄城区	0.26	0.39	0.97	4.14	0.59	1.37	3.80
樊城区	0.36	1.27	0.83	3.44	0.66	1.70	3.54
襄州区	1.39	1.59	6.91	16.83	1.91	4.26	20.55
南漳县	0.96	0.75	2.88	8.44	1.26	2.58	9.18
谷城县	2.59	0.42	0.70	8.07	0.66	2.42	8.69
保康县	0.31	0.28	0.63	5.28	0.45	1.39	4.64
老河口市	0.23	0.76	0.95	7.31	0.57	1.43	7.25
枣阳市	2.22	1.16	2.00	13.18	0.69	2.93	14.93
宜城市	0.85	1.01	2.46	6.67	1.18	2.57	7.24
鄂州市	**1.08**	**1.33**	**3.20**	**12.43**	**2.10**	**4.75**	**11.19**
梁子湖区	0.46	0.31	0.46	3.24	0.30	1.39	2.78
华容区	0.18	0.22	0.87	2.75	0.28	1.01	2.72
鄂城区	0.45	0.80	1.86	6.44	1.52	2.34	5.69
荆门市	**7.24**	**4.43**	**8.87**	**36.19**	**4.51**	**11.05**	**41.18**
东宝区	0.74	0.52	0.34	2.60	0.35	0.98	2.87
掇刀区	0.25	0.11	0.31	0.92	0.11	0.37	1.11
沙洋县	1.40	0.85	2.47	8.58	1.48	2.55	9.27
钟祥市	2.21	1.98	3.48	15.60	1.98	4.60	16.69
京山市	2.64	0.98	2.27	8.49	0.59	2.55	11.24
孝感市	**13.75**	**9.69**	**21.57**	**94.41**	**13.15**	**36.53**	**89.73**

续表　　单位：万人

地区	外出渠道				外出从业时间		
	政府有关部门组织	中介组织介绍	企业招收	自发及其他	1个月–3个月	3个月–6个月	6个月以上
孝感市辖区		0.02	0.04	0.42	0.04	0.17	0.28
孝南区	1.60	1.01	2.39	12.52	1.43	4.75	11.33
孝昌县	3.12	2.11	2.65	12.72	2.47	6.74	11.39
大悟县	1.82	1.38	2.81	14.04	1.78	4.14	14.13
云梦县	1.66	1.13	1.45	14.85	1.06	5.37	12.66
应城市	0.68	0.90	3.40	14.22	0.88	3.58	14.75
安陆市	1.72	1.12	3.17	11.23	2.26	5.10	9.88
汉川市	3.16	2.02	5.66	14.40	3.23	6.68	15.33
荆州市	**7.65**	**7.24**	**12.67**	**90.55**	**6.12**	**20.44**	**91.56**
荆州开发区	0.02	0.02	0.06	0.37	0.02	0.07	0.38
沙市区	0.08	0.09	0.81	1.87	0.08	0.46	2.30
荆州区	0.22	0.41	0.94	5.42	0.80	1.56	4.63
公安县	1.39	0.66	1.97	14.77	0.77	2.58	15.46
监利市	2.34	2.46	2.81	27.66	1.24	6.48	27.55
江陵县	0.49	0.23	0.26	5.44	0.43	0.94	5.05
石首市	1.50	1.25	2.77	7.64	0.73	2.98	9.45
洪湖市	0.34	0.45	1.15	13.92	1.00	2.06	12.81
松滋市	1.27	1.68	1.91	13.45	1.05	3.32	13.94
黄冈市	**21.78**	**13.15**	**25.48**	**115.55**	**19.74**	**46.25**	**109.98**
龙感湖农场		0.02	0.04	0.41	0.01	0.04	0.42
黄州区	0.31	0.45	0.73	2.48	0.30	0.88	2.79
团风县	1.16	0.83	1.70	7.00	1.53	3.23	5.94
红安县	2.75	1.48	3.14	11.42	2.51	6.38	9.90
罗田县	1.64	1.48	2.98	11.11	1.34	5.39	10.47
英山县	1.72	1.02	1.47	5.78	1.55	3.21	5.22
浠水县	2.00	2.17	4.83	20.24	3.23	6.42	19.59
蕲春县	3.90	1.95	5.77	15.71	2.81	6.35	18.17
黄梅县	0.77	0.06	0.10	12.79	0.42	3.32	9.98
麻城市	1.87	2.32	2.47	18.52	3.81	6.23	15.14
武穴市	5.65	1.38	2.25	10.09	2.22	4.80	12.35
咸宁市	**5.74**	**4.00**	**9.40**	**39.02**	**5.08**	**12.10**	**40.99**
咸安区	1.11	0.45	1.58	4.37	0.71	2.05	4.74
嘉鱼县	0.45	0.88	1.01	4.86	0.49	1.38	5.31
通城县	0.83	0.73	1.81	7.98	0.80	2.15	8.39
崇阳县	1.48	0.96	2.02	6.80	1.05	2.38	7.83
通山县	1.09	0.41	1.87	8.29	1.21	2.20	8.24
赤壁市	0.78	0.57	1.11	6.73	0.81	1.92	6.47
随州市	**4.03**	**4.36**	**8.90**	**33.51**	**4.74**	**11.88**	**34.17**
曾都区	0.66	0.78	2.16	6.27	0.53	1.97	7.36
随县	1.72	1.83	2.06	12.69	1.00	4.59	12.71
广水市	1.65	1.75	4.68	14.56	3.21	5.32	14.11
恩施州土家族苗族自治州	**32.60**	**4.48**	**8.25**	**55.35**	**7.20**	**16.79**	**76.68**
恩施市	5.15	0.70	1.18	8.58	1.29	2.73	11.59
利川市	13.38	0.67	1.15	9.00	1.59	3.26	19.36
建始县	3.18	0.67	1.37	8.79	1.14	2.04	10.82
巴东县	1.15	0.87	1.59	7.11	0.75	2.00	7.96
宣恩县	1.46	0.26	0.98	8.84	0.48	1.42	9.64
咸丰县	2.71	0.26	0.85	5.39	1.03	2.37	5.82
来凤县	1.99	0.75	0.56	6.80	0.65	1.76	7.69
鹤峰县	3.58	0.29	0.58	0.84	0.28	1.22	3.80
仙桃市	**3.19**	**1.87**	**7.53**	**24.31**	**2.64**	**5.63**	**28.63**
潜江市	**1.22**	**1.02**	**4.87**	**13.52**	**1.10**	**5.31**	**14.22**
天门市	**4.02**	**2.14**	**5.37**	**24.12**	**2.20**	**6.30**	**27.16**
神农架林区	**0.86**	**0.11**	**0.01**	**0.04**	**0.05**	**0.14**	**0.84**

农村劳动力转移地点

单位:万人

地区	外出地点				
	县内乡外	省内县外	省外(不含港澳台及境外)	港、澳、台	境外
湖北省	**197.00**	**327.65**	**671.69**	**1.07**	**0.99**
武汉市	**16.62**	**35.09**	**17.39**	**0.03**	**0.02**
武汉市辖区	0.38	0.17	0.03	0.01	
汉南区	0.74	0.38	0.08		
蔡甸区	1.86	3.36	1.19		
江夏区	4.18	4.48	3.00		
黄陂区	6.28	16.93	3.51	0.02	0.01
新洲区	3.18	9.76	9.59	0.01	
黄石市	**10.46**	**15.13**	**31.46**	**0.19**	**0.10**
黄石市辖区	0.29	0.37	0.17		
阳新县	4.84	8.56	22.94	0.18	0.03
大冶市	5.32	6.20	8.35	0.01	0.06
十堰市	**14.58**	**20.83**	**43.59**	**0.10**	**0.19**
茅箭区	0.64	0.25	0.15		
张湾区	0.88	0.34	0.34		
郧阳区	3.05	6.73	6.13		0.06
郧西县	1.73	3.91	9.25		0.01
竹山县	2.59	2.79	8.40	0.01	0.02
竹溪县	1.42	1.72	6.34	0.01	0.01
房县	1.75	2.38	8.91	0.07	0.06
丹江口市	2.51	2.70	4.08		0.01
宜昌市	**16.95**	**22.21**	**30.66**	**0.02**	**0.04**
宜昌市辖区	1.24	1.56	1.32		
夷陵区	2.94	3.34	4.02	0.01	0.01
远安县	1.07	1.40	2.33		
兴山县	0.45	0.95	1.18		
秭归县	2.10	2.88	4.29		0.01
长阳土家族自治县	1.72	4.09	4.91		0.01
五峰土家族自治县	0.64	1.64	1.61		
宜都市	2.31	2.70	4.53		
当阳市	2.26	1.50	3.38		
枝江市	2.22	2.15	3.08		
襄阳市	**14.22**	**24.05**	**72.29**	**0.02**	**0.04**
高新区	0.62	0.58	0.96		
襄城区	1.40	1.28	3.08		
樊城区	1.32	1.55	3.01		0.01
襄州区	3.86	6.16	16.69		
南漳县	1.54	2.25	9.23		
谷城县	0.61	2.86	8.29	0.01	0.01
保康县	0.75	1.59	4.14		
老河口市	0.68	1.38	7.18		
枣阳市	1.81	4.18	12.56		
宜城市	1.64	2.21	7.14		
鄂州市	**5.51**	**6.41**	**6.05**	**0.01**	**0.05**
梁子湖区	1.15	1.92	1.41		
华容区	1.39	1.67	0.92		0.04
鄂城区	2.98	2.82	3.72	0.01	0.01
荆门市	**9.06**	**15.73**	**31.86**	**0.07**	**0.02**
东宝区	0.80	1.23	2.17		
掇刀区	0.47	0.54	0.58		
沙洋县	2.26	4.57	6.47		
钟祥市	3.89	6.46	12.86	0.05	0.01
京山市	1.64	2.92	9.79	0.02	0.01
孝感市	**21.43**	**41.85**	**75.84**	**0.07**	**0.22**

续表

单位：万人

地区	外出地点				
	县内乡外	省内县外	省外（不含港澳台及境外）	港、澳、台	境外
孝感市辖区	0.06	0.11	0.32		
孝南区	2.41	4.37	10.73		
孝昌县	3.09	5.22	12.27	0.01	0.01
大悟县	3.88	6.73	9.38	0.02	0.03
云梦县	1.93	4.76	12.38		0.01
应城市	2.60	6.22	10.35		0.03
安陆市	2.24	4.90	9.93	0.03	0.14
汉川市	5.21	9.55	10.48		
荆州市	**15.85**	**26.74**	**75.50**	**0.02**	**0.01**
荆州开发区	0.20	0.16	0.10		
沙市区	0.94	0.54	1.37		
荆州区	1.45	2.24	3.29		
公安县	2.35	4.60	11.85		
监利市	3.94	6.26	25.06		
江陵县	0.52	1.55	4.35		
石首市	2.01	2.94	8.20		
洪湖市	1.31	4.88	9.67		
松滋市	3.14	3.56	11.60	0.01	
黄冈市	**22.88**	**49.36**	**103.38**	**0.17**	**0.17**
龙感湖农场	0.08	0.14	0.25		
黄州区	1.19	1.11	1.66	0.01	0.01
团风县	2.27	4.35	4.03	0.01	0.05
红安县	3.11	7.32	8.32	0.02	0.02
罗田县	1.58	4.09	11.52	0.01	0.01
英山县	1.59	1.96	6.41	0.03	
浠水县	2.23	8.46	18.45	0.04	0.05
蕲春县	3.99	6.73	16.54	0.04	0.01
黄梅县	2.42	5.41	5.88	0.01	
麻城市	2.50	5.55	17.12	0.02	
武穴市	1.92	4.25	13.19		0.01
咸宁市	**9.57**	**14.46**	**34.01**	**0.07**	**0.05**
咸安区	1.19	1.86	4.44	0.01	
嘉鱼县	1.23	2.15	3.78	0.02	0.01
通城县	1.74	2.45	7.16		
崇阳县	1.63	3.46	6.15		0.01
通山县	2.16	2.82	6.66	0.02	0.01
赤壁市	1.61	1.73	5.83	0.02	0.01
随州市	**8.65**	**13.29**	**28.80**	**0.03**	**0.03**
曾都区	2.36	2.81	4.67	0.01	0.01
随县	2.53	4.22	11.54	0.01	0.01
广水市	3.77	6.26	12.58	0.02	0.01
恩施州土家族苗族自治州	**17.76**	**18.23**	**64.61**	**0.04**	**0.04**
恩施市	5.45	3.04	7.11	0.01	
利川市	2.41	3.52	18.26	0.01	0.01
建始县	2.23	3.42	8.34	0.01	0.01
巴东县	1.52	2.65	6.52	0.01	0.01
宣恩县	2.51	1.74	7.29		
咸丰县	1.41	1.60	6.19		
来凤县	0.99	1.16	7.95		
鹤峰县	1.25	1.10	2.95		
仙桃市	**5.56**	**10.62**	**20.51**	**0.19**	
潜江市	**4.15**	**4.29**	**12.19**		
天门市	**3.48**	**9.07**	**23.08**	**0.02**	**0.01**
神农架林区	**0.27**	**0.28**	**0.48**		

农村劳动力外出地域及从事行业

单位：万人

地区	外出地域				外出从业人员从事行业		
	东部	中部	西部	东北地区	第一产业	第二产业	第三产业
湖北省	**524.04**	**571.21**	**68.19**	**32.90**	**63.53**	**651.54**	**483.33**
武汉市	**13.27**	**53.31**	**2.01**	**0.51**	**2.33**	**37.31**	**29.52**
武汉市辖区	0.02	0.56			0.04	0.20	0.36
汉南区	0.05	1.13	0.01	0.01	0.03	0.60	0.57
蔡甸区	0.92	5.34	0.11	0.04	0.16	3.53	2.72
江夏区	2.11	8.98	0.52	0.04	0.71	6.20	4.75
黄陂区	2.29	24.00	0.26	0.17	1.11	12.94	12.70
新洲区	7.89	13.30	1.10	0.24	0.28	13.84	8.43
黄石市	**23.14**	**30.67**	**2.12**	**1.12**	**3.13**	**32.10**	**22.11**
黄石市辖区	0.09	0.69	0.04	0.01	0.04	0.53	0.26
阳新县	16.37	17.48	1.59	0.90	2.31	20.53	13.71
大冶市	6.68	12.51	0.49	0.20	0.78	11.04	8.13
十堰市	**32.11**	**37.45**	**6.38**	**3.07**	**5.37**	**44.47**	**29.46**
茅箭区	0.11	0.89	0.03	0.01	0.04	0.47	0.53
张湾区	0.18	1.29	0.06	0.02	0.03	0.88	0.64
郧阳区	4.45	10.08	0.73	0.64	1.70	7.85	6.42
郧西县	5.51	6.43	2.07	0.89	1.30	8.61	5.01
竹山县	5.70	5.38	1.77	0.92	1.20	8.29	4.33
竹溪县	5.40	3.54	0.40	0.15	0.48	5.50	3.51
房县	7.52	4.31	0.96	0.26	0.20	7.33	5.66
丹江口市	3.24	5.53	0.35	0.18	0.42	5.55	3.35
宜昌市	**21.95**	**42.36**	**3.74**	**1.76**	**4.68**	**36.10**	**29.10**
宜昌市辖区	0.95	2.82	0.25	0.09	0.53	1.95	1.65
夷陵区	2.88	6.78	0.50	0.14	0.55	5.37	4.39
远安县	1.93	2.58	0.20	0.09	0.49	2.56	1.75
兴山县	1.00	1.43	0.11	0.05	0.21	1.40	0.98
秭归县	3.46	5.43	0.30	0.08	0.50	4.64	4.14
长阳土家族自治县	3.02	6.46	0.71	0.54	1.29	4.94	4.51
五峰土家族自治县	1.18	2.40	0.25	0.07	0.19	1.87	1.84
宜都市	3.14	5.37	0.61	0.42	0.30	5.16	4.09
当阳市	2.17	4.36	0.44	0.18	0.42	3.60	3.12
枝江市	2.24	4.75	0.36	0.11	0.21	4.61	2.63
襄阳市	**57.99**	**42.79**	**7.39**	**2.39**	**9.29**	**60.00**	**41.34**
高新区	0.72	1.24	0.10	0.10	0.32	1.22	0.61
襄城区	2.35	2.93	0.35	0.14	0.36	2.97	2.43
樊城区	2.01	3.12	0.69	0.06	0.54	3.19	2.17
襄州区	12.59	11.28	2.13	0.72	4.81	11.76	10.15
南漳县	6.20	4.43	1.39	1.00	1.36	5.52	6.14
谷城县	6.44	4.23	1.03	0.06	0.62	7.65	3.51
保康县	3.31	2.82	0.29	0.07	0.39	4.22	1.88
老河口市	6.25	2.48	0.45	0.06	0.16	6.03	3.06
枣阳市	12.07	5.99	0.44	0.06	0.21	11.72	6.62
宜城市	6.06	4.28	0.52	0.12	0.52	5.71	4.75
鄂州市	**4.96**	**12.29**	**0.45**	**0.27**	**1.07**	**9.90**	**7.07**
梁子湖区	1.40	3.06	0.01		0.10	2.78	1.59
华容区	0.72	3.17	0.06	0.02	0.10	2.16	1.76
鄂城区	2.85	6.05	0.38	0.25	0.86	4.96	3.72
荆门市	**22.52**	**29.71**	**3.42**	**1.00**	**2.48**	**31.52**	**22.74**
东宝区	1.06	2.41	0.68	0.05	0.21	2.37	1.62
掇刀区	0.44	1.08	0.05	0.02	0.07	0.99	0.53
沙洋县	5.13	7.53	0.49	0.15	0.46	7.07	5.77
钟祥市	7.82	13.32	1.47	0.59	1.18	12.94	9.15
京山市	8.06	5.38	0.73	0.18	0.56	8.15	5.67
孝感市	**50.77**	**66.30**	**11.02**	**11.03**	**5.60**	**76.63**	**57.18**

续表　　单位：万人

地区	外出地域				外出从业人员从事行业		
	东部	中部	西部	东北地区	第一产业	第二产业	第三产业
孝感市辖区	0.15	0.17	0.05	0.11	0.04	0.36	0.09
孝南区	8.52	6.92	0.67	1.40	0.85	10.23	6.43
孝昌县	8.52	8.31	2.16	1.59	0.97	10.17	9.45
大悟县	5.09	10.95	2.76	1.20	1.14	12.68	6.23
云梦县	6.07	8.55	1.18	3.27	0.40	11.80	6.89
应城市	8.07	9.23	1.11	0.76	0.55	10.31	8.35
安陆市	5.99	7.16	1.86	2.06	0.76	8.81	7.67
汉川市	8.35	15.01	1.23	0.65	0.89	12.27	12.08
荆州市	**62.01**	**48.97**	**5.79**	**1.31**	**2.78**	**66.16**	**49.18**
荆州开发区	0.09	0.37				0.28	0.19
沙市区	1.10	1.71	0.02		0.03	2.15	0.66
荆州区	2.84	3.92	0.18	0.04	0.19	3.63	3.16
公安县	10.02	8.11	0.56	0.10	0.58	11.15	7.07
监利市	21.04	12.12	1.55	0.56	0.99	17.00	17.27
江陵县	3.99	2.15	0.26	0.02	0.08	4.11	2.24
石首市	6.24	5.62	1.24	0.04	0.25	7.82	5.09
洪湖市	7.23	7.31	1.02	0.30	0.37	8.87	6.63
松滋市	9.46	7.65	0.94	0.25	0.28	11.15	6.88
黄冈市	**88.40**	**76.19**	**8.70**	**2.33**	**12.10**	**90.21**	**73.66**
龙感湖农场	0.30	0.15	0.02		0.07	0.27	0.13
黄州区	1.13	2.43	0.28	0.12	0.45	2.18	1.34
团风县	3.50	6.61	0.15	0.37	1.15	6.00	3.56
红安县	7.11	11.11	0.27	0.26	1.63	9.89	7.26
罗田县	11.02	5.67	0.45	0.05	0.36	10.60	6.25
英山县	5.49	3.54	0.90	0.03	1.13	5.08	3.77
浠水县	16.37	11.56	0.72	0.50	1.76	12.90	14.58
蕲春县	14.96	10.73	1.19	0.39	2.92	13.24	11.16
黄梅县	5.56	8.02	0.13	0.01	0.12	8.01	5.59
麻城市	13.33	8.85	2.96	0.03	1.41	9.87	13.91
武穴市	9.64	7.52	1.64	0.57	1.08	12.18	6.11
咸宁市	**28.96**	**26.46**	**1.77**	**0.84**	**4.58**	**29.97**	**23.61**
咸安区	3.84	3.41	0.20	0.05	0.25	3.53	3.72
嘉鱼县	2.78	4.17	0.15	0.05	0.47	3.57	3.15
通城县	6.56	4.37	0.21	0.22	0.64	6.05	4.67
崇阳县	5.25	5.38	0.43	0.19	1.38	5.25	4.63
通山县	5.70	5.58	0.30	0.06	1.00	6.03	4.63
赤壁市	4.84	3.55	0.49	0.28	0.83	5.55	2.82
随州市	**23.89**	**23.38**	**1.93**	**1.53**	**2.53**	**26.34**	**21.93**
曾都区	3.97	5.48	0.20	0.19	0.62	4.34	4.89
随县	9.47	7.47	0.72	0.63	1.00	9.41	7.90
广水市	10.45	10.43	1.02	0.70	0.91	12.59	9.15
恩施州土家族苗族自治州	**49.59**	**41.50**	**7.24**	**2.27**	**4.11**	**61.48**	**35.09**
恩施市	5.13	9.22	1.07	0.18	0.68	9.49	5.45
利川市	13.00	7.56	2.52	1.11	1.51	13.49	9.20
建始县	6.90	6.03	0.77	0.29	0.53	9.40	4.08
巴东县	4.94	4.68	0.93	0.14	0.28	6.23	4.20
宣恩县	6.19	4.95	0.36	0.03	0.35	8.18	3.02
咸丰县	4.82	3.73	0.49	0.17	0.09	5.66	3.47
来凤县	6.39	2.80	0.63	0.27	0.31	5.96	3.82
鹤峰县	2.23	2.52	0.47	0.08	0.36	3.08	1.86
仙桃市	**16.51**	**16.19**	**2.77**	**1.24**	**1.36**	**18.17**	**17.36**
潜江市	**10.19**	**9.41**	**0.81**	**0.22**	**1.18**	**13.38**	**6.07**
天门市	**17.31**	**13.82**	**2.59**	**1.91**	**0.94**	**17.17**	**17.54**
神农架林区	**0.48**	**0.39**	**0.07**	**0.08**	**0.03**	**0.64**	**0.36**

农村劳动力外出从业形式及培训情况

单位：万人

地区	外出从业形式			外出从业人员职业技能培训情况		
	务工	自营	其他	参加过职业技能培训	其中：参加过政府举办的技能培训	持有职业技术资格证书
湖北省	**906.95**	**186.55**	**104.89**	**363.07**	**162.77**	**172.76**
武汉市	**53.31**	**11.15**	**4.69**	**22.53**	**9.53**	**9.42**
武汉市辖区	0.50	0.03	0.06	0.35	0.17	0.18
汉南区	1.08	0.10	0.02	0.11	0.05	0.50
蔡甸区	4.66	1.14	0.61	1.30	0.56	0.64
江夏区	8.93	1.91	0.83	2.53	1.19	1.71
黄陂区	20.09	5.13	1.52	9.27	3.23	3.10
新洲区	18.05	2.83	1.66	8.97	4.33	3.28
黄石市	**40.39**	**9.18**	**7.76**	**8.03**	**4.55**	**7.51**
黄石市辖区	0.67	0.09	0.07	0.13	0.06	0.04
阳新县	25.55	5.60	5.41	5.15	2.82	4.35
大冶市	14.17	3.49	2.29	2.76	1.67	3.13
十堰市	**63.99**	**7.53**	**7.77**	**29.90**	**14.90**	**13.06**
茅箭区	0.91	0.08	0.05	0.30	0.11	0.12
张湾区	1.28	0.11	0.17	0.51	0.25	0.25
郧阳区	12.78	1.48	1.70	6.21	2.57	3.08
郧西县	11.61	2.00	1.30	5.74	2.92	2.31
竹山县	10.92	1.50	1.39	4.36	2.22	2.06
竹溪县	7.51	0.60	1.39	1.75	0.96	0.71
房县	11.05	1.09	1.05	6.14	3.50	1.79
丹江口市	7.93	0.67	0.72	4.90	2.37	2.73
宜昌市	**54.55**	**8.48**	**6.84**	**25.04**	**11.48**	**11.95**
宜昌市辖区	3.00	0.64	0.48	1.18	0.34	0.54
夷陵区	8.17	1.28	0.85	4.06	1.80	2.75
远安县	3.96	0.48	0.36	1.72	0.49	0.54
兴山县	2.30	0.17	0.12	1.20	0.54	0.50
秭归县	7.46	0.71	1.11	1.87	1.02	0.68
长阳土家族自治县	7.90	1.36	1.48	3.53	1.36	1.34
五峰土家族自治县	3.32	0.50	0.08	1.68	0.96	0.66
宜都市	7.15	1.18	1.21	2.56	1.06	1.18
当阳市	5.20	1.39	0.55	4.43	2.52	2.17
枝江市	6.09	0.77	0.60	2.81	1.38	1.59
襄阳市	**90.22**	**12.86**	**7.54**	**41.71**	**15.97**	**21.34**
高新区	1.94	0.17	0.05	0.45	0.07	0.47
襄城区	4.26	0.78	0.72	2.01	0.61	0.89
樊城区	5.11	0.38	0.41	0.80	0.38	0.44
襄州区	21.43	3.54	1.75	10.00	3.11	6.62
南漳县	10.57	0.84	1.61	2.65	1.29	1.14
谷城县	9.87	1.20	0.71	4.15	1.53	1.53
保康县	5.58	0.62	0.29	1.52	0.94	0.60
老河口市	7.62	1.11	0.51	3.06	0.77	1.50
枣阳市	15.38	3.17		14.30	6.17	6.89
宜城市	8.46	1.06	1.47	2.77	1.10	1.26
鄂州市	**14.12**	**2.65**	**1.27**	**5.50**	**2.54**	**3.04**
梁子湖区	3.88	0.48	0.11	1.30	0.26	1.01
华容区	3.42	0.52	0.08	0.97	0.20	0.81
鄂城区	6.82	1.64	1.08	3.23	2.08	1.22
荆门市	**40.68**	**11.39**	**4.67**	**18.45**	**10.30**	**7.36**
东宝区	3.09	0.52	0.59	2.46	1.77	1.47
掇刀区	1.43	0.15	0.01	0.38	0.22	0.30
沙洋县	9.95	2.23	1.12	3.75	2.77	1.84
钟祥市	16.14	5.41	1.72	5.75	3.03	1.86
京山市	10.07	3.08	1.24	6.12	2.51	1.89
孝感市	**97.53**	**32.80**	**9.08**	**49.71**	**22.32**	**28.79**

续表 单位:万人

地区	外出从业形式			外出从业人员职业技能培训情况		
	务工	自营	其他	参加过职业技能培训	其中:参加过政府举办的技能培训	持有职业技术资格证书
孝感市辖区	0.39	0.04	0.05	0.02	0.01	0.01
孝南区	13.74	3.15	0.62	3.20	1.47	1.84
孝昌县	14.70	4.88	1.01	8.46	4.91	12.14
大悟县	12.56	5.70	1.78	6.55	3.93	2.78
云梦县	14.84	3.45	0.80	8.35	1.73	3.29
应城市	13.31	3.90	2.00	5.86	3.45	3.11
安陆市	12.94	3.70	0.61	9.05	3.27	2.36
汉川市	15.05	7.98	2.21	8.21	3.54	3.26
荆州市	**86.90**	**22.13**	**9.08**	**28.15**	**11.75**	**13.75**
荆州开发区	0.41	0.02	0.04	0.02		0.01
沙市区	2.42	0.21	0.20	0.49	0.14	0.43
荆州区	5.38	1.06	0.55	2.00	0.75	0.81
公安县	14.99	2.48	1.33	6.16	1.82	2.47
监利市	21.81	10.21	3.24	4.83	1.93	3.25
江陵县	5.12	1.18	0.13	0.91	0.58	0.68
石首市	9.34	2.02	1.79	3.39	1.56	1.47
洪湖市	11.83	2.72	1.32	2.12	1.46	1.35
松滋市	15.60	2.24	0.47	8.23	3.50	3.30
黄冈市	**135.94**	**22.27**	**17.75**	**46.80**	**22.78**	**20.49**
龙感湖农场	0.40	0.03	0.04	0.06		0.03
黄州区	3.07	0.41	0.49	0.98	0.28	0.52
团风县	7.77	0.88	2.05	2.06	1.03	1.14
红安县	12.98	3.26	2.55	6.90	3.05	4.19
罗田县	13.83	1.77	1.61	4.02	1.24	1.49
英山县	7.91	0.89	1.19	2.13	0.86	0.78
浠水县	22.89	3.31	3.03	7.50	4.42	2.28
蕲春县	20.46	3.67	3.19	4.93	2.10	2.82
黄梅县	10.69	2.46	0.57	5.02	4.03	2.07
麻城市	21.43	2.17	1.58	6.05	2.58	
武穴市	14.51	3.42	1.45	7.14	3.18	5.18
咸宁市	**42.22**	**8.96**	**6.98**	**20.36**	**8.81**	**8.07**
咸安区	5.54	1.02	0.94	2.85	1.38	0.40
嘉鱼县	5.61	0.81	0.77	2.97	1.20	1.28
通城县	7.57	1.95	1.83	3.98	1.78	1.54
崇阳县	8.54	1.45	1.27	6.19	2.62	2.28
通山县	8.16	2.09	1.40	2.11	0.93	1.54
赤壁市	6.79	1.64	0.77	2.25	0.91	1.03
随州市	**35.97**	**9.37**	**5.46**	**18.73**	**7.10**	**8.80**
曾都区	7.66	1.23	0.97	3.86	1.14	2.23
随县	12.37	3.47	2.47	6.39	2.18	3.82
广水市	15.94	4.67	2.02	8.47	3.79	2.74
恩施州土家族苗族自治州	**84.61**	**8.69**	**7.38**	**23.70**	**12.17**	**7.84**
恩施市	13.62	1.26	0.73	5.26	3.67	1.61
利川市	19.85	1.95	2.41	3.93	1.95	1.56
建始县	11.71	1.13	1.17	3.30	1.47	0.87
巴东县	8.63	1.07	1.01	2.89	1.48	1.18
宣恩县	9.76	1.27	0.51	0.87	0.53	0.36
咸丰县	7.80	0.85	0.57	2.37	1.30	0.68
来凤县	8.89	0.59	0.62	3.68	1.01	0.77
鹤峰县	4.35	0.59	0.36	1.41	0.76	0.81
仙桃市	**24.33**	**7.95**	**4.62**	**9.79**	**2.56**	**4.17**
潜江市	**17.14**	**1.94**	**1.56**	**5.96**	**2.62**	**3.24**
天门市	**24.14**	**9.13**	**2.39**	**8.17**	**3.09**	**3.66**
神农架林区	**0.91**	**0.06**	**0.05**	**0.56**	**0.30**	**0.27**

农村劳动力外出劳务收入情况

单位：万元、万人

地区	劳务经济总收入(年)	按月收入分的外出务工人数				
		其中：月收入1000元以下	1000元—2000元	2001元—3000元	3001元—4000元	4000元以上
湖北省	**45659897**	**12.48**	**107.34**	**336.41**	**395.76**	**346.41**
武汉市	**2948277**	**0.37**	**4.38**	**23.25**	**23.12**	**18.03**
武汉市辖区	29662		0.07	0.17	0.19	0.17
汉南区	53836		0.04	0.38	0.49	0.30
蔡甸区	271668	0.02	0.38	2.10	2.18	1.74
江夏区	415849	0.08	0.89	4.57	3.85	2.27
黄陂区	1165826	0.04	0.24	8.15	8.46	9.85
新洲区	1011435	0.23	2.76	7.88	7.96	3.71
黄石市	**2452318**	**0.18**	**3.20**	**11.37**	**15.79**	**26.81**
黄石市辖区	39325		0.01	0.12	0.45	0.25
阳新县	1741921	0.18	1.45	6.97	11.59	16.38
大冶市	671072		1.74	4.28	3.75	10.18
十堰市	**2850909**	**0.03**	**7.62**	**17.75**	**27.48**	**26.42**
茅箭区	24301		0.05	0.30	0.35	0.35
张湾区	53821		0.26	0.68	0.49	0.13
郧阳区	500220		3.01	4.44	5.01	3.50
郧西县	557636	0.03	1.44	3.72	5.52	4.20
竹山县	474876		1.13	3.21	5.22	4.26
竹溪县	429857		0.71	1.65	3.37	3.77
房县	507456		0.83	2.55	4.94	4.87
丹江口市	302742		0.19	1.21	2.57	5.35
宜昌市	**2420889**	**0.26**	**6.69**	**19.17**	**23.67**	**20.08**
宜昌市辖区	80560	0.01	0.19	0.96	1.35	1.61
夷陵区	437999	0.01	0.59	2.31	3.71	3.69
远安县	133152	0.01	0.80	1.54	1.68	0.77
兴山县	77600		0.11	0.76	1.01	0.71
秭归县	243923	0.06	0.68	2.90	3.67	1.96
长阳土家族自治县	473253	0.11	1.16	2.90	3.29	3.28
五峰土家族自治县	71161		0.52	1.37	1.29	0.71
宜都市	298891	0.01	1.07	2.40	2.49	3.58
当阳市	262111	0.05	1.28	2.64	2.56	0.62
枝江市	342239		0.30	1.37	2.63	3.16
襄阳市	**4264200**	**0.68**	**7.62**	**25.25**	**37.95**	**39.11**
高新区	72166	0.02	0.12	0.75	0.52	0.75
襄城区	225042	0.03	0.31	1.63	1.90	1.90
樊城区	215400	0.02	0.34	1.26	2.20	2.08
襄州区	977485	0.48	2.31	5.58	7.65	10.70
南漳县	549243	0.12	0.99	2.57	4.18	5.17
谷城县	494575		1.12	2.93	5.12	2.60
保康县	197207		0.14	0.94	2.40	3.02
老河口市	343969	0.01	0.61	1.70	3.79	3.14
枣阳市	755990		1.47	6.05	5.81	5.22
宜城市	433124		0.21	1.86	4.38	4.53
鄂州市	**491096**	**0.38**	**3.21**	**5.16**	**5.44**	**3.85**
梁子湖区	148980	0.10	1.56	1.75	0.72	0.35
华容区	133246	0.02	0.47	1.60	1.48	0.45
鄂城区	208870	0.26	1.18	1.82	3.24	3.05
荆门市	**2284022**	**0.13**	**6.40**	**17.78**	**21.09**	**11.34**
东宝区	173626		0.20	0.92	1.98	1.09
掇刀区	62368		0.06	0.41	0.74	0.38
沙洋县	595591	0.04	0.73	3.55	5.19	3.79
钟祥市	886599	0.08	4.66	7.42	7.62	3.50
京山市	565838		0.75	5.48	5.56	2.58
孝感市	**6104372**	**2.92**	**15.34**	**41.24**	**41.02**	**38.90**

续表 单位：万元、万人

地区	劳务经济总收入(年)	按月收入分的外出务工人数				
		其中：月收入1000元以下	1000元—2000元	2001元—3000元	3001元—4000元	4000元以上
孝感市辖区	15864	0.01	0.04	0.10	0.14	0.19
孝南区	782940	0.04	0.15	2.09	6.24	8.99
孝昌县	856766	0.44	3.30	8.77	4.72	3.36
大悟县	862128	0.63	4.26	4.89	4.51	5.76
云梦县	834711	0.02	0.90	5.95	8.44	3.77
应城市	1038368		0.82	3.38	7.24	7.76
安陆市	783969	0.02	0.58	5.85	5.37	5.42
汉川市	929626	1.75	5.28	10.22	4.36	3.63
荆州市	**4470625**	**0.92**	**11.57**	**43.60**	**40.18**	**21.85**
荆州开发区	18635		0.03	0.14	0.20	0.10
沙市区	125288		0.11	0.62	1.46	0.65
荆州区	275502		0.35	2.06	3.11	1.46
公安县	558490	0.09	1.21	9.92	5.35	2.23
监利市	1239034	0.51	6.34	12.17	10.92	5.31
江陵县	276215		0.33	3.90	1.56	0.63
石首市	496585	0.04	0.50	6.01	4.52	2.09
洪湖市	586098	0.22	1.68	5.31	5.95	2.72
松滋市	894778	0.06	1.01	3.47	7.11	6.66
黄冈市	**6302602**	**2.07**	**13.17**	**43.45**	**63.66**	**53.61**
龙感湖农场	24749		0.01	0.07	0.18	0.22
黄州区	111264	0.02	0.18	0.85	1.40	1.52
团风县	295122	0.12	1.20	2.45	2.93	4.00
红安县	571584	0.33	1.44	4.40	5.60	7.02
罗田县	723849	0.11	0.93	2.60	5.67	7.90
英山县	418114		0.05	1.40	6.90	1.63
浠水县	1008580	0.10	0.24	5.50	9.98	13.41
蕲春县	1055413	0.24	1.99	6.24	10.45	8.40
黄梅县	538128	0.01	0.90	6.58	6.02	0.22
麻城市	736690	1.02	5.26	8.55	8.01	2.35
武穴市	819109	0.12	0.98	4.82	6.51	6.95
咸宁市	**1953546**	**2.45**	**6.68**	**17.36**	**18.29**	**13.38**
咸安区	229190	0.06	0.67	2.48	2.39	1.90
嘉鱼县	331536		0.71	2.37	2.34	1.76
通城县	382976	1.61	3.38	4.45	1.34	0.56
崇阳县	459853		0.14	3.17	4.66	3.29
通山县	246838	0.51	1.01	2.70	3.91	3.53
赤壁市	303152	0.27	0.78	2.18	3.64	2.33
随州市	**1651890**	**1.06**	**8.92**	**16.25**	**15.28**	**9.29**
曾都区	412743	0.19	1.73	4.06	3.03	0.84
随县	382653	0.49	3.84	5.33	5.09	3.55
广水市	856494	0.38	3.35	6.86	7.16	4.90
恩施州土家族苗族自治州	**3776662**	**0.53**	**5.99**	**31.71**	**31.10**	**31.35**
恩施市	599656	0.05	0.74	5.84	4.25	4.74
利川市	1006369	0.05	0.47	7.78	6.21	9.70
建始县	575046	0.13	0.80	3.60	5.08	4.39
巴东县	374617	0.16	1.39	2.96	3.46	2.73
宣恩县	278078	0.01	1.08	5.35	3.67	1.43
咸丰县	302794	0.08	0.23	2.87	2.98	3.05
来凤县	420390	0.06	1.09	2.57	3.49	2.88
鹤峰县	219713		0.18	0.72	1.97	2.43
仙桃市	**1355763**	**0.31**	**4.33**	**13.56**	**12.36**	**6.33**
潜江市	**850390**	**0.02**	**0.57**	**3.34**	**7.44**	**9.26**
天门市	**1449249**	**0.16**	**1.64**	**6.06**	**11.62**	**16.17**
神农架林区	**33088**	**0.01**	**0.03**	**0.11**	**0.26**	**0.62**

农村劳动力外出从业环境及社会保障

单位：万人

地区	从业环境				社会保障					
	雇主拖欠工资人数	从事高危、有害工作人数	致伤致残人数	享受劳保补贴人数	与雇主签订劳动合同	参与养老保险人数	参与医疗保险人数	参与失业保险人数	参与生育保险人数	参与工伤保险人数
湖北省	**5.60**	**33.78**	**0.94**	**165.53**	**618.36**	**682.85**	**814.11**	**210.55**	**159.27**	**357.00**
武汉市	**0.44**	**0.86**	**0.03**	**13.63**	**35.87**	**34.18**	**41.96**	**13.98**	**13.70**	**21.37**
武汉市辖区				0.03	0.25	0.24	0.24	0.21	0.21	0.21
汉南区				0.71	1.14	1.14	1.14	1.14	1.14	1.14
蔡甸区	0.01	0.05		0.81	4.42	4.37	4.36	3.95	3.37	3.71
江夏区		0.06		2.13	6.06	5.62	6.39	4.03	3.19	3.78
黄陂区	0.23	0.40	0.01	5.84	11.96	12.24	19.02	2.32	2.20	6.47
新洲区	0.20	0.35	0.02	4.11	12.04	10.56	10.80	2.33	3.60	6.06
黄石市	**0.36**	**2.54**	**0.09**	**8.97**	**28.27**	**27.43**	**32.27**	**12.92**	**10.61**	**19.97**
黄石市辖区	0.01	0.01			0.54	0.56	0.54	0.54	0.51	0.49
阳新县	0.11	1.18	0.06	4.30	20.40	19.17	21.21	10.42	8.41	14.14
大冶市	0.24	1.35	0.03	4.67	7.33	7.70	10.53	1.96	1.69	5.34
十堰市	**0.37**	**4.41**	**0.14**	**11.43**	**38.13**	**49.79**	**60.17**	**10.57**	**6.99**	**20.82**
茅箭区		0.01		0.13	0.67	0.82	0.86	0.52	0.44	0.55
张湾区		0.02		0.25	1.15	0.93	1.00	0.32	0.16	0.49
郧阳区	0.21	0.84	0.03	3.04	6.80	9.85	12.71	2.09	0.99	4.73
郧西县	0.07	0.83	0.02	1.92	6.31	7.21	8.24	1.85	1.27	2.98
竹山县	0.02	0.90	0.04	1.06	4.81	10.58	12.91	0.59	0.79	2.56
竹溪县		0.53	0.01	0.91	3.18	5.74	7.86	0.79	0.38	1.21
房县	0.03	0.93	0.02	1.42	8.64	8.08	10.05	2.52	1.77	5.16
丹江口市	0.03	0.35	0.01	2.70	6.56	6.59	6.52	1.89	1.18	3.13
宜昌市	**0.04**	**1.77**	**0.03**	**11.06**	**43.62**	**44.29**	**48.96**	**18.92**	**18.98**	**29.83**
宜昌市辖区	0.01	0.01	0.01	0.24	2.99	3.17	3.16	2.74	2.73	2.74
夷陵区	0.01	0.24		1.80	6.73	6.98	7.08	3.33	2.69	4.55
远安县		0.16		0.33	2.60	2.46	2.55	0.88	0.80	1.35
兴山县		0.03		0.40	2.00	2.42	2.45	0.59	0.47	0.92
秭归县		0.16		0.92	4.56	4.41	5.17	2.83	2.35	3.23
长阳土家族自治县	0.02	0.31	0.01	0.93	6.56	7.21	8.63	2.43	3.93	4.22
五峰土家族自治县		0.33		1.35	2.37	2.69	3.73	0.28	0.24	1.59
宜都市		0.18	0.01	1.82	5.87	5.00	6.10	2.48	2.22	4.42
当阳市		0.26		1.78	4.79	4.84	5.10	0.96	1.04	3.29
枝江市		0.09		1.49	5.15	5.11	4.99	2.40	2.52	3.51
襄阳市	**0.37**	**1.92**	**0.05**	**27.33**	**62.48**	**62.19**	**66.08**	**26.18**	**15.54**	**35.06**
高新区				0.12	1.28	1.23	1.22	0.53	0.37	0.75
襄城区		0.09		1.07	2.16	3.02	3.36	1.88	1.16	1.82
樊城区	0.30	0.35	0.01	0.39	1.00	2.82	3.18	0.53	0.45	0.90
襄州区	0.01	0.21	0.01	4.23	14.15	11.53	11.21	9.83	3.60	7.67
南漳县		0.03		1.23	6.80	9.49	11.95	1.59	1.28	2.36
谷城县	0.01	0.45	0.01	1.05	5.96	6.07	6.61	2.75	2.19	3.86
保康县		0.14		0.45	4.08	3.90	3.96	1.64	1.42	1.92
老河口市		0.26		1.48	4.73	4.11	5.24	0.63	0.21	2.92
枣阳市		0.11		16.27	17.64	15.12	12.87	6.02	4.36	11.21
宜城市	0.05	0.27		1.06	4.67	4.90	6.49	0.78	0.51	1.66
鄂州市	**0.04**	**0.33**		**1.56**	**6.45**	**8.84**	**12.23**	**3.20**	**2.95**	**4.59**
梁子湖区		0.04		0.25	1.34	1.08	4.25	0.35	0.53	1.37
华容区	0.01	0.05		0.59	1.38	1.19	1.10	1.02	0.75	1.14
鄂城区	0.03	0.24		0.73	3.73	6.58	6.88	1.82	1.67	2.08
荆门市		**0.69**	**0.01**	**7.82**	**29.87**	**33.62**	**47.47**	**9.39**	**5.03**	**18.38**
东宝区		0.12		1.61	3.54	3.36	3.45	1.58	0.88	2.76
掇刀区		0.02		0.36	1.44	1.38	1.58	0.51	0.33	0.76
沙洋县		0.07		1.64	5.53	5.62	7.90	2.82	1.92	4.68
钟祥市		0.39	0.01	2.06	9.70	12.29	20.11	2.70	1.31	5.84
京山市		0.10		2.16	9.66	10.96	14.43	1.77	0.59	4.34
孝感市	**1.19**	**7.17**	**0.13**	**11.82**	**67.38**	**89.66**	**104.62**	**14.85**	**6.93**	**28.92**

续表

单位：万人

地区	从业环境				社会保障					
	雇主拖欠工资人数	从事高危、有害工作人数	致伤致残人数	享受劳保补贴人数	与雇主签订劳动合同	参与养老保险人数	参与医疗保险人数	参与失业保险人数	参与生育保险人数	参与工伤保险人数
孝感市辖区		0.03			0.15	0.25	0.24	0.07	0.07	0.08
孝南区	0.11	0.61		0.84	4.53	14.83	15.40	1.52	1.00	1.89
孝昌县	0.03	1.83	0.04	2.01	8.46	8.43	15.37	1.70	0.41	2.92
大悟县	0.10	0.49	0.01	2.75	12.44	19.64	19.29	0.95	1.13	5.28
云梦县	0.21	2.61	0.02	1.09	9.08	7.30	4.43	1.61	0.08	5.09
应城市		0.07		2.44	11.81	17.56	20.46	4.14	1.82	4.62
安陆市	0.10	1.11	0.04	0.10	9.67	6.46	11.07	1.14	0.23	2.47
汉川市	0.62	0.43	0.01	2.60	11.25	15.19	18.37	3.71	2.18	6.57
荆州市	**0.25**	**1.16**	**0.05**	**10.07**	**51.46**	**56.36**	**75.12**	**8.06**	**4.94**	**26.28**
荆州开发区					0.18	0.25	0.25	0.10	0.01	0.06
沙市区				0.04	0.73	1.99	2.00	0.08	0.06	0.59
荆州区		0.02	0.02	0.02	3.73	3.86	4.26	0.26	0.24	2.30
公安县	0.01	0.23	0.02	1.36	10.25	11.18	12.14	1.09	0.69	4.30
监利市	0.10	0.31	0.01	1.14	4.46	14.62	25.03	2.16	1.22	3.69
江陵县	0.06	0.12		0.53	4.80	1.23	3.84	0.31	0.11	1.63
石首市		0.23		1.92	6.32	7.41	8.05	2.89	2.22	4.26
洪湖市	0.05	0.09		1.51	6.86	7.14	10.83	0.13	0.10	1.22
松滋市	0.02	0.17		3.55	14.13	8.68	8.71	1.05	0.28	8.22
黄冈市	**1.12**	**6.15**	**0.27**	**32.04**	**96.52**	**111.88**	**120.04**	**43.91**	**36.57**	**62.53**
龙感湖农场		0.02		0.02		0.25	0.51			
黄州区	0.02	0.13		0.32	2.35	2.54	2.55	1.55	1.46	2.00
团风县	0.01	0.48	0.02	1.31	4.04	5.21	5.81	1.11	0.80	2.21
红安县	0.30	0.41	0.04	5.71	14.62	14.53	15.75	9.62	7.95	10.25
罗田县	0.07	0.64	0.03	2.20	11.17	10.97	10.86	6.25	5.41	7.93
英山县	0.02	0.51	0.01	0.88	7.83	8.99	9.86	8.66	8.49	9.56
浠水县	0.24	1.16	0.06	4.83	13.89	21.58	25.50	5.00	3.86	8.88
蕲春县	0.18	0.54	0.07	3.30	10.83	11.71	14.13	4.57	3.30	6.39
黄梅县	0.13	0.09	0.01	1.77	6.18	8.66	8.59	1.21	0.82	0.59
麻城市	0.10	1.55	0.01	6.89	13.68	11.93	11.85	1.43	1.31	7.17
武穴市	0.05	0.62	0.02	4.82	11.92	15.53	14.62	4.51	3.17	7.57
咸宁市	**0.45**	**1.41**	**0.04**	**8.66**	**35.80**	**38.24**	**44.13**	**14.41**	**9.82**	**21.66**
咸安区	0.01	0.04	0.02	1.33	5.38	4.57	4.63	3.20	2.91	3.98
嘉鱼县		0.08		1.37	6.17	6.53	6.83	1.85	0.82	3.80
通城县	0.01	0.30		1.93	6.45	5.81	6.58	1.38	0.61	3.25
崇阳县	0.02	0.06		1.31	6.31	8.86	9.71	2.22	1.10	2.07
通山县	0.21	0.62	0.01	2.28	5.70	6.40	7.59	3.50	2.89	4.36
赤壁市	0.20	0.32		0.44	5.80	6.07	8.80	2.25	1.48	4.20
随州市	**0.38**	**0.69**	**0.02**	**6.20**	**24.88**	**27.99**	**34.87**	**6.48**	**5.48**	**13.91**
曾都区	0.01	0.15		2.42	3.93	7.83	7.97	1.07	0.98	2.78
随县	0.05	0.21	0.01	1.79	8.79	7.06	9.74	0.67	0.64	3.02
广水市	0.32	0.34	0.01	1.99	12.16	13.10	17.15	4.74	3.86	8.11
恩施州土家族苗族自治州	**0.08**	**2.96**	**0.04**	**8.34**	**47.77**	**47.67**	**60.48**	**14.18**	**11.61**	**26.19**
恩施市		0.47		1.84	7.95	5.93	7.55	2.95	0.93	5.32
利川市	0.04	0.63	0.02	1.37	11.59	13.33	17.99	3.40	3.59	6.28
建始县	0.01	0.45		1.12	6.30	8.00	11.26	2.05	1.67	4.78
巴东县	0.01	0.16		0.35	5.23	4.73	4.74	1.98	2.31	2.78
宣恩县		0.11		0.43	3.91	2.19	2.64	0.97	0.73	1.12
咸丰县	0.02	0.37	0.01	0.98	4.74	4.35	4.81	1.26	1.05	3.65
来凤县		0.56		1.17	5.00	6.06	7.83	0.54	0.30	1.04
鹤峰县		0.21		1.08	3.04	3.09	3.65	1.04	1.03	1.22
仙桃市	**0.27**	**0.81**	**0.02**	**1.73**	**19.86**	**20.55**	**27.70**	**1.37**	**0.97**	**10.36**
潜江市	**0.10**	**0.24**		**3.21**	**13.30**	**11.28**	**15.20**	**4.53**	**3.58**	**5.54**
天门市	**0.14**	**0.60**		**1.43**	**15.84**	**17.95**	**21.80**	**7.44**	**5.53**	**11.30**
神农架林区		**0.06**	**0.01**	**0.21**	**0.85**	**0.93**	**1.02**	**0.17**	**0.06**	**0.29**

《湖北农村统计年鉴 2024》

全省农林牧渔业总产值

（按当年价格计算）

单位：亿元

年份	农林牧渔业总产值	农业	林业	牧业	渔业	农林牧渔专业及辅助性活动
1978	84.46					
1980	94.95	64.70	7.28	17.29	1.46	
1985	192.32	129.61	8.15	39.08	8.18	
1990	402.23	252.92	14.15	98.04	23.88	
1991	405.04	247.01	16.81	102.19	25.06	
1992	435.42	265.53	17.36	110.37	27.59	
1993	501.17	301.99	22.39	134.02	42.77	
1994	786.84	481.82	26.47	219.53	59.01	
1995	988.53	612.12	28.33	268.09	79.98	
1996	1140.76	670.27	33.62	337.02	99.86	
1997	1243.68	711.91	37.33	381.40	113.04	
1998	1222.58	688.06	41.29	371.37	121.86	
1999	1126.10	645.98	40.86	311.43	127.83	
2000	1125.64	615.74	40.24	338.77	130.89	
2001	1172.82	658.26	27.11	352.63	134.82	
2002	1203.30	671.20	28.33	354.84	148.93	
2003	1342.09	733.36	34.78	383.71	170.43	
2004	1695.44	921.59	31.78	514.52	205.68	21.87
2005	1775.58	932.15	37.30	545.40	236.49	24.24
2006	1842.20	995.46	40.50	487.09	221.42	97.73
2007	2281.21	1147.31	41.86	678.27	310.83	102.94
2008	2900.59	1385.21	49.69	985.51	372.98	107.20
2009	2924.66	1490.91	57.67	851.62	413.14	111.33
2010	3407.64	1883.22	65.37	883.09	458.58	117.38
2011	4110.16	2244.55	86.10	1137.84	508.80	132.87
2012	4542.16	2416.35	100.10	1244.29	626.20	155.22
2013	4920.13	2585.15	122.00	1286.55	748.40	178.03
2014	5162.94	2651.16	157.00	1301.06	844.20	209.53
2015	5387.13	2674.07	180.60	1354.28	922.77	255.42
2016	5863.98	2794.79	203.43	1527.29	1030.01	308.46
2017	6129.72	2962.49	213.26	1478.10	1089.08	386.79
2018	6207.83	3033.76	235.23	1386.53	1105.95	446.36
2019	6681.85	3257.85	258.47	1521.49	1152.68	491.36
2020	7303.64	3492.54	245.37	1864.78	1156.78	544.16
2021	8296.44	3912.47	302.70	1990.16	1458.88	632.23
2022	8939.33	4193.14	311.22	2128.19	1584.34	722.43
2023	9106.87	4428.78	356.25	1934.32	1602.02	785.50

注：农林牧渔业总产值 2007–2017 年数据依据第三次全国农业普查结果进行了修订。

农、林、牧、渔业总产值指数(上年=100)

单位:%

年份	合计	农业	林业	牧业	渔业	农林牧渔专业及辅助性活动
1978	104.00	103.10	104.90	107.60	94.20	
1980	88.80	83.70	102.80	108.10	111.30	
1985	106.30	101.70	103.00	127.80	133.30	
1986	103.40	100.60	98.50	107.30	129.80	
1987	102.70	101.20	104.50	101.00	120.10	
1988	97.20	93.90	90.60	105.40	105.60	
1989	105.00	104.50	101.60	105.20	108.30	
1990	107.10	108.40	106.00	104.90	106.70	
1991	100.70	97.66	118.80	104.23	104.94	
1992	107.50	107.50	103.27	108.00	110.10	
1993	115.10	113.73	128.97	121.43	155.02	
1994	157.00	159.55	118.27	163.80	137.93	
1995	125.63	127.04	106.99	122.12	135.54	
1996	115.40	109.50	118.67	125.71	124.87	
1997	109.02	106.21	111.04	113.17	113.20	
1998	98.30	96.65	110.61	97.37	107.80	
1999	92.11	93.88	98.95	83.86	104.90	
2000	99.96	95.32	98.48	108.78	102.39	
2001	104.19	106.91	67.37	104.09	103.00	
2002	102.60	101.97	104.50	100.63	110.47	
2003	111.53	109.26	122.77	108.14	114.44	
2004	126.33	125.67	91.37	134.09	120.68	
2005	104.73	101.15	117.37	106.00	114.98	110.84
2006	105.37	109.29	108.58	96.04	109.87	116.05
2007	103.90	104.15	99.50	102.90	105.10	105.40
2008	106.20	102.80	105.00	110.00	112.00	102.00
2009	105.40	104.05	107.60	106.90	107.20	101.80
2010	104.50	103.40	117.50	105.30	105.80	101.50
2011	104.40	106.11	109.90	101.20	102.10	106.90
2012	105.60	103.65	108.10	107.70	108.80	106.60
2013	105.60	104.70	110.70	104.50	108.70	112.60
2014	105.60	103.22	123.30	105.90	107.20	119.20
2015	105.40	104.69	121.50	101.65	106.07	122.87
2016	104.90	104.90	112.00	99.00	108.34	118.70
2017	105.00	104.60	110.10	102.60	102.70	123.50
2018	103.40	103.80	109.10	102.50	99.80	111.20
2019	103.47	103.92	109.73	97.13	106.65	108.37
2020	100.74	103.94	97.08	92.52	101.16	105.95
2021	114.27	104.15	120.28	136.91	107.32	113.72
2022	104.40	102.73	107.71	103.98	105.56	111.89
2023	104.36	103.44	111.39	103.77	104.74	107.40

注:农林牧渔业总产值 2007-2017 年数据依据第三次全国农业普查结果进行了修订。

全省农林牧渔业增加值

（按当年价格计算）

单位：亿元

年 份	农林牧渔业增加值	农业	林业	牧业	渔业	农林牧渔专业及辅助性活动
1995	639.31	414.41	19.42	148.28	57.19	
1996	716.34	444.17	22.53	179.79	69.85	
1997	767.92	459.20	25.57	207.86	75.28	
1998	748.22	439.51	28.49	197.85	82.37	
1999	694.80	408.26	28.03	175.29	83.21	
2000	684.13	380.24	26.12	194.79	82.98	
2001	711.18	408.53	16.65	200.38	85.62	
2002	734.26	417.11	17.25	201.42	98.48	
2003	808.63	451.46	20.47	217.40	109.02	10.29
2004	1031.06	563.99	18.42	305.57	131.86	11.22
2005	1081.23	571.87	20.54	324.19	152.31	12.32
2006	1140.41	624.96	23.30	311.39	165.87	14.89
2007	1368.49	718.98	25.21	395.24	192.01	37.05
2008	1755.53	877.34	30.22	574.56	233.91	39.49
2009	1758.99	932.07	35.08	490.83	259.35	41.67
2010	2088.38	1207.57	40.06	507.28	288.30	45.18
2011	2518.67	1474.59	46.51	632.22	315.87	49.48
2012	2732.88	1565.46	53.54	672.96	382.84	58.06
2013	2951.62	1666.87	62.02	687.49	467.35	67.89
2014	3080.59	1715.93	76.50	691.13	518.04	79.00
2015	3210.92	1687.12	86.99	822.18	513.64	100.99
2016	3527.93	1865.06	112.33	810.63	618.44	121.47
2017	3690.30	1962.12	117.57	785.29	663.97	161.34
2018	3734.32	2009.27	128.65	736.33	673.92	186.14
2019	4014.34	2157.48	141.34	808.29	702.30	204.93
2020	4359.02					225.82
2021	4923.38					288.17
2022	5325.86					343.73
2023	5447.91					374.53

注：2023 年为快报数。

分地区农林牧渔业总产值

单位:万元

地区	农林牧渔业总产值	农业	林业	牧业	渔业	农林牧渔专业及辅助性活动
湖北省	**91068746**	**44287789**	**3562541**	**19343172**	**16020234**	**7855009**
武汉市	**8369194**	**5002316**	**127123**	**1031036**	**1392767**	**815952**
武汉市辖区	585292	406827	1375	19835	123769	33485
汉南	344819	181650	6597	17688	114971	23914
蔡甸	983137	650749	5400	56358	190223	80407
江夏	2125703	1191202	22522	390493	339110	182377
黄陂	2585746	1626165	62296	320094	309084	268106
新洲	1744498	945723	28934	226568	315610	227662
黄石市	**2474118**	**1093339**	**144344**	**423083**	**667095**	**146257**
黄石市辖区	22050	7997	748	56	11992	1258
阳新	1396820	678742	45149	196147	396735	80048
大冶	1055248	406600	98447	226881	258368	64952
十堰市	**4047257**	**2383629**	**469797**	**933980**	**145939**	**113912**
茅箭区	41589	26672	5548	7496	78	1795
张湾区	72372	50989	9393	8090	2339	1560
郧阳区	701632	411613	41515	230749	4571	13183
郧西县	520380	329201	43787	129221	5485	12686
竹山县	673809	383881	151367	100008	17874	20679
竹溪县	541610	365743	62808	92236	4647	16176
房县	757788	452210	109250	161218	11836	23274
丹江口市	738077	363319	46129	204962	99108	24559
宜昌市	**10806682**	**6516556**	**503959**	**2221214**	**669079**	**895874**
宜昌市辖区	193452	147849	6950	26610	522	11521
夷陵区	1742468	1127640	86218	355267	26106	147237
远安县	526610	333913	40294	99293	9013	44097
兴山县	364430	203841	33615	98124	117	28733
秭归县	739144	447770	56711	135999	713	97951
长阳县	1070976	692244	36134	228071	27469	87058
五峰县	579088	366556	73444	96829	111	42148
宜都市	1257538	775775	68711	295979	31020	86052
枝江市	2168140	1203759	59325	425571	299823	179663
当阳市	2164836	1217209	42557	459471	274185	171414
襄阳市	**10448151**	**5287512**	**365241**	**3285472**	**577696**	**932230**
高新区	61797	39872	279	8294	6153	7198
襄城区	482486	303196	24210	94942	25899	34239
樊城区	325593	207022	14337	62621	18610	23003
襄州区	2113893	1073522	21919	630684	109149	278619
南漳县	1218122	567079	90333	471392	40894	48425
谷城县	980845	436818	81847	373378	39283	49519
保康县	492249	258468	49364	156581	2846	24990
老河口市	1259820	645105	13291	382100	107237	112087
枣阳市	2208949	1081589	32292	714347	148051	232670
宜城市	1304397	674842	37369	391132	79574	121480
鄂州市	**2091047**	**544850**	**36218**	**339496**	**1044379**	**126105**
梁子湖区	650900	137534	13829	108725	350192	40621
华容区	646560	169891	10256	110384	320419	35611
鄂城区	793587	237425	12133	120386	373768	49874
荆门市	**5509989**	**2425772**	**107810**	**1103646**	**1317733**	**555029**
东宝区	470209	216634	10192	126635	87371	29377
掇刀区	284256	160893	5980	40410	49525	27448
沙洋县	1498438	602691	12596	271067	480214	131870
钟祥市	1878332	873828	36565	375633	405019	187287
京山市	1378754	571726	42477	289901	295604	179047

续表

单位：万元

地区	农林牧渔业总产值	农业	林业	牧业	渔业	农林牧渔专业及辅助性活动
孝感市	**7401954**	**3123079**	**274460**	**1877495**	**1431091**	**695828**
孝感市辖区	15218	8073	111	2881	2785	1368
孝南区	869700	341494	10036	194781	208661	114728
孝昌县	858902	420644	33665	216184	98884	89525
大悟县	918978	439133	140411	186813	105485	47135
云梦县	895318	452044	12543	238554	141126	51052
应城市	1223522	458066	7697	304634	368376	84749
安陆市	893523	351356	35716	322159	93785	90507
汉川市	1726792	652270	34281	411488	411989	216764
荆州市	**10970961**	**4223870**	**144809**	**1423020**	**4071303**	**1107959**
开发区	18308	14556	41	734		2977
沙市区	461107	226384	3031	23666	136500	71526
荆州区	1091615	550315	8538	137804	286476	108482
公安县	1703414	839958	17745	210744	448259	186708
江陵县	626339	332276	8121	99834	97229	88879
石首市	1075095	429890	28131	170536	339098	107440
洪湖市	2302066	487522	13787	106550	1524800	169407
松滋市	1123036	511969	19124	370701	119216	102026
监利市	2569981	831000	46291	302451	1119725	270514
黄冈市	**10268000**	**4577769**	**661766**	**2497605**	**1661889**	**868970**
黄州区	356649	197899	11910	22888	93499	30453
团风县	481279	166333	29471	106996	147855	30624
红安县	656952	272757	79424	190722	48939	65111
罗田县	747547	406442	84159	169556	16903	70487
英山县	825303	544704	122793	74527	15109	68169
浠水县	1519433	669983	49028	444272	257253	98897
蕲春县	1362826	552436	77400	387065	243692	102233
黄梅县(含龙感湖)	1508760	545824	55535	286448	513914	107038
麻城市	1467012	709051	112863	407369	78588	159142
武穴市	1342238	512341	39183	407762	246136	136817
咸宁市	**4621420**	**2400431**	**168324**	**945954**	**730430**	**376282**
咸安区	764888	299008	18496	237616	141233	68534
嘉鱼县	909852	573939	5336	42899	201352	86326
通城县	734257	386217	51565	196911	42688	56877
崇阳县	618172	298277	25497	207101	38124	49174
通山县	460279	188201	49390	152209	39693	30786
赤壁市	1133972	654789	18039	109217	267341	84586
随州市	**3553994**	**1630709**	**153786**	**1193088**	**190648**	**385763**
曾都区	759982	239909	37836	371621	29249	81368
随县	1529119	757493	51129	482530	86959	151007
广水市	1264893	633307	64821	338937	74440	153388
恩施自治州	**4887796**	**2860510**	**327633**	**1374726**	**13771**	**311157**
恩施市	875241	441865	65060	311283	3222	53810
利川市	1015922	636623	52291	252973	4918	69117
建始县	606899	337738	22969	209057	1720	35415
巴东县	619986	336074	32363	214830	412	36306
宣恩县	497026	311705	29387	127731	486	27717
咸丰县	486243	284643	35958	133140	381	32121
来凤县	390950	253705	34484	69683	2481	30597
鹤峰县	395530	258158	55120	56028	150	26074
仙桃市	**2046965**	**681779**	**22476**	**191048**	**997618**	**154043**
潜江市	**1704824**	**626758**	**19708**	**235122**	**662627**	**160610**
天门市	**1821866**	**883025**	**28032**	**256943**	**446067**	**207799**
神农架林区	**44527**	**25887**	**7056**	**10245**	**102**	**1238**

分地区农林牧渔业增加值

单位：万元

地区	农林牧渔业增加值	
		农林牧渔专业及辅助性活动
湖北省	**54479128**	**3745313**
武汉市	**5118168**	**374366**
武汉市辖区	361718	15350
汉南	213104	11002
蔡甸	607578	36878
江夏	1313765	83653
黄陂	1543820	123052
新洲	1078182	104431
黄石市	**1493298**	**73649**
黄石市辖区	13598	585
阳新	846400	39945
大冶	633300	33118
十堰市	**2353436**	**55213**
茅箭区	23217	813
张湾区	43026	731
郧阳区	404124	7283
郧西县	304281	5901
竹山县	396832	9990
竹溪县	318090	7056
房县	441276	11792
丹江口市	422591	11646
宜昌市	**6526559**	**440955**
宜昌市辖区	128918	6135
夷陵区	1077589	73509
远安县	310973	21253
兴山县	218958	14772
秭归县	450872	48057
长阳县	582776	39250
五峰县	322050	19408
宜都市	777482	43220
枝江市	1331544	89620
当阳市	1325397	85731
襄阳市	**6223366**	**434432**
高新区	36073	3358
襄城区	271017	15970
樊城区	192256	10732
襄州区	1300253	129763
南漳县	688546	22549
谷城县	583730	23087
保康县	283489	11722
老河口市	709394	52212
枣阳市	1373913	108436
宜城市	784695	56604
鄂州市	**1258847**	**57899**
梁子湖区	416466	18836
华容区	353976	16181
鄂城区	488404	22881
荆门市	**3297589**	**259250**
东宝区	285267	13666
掇刀区	181983	12876
沙洋县	887300	61546
钟祥市	1081589	87442
京山市	861450	83718

续表

单位：万元

地区	农林牧渔业增加值	农林牧渔专业及辅助性活动
孝感市	**4414474**	**342947**
孝感市辖区	9388	662
孝南区	520427	56154
孝昌县	511687	34358
大悟县	547574	13243
云梦县	544207	25601
应城市	736683	30937
安陆市	517313	42649
汉川市	1027195	139343
荆州市	**6582932**	**513210**
开发区		
沙市区	296879	34404
荆州区	656309	50341
公安县	1051079	86499
江陵县	374729	41149
石首市	638205	49858
洪湖市	1336117	78293
松滋市	671350	47096
监利市	1558264	125569
黄冈市	**6133759**	**418287**
黄州区	215658	14476
团风县	282253	15093
红安县	404485	33517
罗田县	442686	34806
英山县	522822	34136
浠水县	895465	48122
蕲春县	785922	43146
黄梅县(含龙感湖)	909332	51643
麻城市	873605	77391
武穴市	801532	65957
咸宁市	**2763591**	**186282**
咸安区	453265	28466
嘉鱼县	557583	38163
通城县	395596	34949
崇阳县	366671	31580
通山县	244890	12107
赤壁市	745586	41016
随州市	**2096346**	**191687**
曾都区	431737	40503
随县	914136	75175
广水市	750472	76009
恩施自治州	**2813888**	**151472**
恩施市	509980	26071
利川市	593872	33699
建始县	348780	17022
巴东县	351900	17911
宣恩县	283415	13295
咸丰县	274359	15614
来凤县	224730	14800
鹤峰县	226853	13060
仙桃市	**1247438**	**73088**
潜江市	**1026645**	**74539**
天门市	**1102637**	**97429**
神农架林区	**26156**	**610**

2023 年各市州农、林、牧、渔业总产值指数(上年=100)

(按可比价计算)

年份	合计	农业	林业	畜牧业	渔业	农林牧渔专业及辅助性活动
全省	104.4	103.4	111.4	103.8	104.7	107.4
武汉	104.2	102.7	118.6	105.5	104.6	108.1
黄石	104.8	103.2	125.2	104.0	105.0	104.9
十堰	104.5	104.6	105.9	103.2	113.2	105.4
宜昌	104.9	104.3	109.8	104.7	104.4	107.6
襄阳	104.1	102.4	134.5	104.3	105.0	108.2
鄂州	104.5	103.6	112.0	102.8	105.2	106.6
荆门	104.4	102.8	111.2	104.6	105.2	107.1
孝感	104.7	104.3	111.9	104.2	104.4	106.9
荆州	104.5	103.8	103.8	103.7	104.9	107.9
黄冈	104.5	103.3	114.4	104.6	103.5	106.6
咸宁	104.8	103.8	125.2	104.9	104.8	106.2
随州	104.0	102.3	117.0	103.7	104.6	107.1
恩施	104.8	104.3	110.8	104.0	91.6	107.7
仙桃	103.0	104.1	92.5	96.0	105.8	109.2
潜江	104.2	103.2	98.3	103.7	104.8	107.8
天门	103.6	102.5	70.9	105.9	105.4	107.5
神农架	104.4	102.0	111.2	109.4	102.2	104.0

各市州农、林、牧、渔业增加值指数(上年=100)

(按可比价计算)

年份	农林牧渔业		第一产业		农林牧渔专业及辅助性活动	
	2023年	2022年	2023年	2022年	2023年	2022年
全省	104.3	104.3	104.1	103.8	107.6	113.1
武汉	104.5	103.8	104.2	103.2	108.2	112.7
黄石	104.8	104.6	104.8	104.1	105.0	115.6
十堰	104.5	103.1	104.5	103.0	105.4	108.8
宜昌	104.9	104.2	104.7	103.7	107.6	113.5
襄阳	104.1	104.9	103.8	104.4	108.2	113.7
鄂州	104.5	104.2	104.4	103.9	106.6	111.4
荆门	104.4	104.7	104.1	104.2	107.1	112.2
孝感	104.7	104.1	104.6	103.5	106.9	113.4
荆州	104.5	105.1	104.2	104.6	107.9	113.2
黄冈	104.5	104.8	104.4	104.2	106.6	114.2
咸宁	104.8	104.7	104.7	104.3	106.2	110.7
随州	104.0	104.2	103.8	103.7	107.1	111.8
恩施	104.8	103.1	104.6	102.6	107.7	114.8
仙桃	103.0	103.7	102.6	103.3	109.2	114.5
潜江	104.2	103.4	103.9	102.8	107.8	112.4
天门	103.6	102.4	103.2	101.6	107.5	113.1
神农架	104.4	94.2	104.4	94.0	104.0	102.3

分地区农、林、牧、渔业增加值指数(上年=100)

(按可比价计算)

地区	农林牧渔业		第一产业		农林牧渔专业及辅助性活动	
	2023 年	2022 年	2023 年	2022 年	2023 年	2022 年
湖北省	**104.3**	**104.3**	**104.1**	**103.8**	**107.6**	**113.1**
武汉市	**104.5**	**103.8**	**104.2**	**103.2**	**108.2**	**112.7**
青山区	98.7	86.9	98.5	86.7	115.6	105.3
洪山区	96.9	157.9	96.1	159.2	118.7	129.4
蔡甸区	104.4	104.7	103.7	104.4	121.9	112.3
江夏区	104.7	104.4	103.9	104.0	121.3	113.1
黄陂区	104.6	104.4	103.4	103.8	120.5	114.0
新洲区	104.3	104.3	102.5	103.5	120.6	111.7
武开区	107.6	102.5	106.9	101.9	121.9	114.4
东开区	103.9	68.6	103.6	67.3	109.7	99.8
临空港	104.4	106.7	102.5	106.3	128.1	111.4
黄石市	**104.8**	**104.6**	**104.8**	**104.1**	**105.0**	**115.6**
大冶市	107.6	103.2	107.6	102.9	105.6	111.1
阳新县	102.7	105.8	102.5	105.3	110.4	120.4
黄石港区	93.8	100.0	106.3	96.7	38.3	120.0
西塞山区	93.8	98.3	108.0	93.9	38.3	122.2
下陆区	93.8	97.7	107.9	94.4	38.3	114.3
铁山区	93.8	100.0	106.5	100.0	38.3	100.0
十堰市	**104.5**	**103.1**	**104.5**	**103.0**	**105.4**	**108.8**
茅箭区	104.3	103.0	104.2	102.8	105.4	109.4
张湾区	104.7	103.0	104.7	102.6	105.5	110.7
郧阳区	104.6	103.1	104.5	102.8	105.4	109.8
郧西县	104.3	103.0	104.3	102.7	105.4	107.9
竹山县	104.5	103.1	104.5	102.7	105.4	109.8
竹溪县	105.0	103.1	105.0	102.8	105.4	108.6
房县	104.3	103.1	104.2	102.8	105.4	107.3
丹江口市	104.6	103.1	104.6	102.7	105.4	109.4
宜昌市	**104.9**	**104.2**	**104.7**	**103.7**	**107.6**	**113.5**
宜都市	105.0	104.2	104.8	103.9	107.6	111.8
枝江市	105.1	104.4	104.9	103.9	107.5	111.9
当阳	104.9	104.2	104.7	103.8	107.6	111.8
远安	104.9	104.2	104.7	103.2	107.7	121.8
兴山	105.0	104.3	104.8	103.9	107.6	111.9
秭归	104.9	104.3	104.5	102.7	107.7	122.0
长阳	104.9	104.3	104.7	103.9	107.5	112.1
五峰	105.0	104.2	104.8	103.8	107.6	111.4
夷陵区	105.1	104.4	104.9	103.9	107.9	113.3
西陵区	97.9	100.1	97.8	100.2	99.9	99.3
伍家岗	97.5	100.2	97.2	100.3	99.9	99.3
点军区	103.0	101.9	102.8	101.9	106.6	102.3
猇亭区	100.1	100.8	100.0	100.6	101.2	103.6
襄阳市	**104.1**	**104.9**	**103.8**	**104.4**	**108.2**	**113.7**
枣阳市	103.9	104.8	103.6	104.3	108.1	113.6
宜城市	104.0	104.8	103.7	104.3	108.1	113.5
南漳县	104.5	105.1	104.4	104.9	108.5	113.7
谷城县	104.7	105.2	104.6	104.9	108.4	114.0
保康县	104.4	104.7	104.3	104.5	108.7	113.6
老河口市	104.1	104.5	103.8	104.0	108.0	113.4
襄州区	104.0	104.9	103.6	104.3	108.3	113.9
襄城区	103.7	105.0	103.5	104.6	108.2	113.8
樊城区	103.8	104.6	103.6	104.3	107.9	113.3
高新区	103.5	104.5	103.1	103.8	107.9	113.2
鄂州市	**104.5**	**104.2**	**104.4**	**103.9**	**106.6**	**111.4**
鄂城区	104.1	104.0	104.0	103.2	106.5	111.6
华容区	104.6	104.4	104.5	103.6	106.6	112.2
梁子湖区	105.0	104.3	104.9	103.6	106.8	110.4
荆门市	**104.4**	**104.7**	**104.1**	**103.3**	**107.1**	**112.2**
沙洋县	104.5	104.7	104.3	103.6	107.0	112.5

续表

地区	农林牧渔业		第一产业		农林牧渔专业及辅助性活动	
	2023 年	2022 年	2023 年	2022 年	2023 年	2022 年
钟祥市	104.6	105.0	104.4	103.7	107.1	112.2
京山市	104.8	104.8	104.5	103.2	107.1	112.0
东宝区	103.9	104.2	102.7	102.4	106.9	112.2
掇刀区	101.1	103.3	102.3	101.7	107.4	112.3
孝感市	**104.7**	**104.1**	**104.6**	**103.5**	**106.9**	**113.4**
孝南区	105.0	104.2	104.9	103.4	106.2	112.7
孝昌县	104.9	103.9	104.8	103.4	107.2	112.7
大悟县	104.5	104.1	104.5	103.9	105.2	112.8
云梦县	104.7	104.0	104.7	103.6	105.0	114.1
应城市	104.7	104.4	104.5	104.0	109.4	114.4
安陆市	104.4	104.0	104.4	103.3	104.9	113.7
汉川市	104.8	104.3	104.4	103.1	107.7	113.4
市直	103.6	101.5	103.5	101.4	104.8	103.0
荆州市	**104.5**	**105.1**	**104.2**	**104.6**	**107.9**	**113.2**
荆州区	104.5	104.9	104.3	104.3	108.0	113.9
沙市区	104.7	105.2	104.3	104.4	107.5	111.8
江陵县	104.8	105.0	104.5	104.1	107.9	114.9
松滋市	104.8	104.4	104.5	103.6	108.2	117.1
公安县	101.9	105.1	101.7	104.4	104.8	114.8
石首市	105.3	105.3	105.0	104.8	108.6	112.9
监利市	105.1	105.2	104.7	104.7	109.0	112.4
洪湖市	105.0	105.6	104.7	105.3	109.3	109.9
黄冈市	**104.5**	**104.8**	**104.4**	**104.2**	**106.6**	**114.2**
黄州区	105.0	104.8	104.9	104.1	106.2	116.9
团风县	104.6	104.2	104.4	103.6	106.7	114.3
红安县	104.4	104.8	104.1	104.1	106.8	113.0
罗田县	105.1	105.0	104.9	104.4	106.6	114.1
英山县	104.1	104.4	103.9	103.9	106.4	113.4
浠水县	104.5	104.6	104.4	104.3	106.2	114.0
蕲春县	104.9	104.9	104.7	104.5	106.9	113.9
黄梅县	104.5	105.1	104.3	104.7	106.6	113.4
麻城市	104.4	104.7	104.3	104.0	105.5	115.5
武穴市	104.7	104.9	104.4	104.3	108.0	114.4
咸宁市	**104.8**	**104.7**	**104.7**	**104.3**	**106.2**	**110.7**
咸安区	104.1	105.5	103.9	105.1	106.4	111.3
嘉鱼县	103.8	102.2	103.6	101.7	106.3	111.2
赤壁市	104.4	103.5	104.3	103.0	106.0	110.2
通城县	105.7	106.5	105.7	106.2	106.4	110.3
崇阳县	107.9	102.4	108.1	102.1	106.3	110.3
通山县	103.9	106.7	103.8	106.5	105.9	110.8
随州市	**104.0**	**104.2**	**103.8**	**103.7**	**107.1**	**111.8**
曾都区	103.9	104.2	103.7	103.8	106.1	109.9
随县	104.0	104.2	104.0	103.7	104.8	111.4
广水市	104.1	104.2	103.5	103.5	110.1	113.2
恩施州	**104.8**	**103.1**	**104.6**	**102.0**	**107.7**	**127.0**
恩施市	104.6	103.1	104.7	102.3	102.8	117.6
利川市	104.9	103.2	104.3	101.5	112.7	136.6
建始县	104.8	103.2	104.5	101.8	110.4	134.0
巴东县	104.5	102.9	104.3	101.5	107.5	130.1
宣恩县	104.7	103.2	104.8	102.5	101.6	118.8
咸丰县	104.7	103.2	104.6	102.2	105.7	121.5
来凤县	105.0	103.3	104.6	102.2	111.0	126.0
鹤峰县	105.2	103.3	105.1	102.0	105.9	127.4
仙桃市	**103.0**	**103.7**	**102.6**	**103.3**	**109.2**	**114.5**
潜江市	**104.2**	**103.4**	**103.9**	**102.8**	**107.8**	**112.4**
天门市	**103.6**	**102.4**	**103.2**	**101.6**	**107.5**	**113.1**
神农架林区	**104.4**	**94.2**	**104.4**	**94.0**	**104.0**	**102.3**

《湖北农村统计年鉴2024》

粮食作物播种面积

单位:千公顷

年份	粮食作物	小麦	稻谷	薯类	玉米	大豆
1978	5544.78	1122.28	2894.63	427.23	403.14	173.43
1980	5352.04	1292.29	2708.22	387.46	406.91	138.94
1985	5108.25	1331.42	2538.57	354.01	374.17	134.64
1990	5200.01	1352.10	2636.47	391.90	386.11	164.65
1991	5194.50	1347.53	2622.79	402.38	395.19	150.61
1992	4955.35	1287.91	2537.49	392.59	376.18	140.23
1993	4812.05	1271.23	2377.82	384.33	365.96	181.69
1994	4797.95	1225.60	2373.26	203.39	373.02	201.52
1995	4776.65	1179.93	2408.66	397.65	393.77	188.01
1996	4880.28	1230.14	2448.58	419.53	405.07	174.71
1997	4944.66	1276.52	2467.51	415.74	400.30	182.51
1998	4737.15	1212.08	2244.74	431.02	442.84	201.32
1999	4673.11	1074.43	2284.98	448.72	460.82	207.01
2000	4156.20	845.10	1995.29	467.61	424.10	224.75
2001	4015.73	735.85	1953.77	237.75	401.11	218.01
2002	3816.08	679.02	1888.75	430.61	384.04	217.82
2003	3572.74	603.43	1808.75	208.56	349.81	196.47
2004	3817.89	605.08	2084.02	403.79	357.49	186.05
2005	4068.05	730.61	2162.39	397.75	428.79	179.79
2006	3902.27	1016.93	1975.07	218.67	431.93	118.40
2007	4032.18	1099.41	2027.17	217.51	444.55	117.20
2008	3891.72	1006.35	1956.92	212.20	488.24	115.60
2009	4072.96	1001.98	2093.62	230.05	536.46	111.36
2010	4135.78	1011.70	2087.84	260.83	572.53	109.94
2011	4191.52	1028.32	2081.07	283.93	603.37	108.12
2012	4294.51	1084.08	2086.42	275.94	663.58	105.67
2013	4416.60	1117.11	2202.55	272.53	653.43	103.27
2014	4522.12	1099.38	2201.79	274.15	745.72	136.79
2015	4784.38	1122.15	2383.35	276.80	813.53	144.40
2016	4816.14	1140.67	2358.67	276.35	797.33	202.25
2017	4852.99	1153.21	2368.07	282.72	794.78	212.34
2018	4847.01	1104.96	2390.99	308.13	781.20	219.77
2019	4608.61	1017.75	2286.75	322.48	727.53	211.72
2020	4645.28	1031.38	2280.73	319.23	752.00	219.71
2021	4685.98	1052.05	2272.59	328.82	762.71	223.77
2022	4688.96	1031.26	2263.96	333.83	775.82	229.87
2023	4706.97	1038.39	2274.16	331.64	765.30	242.23

注:2007年-2017年数据依据第三次全国农业普查结果进行了修订。

经济作物播种面积

单位：千公顷

年份	经济作物	棉花	油菜籽	花生	芝麻	黄红麻	甘蔗	甜菜	烤烟
1978	2386.27	593.19	165.27	34.14	102.71	8.39	2.31	0.13	24.75
1980	2125.02	591.67	175.75	40.76	113.51	12.17	1.49	0.12	9.69
1985	2223.46	464.97	361.42	65.94	173.31	94.17	7.85	0.08	37.67
1990	2161.13	455.92	744.31	63.75	126.85	27.33	8.07	0.01	46.35
1995	2655.06	502.03	838.82	91.91	110.04	10.83	15.97	0.03	41.16
1996	2698.73	474.38	855.26	90.82	107.72	8.59	16.59		51.92
1997	2794.55	480.56	829.80	95.20	107.35	10.10	18.00		70.99
1998	2958.83	431.58	887.01	121.48	113.62	7.94	19.97		48.47
1999	3115.55	310.70	1003.64	143.87	127.14	4.30	23.34		48.32
2000	3427.87	318.07	1158.94	193.42	143.82	3.14	22.17		48.10
2001	3473.26	346.65	1118.06	210.06	129.93	2.65	18.88		40.43
2002	3465.53	286.37	1155.25	206.04	138.88	5.13	19.18		42.90
2003	3580.50	355.02	1174.63	201.11	124.00	2.97	17.24		39.45
2004	3407.24	408.30	1186.10	173.03	111.20	1.36	10.01		39.94
2005	3323.25	360.95	1178.65	171.71	102.52	0.98	9.95		43.68
2006	3198.32	496.40	1001.20	140.10	97.24	0.69	3.70		32.13
2007	2961.51	514.22	912.69	139.45	88.14	0.53	3.48		32.42
2008	3241.14	543.00	1056.00	180.24	87.79	0.41	6.19		45.97
2009	3257.20	460.08	1112.36	190.41	91.45	0.26	9.36		54.42
2010	3244.47	480.05	1089.43	198.50	82.46	0.07	7.04		39.36
2011	3266.40	488.66	1055.39	203.96	77.28	0.06	6.60		45.61
2012	3393.32	472.87	1062.61	257.57	74.28	0.05	6.37		49.40
2013	3318.17	415.59	1098.94	217.77	69.06	0.04	5.95		46.69
2014	3272.64	344.80	1101.62	218.37	71.50	0.02	5.83		36.53
2015	3201.92	264.74	1070.11	221.65	66.75	0.02	6.30		39.60
2016	3092.36	204.96	983.62	232.14	64.31	0.04	6.42	0.02	40.89
2017	3103.14	204.80	971.17	230.53	62.69	0.03	6.57	0.02	36.62
2018	3105.89	159.26	932.97	232.60	67.87	0.01	6.45	0.02	33.63
2019	3207.29	162.83	938.31	243.62	77.22	0.01	6.48		30.38
2020	3329.12	129.73	1034.36	248.72	80.10	0.01	6.63		31.58
2021	3423.26	120.71	1094.02	244.67	77.34		6.35		34.11
2022	3502.96	115.80	1152.44	242.93	65.81		6.27		35.37
2023	3602.28	103.29	1222.30	256.18	75.49		6.30		36.21

注：2007 年–2017 年数据依据第三次全国农业普查结果进行了修订。

主要农产品产量

单位：万吨

年份	粮食	夏粮	秋粮	棉花	油料	花生	油菜籽
1949	578.13	101.85	476.28	5.74	13.37	3.17	4.12
1952	747.54	148.81	598.73	12.17	22.34	4.56	7.09
1957	986.08	180.87	805.21	21.02	25.26	11.23	4.86
1962	960.41	246.34	714.07	14.22	18.30	3.81	4.29
1965	1241.34	255.01	986.33	38.29	22.32	5.15	6.76
1970	1268.67	187.06	1081.62	29.64	14.93	4.82	3.94
1975	1561.51	230.10	1331.41	40.61	21.44	5.12	10.65
1978	1725.60	315.04	1410.56	36.67	23.71	4.90	10.72
1980	1536.43	341.32	1195.11	31.63	20.58	5.85	11.59
1985	2216.13	429.58	1786.56	49.22	72.98	13.52	41.14
1990	2475.03	474.96	2000.07	51.73	95.75	12.79	70.90
1991	2244.10	476.20	1767.90	49.11	106.29	11.44	83.75
1992	2426.60	450.90	1975.70	60.99	99.74	15.72	70.86
1993	2325.70	471.87	1853.85	42.50	111.74	20.68	78.35
1994	2422.10	472.70	1949.40	45.00	137.77	24.81	98.07
1995	2463.84	447.20	2016.64	58.60	189.44	27.28	146.24
1996	2484.40	465.24	2019.16	43.01	181.82	30.77	134.88
1997	2634.40	542.60	2091.80	58.09	195.47	31.24	147.53
1998	2475.79	501.69	1974.10	32.50	216.69	42.87	154.76
1999	2451.88	392.71	2059.17	28.15	228.27	48.15	159.97
2000	2218.49	322.39	1896.10	30.43	269.98	53.46	192.40
2001	2138.49	319.14	1819.35	37.35	279.45	63.99	194.79
2002	2074.00	232.27	1841.73	32.26	245.29	72.25	151.40
2003	1921.02	255.65	1665.37	32.50	272.72	68.37	187.10
2004	2100.12	271.24	1828.96	39.54	314.38	63.19	235.12
2005	2177.38	302.49	1874.89	37.50	293.90	60.19	219.15
2006	2099.10	369.08	1730.02	55.20	254.45	48.40	191.83
2007	2139.07	409.86	1729.21	55.73	252.78	49.01	190.71
2008	2145.47	382.28	1763.19	49.86	279.20	50.24	209.17
2009	2291.05	392.08	1898.97	48.05	306.83	64.21	227.13
2010	2304.26	411.90	1892.36	47.18	302.28	66.64	220.35
2011	2407.45	415.67	1991.78	52.58	293.13	71.67	206.02
2012	2485.14	437.75	2047.39	53.15	305.13	78.16	212.15
2013	2586.21	490.08	2096.13	45.97	315.57	72.21	227.90
2014	2658.26	493.82	2164.44	35.95	321.18	73.83	230.86
2015	2914.75	493.09	2421.66	29.76	316.71	73.21	226.02
2016	2796.35	497.59	2298.76	19.00	305.15	77.98	211.14
2017	2846.12	488.25	2357.87	18.36	307.69	78.37	213.17
2018	2839.47	467.60	2371.87	14.93	302.48	80.67	205.31
2019	2724.99	457.00	2267.99	14.36	313.95	85.71	211.35
2020	2727.44	471.96	2255.48	10.79	344.45	87.10	241.06
2021	2764.33	473.44	2290.89	10.89	354.14	86.27	251.78
2022	2741.15	482.16	2258.99	10.33	374.19	85.42	274.19
2023	2777.04	488.63	2288.41	9.60	394.87	93.09	286.09

粮食作物生产情况(2022-2023)

单位:千公顷、万吨

指标名称	播种面积		产量	
	2022 年	2023 年	2022 年	2023 年
全年粮食	4688.96	4706.97	2741.15	2777.04
一、夏收粮食	1293.15	1301.07	482.16	488.63
(一)谷物	1042.91	1050.20	409.38	414.29
1.小麦	1031.26	1038.39	405.57	410.42
2.其他小谷物	11.65	11.81	3.81	3.87
# 大麦	10.34	10.55	3.48	3.55
燕麦	0.07	0.07	0.02	0.02
荞麦	0.56	0.56	0.10	0.10
其他小杂粮	0.68	0.63	0.21	0.20
(二)豆类	20.32	20.24	3.14	3.15
# 其他小豆类	20.32	20.24	3.14	3.15
(三)薯类	229.93	230.64	69.63	71.19
# 马铃薯	229.93	230.64	69.63	71.19
二、秋收粮食	3395.81	3405.90	2258.99	2288.41
(一)谷物	3050.05	3053.34	2182.11	2204.32
1.稻谷	2263.96	2274.16	1865.78	1880.42
# 早稻	126.32	128.58	75.69	77.77
中稻	1995.73	2001.32	1692.50	1702.88
晚稻	141.90	144.26	97.59	99.77
2.玉米	775.82	765.30	312.32	318.20
3.其他小谷物	10.27	13.87	4.01	5.70
(二)豆类	241.85	251.57	37.09	44.22
1.大豆	229.87	242.23	35.38	42.81
2.绿豆	7.64	5.31	1.04	0.78
3.红小豆	2.99	2.91	0.38	0.37
4.其他小豆类	1.35	1.12	0.30	0.26
(三)薯类	103.90	101.00	39.79	39.87
1.马铃薯	21.75	21.38	10.13	10.01
2.甘薯	82.15	79.61	29.66	29.86

分地区粮食作物播种面积

单位：千公顷

地区	粮食作物面积	夏收粮食			
			小麦	豆类	马铃薯
湖北省	**4706.97**	**1301.07**	**1038.39**	**20.24**	**230.64**
武汉市	**146.15**	**12.11**	**10.87**	**0.29**	**0.90**
武汉市辖区	8.93	0.90	0.89	0.01	
蔡甸区	21.26	2.14	1.80	0.12	0.19
江夏区	32.06	0.65	0.62	0.01	0.02
黄陂区	46.28	2.95	2.49	0.04	0.39
新洲区	37.62	5.47	5.07	0.11	0.29
黄石市	**86.17**	**10.43**	**7.43**	**0.24**	**2.71**
黄石市辖区	0.12	0.06	0.05		0.01
阳新县	47.46	5.86	4.05	0.21	1.58
大冶市	38.59	4.50	3.33	0.03	1.12
十堰市	**212.93**	**78.31**	**52.83**	**5.75**	**19.37**
茅箭区	0.36	0.11	0.02	0.01	0.08
张湾区	0.49	0.02	0.01		0.01
郧阳区	50.14	24.00	21.43	1.08	1.49
郧西县	36.61	15.92	11.36	0.78	3.78
竹山县	39.68	11.62	5.61	1.54	4.48
竹溪县	38.37	12.31	3.37	1.81	6.84
房县	24.61	4.58	2.23	0.16	2.12
丹江口市	22.66	9.74	8.80	0.37	0.57
宜昌市	**321.62**	**89.07**	**38.20**	**2.24**	**45.87**
宜昌市辖区	2.78	0.27		0.13	0.15
夷陵区	41.97	9.03	0.03	0.35	8.63
远安县	14.29	2.56	0.75	0.18	1.25
兴山县	14.14	4.79	0.07	0.30	4.42
秭归县	22.76	5.52	1.02	0.08	4.42
长阳县	29.52	8.58	0.71	0.15	7.72
五峰县	28.13	11.66	0.14	0.17	11.31
宜都市	21.34	4.64	0.01	0.21	4.43
当阳市	84.34	21.23	17.80	0.17	1.67
枝江市	62.35	20.78	17.67	0.51	1.88
襄阳市	**793.07**	**376.23**	**355.90**	**1.23**	**17.59**
襄阳市辖区	53.74	23.21	22.45	0.04	0.73
襄州区	208.42	104.34	100.95	0.29	2.23
南漳县	78.94	36.65	33.97	0.07	2.55
谷城县	46.08	18.58	16.51	0.26	1.81
保康县	31.16	11.52	5.00	0.19	6.29
老河口市	69.86	34.39	33.94	0.15	0.30
枣阳市	202.25	100.15	97.79	0.08	1.80
宜城市	102.62	47.38	45.30	0.14	1.89
鄂州市	**39.70**	**6.34**	**5.51**	**0.08**	**0.50**
荆门市	**469.21**	**122.59**	**119.82**	**1.06**	**1.62**
荆门市直	45.32	5.10	4.70	0.20	0.20
沙洋县	128.05	25.80	25.43	0.22	0.15
钟祥市	176.25	57.87	56.76	0.45	0.56
京山市	119.59	33.82	32.93	0.19	0.70
孝感市	**356.01**	**84.54**	**80.60**	**0.41**	**3.41**
孝南区	32.76	3.67	3.50	0.04	0.13

续表 1 单位：千公顷

地区	粮食作物面积	夏收粮食	小麦	豆类	马铃薯
孝昌县	39.75	8.56	8.02	0.02	0.48
大悟县	43.75	11.58	10.59	0.09	0.82
云梦县	39.37	8.39	7.07	0.12	1.20
应城市	52.38	7.66	7.58	0.01	0.07
安陆市	64.60	18.42	18.05	0.01	0.36
汉川市	83.40	26.26	25.79	0.12	0.35
荆州市	**710.71**	**168.82**	**160.38**	**3.06**	**0.98**
荆州市直	66.07	15.24	14.22	0.31	0.27
公安县	143.98	43.13	39.53	0.55	0.20
江陵县	88.45	34.98	34.91	0.01	0.05
石首市	54.30	11.90	11.58	0.22	0.09
洪湖市	96.26	19.59	19.18	0.36	0.06
松滋市	88.47	25.46	24.12	0.06	0.19
监利市	173.18	18.52	16.84	1.55	0.13
黄冈市	**398.40**	**46.78**	**35.45**	**0.49**	**10.49**
黄州区	6.43	3.10	2.69	0.22	0.09
团风县	17.80	2.02	1.69	0.03	0.30
红安县	31.14	2.24	1.66		0.58
罗田县	41.60	7.86	7.15	0.13	0.52
英山县	18.51	4.48	2.59		1.89
浠水县	55.77	3.17	1.16		2.01
蕲春县	65.44	3.82	0.65	0.07	2.91
黄梅县	64.91	8.41	7.82	0.05	0.54
麻城市	50.19	6.45	5.33		1.12
武穴市	46.60	5.23	4.70		0.53
咸宁市	**198.94**	**13.60**	**5.95**	**1.42**	**6.23**
咸安区	35.50	1.88	0.25	0.59	1.04
嘉鱼县	28.84	3.63	3.27	0.13	0.22
通城县	30.18	1.53	0.28	0.13	1.12
崇阳县	39.46	2.61	1.20	0.21	1.19
通山县	22.73	1.50	0.39	0.23	0.88
赤壁市	42.24	2.44	0.56	0.11	1.77
随州市	**211.23**	**60.99**	**53.29**	**0.41**	**6.91**
曾都区	39.66	12.88	11.48	0.10	1.27
随县	119.48	39.60	34.35	0.17	4.81
广水市	52.09	8.50	7.45	0.14	0.83
恩施自治州	**375.48**	**112.33**	**0.68**	**3.08**	**108.19**
恩施市	60.66	20.77	0.02	0.78	19.96
利川市	78.02	22.98	0.11	0.73	22.15
建始县	50.24	17.65	0.01	0.35	16.97
巴东县	61.59	20.16	0.55	0.94	18.64
咸丰县	46.16	12.75		0.05	12.70
宣恩县	31.35	6.87		0.05	6.83
来凤县	29.20	5.00		0.17	4.83
鹤峰县	18.26	6.14		0.01	6.13
仙桃市	**118.16**	**28.31**	**26.31**	**0.25**	**0.73**
潜江市	**102.79**	**29.00**	**27.59**	**0.09**	**1.30**
天门市	**161.07**	**60.01**	**57.51**	**0.10**	**2.39**
神农架林区	**5.35**	**1.61**	**0.07**	**0.05**	**1.43**

续表 2 单位:千公顷

地区	秋收粮食面积	稻谷			
			早稻	中稻和一季晚稻	双季晚稻
湖北省	**3405.90**	**2274.16**	**128.58**	**2001.32**	**144.26**
武汉市	**134.03**	**103.29**	**14.38**	**73.56**	**15.35**
武汉市辖区	8.03	2.45		2.45	
蔡甸区	19.12	10.01		10.01	
江夏区	31.41	22.49	3.35	15.29	3.86
黄陂区	43.33	39.16	5.03	29.52	4.61
新洲区	32.14	29.17	6.01	16.28	6.89
黄石市	**75.74**	**58.69**	**2.43**	**51.89**	**4.37**
黄石市辖区	0.06				
阳新县	41.60	31.03	1.09	27.38	2.56
大冶市	34.08	27.66	1.34	24.51	1.81
十堰市	**134.62**	**21.54**		**21.54**	
茅箭区	0.25				
张湾区	0.47	0.01		0.01	
郧阳区	26.14	1.78		1.78	
郧西县	20.69	1.77		1.77	
竹山县	28.06	4.89		4.89	
竹溪县	26.06	4.94		4.94	
房县	20.03	4.59		4.59	
丹江口市	12.92	3.56		3.56	
宜昌市	**232.55**	**76.68**	**1.03**	**74.54**	**1.12**
宜昌市辖区	2.50	0.01		0.01	
夷陵区	32.93	9.11		9.11	
远安县	11.73	6.26		6.26	
兴山县	9.35	0.68		0.68	
秭归县	17.24	0.93		0.93	
长阳县	20.94	0.93		0.93	
五峰县	16.47	0.08		0.08	
宜都市	16.70	4.35		4.35	
当阳市	63.11	32.80		32.80	
枝江市	41.57	21.51	1.03	19.37	1.12
襄阳市	**416.84**	**200.38**		**200.38**	
襄阳市辖区	30.52	19.62		19.62	
襄州区	104.08	41.56		41.56	
南漳县	42.29	25.37		25.37	
谷城县	27.50	16.26		16.26	
保康县	19.64	2.13		2.13	
老河口市	35.47	10.17		10.17	
枣阳市	102.10	48.80		48.80	
宜城市	55.24	36.48		36.48	
鄂州市	**33.36**	**26.90**	**1.01**	**23.63**	**2.26**
荆门市	**346.62**	**255.93**	**3.09**	**248.10**	**4.74**
荆门市直	40.22	34.63		34.63	
沙洋县	102.26	89.20	0.29	88.52	0.39
钟祥市	118.38	68.21		68.21	
京山市	85.77	63.89	2.80	56.74	4.34
孝感市	**271.47**	**248.41**	**2.46**	**241.79**	**4.15**
孝南区	29.09	27.99	0.27	27.28	0.44

续表 3 单位：千公顷

地区	秋收粮食面积	稻谷			
			早稻	中稻和一季晚稻	双季晚稻
孝昌县	31.19	28.53	0.84	26.00	1.69
大悟县	32.17	30.52	0.02	30.44	0.07
云梦县	30.98	27.52	0.59	26.05	0.87
应城市	44.72	42.24	0.37	41.52	0.35
安陆市	46.17	43.22		43.22	
汉川市	57.14	48.38	0.37	47.28	0.74
荆州市	**541.88**	**459.91**	**31.57**	**395.18**	**33.15**
荆州市直	50.83	40.51	0.09	40.30	0.11
公安县	100.84	84.33	6.67	70.40	7.26
江陵县	53.48	49.42		49.42	
石首市	42.40	30.90	0.94	28.95	1.01
洪湖市	76.67	67.84	5.67	56.39	5.78
松滋市	63.01	41.67	1.50	38.24	1.93
监利市	154.66	145.23	16.70	111.47	17.06
黄冈市	**351.62**	**311.96**	**41.41**	**224.44**	**46.11**
黄州区	3.34	2.21		2.21	
团风县	15.78	15.03	1.12	12.59	1.33
红安县	28.90	24.10	3.31	17.17	3.61
罗田县	33.74	26.89	0.42	26.09	0.38
英山县	14.03	10.98	0.43	10.05	0.49
浠水县	52.60	49.88	10.06	28.78	11.04
蕲春县	61.63	57.87	17.25	22.08	18.54
黄梅县	56.50	48.53	2.43	42.14	3.96
麻城市	43.74	39.02	3.84	31.49	3.70
武穴市	41.36	37.46	2.55	31.84	3.07
咸宁市	**185.34**	**140.88**	**26.19**	**87.14**	**27.54**
咸安区	33.62	27.09	2.38	22.23	2.48
嘉鱼县	25.21	18.65	1.79	14.98	1.87
通城县	28.64	22.90	8.21	6.43	8.26
崇阳县	36.85	25.30	6.24	11.86	7.20
通山县	21.23	10.18	0.35	9.46	0.37
赤壁市	39.79	36.76	7.22	22.19	7.35
随州市	**150.24**	**129.41**		**129.41**	
曾都区	26.77	22.99		22.99	
随县	79.88	70.21		70.21	
广水市	43.59	36.21		36.21	
恩施自治州	**263.15**	**46.00**		**46.00**	
恩施市	39.89	2.85		2.85	
利川市	55.03	16.97		16.97	
建始县	32.60	2.99		2.99	
巴东县	41.43	1.80		1.80	
咸丰县	33.40	7.08		7.08	
宣恩县	24.48	5.45		5.45	
来凤县	24.20	8.11		8.11	
鹤峰县	12.13	0.73		0.73	
仙桃市	**89.84**	**63.69**	**0.07**	**63.55**	**0.08**
潜江市	**73.79**	**59.18**		**59.18**	
天门市	**101.06**	**71.28**	**4.93**	**60.96**	**5.39**
神农架林区	**3.73**	**0.03**		**0.03**	

续表 4　　　　单位:千公顷

地区	秋收粮食面积	玉米	高粱	大豆	秋薯
湖北省	**3405.90**	**765.30**	**13.23**	**242.23**	**101.00**
武汉市	**134.03**	**16.41**	**1.96**	**10.22**	**1.83**
武汉市辖区	8.03	2.22	0.39	2.97	
蔡甸区	19.12	6.48		2.40	0.21
江夏区	31.41	6.12	0.85	1.44	0.43
黄陂区	43.33	1.12	0.72	1.58	0.67
新洲区	32.14	0.47		1.83	0.52
黄石市	**75.74**	**10.05**	**0.23**	**2.83**	**3.84**
黄石市辖区	0.06	0.02		0.02	0.01
阳新县	41.60	6.39	0.12	1.83	2.19
大冶市	34.08	3.64	0.11	0.99	1.64
十堰市	**134.62**	**77.70**	**0.75**	**17.68**	**15.03**
茅箭区	0.25	0.20	0.01	0.04	
张湾区	0.47	0.36		0.04	0.05
郧阳区	26.14	18.85		1.87	3.35
郧西县	20.69	12.60	0.12	2.90	3.03
竹山县	28.06	14.90	0.16	5.72	2.06
竹溪县	26.06	12.33	0.27	4.34	3.59
房县	20.03	12.22	0.18	1.82	1.00
丹江口市	12.92	6.24	0.02	0.95	1.95
宜昌市	**232.55**	**130.91**	**0.12**	**12.05**	**12.21**
宜昌市辖区	2.50	1.26		0.07	1.16
夷陵区	32.93	19.73		1.63	2.44
远安县	11.73	4.74		0.21	0.51
兴山县	9.35	7.97		0.61	0.06
秭归县	17.24	14.94		1.19	0.18
长阳县	20.94	17.66		1.55	0.63
五峰县	16.47	13.09		1.40	1.88
宜都市	16.70	9.09		0.50	2.55
当阳市	63.11	25.96		2.14	2.09
枝江市	41.57	16.47	0.12	2.73	0.72
襄阳市	**416.84**	**200.67**	**3.47**	**7.94**	**3.91**
襄阳市辖区	30.52	10.24	0.41	0.19	0.06
襄州区	104.08	58.95	1.77	0.94	0.82
南漳县	42.29	15.74	0.36	0.60	0.20
谷城县	27.50	9.11	0.01	1.66	0.28
保康县	19.64	14.69	0.13	1.76	0.82
老河口市	35.47	24.38	0.19	0.66	0.05
枣阳市	102.10	50.90	0.23	1.23	0.86
宜城市	55.24	16.66	0.38	0.90	0.82
鄂州市	**33.36**	**1.07**	**1.30**	**2.51**	**1.11**
荆门市	**346.62**	**54.01**	**0.57**	**34.10**	**1.81**
荆门市直	40.22	4.96	0.14	0.36	0.13
沙洋县	102.26	5.45	0.34	7.09	0.15
钟祥市	118.38	28.88		20.42	0.84
京山市	85.77	14.72	0.10	6.23	0.69
孝感市	**271.47**	**14.91**	**0.19**	**6.18**	**1.10**
孝南区	29.09	0.78		0.29	0.01

续表 5　　单位：千公顷

地区	秋收粮食面积	玉米	高粱	大豆	秋薯
孝昌县	31.19	1.13		0.97	0.26
大悟县	32.17	0.23	0.19	0.76	0.43
云梦县	30.98	2.60		0.69	0.09
应城市	44.72	1.06		1.29	0.11
安陆市	46.17	2.14		0.70	0.06
汉川市	57.14	6.97		1.48	0.14
荆州市	**541.88**	**32.66**	**2.46**	**45.41**	**1.20**
荆州市直	50.83	6.19	0.84	2.95	0.27
公安县	100.84	3.14	0.53	12.55	0.22
江陵县	53.48	0.36	0.28	3.38	0.03
石首市	42.40	1.16	0.15	10.16	0.03
洪湖市	76.67	2.24		6.52	0.05
松滋市	63.01	19.29	0.29	1.25	0.42
监利市	154.66	0.28	0.36	8.60	0.18
黄冈市	**351.62**	**10.48**	**0.21**	**17.57**	**10.03**
黄州区	3.34	0.38		0.49	0.27
团风县	15.78	0.11		0.26	0.31
红安县	28.90	0.60		1.18	3.03
罗田县	33.74	1.77	0.08	3.61	1.24
英山县	14.03	1.29		0.89	0.87
浠水县	52.60	0.98		1.24	0.31
蕲春县	61.63	0.42	0.12	1.60	1.15
黄梅县	56.50	2.09		4.63	0.98
麻城市	43.74	1.87		1.61	1.03
武穴市	41.36	0.97		2.07	0.83
咸宁市	**185.34**	**22.13**		**9.44**	**11.79**
咸安区	33.62	3.32		1.41	1.44
嘉鱼县	25.21	5.14		1.01	0.23
通城县	28.64	1.29		2.18	2.10
崇阳县	36.85	5.41		2.16	3.86
通山县	21.23	5.79		1.26	3.76
赤壁市	39.79	1.17		1.41	0.40
随州市	**150.24**	**17.34**	**0.23**	**1.47**	**1.53**
曾都区	26.77	3.31		0.16	0.26
随县	79.88	9.02		0.53	0.08
广水市	43.59	5.01	0.23	0.79	1.19
恩施自治州	**263.15**	**154.65**	**0.72**	**26.21**	**33.61**
恩施市	39.89	25.82	0.60	6.08	3.94
利川市	55.03	29.72		4.91	3.14
建始县	32.60	23.38		2.96	3.11
巴东县	41.43	29.77	0.12	3.90	5.41
咸丰县	33.40	15.40		3.23	7.51
宣恩县	24.48	12.53		2.35	4.05
来凤县	24.20	9.11		1.95	4.85
鹤峰县	12.13	8.93		0.84	1.61
仙桃市	**89.84**	**14.28**	**0.72**	**10.46**	**0.57**
潜江市	**73.79**	**2.63**	**0.03**	**11.41**	**0.53**
天门市	**101.06**	**3.41**		**26.25**	**0.10**
神农架林区	**3.73**	**2.00**	**0.26**	**0.48**	**0.78**

分地区粮食总产量

单位:吨

地区	粮食总产量	夏粮总产量			
			小麦	豆类	马铃薯
湖北省	**27770432**	**4886311**	**4104194**	**31524**	**711885**
武汉市	**911885**	**34875**	**31452**	**435**	**2830**
武汉市辖区	34811	2790	2772	18	
蔡甸区	117247	6736	5818	191	650
江夏区	204868	1725	1639	20	66
黄陂区	324195	7530	6162	51	1237
新洲区	230764	16094	15062	155	877
黄石市	**548531**	**30237**	**22361**	**344**	**7410**
黄石市辖区	336	177	155	5	18
阳新县	293500	16776	12387	292	4053
大冶市	254696	13283	9819	47	3339
十堰市	**837295**	**252455**	**174599**	**8232**	**68856**
茅箭区	1199	387	71	16	300
张湾区	1608	72	29	5	39
郧阳区	203476	84616	78077	1557	4981
郧西县	129395	50374	34791	1126	14457
竹山县	150140	34976	17662	2166	15148
竹溪县	148632	37720	10643	2556	23941
房县	108936	14725	6392	231	7914
丹江口市	93909	29586	26934	576	2076
宜昌市	**1534788**	**294425**	**137935**	**3461**	**142805**
宜昌市辖区	11547	655		172	483
夷陵区	205387	32441	98	641	31648
远安县	80533	7426	2566	306	3662
兴山县	52555	13299	262	375	12662
秭归县	84592	16558	3236	131	13191
长阳县	107333	24217	2025	235	21957
五峰县	95570	33871	412	202	33165
宜都市	98270	14347	14	321	14012
当阳市	475498	78341	66891	235	5107
枝江市	323505	73271	62431	844	6919
襄阳市	**4730791**	**1975580**	**1896805**	**2088**	**70084**
襄阳市辖区	330621	118880	114071	70	4739
襄州区	1270532	607381	592461	526	10430
南漳县	440012	144412	134274	122	9755
谷城县	270488	85622	78365	443	6814
保康县	134271	42645	18555	326	23669
老河口市	358600	170999	169616	247	1135
枣阳市	1274312	566797	557991	128	6561
宜城市	651954	238845	231472	227	6981
鄂州市	**255052**	**19482**	**16994**	**123**	**1627**
荆门市	**2934943**	**406323**	**398839**	**1704**	**5552**
荆门市直	327799	16292	15214	345	733
沙洋县	914898	86540	85598	369	574
钟祥市	976078	190388	187403	667	2090
京山市	716168	113102	110624	323	2155
孝感市	**2386770**	**271337**	**259733**	**697**	**10512**
孝南区	243833	12310	11824	83	403

续表 1 单位:吨

地区	粮食总产量	夏粮总产量	小麦	豆类	马铃薯
孝昌县	255960	28090	26659	22	1269
大悟县	302171	34750	32050	156	2290
云梦县	251056	27417	23122	216	4078
应城市	355965	23829	23613	13	203
安陆市	445724	61036	59863	15	1157
汉川市	532062	83904	82601	192	1111
荆州市	**4570194**	**515148**	**493134**	**5364**	**3575**
荆州市直	411607	45701	42860	481	988
公安县	889273	135691	126413	927	891
江陵县	511638	108037	107835	14	138
石首市	303830	34721	34013	388	274
洪湖市	648509	56645	55850	586	210
松滋市	517233	80395	75508	97	661
监利市	1288105	53956	50657	2870	412
黄冈市	**2754781**	**150073**	**114130**	**752**	**34270**
黄州区	31423	9022	8139	328	274
团风县	114219	5797	4781	43	972
红安县	185589	6914	5081		1833
罗田县	260861	28222	26199	216	1659
英山县	105843	13532	7494		6038
浠水县	423311	10292	3822		6470
蕲春县	467264	13255	3009	100	9656
黄梅县	467798	26182	24286	65	1831
麻城市	365191	21213	17631		3582
武穴市	333282	15644	13689		1955
咸宁市	**1208246**	**39496**	**18054**	**2177**	**19265**
咸安区	228303	4752	712	882	3159
嘉鱼县	181181	11033	10064	241	729
通城县	171874	4800	820	224	3756
崇阳县	222900	7558	3651	341	3567
通山县	119059	4174	967	287	2919
赤壁市	284930	7178	1841	202	5135
随州市	**1473697**	**227892**	**200650**	**651**	**25283**
曾都区	268892	47356	42455	153	4633
随县	820600	152253	133182	273	17838
广水市	384205	28284	25013	225	2812
恩施自治州	**1465866**	**308457**	**2108**	**4668**	**300596**
恩施市	210025	59232	85	1181	57932
利川市	318726	55781	322	1049	54411
建始县	208502	52649	26	464	51161
巴东县	202936	54568	1676	1498	51340
咸丰县	200034	34579		91	34488
宣恩县	120114	19579		76	19503
来凤县	133520	13043		284	12759
鹤峰县	72010	19026		25	19001
仙桃市	**713129**	**83455**	**78063**	**433**	**2102**
潜江市	**603950**	**89645**	**85139**	**156**	**4255**
天门市	**822520**	**181785**	**174030**	**155**	**7550**
神农架林区	**17992**	**5646**	**168**	**85**	**5314**

续表 2 单位:吨

地区	秋粮总产量	稻谷			
			早稻	中稻和一季晚稻	双季晚稻
湖北省	**22884121**	**18804167**	**777700**	**17028782**	**997685**
武汉市	**877011**	**770687**	**85263**	**588012**	**97412**
武汉市辖区	32021	16241		16241	
蔡甸区	110512	77666		77666	
江夏区	203143	167082	19891	122447	24743
黄陂区	316665	302639	29770	242255	30615
新洲区	214670	207059	35602	129403	42054
黄石市	**518294**	**463610**	**14196**	**421001**	**28414**
黄石市辖区	158	28		28	
阳新县	276723	242520	6447	219365	16708
大冶市	241412	221062	7749	201607	11706
十堰市	**584840**	**182825**		**182825**	
茅箭区	812	11		11	
张湾区	1536	41		41	
郧阳区	118860	14715		14715	
郧西县	79021	14679		14679	
竹山县	115164	41422		41422	
竹溪县	110912	42930		42930	
房县	94212	39295		39295	
丹江口市	64323	29733		29733	
宜昌市	**1240363**	**647981**	**6368**	**633553**	**8060**
宜昌市辖区	10892	113		113	
夷陵区	172946	78851		78851	
远安县	73107	53122		53122	
兴山县	39256	5415		5415	
秭归县	68034	7870		7870	
长阳县	83116	7822		7822	
五峰县	61699	595		595	
宜都市	83923	37500		37500	
当阳市	397156	277971		277971	
枝江市	250233	178722	6368	164294	8060
襄阳市	**2755211**	**1809533**		**1809533**	
襄阳市辖区	211741	168295		168295	
襄州区	663152	379787		379787	
南漳县	295600	220878		220878	
谷城县	184867	144043		144043	
保康县	91626	18802		18802	
老河口市	187602	86754		86754	
枣阳市	707515	456784		456784	
宜城市	413110	334191		334191	
鄂州市	**235570**	**214636**	**5871**	**192959**	**15806**
荆门市	**2528620**	**2219672**	**20099**	**2167243**	**32331**
荆门市直	311507	288596		288596	
沙洋县	828358	790151	1987	785430	2734
钟祥市	785690	614170		614170	
京山市	603066	526755	18112	479047	29597
孝感市	**2115434**	**2036557**	**15852**	**1992698**	**28007**
孝南区	231523	227495	1682	223094	2719

续表 3 单位:吨

地区	秋粮总产量	稻谷	早稻	中稻和一季晚稻	双季晚稻
孝昌县	227870	220519	5542	203129	11847
大悟县	267421	262741	124	262140	478
云梦县	223639	211768	3726	202496	5546
应城市	332136	324121	2385	319448	2287
安陆市	384687	374646		374646	
汉川市	448158	415267	2392	407745	5130
荆州市	**4055047**	**3820550**	**201419**	**3378075**	**241056**
荆州市直	365906	330712	578	329390	744
公安县	753581	715027	41532	620815	52680
江陵县	403600	394700		394700	
石首市	269109	245242	5737	232716	6789
洪湖市	591864	570071	36743	491815	41513
松滋市	436838	350160	9296	326750	14113
监利市	1234148	1214638	107533	981888	125216
黄冈市	**2604708**	**2479326**	**251092**	**1904700**	**323533**
黄州区	22401	18890		18890	
团风县	108422	105869	6569	90791	8510
红安县	178675	161786	18916	121406	21464
罗田县	232640	210590	2497	205593	2500
英山县	92312	82234	2494	76477	3262
浠水县	413019	404523	60736	263135	80652
蕲春县	454008	441707	105448	203581	132678
黄梅县	441616	418279	15583	376502	26194
麻城市	343979	327571	23299	277949	26323
武穴市	317638	307877	15551	270376	21951
咸宁市	**1168750**	**1020918**	**146659**	**689943**	**184316**
咸安区	223551	202596	13079	173045	16472
嘉鱼县	170147	146766	10180	123808	12778
通城县	167074	150555	46555	49026	54975
崇阳县	215341	176375	34806	94113	47456
通山县	114885	74825	1837	70603	2384
赤壁市	277752	269801	40202	179348	50252
随州市	**1245804**	**1162616**		**1162616**	
曾都区	221536	206365		206365	
随县	668347	631052		631052	
广水市	355921	325199		325199	
恩施自治州	**1157409**	**370046**		**370046**	
恩施市	150793	23325		23325	
利川市	262945	133128		133128	
建始县	155853	26332		26332	
巴东县	148368	11948		11948	
咸丰县	165455	61425		61425	
宣恩县	100535	43823		43823	
来凤县	120477	64124		64124	
鹤峰县	52983	5941		5941	
仙桃市	**629674**	**545258**	**429**	**544288**	**542**
潜江市	**514306**	**481187**		**481187**	
天门市	**640735**	**578582**	**30452**	**509921**	**38209**
神农架林区	**12346**	**183**		**183**	

续表 4　　单位:吨

地区	秋粮总产量	玉米	高粱	大豆	秋薯
湖北省	**22884121**	**3182025**	**54678**	**428090**	**398696**
武汉市	**877011**	**70512**	**8812**	**18603**	**7970**
武汉市辖区	32021	9369	1636	4775	
蔡甸区	110512	27539		4359	945
江夏区	203143	27323	3887	2878	1864
黄陂区	316665	4346	3288	3361	2909
新洲区	214670	1936		3229	2252
黄石市	**518294**	**34507**	**850**	**4902**	**14287**
黄石市辖区	158	64		24	40
阳新县	276723	22232	447	3166	8291
大冶市	241412	12211	403	1711	5956
十堰市	**584840**	**305299**	**2754**	**31108**	**60386**
茅箭区	812	697	23	80	
张湾区	1536	1216		71	198
郧阳区	118860	86679		3337	13766
郧西县	79021	46905	416	5043	11635
竹山县	115164	54596	622	10070	7992
竹溪县	110912	44944	886	7356	14084
房县	94212	46143	722	3467	4272
丹江口市	64323	24119	86	1684	8439
宜昌市	**1240363**	**520443**	**676**	**21693**	**48796**
宜昌市辖区	10892	5255		133	5390
夷陵区	172946	80588		2930	10540
远安县	73107	17831		348	1791
兴山县	39256	32607		992	226
秭归县	68034	57600		1915	649
长阳县	83116	70142		2509	2440
五峰县	61699	52157		2349	6580
宜都市	83923	36231		900	8989
当阳市	397156	105673		4440	8921
枝江市	250233	62359	676	5177	3270
襄阳市	**2755211**	**898231**	**13500**	**13862**	**19401**
襄阳市辖区	211741	41208	1591	381	266
襄州区	663152	270300	6890	1761	4341
南漳县	295600	70813	1339	1473	1063
谷城县	184867	36510	45	2620	1404
保康县	91626	66000	516	2795	3362
老河口市	187602	98800	713	1090	205
枣阳市	707515	242900	967	2382	4354
宜城市	413110	71700	1440	1361	4407
鄂州市	**235570**	**4872**	**4730**	**4697**	**5267**
荆门市	**2528620**	**240999**	**2525**	**57103**	**8025**
荆门市直	311507	21158	620	546	587
沙洋县	828358	24476	1478	11541	653
钟祥市	785690	132121		35628	3735
京山市	603066	63244	427	9387	3050
孝感市	**2115434**	**62875**	**724**	**10595**	**3722**
孝南区	231523	3466		524	23

续表 5 单位:吨

地区	秋粮总产量	玉米	高粱	大豆	秋薯
孝昌县	227870	4498		1450	999
大悟县	267421	1060	724	1455	1385
云梦县	223639	10218		1138	389
应城市	332136	5264		2233	491
安陆市	384687	8937		871	152
汉川市	448158	29433		2923	284
荆州市	**4055047**	**134700**	**11012**	**83342**	**5094**
荆州市直	365906	24558	3871	5399	1263
公安县	753581	12084	2367	22912	1079
江陵县	403600	1494	1225	6077	105
石首市	269109	4290	674	18782	119
洪湖市	591864	9577		12012	183
松滋市	436838	81417	1238	2261	1651
监利市	1234148	1280	1636	15900	694
黄冈市	**2604708**	**46504**	**900**	**31059**	**43817**
黄州区	22401	1869		820	822
团风县	108422	452		628	1226
红安县	178675	2276		2126	12487
罗田县	232640	8445	349	6989	6008
英山县	92312	5591		1377	3110
浠水县	413019	4626		1890	1587
蕲春县	454008	1790	551	3069	6067
黄梅县	441616	9927		8393	4048
麻城市	343979	8320		2436	5280
武穴市	317638	3208		3330	3183
咸宁市	**1168750**	**79971**		**16913**	**49291**
咸安区	223551	12150		2422	5861
嘉鱼县	170147	20206		1925	993
通城县	167074	4207		4019	8036
崇阳县	215341	18257		3798	16745
通山县	114885	21171		2363	16160
赤壁市	277752	3981		2386	1497
随州市	**1245804**	**71346**	**1261**	**2657**	**7371**
曾都区	221536	13580		270	1179
随县	668347	35871		1030	334
广水市	355921	21896	1261	1357	5858
恩施自治州	**1157409**	**618564**	**3280**	**45749**	**116621**
恩施市	150793	99060	2758	10774	14015
利川市	262945	110634		8803	9791
建始县	155853	112497		4947	11694
巴东县	148368	111517	504	6473	17424
咸丰县	165455	72928		6240	24529
宣恩县	100535	40299		3925	12375
来凤县	120477	31622	19	3307	21062
鹤峰县	52983	40008		1279	5732
仙桃市	**629674**	**60155**	**3074**	**18487**	**2435**
潜江市	**514306**	**11195**	**140**	**19545**	**2231**
天门市	**640735**	**14484**		**47127**	**509**
神农架林区	**12346**	**7368**	**441**	**648**	**3473**

经济作物生产情况(2022-2023)

单位:千公顷、万吨

指标名称	播种面积		产 量	
	2022 年	2023 年	2022 年	2023 年
经济作物	3502.96	3602.28	–	–
一、油料作物	1473.98	1567.35	374.19	394.87
其中:花　生	242.93	256.18	85.42	93.09
油菜籽	1152.44	1222.30	274.19	286.09
芝　麻	65.81	75.49	11.79	12.99
胡麻籽				
葵花籽	2.14	3.19	0.40	0.56
其他油料	10.67	10.19	2.39	2.13
二、棉花	115.80	103.29	10.33	9.60
三、麻类合计	3.44	3.01	0.87	0.77
其中:生黄红麻				
生苎麻	3.43	3.00	0.86	0.77
生大麻				
生亚麻				
其他麻类	0.01	0.01		
四、糖料	6.27	6.30	26.57	26.46
(一)甘蔗	6.27	6.30	26.57	26.46
(二)甜菜				
五、烟叶(未加工烟草)	40.82	41.18	8.10	7.97
其中:烤烟(未去梗)	35.37	36.21	6.46	6.73
六、中草药材	299.10	308.19	–	–
其中:人　参				
甘　草				
枸　杞		0.01		
七、蔬菜及食用菌	1343.68	1358.29	4407.93	4502.71
八、瓜果类	103.52	104.07	370.24	370.83
九、其他农作物	116.34	110.60	–	–
其中:青饲料	63.58	61.84	–	–
十、特种作物	–	–	–	–
其中:花　卉	31.15	28.70	–	–
鲜切花(万枝)	–	–	16716.96	9247.81
盆栽观赏植物(万盆)	–	–	4696.00	5653.65
香料原料	–	–	0.29	0.96
其中:花　椒	–	–	0.22	0.90
八　角	–	–	0.06	0.06
十一、食用坚果	–	–	26.25	29.66
(一)核桃	–	–	7.12	7.55
(二)板栗	–	–	19.00	21.99
(三)松子	–	–	0.05	0.05
(四)其他坚果	–	–	0.08	0.07

分地区经济作物播种面积

单位:千公顷

地区	经济作物播种面积	油料作物面积	花生	油菜籽	芝麻	棉花面积
湖北省	**3602.28**	**1567.35**	**256.18**	**1222.30**	**75.49**	**103.29**
武汉市	**280.55**	**64.41**	**15.25**	**41.56**	**7.51**	**3.30**
武汉市辖区	25.91	1.57	0.39	0.88	0.30	0.01
汉南区	10.52	0.68	0.02	0.60	0.03	
蔡甸区	39.52	4.47	0.60	2.61	1.26	0.27
江夏区	57.25	14.31	2.03	9.83	2.44	0.04
黄陂区	93.35	25.87	8.87	15.87	1.13	0.23
新洲区	54.00	17.52	3.34	11.77	2.35	2.75
黄石市	**98.97**	**51.70**	**6.71**	**38.79**	**5.97**	**3.18**
黄石市辖区	0.73	0.12	0.03	0.08	0.01	
阳新县	57.23	27.97	2.44	22.07	3.37	1.73
大冶市	41.00	23.61	4.24	16.63	2.60	1.45
十堰市	**228.85**	**84.18**	**19.01**	**51.25**	**13.13**	
茅箭区	1.19	0.10	0.02	0.03	0.04	
张湾区	2.88	0.27	0.08	0.12	0.06	
郧阳区	41.07	15.95	3.27	9.43	3.24	
郧西县	40.69	11.58	2.56	6.40	2.56	
竹山县	42.71	21.72	7.88	11.98	1.86	
竹溪县	43.07	16.94	2.11	11.47	2.65	
房县	38.55	10.01	1.60	7.23	1.18	
丹江口市	18.68	7.61	1.49	4.59	1.53	
宜昌市	**330.45**	**109.00**	**11.59**	**94.60**	**2.80**	**1.39**
宜昌市辖区	6.46	1.28	0.16	1.05	0.07	
夷陵区	44.62	14.30	1.79	12.04	0.46	
远安县	11.84	7.59	0.20	7.39		
兴山县	20.40	4.81	0.26	3.88	0.65	
秭归县	27.60	8.23	1.84	6.32	0.07	
长阳土家族自治县	48.09	9.30	1.56	7.74		
五峰土家族自治县	44.78	3.05	0.37	2.68		
宜都市	16.30	9.13	0.54	8.54	0.05	
当阳市	60.37	32.09	3.28	27.80	1.02	0.33
枝江市	50.00	19.22	1.59	17.16	0.48	1.06
襄阳市	**261.35**	**122.68**	**59.10**	**47.67**	**14.54**	**9.75**
襄阳市辖区	3.39	1.60	1.20	0.40		0.04
襄城区	12.44	3.75	2.03	1.72		
樊城区	12.73	3.91	1.24	2.03	0.65	
襄州区	45.54	32.43	23.17	3.44	5.82	1.27
南漳县	28.19	8.72	0.47	7.68	0.56	0.02
谷城县	18.25	7.56	1.94	4.10	0.16	
保康县	23.41	7.07	2.73	4.13	0.20	
老河口市	25.05	6.22	3.12	1.13	1.96	0.17
枣阳市	39.74	26.29	14.94	6.83	4.53	1.09
宜城市	52.61	25.13	8.25	16.20	0.67	7.16
鄂州市	**48.26**	**18.31**	**1.94**	**13.40**	**0.31**	**3.41**
梁子湖区	13.43	6.45	0.96	4.43	0.10	0.37
华容区	17.64	7.43	0.69	5.03	0.14	1.70
鄂城区	17.19	4.43	0.29	3.94	0.06	1.34
荆门市	**247.66**	**170.89**	**16.93**	**149.43**	**4.49**	**3.06**
东宝区	26.09	18.26	0.93	16.94	0.39	0.03
掇刀区	22.55	16.85	1.44	15.41		
沙洋县	74.21	57.98	4.70	52.05	1.23	0.41
钟祥市	75.66	49.88	7.15	41.79	0.94	2.02
京山市	49.16	27.91	2.71	23.23	1.93	0.59
孝感市	**278.33**	**132.20**	**31.11**	**97.46**	**3.61**	**7.24**

续表 1　　　　单位：千公顷

地区	经济作物播种面积	油料作物面积	花生	油菜籽	芝麻	棉花面积
孝感市辖区	0.12	0.08	0.03	0.05	0.01	0.01
孝南区	36.43	19.02	2.28	16.27	0.47	1.19
孝昌县	37.97	23.72	4.72	18.23	0.77	1.05
大悟县	47.07	28.43	20.07	8.13	0.23	0.35
云梦县	35.05	12.81	0.56	11.98	0.26	0.72
应城市	38.37	16.97	1.07	15.47	0.43	0.73
安陆市	29.87	14.56	1.98	11.35	1.21	1.32
汉川市	53.45	16.61	0.41	15.97	0.23	1.87
荆州市	**405.87**	**233.97**	**1.69**	**226.90**	**5.38**	**26.45**
荆州开发区	0.67	0.08		0.08		
沙市区	11.10	2.67		2.66	0.01	0.17
荆州区	31.56	12.83	0.19	12.02	0.61	0.30
公安县	68.18	39.05	0.30	38.35	0.40	9.09
江陵县	32.68	24.09	0.44	23.02	0.63	1.14
石首市	42.58	20.94	0.07	20.67	0.21	4.49
洪湖市	52.81	29.83	0.09	27.52	2.21	1.97
松滋市	48.80	24.34	0.38	23.52	0.43	3.11
监利市	117.49	80.14	0.22	79.04	0.88	6.18
黄冈市	**483.50**	**237.02**	**48.02**	**178.70**	**8.99**	**23.58**
龙感湖农场	1.62	0.40		0.40		
黄州区	15.25	2.89	0.17	2.47	0.25	0.93
团风县	17.95	9.65	1.27	7.32	1.05	1.59
红安县	47.20	30.96	19.45	11.39	0.13	1.16
罗田县	44.41	15.96	2.32	12.60	1.04	0.21
英山县	31.24	9.87	0.90	8.35	0.32	0.20
浠水县	74.43	34.40	4.33	28.40	1.67	5.02
蕲春县	75.70	27.41	2.00	24.64	0.77	3.66
黄梅县	48.84	35.01	1.18	32.62	1.21	3.99
麻城市	83.05	39.40	15.40	22.32	1.64	4.11
武穴市	43.82	31.06	1.00	28.19	0.91	2.71
咸宁市	**254.04**	**107.33**	**8.90**	**95.21**	**3.21**	**2.76**
咸安区	42.97	23.12	1.65	20.82	0.65	0.13
嘉鱼县	45.84	11.96	0.51	10.66	0.79	0.12
通城县	37.47	16.96	1.53	15.36	0.07	
崇阳县	39.96	16.24	1.74	14.40	0.10	0.27
通山县	28.50	11.44	1.88	9.32	0.24	
赤壁市	59.31	27.61	1.60	24.65	1.37	2.25
随州市	**93.62**	**42.79**	**11.74**	**24.71**	**1.33**	**3.71**
曾都区	16.64	7.20	0.47	5.36	0.07	0.59
随县	36.53	17.20	3.85	10.13	0.79	0.69
广水市	40.45	18.39	7.42	9.21	0.47	2.43
恩施自治州	**350.20**	**62.32**	**11.50**	**48.48**	**0.49**	
恩施市	66.11	10.24	1.43	8.42		
利川市	73.15	7.75	0.92	6.09		
建始县	36.61	9.58	1.47	7.95		
巴东县	45.33	12.18	3.01	8.67	0.49	
宣恩县	33.60	4.83	1.91	2.92		
咸丰县	47.08	8.36	1.62	6.17		
来凤县	16.69	6.28	0.71	5.57		
鹤峰县	31.64	3.11	0.42	2.69		
仙桃市	**110.00**	**60.47**	**1.29**	**57.00**	**2.18**	**8.49**
潜江市	**44.06**	**19.50**	**1.20**	**17.68**	**0.62**	**1.34**
天门市	**82.20**	**50.35**	**10.18**	**39.24**	**0.94**	**5.62**
神农架林区	**4.38**	**0.25**	**0.02**	**0.23**		

续表 2　　　　　　　　　　　　　　　　　　　　　　　　　　　　　单位：千公顷

地区	麻类面积	糖料面积	烟叶(未加工烟草)面积	中草药材面积	蔬菜及食用菌面积
湖北省	**3.01**	**6.30**	**41.18**	**308.19**	**1358.29**
武汉市		**0.42**		**0.80**	**186.36**
武汉市辖区		0.03			21.75
汉南区				0.03	8.43
蔡甸区					28.53
江夏区					35.75
黄陂区		0.17			62.01
新洲区		0.22		0.76	29.90
黄石市	**1.24**	**0.12**		**6.67**	**31.50**
黄石市辖区					0.59
阳新县	1.15			5.88	17.94
大冶市	0.10	0.12		0.79	12.97
十堰市		**0.64**	**7.20**	**36.21**	**95.75**
茅箭区				0.22	0.84
张湾区				0.12	2.44
郧阳区				3.98	20.30
郧西县		0.64	0.48	8.45	18.61
竹山县			1.83	3.58	15.49
竹溪县			1.42	8.46	16.19
房县			3.26	8.19	14.61
丹江口市			0.21	3.21	7.28
宜昌市		**0.01**	**5.43**	**46.68**	**150.58**
宜昌市辖区				0.06	5.08
夷陵区			0.02	2.22	26.71
远安县				0.72	2.77
兴山县			1.99	3.33	10.16
秭归县			1.94	3.50	13.70
长阳土家族自治县			0.48	13.08	25.15
五峰土家族自治县			0.99	23.56	12.09
宜都市			0.01	0.07	6.64
当阳市				0.11	25.28
枝江市		0.01		0.03	23.00
襄阳市		**0.10**	**4.36**	**9.75**	**93.36**
襄阳市辖区					1.43
襄城区				0.73	7.03
樊城区				0.05	8.44
襄州区				0.26	10.31
南漳县			0.83	1.58	14.67
谷城县				0.91	9.10
保康县			2.74	3.58	9.97
老河口市				0.53	15.40
枣阳市		0.09	0.79	1.44	5.65
宜城市		0.01		0.67	11.37
鄂州市		**0.08**		**0.12**	**23.02**
梁子湖区		0.02		0.08	4.89
华容区		0.05		0.01	7.09
鄂城区		0.02		0.04	11.04
荆门市		**0.18**		**3.96**	**56.84**
东宝区				0.57	5.59
掇刀区				0.07	4.30
沙洋县		0.11		0.01	14.45
钟祥市				1.67	19.51
京山市		0.07		1.64	12.98
孝感市	**0.01**	**0.23**		**3.13**	**122.16**

续表 3

单位：千公顷

地区	麻类面积	糖料面积	烟叶（未加工烟草）面积	中草药材面积	蔬菜及食用菌面积
孝感市辖区					0.03
孝南区		0.03		0.01	14.48
孝昌县		0.09		0.34	11.69
大悟县	0.01	0.01		2.37	13.55
云梦县					20.95
应城市					19.34
安陆市		0.04		0.41	11.55
汉川市		0.06			30.57
荆州市	**0.08**	**1.01**		**2.54**	**102.77**
荆州开发区				0.02	0.55
沙市区					7.44
荆州区		0.04		0.08	16.09
公安县	0.07	0.16		0.54	12.78
江陵县	0.01	0.13		1.14	4.45
石首市		0.11		0.27	11.02
洪湖市		0.09		0.11	12.67
松滋市		0.09		0.34	15.40
监利市		0.40		0.05	22.38
黄冈市	**0.84**	**0.94**		**72.55**	**130.77**
龙感湖农场					1.12
黄州区		0.01			10.48
团风县		0.05		1.05	4.67
红安县		0.01		2.90	11.92
罗田县	0.01	0.14		16.04	10.73
英山县		0.05		12.83	7.46
浠水县		0.13		1.43	30.28
蕲春县	0.81	0.38		23.30	14.96
黄梅县		0.02		0.99	8.00
麻城市		0.04		13.30	24.16
武穴市	0.02	0.10		0.71	6.99
咸宁市	**0.84**	**1.36**		**17.05**	**98.09**
咸安区	0.26			0.59	15.28
嘉鱼县	0.29	0.54		0.06	30.24
通城县		0.04		7.33	8.10
崇阳县	0.07	0.22		5.83	13.62
通山县	0.15			2.77	9.22
赤壁市	0.06	0.55		0.48	21.63
随州市		**0.04**		**4.70**	**37.74**
曾都区				0.39	7.62
随县		0.01		2.74	13.72
广水市		0.04		1.57	16.41
恩施自治州			**24.19**	**100.44**	**148.78**
恩施市			3.60	18.82	32.85
利川市			4.17	18.47	38.03
建始县			2.68	6.20	14.74
巴东县			3.86	12.37	16.70
宣恩县			3.42	9.93	11.31
咸丰县			3.05	16.18	19.32
来凤县			0.58	2.13	6.55
鹤峰县			2.84	16.35	9.27
仙桃市		**1.04**		**0.41**	**34.54**
潜江市		**0.01**		**0.42**	**21.08**
天门市		**0.12**		**1.57**	**22.26**
神农架林区				**1.17**	**2.69**

续表 4　　　　单位：千公顷

地区	瓜果类面积	西瓜	香瓜	草莓	其他农作物面积	青饲料
湖北省	**104.07**	**80.07**	**15.74**	**6.49**	**110.60**	**61.84**
武汉市	**17.56**	**13.35**	**2.37**	**1.60**	**7.69**	**4.65**
武汉市辖区	1.32	0.77	0.14	0.41	1.23	1.23
汉南区	1.03	0.74	0.10	0.11	0.35	0.17
蔡甸区	5.03	3.98	0.96	0.08	1.23	0.45
江夏区	4.60	3.81	0.67	0.12	2.55	1.27
黄陂区	3.31	2.42	0.20	0.53	1.76	1.11
新洲区	2.28	1.63	0.30	0.34	0.57	0.41
黄石市	**3.05**	**2.61**	**0.19**	**0.24**	**1.52**	**1.17**
黄石市辖区	0.02	0.01	0.01			
阳新县	1.98	1.76	0.11	0.10	0.60	0.28
大冶市	1.05	0.84	0.08	0.13	0.91	0.90
十堰市	**1.68**	**1.06**	**0.16**	**0.46**	**3.19**	**1.53**
茅箭区	0.03			0.03		
张湾区	0.05	0.01		0.04		
郧阳区	0.74	0.50	0.08	0.15	0.10	0.10
郧西县	0.14	0.08	0.01	0.05	0.79	0.29
竹山县	0.09	0.07		0.01		
竹溪县	0.08	0.05		0.02		
房县	0.18	0.06	0.04	0.08	2.30	1.13
丹江口市	0.37	0.28	0.03	0.07		
宜昌市	**6.16**	**3.39**	**2.26**	**0.46**	**11.20**	**8.84**
宜昌市辖区	0.05	0.01	0.01	0.02		
夷陵区	0.69	0.38	0.12	0.19	0.69	0.59
远安县	0.06	0.04		0.02	0.69	0.26
兴山县	0.08	0.08			0.03	0.03
秭归县	0.09	0.06		0.03	0.14	0.14
长阳土家族自治县	0.04	0.02		0.02	0.03	0.03
五峰土家族自治县	0.03	0.03			5.06	5.06
宜都市	0.19	0.07	0.03	0.09	0.27	0.27
当阳市	1.11	0.58	0.45	0.02	1.46	1.01
枝江市	3.84	2.13	1.64	0.07	2.83	1.46
襄阳市	**13.37**	**11.78**	**0.99**	**0.60**	**7.98**	**5.87**
襄阳市辖区	0.33	0.27	0.04	0.01		
襄城区	0.37	0.29	0.05	0.03	0.56	
樊城区	0.25	0.14	0.03	0.08	0.07	
襄州区	1.27	1.07	0.11	0.09		
南漳县	0.21	0.19	0.01	0.01	2.15	0.84
谷城县	0.28	0.21	0.05	0.02	0.40	0.32
保康县	0.03	0.02		0.01	0.03	0.03
老河口市	1.41	1.13	0.26	0.01	1.32	1.32
枣阳市	1.77	1.40	0.28	0.08	2.63	2.63
宜城市	7.46	7.06	0.15	0.25	0.82	0.73
鄂州市	**1.72**	**0.95**	**0.43**	**0.16**	**1.59**	**0.49**
梁子湖区	0.62	0.36	0.10	0.03	1.00	0.26
华容区	0.77	0.49	0.20	0.05	0.59	0.23
鄂城区	0.32	0.10	0.13	0.08		
荆门市	**7.71**	**5.55**	**1.09**	**0.38**	**5.03**	**3.06**
东宝区	1.48	0.93	0.40	0.04	0.13	0.09
掇刀区	1.18	0.89	0.08	0.14	0.17	0.17
沙洋县	0.71	0.56	0.14	0.01	0.54	0.28
钟祥市	2.49	1.92	0.32	0.10	0.09	0.09
京山市	1.85	1.25	0.17	0.08	4.11	2.44
孝感市	**8.62**	**6.19**	**1.88**	**0.49**	**4.74**	**1.98**

续表 5　　　　　　　　　　　　　　　　　　　　　　　　　　　　　　　单位：千公顷

地区	瓜果类面积				其他农作物面积	
		西瓜	香瓜	草莓		青饲料
孝感市辖区						
孝南区	1.52	1.21	0.26	0.05	0.18	0.08
孝昌县	0.96	0.67	0.21	0.08	0.13	0.03
大悟县	1.28	0.85	0.38	0.05	1.08	1.08
云梦县	0.57	0.45	0.10	0.01		
应城市	1.32	0.89	0.27	0.15		
安陆市	1.50	1.09	0.32	0.05	0.48	0.24
汉川市	1.47	1.02	0.34	0.11	2.88	0.56
荆州市	**16.81**	**13.76**	**2.68**	**0.37**	**22.24**	**10.30**
荆州开发区	0.02	0.01	0.01			
沙市区	0.47	0.22	0.10	0.15	0.35	0.08
荆州区	1.80	1.12	0.64	0.03	0.42	0.05
公安县	2.27	1.72	0.45	0.10	4.22	1.72
江陵县	1.50	1.30	0.20	0.01	0.23	0.03
石首市	3.54	2.96	0.56	0.02	2.21	0.13
洪湖市	1.39	1.24	0.14	0.01	6.77	5.05
松滋市	3.92	3.75	0.14	0.03	1.61	0.41
监利市	1.91	1.46	0.43	0.02	6.43	2.84
黄冈市	**5.97**	**4.27**	**0.99**	**0.54**	**11.84**	**4.86**
龙感湖农场	0.11	0.11				
黄州区	0.61	0.36	0.15	0.09	0.32	0.28
团风县	0.45	0.38	0.04	0.03	0.50	0.23
红安县	0.24	0.19		0.05		
罗田县	0.44	0.31	0.05	0.08	0.88	0.74
英山县	0.03	0.02		0.01	0.79	0.35
浠水县	0.74	0.50	0.10	0.01	2.44	0.76
蕲春县	0.91	0.67	0.17	0.04	4.27	1.97
黄梅县	0.83	0.62	0.20	0.01		
麻城市	0.46	0.33	0.06	0.07	1.57	0.32
武穴市	1.15	0.79	0.22	0.15	1.07	0.21
咸宁市	**10.59**	**8.69**	**1.17**	**0.50**	**16.01**	**7.49**
咸安区	2.93	2.59	0.17	0.10	0.66	0.08
嘉鱼县	1.60	1.12	0.37	0.10	1.02	0.71
通城县	0.38	0.32	0.01	0.04	4.67	1.98
崇阳县	1.81	1.50	0.20	0.11	1.90	
通山县	0.55	0.39	0.06	0.10	4.37	3.10
赤壁市	3.33	2.77	0.36	0.05	3.40	1.63
随州市	**2.34**	**1.68**	**0.50**	**0.15**	**2.29**	**1.04**
曾都区	0.56	0.43	0.11	0.01	0.29	0.14
随县	0.50	0.39	0.07	0.03	1.67	0.84
广水市	1.28	0.87	0.31	0.10	0.33	0.07
恩施自治州	**1.42**	**1.05**	**0.05**	**0.28**	**13.05**	**8.39**
恩施市	0.12	0.07		0.05	0.48	0.24
利川市	0.35	0.15	0.02	0.14	4.38	1.45
建始县	0.08	0.07		0.02	3.32	2.82
巴东县	0.23	0.22		0.01		
宣恩县	0.14	0.12	0.01	0.01	3.98	3.68
咸丰县	0.17	0.16		0.01	0.01	
来凤县	0.28	0.24	0.02	0.02	0.88	0.19
鹤峰县	0.06	0.03		0.03	0.01	0.01
仙桃市	**3.49**	**2.85**	**0.48**	**0.07**	**1.56**	**1.56**
潜江市	**1.64**	**1.35**	**0.21**	**0.08**	**0.05**	**0.05**
天门市	**1.92**	**1.54**	**0.28**	**0.10**	**0.35**	**0.29**
神农架林区					**0.25**	**0.25**

分地区经济作物产量

单位：吨

地区	油料产量	花生	油菜籽	芝麻	棉花产量	麻类产量	糖料产量
湖北省	**3948739**	**930861**	**2860942**	**129938**	**96045**	**7697**	**264598**
武汉市	**159113**	**51242**	**94169**	**13431**	**3122**		**18997**
武汉市辖区	3959	1824	1578	556	9		3097
汉南区	1736	72	1533	56			
蔡甸区	11644	2168	7437	2039	337		
江夏区	33807	6132	22517	5158	36		
黄陂区	63675	29650	32541	1484	175		6850
新洲区	44292	11396	28563	4137	2565		9050
黄石市	**133385**	**23068**	**92357**	**17463**	**2955**	**3683**	**4947**
黄石市辖区	332	121	204	7	3	1	
阳新县	69472	9343	52069	7809	1524	3429	41
大冶市	63581	13604	40084	9647	1428	253	4906
十堰市	**188247**	**59032**	**109392**	**18553**			**20395**
茅箭区	204	21	63	69			
张湾区	458	112	252	94			
郧阳区	30135	5567	20778	3790			
郧西县	22860	7850	10529	4361			20395
竹山县	57512	27486	26323	3703			
竹溪县	34442	5395	24872	3076			
房县	26326	9093	15643	1590			
丹江口市	16310	3508	10932	1870			
宜昌市	**229782**	**34974**	**189851**	**4918**	**1373**		**225**
宜昌市辖区	2739	340	2309	90			
夷陵区	33136	5660	26793	683			
远安县	16905	497	16408				
兴山县	10398	515	8443	1401			
秭归县	18398	5126	13220	52			
长阳土家族自治县	18085	3793	14289	3			
五峰土家族自治县	5176	873	4303				
宜都市	23110	1701	21270	139			
当阳市	69857	10765	57478	1614	335		
枝江市	31978	5704	25338	936	1038		225
襄阳市	**394828**	**249002**	**120752**	**22022**	**8521**		**11031**
襄阳市辖区	10251	8800	1451		129		
襄城区	13881	9332	4549				
樊城区	12688	5740	6039	909			
襄州区	128059	108525	9662	9872	1222		66
南漳县	23579	1788	20153	1638	23		133
谷城县	19656	7539	8804	293			218
保康县	13864	5616	8021	210			
老河口市	17980	12325	2997	2658	170		
枣阳市	84578	61218	18331	5029	1011		9996
宜城市	70292	28119	40746	1412	5966		619
鄂州市	**43793**	**6714**	**31008**	**558**	**2999**		**4301**
梁子湖区	15974	3156	10389	213	398		1166
华容区	17787	2206	12343	252	1540		2571
鄂城区	10032	1352	8276	93	1061		564
荆门市	**445071**	**65190**	**372838**	**7005**	**3242**		**9074**
东宝区	46449	3515	42166	768	30		
掇刀区	40697	4418	36279				
沙洋县	155114	20354	132811	1949	376		5967
钟祥市	131544	26813	103356	1375	2204		15
京山市	71267	10090	58226	2913	632		3092
孝感市	**349739**	**93457**	**251003**	**5204**	**6850**	**41**	**13226**

续表 1　　单位:吨

地区	油料产量				棉花产量	麻类产量	糖料产量
		花生	油菜籽	芝麻			
孝感市辖区	126	61	54	11	8		
孝南区	50459	10095	39774	590	1233		2551
孝昌县	63444	14411	47845	1188	1117		5442
大悟县	72090	55562	16116	412	272	41	112
云梦县	36410	2697	33145	568	684		32
应城市	46191	3614	42011	566	626		
安陆市	35129	5098	28542	1414	938		864
汉川市	45890	1919	43516	455	1972		4225
荆州市	**607481**	**6830**	**589387**	**11264**	**23314**	**486**	**36522**
荆州开发区	219		219				
沙市区	7698		7655	43	132		
荆州区	41154	918	38776	1460	267		1777
公安县	117019	1440	114484	1095	7822	430	5762
江陵县	78718	2163	74567	1988	873	47	5966
石首市	56123	277	55460	386	4216		4288
洪湖市	86666	415	82822	3429	1712	9	2257
松滋市	57544	988	55727	829	3172		2676
监利市	162340	629	159677	2034	5120		13796
黄冈市	**627011**	**185034**	**426714**	**11822**	**22387**	**1983**	**33626**
龙感湖农场	913		913				
黄州区	6443	530	5530	383	1109		279
团风县	21793	3896	16954	944	1309		2117
红安县	96999	70567	26371	61	935		108
罗田县	40329	8472	30529	1329	177	5	4083
英山县	23879	4051	18922	313	175		1090
浠水县	90873	19100	69523	2250	5264		3460
蕲春县	62361	6143	55082	1136	3009	1928	14963
黄梅县	82730	5027	75550	2153	3323		1106
麻城市	121636	63667	54890	1632	3875		1765
武穴市	79055	3581	72451	1623	3212	49	4655
咸宁市	**203234**	**30239**	**167240**	**5755**	**2388**	**1504**	**70879**
咸安区	42999	7015	34931	1053	111	633	
嘉鱼县	22626	2289	18844	1494	135	554	38764
通城县	29528	2860	26576	92			1291
崇阳县	36282	9751	26253	277	315	7	10228
通山县	21975	3474	18142	358		125	
赤壁市	49824	4850	42493	2480	1827	185	20597
随州市	**97184**	**40753**	**44062**	**2289**	**2965**		**1712**
曾都区	16740	1692	12084	84	466		
随县	30906	13663	12308	1249	566		297
广水市	49538	25399	19670	956	1933		1416
恩施自治州	**128071**	**26481**	**98360**	**506**			
恩施市	22102	3212	18586				
利川市	16441	2288	12564				
建始县	19286	2238	16807				
巴东县	22115	6508	15101	506			
宣恩县	8952	4123	4829				
咸丰县	21214	4721	15903				
来凤县	11842	1909	9933				
鹤峰县	6119	1482	4637				
仙桃市	**144568**	**4465**	**134000**	**6103**	**9005**		**33376**
潜江市	**49546**	**5099**	**42993**	**1454**	**1357**		**946**
天门市	**147368**	**49233**	**96546**	**1589**	**5567**		**5340**
神农架林区	**319**	**47**	**270**	**2**			

续表 2　　　　单位:吨

地区	烟叶(未加工烟草)产量	蔬菜及食用菌产量	瓜果类产量			
				西瓜	香瓜	草莓
湖北省	**79685**	**45027081**	**3708319**	**3036257**	**495062**	**131251**
武汉市		**8428043**	**620725**	**505888**	**74087**	**38307**
武汉市辖区		770360	37755	24667	3722	9363
汉南区		301968	36826	29739	3485	3067
蔡甸区		1074788	200813	166729	32010	2073
江夏区		1746654	155493	129577	22433	3483
黄陂区		2823758	131751	111739	6089	12337
新洲区		1710515	58088	43437	6348	7984
黄石市		**949473**	**119034**	**109578**	**6213**	**3243**
黄石市辖区		14673	384	237	123	24
阳新县		549055	72704	68510	2862	1332
大冶市		385745	45946	40831	3228	1887
十堰市	**16030**	**1888735**	**44245**	**36964**	**2888**	**4391**
茅箭区		28448	66			64
张湾区		109577	514	366	31	117
郧阳区		435541	22196	18055	1279	2862
郧西县	743	328388	3260	2630	219	411
竹山县	3764	273367	1616	1544	11	61
竹溪县	2557	255487	894	855		39
房县	8430	271538	1696	679	657	360
丹江口市	536	186389	14003	12835	691	477
宜昌市	**10392**	**5526163**	**258801**	**156303**	**89970**	**9953**
宜昌市辖区		165571	1244	501	239	503
夷陵区	43	915439	21340	13091	3381	4868
远安县		180280	1521	1210		228
兴山县	3375	300905	3298	3298		
秭归县	3219	450210	2244	1594		650
长阳土家族自治县	1015	948481	1098	809		289
五峰土家族自治县	2710	321352	613	595		18
宜都市	30	280109	4503	1802	1149	1544
当阳市		1063664	48004	29360	15848	314
枝江市		900152	174936	104043	69353	1540
襄阳市	**8216**	**3175072**	**501659**	**462072**	**22660**	**16886**
襄阳市辖区		56637	22945	20395	2096	454
襄城区		269900	16326	14134	1377	815
樊城区		265993	10346	6484	1629	2233
襄州区	10	386221	45085	40326	3007	1718
南漳县	2082	436539	7895	7395	266	234
谷城县		344747	9745	8364	962	413
保康县	4731	241929	585	423		162
老河口市		584999	50663	46684	3825	153
枣阳市	1393	211520	61348	50194	7059	4095
宜城市		376587	276720	267673	2439	6608
鄂州市		**1100646**	**45153**	**28870**	**9052**	**2692**
梁子湖区		239241	10657	7185	1691	511
华容区		354054	24570	15298	5196	815
鄂城区		507351	9926	6387	2165	1366
荆门市		**2034419**	**256416**	**197694**	**28039**	**6495**
东宝区		189913	47890	34069	9883	375
掇刀区		147063	42416	36168	2072	3301
沙洋县		509381	21524	18041	3241	242
钟祥市		717309	85646	68299	8195	1428
京山市		470753	58940	41117	4648	1149
孝感市		**4940711**	**371153**	**287871**	**73776**	**8508**

续表 3

单位:吨

地区	烟叶(未加工烟草)产量	蔬菜及食用菌产量	瓜果类产量			
				西瓜	香瓜	草莓
孝感市辖区		421	6	4	2	
孝南区		776820	79763	66301	12656	806
孝昌县		531340	64038	49749	13551	738
大悟县		351828	18291	13843	4205	243
云梦县		990593	22973	18675	4078	220
应城市		709227	62484	51011	9029	1446
安陆市		357346	67086	50645	15008	1433
汉川市		1223136	56512	37643	15247	3622
荆州市		**3462791**	**699880**	**596514**	**92205**	**11161**
荆州开发区		25538	602	286	316	
沙市区		342602	22190	12709	5048	4433
荆州区		771195	83803	50689	32253	861
公安县		501597	110110	90475	16312	3323
江陵县		187388	86117	76829	9112	176
石首市		436926	136452	123092	12601	759
洪湖市		363229	41916	38672	2946	298
松滋市		304276	156570	151890	3917	763
监利市		530040	62120	51872	9700	548
黄冈市		**3846671**	**180982**	**150273**	**18821**	**8462**
龙感湖农场		24687	5225	5225		
黄州区		313155	18112	13270	3338	1476
团风县		129907	14575	13243	698	634
红安县		337812	6808	6169	3	636
罗田县		320568	13366	11573	1030	763
英山县		212143	531	357	31	143
浠水县		880403	22520	18160	2006	138
蕲春县		411398	28925	24057	3715	565
黄梅县		262562	24677	20883	3667	127
麻城市		714022	13501	11228	963	923
武穴市		240014	32741	26107	3371	3056
咸宁市		**2619090**	**221546**	**180448**	**27171**	**8241**
咸安区		325086	45426	40567	3452	829
嘉鱼县		1270161	61795	45002	12664	3941
通城县		155525	4271	3577	194	440
崇阳县		221586	24143	19903	2869	1370
通山县		186467	6149	4611	997	541
赤壁市		460265	79762	66788	6995	1121
随州市		**1451437**	**95166**	**74582**	**17196**	**3288**
曾都区		267642	6971	6153	668	50
随县		478394	21143	17336	3205	602
广水市		705401	67052	51092	13324	2636
恩施自治州	**45041**	**2977871**	**32091**	**26811**	**787**	**4105**
恩施市	6905	707557	2888	2033	80	773
利川市	7220	882769	6791	3982	199	2276
建始县	5390	263878	1888	1656	3	185
巴东县	7665	334375	6024	5875	66	83
宣恩县	5868	158791	2255	1985	109	156
咸丰县	5796	276757	2873	2758	34	82
来凤县	1113	114902	8381	7860	297	224
鹤峰县	5084	238843	990	664		327
仙桃市		**644794**	**86944**	**72363**	**11822**	**1394**
潜江市		**950722**	**72564**	**63156**	**7587**	**1821**
天门市		**997706**	**101919**	**86841**	**12784**	**2294**
神农架林区	**8**	**32736**	**45**	**30**	**4**	**11**

《湖北农村统计年鉴2024》

1.农村基本情况

2.农业产值

3.种植业

4.林业及土特产 ☑

5.畜牧业

6.渔业

7.农业机械化

8.农村主要能源及物资消耗

9.农业技术推广及应用

10.水利建设

11.农垦及监狱系统农场

全省林业生产情况

指标名称	计量单位	全省合计
一、造林面积	公顷	193950
1.人工造林	公顷	30596
2.人工更新	公顷	14732
3.封山育林	公顷	37358
4.退化林修复	公顷	111265
二、森林抚育面积	公顷	420918
三、经济林产品总产量	吨	11360526
其中:主要林产品产量		
1.板栗	吨	411013
2.油茶籽	吨	270957
3.核桃	吨	69091
4.竹笋干	吨	85204
四、竹木采伐		
1.木材	万立方米	344.79
2.竹材	万根	43608
五、林草产业总产值	亿元	5422.07
第一产业	亿元	2006.11
第二产业	亿元	1723.83
第三产业	亿元	1692.13
六、林业投资完成总额	亿元	116.88

茶叶产量

单位：吨

地区	茶叶产量	绿茶	青茶	红茶	黑茶
湖北省	**448624**	**315186**	**1042**	**42470**	**80580**
武汉市	**3168**	**3026**		**53**	
武汉市辖区	26	24		2	
汉南区					
蔡甸区					
江夏区	322	315			
黄陂区	1735	1715		20	
新洲区	1085	972		31	
黄石市	**2003**	**1187**		**122**	
黄石市辖区	2				
阳新县	1213	1024		122	
大冶市	788	163			
十堰市	**26929**	**23416**	**1**	**3246**	**231**
茅箭区	86	80		2	
张湾区	121	87		34	
郧阳区	1674	1495		179	
郧西县	656	496		139	
竹山县	10673	8563		2004	100
竹溪县	11420	10575		714	131
房县	1528	1424		100	
丹江口市	771	696	1	74	
宜昌市	**119220**	**104924**	**20**	**12828**	**289**
宜昌市辖区	1937	1860		77	
夷陵区	37978	37641	10	182	145
远安县	5775	3496		1567	
兴山县	2907	2550		1	
秭归县	8678	8621		13	
长阳县	7822	7764		18	13
五峰县	29258	21306	10	7791	131
宜都市	24049	20870		3179	
当阳市	812	812			
枝江市	5	5			
襄阳市	**12820**	**12364**	**81**	**267**	**105**
襄阳市辖区					
襄城区	2	2			
樊城区					
襄州区					
南漳县	1142	1053		88	
谷城县	4802	4500	81	114	105
保康县	6350	6285		65	
老河口市					
枣阳市	514	514			
宜城市	10	10			
鄂州市	**188**	**188**			
梁子湖区	183	183			
华容区					
鄂城区	5	5			
荆门市	**249**	**230**		**12**	
东宝区	80	67		12	
掇刀区					
沙洋县	1	1			
钟祥市	155	152			
京山市	13	10			
孝感市	**11383**	**9537**		**1845**	

续表 单位:吨

地区	茶叶产量	绿茶	青茶	红茶	黑茶
孝感市辖区	6	6			
孝南区	77	74		3	
孝昌县	1866	1849		16	
大悟县	8927	7101		1826	
云梦县					
应城市	441	441			
安陆市	66	66			
汉川市					
荆州市	**67**	**67**			
荆州开发区					
沙市区					
荆州区					
公安县	7	7			
江陵县					
石首市	50	50			
洪湖市					
松滋市	10	10			
监利市					
黄冈市	**42878**	**40743**		**831**	**1190**
龙感湖农场					
黄州区	4	4			
团风县	321	302			
红安县	3724	3714		6	4
罗田县	1349	1342		7	
英山县	29460	27475		799	1186
浠水县	1600	1600			
蕲春县	2165	2146		2	
黄梅县	727	690			
麻城市	3456	3436		15	
武穴市	72	35		2	
咸宁市	**94283**	**14383**	**381**	**3061**	**74067**
咸安区	5478	2407	377	98	2541
嘉鱼县	1798	1798			
通城县	4222	2763		316	1144
崇阳县	6369	2752		15	2204
通山县	2767	1728	4	610	
赤壁市	73649	2935		2024	68178
随州市	**3659**	**3616**		**32**	
曾都区	116	84		32	
随县	2805	2798			
广水市	738	734			
恩施州	**131658**	**101419**	**559**	**20163**	**4698**
恩施市	26825	23678		3000	
利川市	23399	13392		9856	
建始县	1075	932		117	1
巴东县	3648	3371	1	226	
宣恩县	19378	16442		1639	1283
咸丰县	12641	7876	559	3088	629
来凤县	4025	1181			
鹤峰县	40667	34546		2237	2785
仙桃市					
潜江市					
天门市	**2**	**1**		**1**	
神农架林区	**117**	**84**		**9**	

园林水果产量

单位:吨

地区	园林水果	梨	柑橘类				
				柑	橘	橙	柚
湖北省	**8206523**	**446937**	**5708659**	**1791441**	**2414143**	**1309599**	**190315**
武汉市	**164858**	**10288**	**47649**	**8883**	**36434**	**1779**	**543**
武汉市辖区	23689	1451	2347	286	1547	502	12
汉南区	6188	346	1210	282	863	65	
蔡甸区	30185	1579	13424	3799	9052	430	137
江夏区	37754	512	25435	4129	20516	475	315
黄陂区	21307	969	3518		3518		
新洲区	45735	5430	1715	388	938	307	79
黄石市	**125046**	**3197**	**84708**	**15300**	**62271**	**6166**	**971**
黄石市辖区	486	22	275	18	256		1
阳新县	102652	1951	76717	13645	56624	5602	846
大冶市	21908	1224	7716	1637	5391	564	124
十堰市	**540657**	**575**	**445496**	**6348**	**436831**	**2317**	
茅箭区	579	6					
张湾区	3727	23					
郧阳区	71921	22	34086	5759	27601	726	
郧西县	14267	165	692	196	496		
竹山县	7245	72	224	170	54		
竹溪县	4717	44	81		81		
房县	6765	40	39		32	7	
丹江口市	431436	203	410374	223	408567	1584	
宜昌市	**4342596**	**41838**	**4187645**	**1465038**	**1466531**	**1234666**	**21411**
宜昌市辖区	170981		168501	74732	79835	7296	6638
夷陵区	860177	616	832312	23649	789876	17472	1315
远安县	100019	212	90423		90241		182
兴山县	117417	2729	111580	2480	7886	101017	197
秭归县	800661	401	786912	14488		771122	1302
长阳县	166798	580	151647	101635	26216	23209	588
五峰县	14627	2761	9573	3239	5093	533	708
宜都市	678554		675018	466766	171114	33426	3712
当阳市	553269	394	535860	212962	278038	43850	1010
枝江市	880093	34145	825819	565087	18232	236741	5759
襄阳市	**865545**	**63506**	**38666**	**3040**	**34976**	**630**	**20**
襄阳市辖区	332						
襄城区	17428	1946	211		211		
樊城区	4541	891	3		3		
襄州区	63039	29198	250		250		
南漳县	45948	185	35334	2418	32289	607	20
谷城县	8010	816	256	26	230		
保康县	6292	215	359	44	292	23	
老河口市	49851	17732	1071		1071		
枣阳市	551806	6467	555	552	3		
宜城市	118299	6057	627		627		
鄂州市	**48579**	**8700**	**28373**	**1274**	**17483**	**1384**	**8219**
梁子湖区	12604	1535	9423	594	4681	102	4046
华容区	17474	2109	9639	177	7848	30	1584
鄂城区	18501	5056	9311	503	4954	1252	2589
荆门市	**420493**	**181881**	**135974**	**16798**	**108020**	**9383**	**1637**
东宝区	97572	8143	79966	71	71142	8118	635
掇刀区	10680	32	7795	166	7528	17	84
沙洋县	20668	6029	7540	935	6165	95	209
钟祥市	171112	107542	26718	10312	14544	1153	709
京山市	120461	60135	13955	5314	8641		
孝感市	**184945**	**12372**	**19889**	**6026**	**10671**	**744**	**536**

续表

单位:吨

地区	园林水果	梨	柑橘类				
				柑	橘	橙	柚
孝感市辖区	26	5	4		4		
孝南区	20106	460	1537	162	1234	141	
孝昌县	91377	2632	11662	3857	5168	437	524
大悟县	16381	2340	128				
云梦县	9925	1041	2800	1942	744	102	12
应城市	15957	2958	1029	65	964		
安陆市	16968	590	1358		1201	49	
汉川市	14205	2346	1371		1356	15	
荆州市	**558529**	**14945**	**359168**	**170631**	**120711**	**21901**	**45925**
荆州开发区							
沙市区	4654	1774	1532	768	764		
荆州区	28158	5440	9627	2593	2569	3178	1287
公安县	242831	4929	113869	10272	83390	9817	10390
江陵县	16910	104	1501	161	1017	47	276
石首市	33567	268	17029	3447	10550	1532	1500
洪湖市	2156		1106		1106		
松滋市	221356	650	211686	152949	18938	7327	32472
监利市	8897	1780	2818	441	2377		
黄冈市	**165370**	**5336**	**57735**	**9268**	**45094**	**2364**	**1009**
龙感湖农场	1405	433	746		746		
黄州区	2033	77	1036		633	403	
团风县	643	120	170	39	124	1	6
红安县	7466	1241	23		23		
罗田县	12210	644	1226		1226		
英山县	222	43	39	25	14		
浠水县	6317	245	3406	528	2196	522	160
蕲春县	86662	1025	18510	4109	13377	1009	15
黄梅县	6743	241	1533	141	1392		
麻城市	7015	1020	1080	380	700		
武穴市	34655	247	29966	4046	24663	429	828
咸宁市	**115875**	**13008**	**52570**	**11902**	**34592**	**5815**	**222**
咸安区	5938	208	2298	509	1360	358	33
嘉鱼县	7877	71	4315	504	1583	2227	1
通城县	12352	102	7883	7607	96	125	55
崇阳县	19247	6477	1460	114	1252	42	52
通山县	27058	4405	13601	124	12314	1113	50
赤壁市	43403	1744	23013	3044	17987	1950	31
随州市	**194646**	**7713**	**1862**	**8**	**1854**		
曾都区	4233	52	392		392		
随县	106197	2601	1148		1148		
广水市	84216	5061	322	8	314		
恩施州	**375282**	**66987**	**236593**	**74764**	**29853**	**22148**	**109817**
恩施市	33928	2801	14780	2991	8398	173	3218
利川市	60066	37485	8133	3803	1207	886	2237
建始县	25621	2955	7958	3112	2202	96	2547
巴东县	81155	1232	65114	37244	1804	19850	6216
宣恩县	117094	5775	110360	18700	1600		90060
咸丰县	21505	11752	4549	109	1481	59	2889
来凤县	22746	1897	17509	3088	10793	1012	2615
鹤峰县	13166	3091	8191	5716	2369	71	35
仙桃市	**19617**	**2365**	**6169**	**1467**	**4597**	**105**	
潜江市	**60888**	**4356**	**1499**	**215**	**1083**	**196**	**5**
天门市	**23314**	**9854**	**4664**	**479**	**3143**		
神农架林区	**283**	**16**					

茶园、果园面积

单位：公顷

地区	年末实有茶园面积	本年采摘面积	年末果园面积	梨园	柑橘园	桃园	葡萄园
湖北省	**383114**	**310268**	**413714**	**24173**	**243050**	**72790**	**16698**
武汉市	**7733**	**6460**	**9234**	**698**	**2528**	**2460**	**1397**
武汉市辖区	59	30	1022	54	137	287	478
汉南区			442	127	32	61	57
蔡甸区			1284	179	355	228	178
江夏区	678	556	3016	57	1674	322	137
黄陂区	4587	3559	1038	60	225	261	326
新洲区	2408	2315	2433	222	105	1300	221
黄石市	**5849**	**4327**	**13044**	**374**	**9063**	**1917**	**295**
黄石市辖区	8	8	96	3	54	12	3
阳新县	4331	3281	10994	278	8394	1405	158
大冶市	1510	1038	1955	93	615	500	133
十堰市	**58334**	**42731**	**29685**	**117**	**21400**	**3470**	**412**
茅箭区	280	229	120	1		21	6
张湾区	310	166	453	15		86	15
郧阳区	4267	2904	3921	5	1618	1681	46
郧西县	2693	1732	1118	41	74	334	227
竹山县	18635	16733	1045	9	13	79	44
竹溪县	20918	15355	562	6	39	207	14
房县	8016	3558	1092	5	16	376	17
丹江口市	3215	2053	21374	35	19639	686	42
宜昌市	**66362**	**57852**	**151514**	**1835**	**139218**	**3469**	**477**
宜昌市辖区	1480	1441	6332		6075	105	15
夷陵区	15492	14983	22920	79	21004	367	159
远安县	3511	3025	4572	12	3326	491	58
兴山县	3560	2733	7209	109	6862	49	22
秭归县	7669	5798	29124	68	26473	216	40
长阳县	10523	8930	9579	28	7953	128	38
五峰县	14808	13219	639	166	338	26	
宜都市	8679	7173	20481	9	20085	315	15
当阳市	625	535	24474	20	23396	767	81
枝江市	15	15	26184	1343	23704	1004	48
襄阳市	**23401**	**16868**	**36179**	**2206**	**2876**	**27248**	**769**
襄阳市辖区			39			39	
襄城区	21	21	511	70	7	245	92
樊城区			257	29		130	25
襄州区			2376	708	44	1277	149
南漳县	2973	1783	3437	23	2387	283	126
谷城县	8591	7619	498	25	39	290	23
保康县	10820	6529	806	31	43	200	41
老河口市			2701	766	107	1563	36
枣阳市	973	893	20943	292	28	19877	234
宜城市	23	23	4610	261	222	3343	44
鄂州市	**300**	**286**	**2791**	**300**	**944**	**302**	**207**
梁子湖区	267	253	1460	35	493	69	50
华容区			645	58	240	111	105
鄂城区	33	33	686	206	211	122	52
荆门市	**904**	**866**	**18563**	**4780**	**7132**	**4136**	**1236**
东宝区	376	340	5098	319	3990	235	231
掇刀区			627		428	88	25
沙洋县	20	18	1091	179	433	189	159
钟祥市	369	369	6741	2772	1709	1592	310
京山市	139	139	5005	1510	571	2032	510
孝感市	**22586**	**17493**	**7555**	**468**	**663**	**4651**	**532**

续表　　　　单位:公顷

地区	年末实有茶园面积	本年采摘面积	年末果园面积	梨　园	柑橘园	桃　园	葡萄园
孝感市辖区	113	113	9	2	1	5	
孝南区	560	457	1097	82	130	744	84
孝昌县	6728	4394	3508	60	305	2237	111
大悟县	14667	12014	1098	79	3	883	
云梦县			224	29	59	49	52
应城市	262	260	331	78	42	87	111
安陆市	257	257	789	60	88	421	88
汉川市			499	78	35	226	85
荆州市	**695**	**695**	**25026**	**707**	**18250**	**1525**	**4135**
荆州开发区							
沙市区			305	75	179	39	7
荆州区			1041	297	337	62	312
公安县	30	30	7317	214	3542	405	3086
江陵县			988	12	139	459	343
石首市	444	444	1306	14	763	279	197
洪湖市			108		58	24	15
松滋市	220	220	13633	25	13137	153	127
监利市			328	70	95	103	47
黄冈市	**33109**	**29256**	**12475**	**574**	**3559**	**5105**	**925**
龙感湖农场			51	12	25	7	3
黄州区	3	3	164	5	95	38	16
团风县	600	444	122	20	38	4	43
红安县	4446	3983	802	91	31	326	310
罗田县	1602	1244	893	72	58	111	54
英山县	17880	15887	56	3	3	16	10
浠水县	1170	1134	1135	42	282	154	87
蕲春县	2142	1974	5747	116	1161	4017	61
黄梅县	781	414	815	38	157	66	47
麻城市	4270	3981	770	160	71	243	187
武穴市	213	191	1920	15	1638	122	105
咸宁市	**35414**	**26826**	**28532**	**3844**	**10329**	**3521**	**1119**
咸安区	6856	5098	1464	30	266	496	57
嘉鱼县	1454	1289	985	14	653	139	23
通城县	5334	3348	3568	48	2429	414	65
崇阳县	6447	3887	7587	2431	793	1584	511
通山县	4329	2659	10506	1078	5098	580	260
赤壁市	10995	10546	4422	243	1089	309	203
随州市	**5426**	**4430**	**15539**	**296**	**84**	**10903**	**1086**
曾都区	388	282	972	38	39	571	28
随县	3168	2552	11265	86	38	8365	771
广水市	1870	1596	3302	172	8	1967	286
恩施州	**121873**	**101096**	**59703**	**7562**	**26612**	**3093**	**2410**
恩施市	27530	22808	5464	550	1742	406	579
利川市	17742	14125	4269	1785	466	343	172
建始县	2799	2490	4099	481	646	191	815
巴东县	10253	5751	12153	387	8623	989	235
宣恩县	15317	15317	14792	699	11892	611	9
咸丰县	18835	14950	14772	3182	1486	333	472
来凤县	3573	3328	3041	159	1421	122	119
鹤峰县	25822	22326	1113	318	336	98	10
仙桃市			**633**	**43**	**167**	**188**	**184**
潜江市			**2343**	**170**	**90**	**631**	**1402**
天门市	**54**	**45**	**518**	**140**	**137**	**91**	**109**
神农架林区	**1076**	**1036**	**380**	**58**		**81**	**6**

全省营造林情况

单位：公顷

统计单位	造林面积合计	人工造林	人工更新	封山育林	退化林修复	森林抚育面积
全省合计	**193950**	**30596**	**14732**	**37358**	**111265**	**420918**
武汉市	**1439**	**571**	**135**		**733**	**9563**
洪山区						11
东西湖区						1
汉南区						173
蔡甸区						1020
江夏区						4000
黄陂区	877	281	129		467	3940
新洲区	562	290	6		266	418
黄石市	**11277**	**1628**	**224**	**4067**	**5357**	**13404**
阳新县	6216	1114	85	2443	2574	5602
大冶市	5061	514	140	1624	2783	7802
十堰市	**40932**	**3504**	**34**	**6679**	**30715**	**143253**
茅箭区	1557			920	637	2201
张湾区	1828	134		927	767	10588
郧阳区	5965	803		801	4361	11919
郧西县	839	773			66	10306
竹山县	6754	325	34	809	5586	35583
竹溪县	7112	812		833	5467	26687
房县	9519	19		833	8667	1673
丹江口市	5769	637		734	4398	43000
武当山特区	867			667	200	30
十堰市直	722			155	567	1266
宜昌市	**1499**	**588**	**644**		**267**	**36990**
西陵区						2
伍家岗区						
点军区						5562
猇亭区						15
夷陵区	278	265	13			9113
远安县	355	52	234		69	400
兴山县	31	4	27			9667
秭归县						1767
长阳土家族自治县	330	189	74		67	33
五峰土家族自治县	200	78	55		67	1467
宜都市						6318
当阳市	305		241		64	520
枝江市						2126
襄阳市	**6569**	**2561**	**2461**		**1548**	**20616**
襄城区	113	60	53			330
樊城区						210

续表 1　　单位:公顷

统计单位	造林面积合计	人工造林	人工更新	封山育林	退化林修复	森林抚育面积
襄州区	596	432	97		67	1350
南漳县	839	312	526			5700
谷城县	2621	312	1045		1264	5000
保康县	692	540	76		76	2950
老河口市	200	157	44			1000
枣阳市	1048	614	360		74	2200
宜城市	460	134	259		67	1679
襄阳市直						197
鄂州市	**443**	**9**	**211**		**223**	**2294**
梁子湖区	67	9	58			626
华容区						143
鄂城区	80		46		34	583
葛店开发区						80
鄂州市直	176		41		135	862
临空经济区	120		66		54	
荆门市	**3515**	**1362**	**1483**		**671**	**4532**
东宝区	492	39	186		267	
掇刀区	80	14	66			67
沙洋县	167	167				2333
钟祥市	1597	764	502		331	1167
京山市	1100	371	729			640
漳河新区	45				45	34
屈家岭管理区	9	6			2	
荆门市直	26				26	291
孝感市	**14485**	**1495**	**1047**	**5700**	**6242**	**27913**
孝南区	67	67				450
孝昌县	1429	722	269		439	2097
大悟县	11970	173	361	5700	5737	15986
云梦县	211	211				490
应城市	142	137	5			3080
安陆市	665	186	413		67	1400
汉川市						2701
孝感市直						1709
荆州市	**3136**	**1281**	**1708**		**147**	**7236**
沙市区	130	130				133
荆州区						9
公安县	622	409	213			1000
监利市	559	197	362			2000
江陵县						333
石首市	1130	337	792			1033
洪湖市						2536

续表 2 单位：公顷

统计单位	造林面积合计	人工造林	人工更新	封山育林	退化林修复	森林抚育面积
松滋市	695	208	341		147	185
荆州市直						7
黄冈市	**58160**	**9184**	**2850**	**11429**	**34697**	**85306**
黄州区	654	628	26			800
团风县	966	380	282		305	2200
红安县	10641	310	834	2361	7136	14000
罗田县	8671	521	217	1577	6355	7815
英山县	15035	1336	126	5302	8271	2200
浠水县	2131	1513	412		207	10800
蕲春县	3558	2110	252		1196	15113
黄梅县	1041	579	144		318	17866
麻城市	14516	1477	274	2189	10576	9230
武穴市	867	250	283		333	2482
龙感湖管理区	80	80				2800
咸宁市	**31221**	**3151**	**2076**	**5477**	**20517**	**46867**
咸安区	3901	159	548		3194	1643
嘉鱼县	385	106	86		192	792
通城县	4341	518	430		3392	12217
崇阳县	9686	1337		3104	5245	3928
通山县	10103	540	719	2373	6471	27220
赤壁市	2806	490	293		2023	780
咸宁市直						287
随州市	**4149**	**1807**	**1402**		**939**	**1095**
曾都区	672	394	178		100	698
随县	1979	597	917		465	67
广水市	1230	722	268		240	330
随州市直	268	95	39		134	
恩施土家族苗族自治州	**4481**	**2573**	**306**		**1601**	**10649**
恩施市	522	329	13		180	1093
利川市	243	110			133	1000
建始县	600	333			267	267
巴东县	131	117			14	1133
宣恩县	697	597			100	490
咸丰县	582	348	137		96	3734
来凤县	314	167			147	2199
鹤峰县	1391	572	155		664	733
仙桃市	**617**	**545**	**71**			**5866**
潜江市	**327**	**255**	**72**			**1600**
天门市						**2243**
神农架林区	**11438**			**4007**	**7432**	
省局直属单位	**263**	**80**	**6**		**176**	**1491**

主要林产品产量

单位:吨

地　区	油茶籽	核桃	板栗	竹笋
全省合计	**270957**	**69091**	**411013**	**85204**
武汉市	**25000**		**3260**	**1102**
汉南区				1102
黄陂区	22000		2200	
新洲区	3000		1060	
黄石市	**34748**	**165**	**1015**	**1900**
阳新县	24900	165	800	1650
大冶市	9848		215	250
十堰市	**5412**	**21536**	**13038**	**17293**
茅箭区		6	168	37
张湾区	123	34	1062	50
郧阳区	530	1290	980	180
郧西县	1000	7900	3152	126
竹山县	1829	6487	2614	3450
竹溪县	624	1176	1380	6374
房县	450	2100	3000	5740
丹江口市	851	2543	682	1336
武当山特区	5			
宜昌市	**748**	**19494**	**5702**	**8455**
点军区			8	3
夷陵区		1410	2227	972
远安县	10		220	5800
兴山县	20	10375	359	20
秭归县		7030	1130	5
长阳自治县	300		925	119
五峰自治县	300	500	400	
宜都市	102	169	387	76
当阳市	16	10	40	1461
枝江市			6	
襄阳市	**19710**	**18629**	**9794**	**5334**
襄阳高新区			4	
襄城区	38	422	221	2000
襄州区	160			
南漳县	4326	7350	1108	1000
谷城县	11000	503	2248	70
保康县	1086	9074	1053	2259
老河口市		500		
枣阳市	3000	780	1300	
宜城市	100		3860	5
鄂州市	**562**		**976**	**1261**
梁子湖	528		190	
华容区			377	
鄂城区	29		409	1261
鄂州市直	5			
荆门市	**1398**	**57**	**10619**	**360**
东宝区	150		71	230
掇刀区			5	10
沙洋县			83	
钟祥市	300		2455	
京山市	598	57	8000	120

续表　单位：吨

地　区	油茶籽	核桃	板栗	竹笋
漳河新区	350		3	
屈家岭管理区			2	
孝感市	**9415**	**500**	**73755**	**60**
孝南区	102			
孝昌县	1350		1380	
大悟县	7800	500	72000	60
应城市	100			
安陆市	63		375	
荆州市	**2500**		**132**	**760**
沙市区				
江陵县				750
石首市			100	
松滋市	2500		32	10
黄冈市	**54519**	**25**	**267089**	**1498**
黄州区				
团风县	3015		3500	2
红安县	16000		3500	
罗田县	2050	25	61200	213
英山县	1106		5312	
浠水县	2881		53906	
蕲春县	8346		2300	653
黄梅县	621		481	620
麻城市	20000		136890	10
武穴市	500			
咸宁市	**88311**	**13**	**2955**	**25396**
咸安区	2783			
嘉鱼县	1000			
通城县	54580		1380	510
崇阳县	1000		350	22500
通山县	28036	13	1225	450
赤壁市	912			1936
随州市	**18600**	**2392**	**12626**	**52**
曾都区	800		1500	
随县	8000	300	5580	18
广水市	9700	2092	5546	34
大洪山管理区	10			
随州高新区	90			
恩施自治州	**10034**	**5859**	**8750**	**21715**
恩施市	1382	571	2132	290
利川市	150	1100	1077	19820
建始县	11	516	99	
巴东县	10	3100	2800	120
宣恩县	1564	493	451	230
咸丰县	2450	25	42	528
来凤县	4368	54	1149	712
鹤峰县	99		1000	15
仙桃市				
潜江市				
天门市				
神农架林区		**421**	**1302**	**18**

主要林产品年末实有面积

单位:公顷

地　区	油茶籽	核桃	板栗	笋用竹
全省合计	**307972**	**309627**	**302687**	**152949**
武汉市	**9693**		**5305**	
黄陂区	7093		5000	
新洲区	2600		305	
黄石市	**27030**	**158**	**645**	**2419**
阳新县	22200	158	445	2335
大冶市	4830		200	84
十堰市	**10059**	**222392**	**47143**	**118242**
茅箭区	66	14	8	77
张湾区	326	39	915	467
郧阳区	1810	3340	200	
郧西县	673	8800	2060	1013
竹山县	1817	3866	2000	31667
竹溪县	3333	2000	627	20000
房县	698	200000	40000	64600
丹江口市	1306	4333	1333	418
武当山特区	30			
宜昌市	**2761**	**43461**	**5686**	**3006**
点军区			16	10
夷陵区	133	4203	1600	1989
远安县	333		650	392
兴山县	200	22884	450	24
秭归县		14666	1400	
长阳自治县	1263		100	8
五峰自治县	434	1667	1333	
宜都市	20	33	125	100
当阳市	377	8	10	483
枝江市			2	
襄阳市	**23424**	**27352**	**3948**	**2289**
襄阳高新区			1	
襄城区	120	80	433	533
襄州区	320			
南漳县	3193	3341	300	1333
谷城县	13933	33	878	46
保康县	826	23333	976	357
老河口市		345		
枣阳市	4660	220	330	
宜城市	372		1030	20
鄂州市	**798**		**101**	**62**
梁子湖	652		19	
华容区			30	
鄂城区	139		52	62
鄂州市直	7			
荆门市	**9417**	**1246**	**9953**	**51**
东宝区	594			
掇刀区			7	30
沙洋县			22	
钟祥市	1200		75	
京山市	7403	1246	9847	21
漳河新区	220		2	

续表 单位：公顷

地　区	油茶籽	核桃	板栗	笋用竹
孝感市	**18560**		**14174**	
孝南区	70			
孝昌县	2261		854	
大悟县	15535		13070	
应城市	64			
安陆市	630		250	
荆州市	**1823**		**143**	**505**
江陵县				500
石首市	67		133	
松滋市	1756		10	5
黄冈市	**90526**	**216**	**199339**	**4576**
团风县	4500		2534	18
红安县	18200		1840	
罗田县	8033	216	67667	1208
英山县	8400		7154	
浠水县	5347		63890	
蕲春县	10733		3000	2300
黄梅县	3058		456	117
麻城市	29955		52700	771
武穴市	2300		98	162
咸宁市	**55849**		**28**	**15403**
咸安区	1000			
嘉鱼县	835			
通城县	25011			
崇阳县	9619		28	7600
通山县	18800			
赤壁市	584			7803
随州市	**36165**	**2667**	**5473**	
曾都区	1800		1493	
随县	19955	2335	3435	
广水市	13186	332	545	
大洪山管理区	90			
随州高新区	1134			
恩施自治州	**21865**	**11541**	**8215**	**6391**
恩施市	2489	1275	1038	169
利川市	533	340	80	2800
建始县	693	3945	170	
巴东县	163	3000	1667	
宣恩县	3253	2250	2020	1100
咸丰县	6434	671	1240	1900
来凤县	6933	60	1000	400
鹤峰县	1367		1000	23
仙桃市				
潜江市				
天门市				
神农架林区		**594**	**2535**	**4**

《湖北农村统计年鉴2024》

1.农村基本情况

2.农业产值

3.种植业

4.林业及土特产

5.畜牧业☑

6.渔业

7.农业机械化

8.农村主要能源及物资消耗

9.农业技术推广及应用

10.水利建设

11.农垦及监狱系统农场

全省畜牧生产情况

指标名称	计量单位	湖北省
一、畜禽期末存栏(笼)数		
(一)猪存栏	万头	2595.30
其中：能繁殖母猪	万头	236.80
(二)牛存栏	万头	234.03
(三)羊存栏	万只	527.10
1.山羊	万只	527.10
2.绵羊	万只	
(四)活家禽存笼	万只	39704.03
二、畜禽当年出栏(笼)数		
(一)猪出栏	万头	4438.53
(二)牛出栏	万头	113.79
(三)羊出栏	万只	630.93
1.山羊	万只	630.93
2.绵羊	万只	
(四)活家禽出笼	万只	61689.66
三、畜产品产量		
(一)猪肉产量	万吨	347.25
(二)牛肉	万吨	17.19
(三)羊肉	万吨	10.52
(四)禽肉	万吨	82.17
(五)禽蛋产量	万吨	216.25
(六)生牛奶	万吨	8.99

其它畜牧业生产情况

指标名称	计量单位	湖北省
一、存栏		
1.活性畜(除猪、牛、羊外)	万头	0.23
(1)马	万头	0.12
(2)驴	万头	0.10
(3)骡	万头	0.01
(4)骆驼	万头	0.01
2.家兔	万只	68.12
二、出栏		
1.活性畜(除猪、牛、羊外)	万头	0.09
(1)马	万头	0.01
(2)驴	万头	0.08
(3)骡	万头	
(4)骆驼	万头	
2.家兔	万只	247.79
三、肉、产品产量		
1.活性畜(除猪、牛、羊外)肉	吨	94.17
(1)马肉	吨	15.49
(2)驴肉	吨	78.28
(3)骡肉	吨	
(4)骆驼肉	吨	0.40
2.家兔肉	吨	4183.24
3.其他肉产量	吨	3568.98
4.其他奶产量	吨	
5.山羊毛产量	吨	26.84
(1)山羊粗毛	吨	26.44
(2)山羊绒	吨	0.40
6.绵羊毛产量	吨	24.87
其中:细羊毛	吨	16.67
半细羊毛	吨	8.20
7.天然蜂蜜产量	吨	19755.89
8.其它禽蛋产量	吨	3617.20
9.蚕茧产量	吨	958.89
其中:桑蚕茧	吨	858.52
柞蚕茧	吨	100.36

分地区畜禽出栏(笼)

地区	猪出栏 (万头)	牛出栏 (头)	羊出栏 (只)	山羊出栏 (只)	家禽出笼 (万只)
湖北省	**4438.53**	**1137867**	**6309261**		**61689.66**
武汉市	**203.77**	**21818**	**30504**		**3784.99**
武汉市辖区	2.07	599			14.79
汉南区	6.61				6.73
蔡甸区	18.52	998	1676		167.22
江夏区	93.23	1919	2106		1590.67
黄陂区	63.40	12768	13602		889.08
新洲区	19.94	5534	13120		1116.51
黄石市	**107.80**	**12482**	**33813**		**1904.98**
黄石市辖区		15	5		0.44
阳新县	55.66	9397	25966		595.48
大冶市	52.15	3070	7842		1309.06
十堰市	**166.80**	**69810**	**907565**		**3753.14**
十堰市辖区	2.37	315	16354		135.07
郧阳区	59.02	13263	100020		365.79
郧西县	18.50	8877	225410		174.11
竹山县	18.50	9065	68118		335.80
竹溪县	20.90	12609	63703		194.32
房县	25.00	6403	368956		374.08
丹江口市	22.50	19278	65004		2173.97
宜昌市	**600.12**	**51400**	**1478930**		**3232.87**
宜昌市辖区	7.63	336	4954		47.68
夷陵区	101.24	4591	82592		635.04
远安县	28.76	1261	30295		56.72
兴山县	29.31	1299	165665		46.71
秭归县	57.88	1123	78691		86.90
长阳县	65.53	1923	561632		80.85
五峰县	34.19	2311	118151		51.17
宜都市	78.19	13291	336377		598.24
当阳市	96.62	8247	86521		1104.71
枝江市	100.77	17019	14054		524.84
襄阳市	**641.00**	**331647**	**1232069**		**7233.98**
襄阳市辖区	40.16	10448	45759		454.92
襄州区	93.32	105698	234754		1354.14
南漳县	100.74	48962	262131		681.07
谷城县	69.16	27407	117640		765.31
保康县	42.83	6342	102070		216.11
老河口市	94.92	28237	95916		659.47
枣阳市	111.36	75319	310421		2107.74
宜城市	88.51	29234	63378		995.24
鄂州市	**76.16**	**6314**	**21711**		**1111.64**
荆门市	**390.45**	**81227**	**397037**		**4427.67**
荆门市辖区	48.34	8550	219896		645.39
京山市	99.06	15672	64500		1429.36
沙洋县	91.00	24556	26203		1392.43
钟祥市	152.05	32449	86438		960.49
孝感市	**311.62**	**87260**	**226274**		**8612.23**
孝感市辖区	0.18				0.35

续表

地区	猪出栏（万头）	牛出栏（头）	羊出栏（只）		家禽出笼（万只）
				山羊出栏（只）	
孝南区	25.50	5803	5402		859.38
孝昌县	39.81	35813	54596		658.17
大悟县	31.61	17027	55459		454.56
云梦县	28.38	4912	3834		779.73
应城市	43.84	6719	15894		1582.91
安陆市	79.86	15562	85046		1277.32
汉川市	62.45	1424	6043		2999.81
荆州市	**386.06**	**29792**	**119478**		**5720.85**
荆州市辖区	29.24	1651	8497		1514.64
公安县	62.13	2816	13117		543.48
监利市	79.09	5462	2783		1612.16
江陵县	22.90	5081	7639		502.78
石首市	47.91	7087	5196		642.33
洪湖市	29.25	2563	1085		330.14
松滋市	115.53	5132	81161		575.32
黄冈市	**474.30**	**253308**	**640449**		**6859.89**
黄冈市辖区（龙感湖农场）	0.10	45			24.08
黄州区	5.14	555	1819		53.23
团风县	8.17	6491	13898		400.01
红安县	45.88	27750	56421		207.34
罗田县	14.88	26280	186817		1320.68
英山县	13.87	4791	81536		166.99
浠水县	77.33	37950	46500		1700.69
蕲春县	73.30	75152	96774		910.63
黄梅县	53.22	19014	20955		838.52
麻城市	73.43	48620	119683		631.01
武穴市	108.98	6660	16046		606.71
咸宁市	**248.71**	**18276**	**214876**		**3495.08**
咸安区	49.08	1757	8571		2317.29
嘉鱼县	12.53	930	2669		159.51
通城县	59.17	1904	10049		89.23
崇阳县	65.67	4502	44643		309.89
通山县	33.63	4699	130115		186.15
赤壁市	28.63	4483	18829		433.00
随州市	**219.07**	**70780**	**450826**		**7822.27**
曾都区	66.45	16121	49925		2547.02
随县	77.86	29682	210256		3368.16
广水市	74.77	24977	190645		1907.09
恩施州	**441.61**	**69572**	**515278**		**1233.51**
恩施市	101.06	17025	49748		310.35
利川市	79.18	15028	49905		262.40
建始县	68.70	4662	124185		184.06
巴东县	73.69	4375	155640		104.01
宣恩县	39.56	10688	41000		118.54
咸丰县	41.97	10855	20800		106.55
来凤县	19.45	4638	19500		105.03
鹤峰县	18.00	2301	54500		42.56
仙桃市	**41.20**	**4459**	**3250**		**589.28**
潜江市	**60.73**	**15100**	**15300**		**1024.73**
天门市	**65.36**	**13422**	**10400**		**849.98**
神农架	**3.75**	**1199**	**11501**		**32.56**

分地区主要畜禽产品产量

地区	猪肉（吨）	牛肉（吨）	羊肉（吨）	禽肉（吨）	禽蛋（吨）
湖北省	**3472496**	**171896**	**105153**	**821684**	**2162514**
武汉市	**159568**	**3296**	**508**	**50415**	**121833**
武汉市辖区	1489	89		222	
汉南区	5409			85	
蔡甸区	15034	163	37	3365	
江夏区	73177	298	40	21318	
黄陂区	49620	1825	251	15080	
新洲区	14839	921	180	10345	
黄石市	**84174**	**1886**	**564**	**25374**	**56376**
黄石市辖区		2	0	8	
阳新县	43418	1424	419	8420	
大冶市	40756	459	145	16946	
十堰市	**130115**	**10546**	**15126**	**49991**	**79927**
十堰市辖区	1847	48	273	1799	
郧阳区	46037	2004	1667	4872	
郧西县	14432	1341	3757	2319	
竹山县	14433	1369	1135	4473	
竹溪县	16307	1905	1062	2588	
房县	19504	967	6149	4983	
丹江口市	17554	2912	1083	28957	
宜昌市	**469737**	**7765**	**24648**	**43061**	**84924**
宜昌市辖区	6091	54	78	637	
夷陵区	79356	762	1484	8450	
远安县	22259	193	504	847	
兴山县	23622	194	2804	584	
秭归县	45615	170	1272	1121	
长阳县	49915	283	9102	1027	
五峰县	26684	340	1970	711	
宜都市	61424	2044	5667	7956	
当阳市	75640	1202	1524	14697	
枝江市	79131	2522	243	7032	
襄阳市	**501707**	**50101**	**20534**	**96354**	**418167**
襄阳市辖区	30834	1576	762	5949	
襄州区	73062	16068	4113	18837	
南漳县	79037	7319	4069	8672	
谷城县	53828	4100	2161	9894	
保康县	34023	1008	1751	2788	
老河口市	74415	4256	1509	8484	
枣阳市	87240	11278	4974	29074	
宜城市	69268	4496	1196	12656	
鄂州市	**59640**	**954**	**362**	**14807**	**42226**
荆门市	**306323**	**12271**	**6617**	**58975**	**144320**
荆门市辖区	37709	1285	3664	8582	
京山市	77727	2291	1073	19011	
沙洋县	71426	3690	436	18519	
钟祥市	119461	5005	1444	12862	
孝感市	**243375**	**13182**	**3771**	**114712**	**300319**
孝感市辖区	137			5	

续表

地区	猪肉（吨）	牛肉（吨）	羊肉（吨）	禽肉（吨）	禽蛋（吨）
孝南区	20074	878	89	11461	
孝昌县	30495	5382	915	8737	
大悟县	23988	2571	927	6096	
云梦县	22302	763	66	10463	
应城市	34286	990	267	21064	
安陆市	62586	2383	1407	16953	
汉川市	49506	215	100	39934	
荆州市	**302173**	**4501**	**1991**	**76200**	**204972**
荆州市辖区	22588	258	142	20429	
公安县	48789	426	216	7252	
监利市	62081	818	47	20996	
江陵县	18045	782	127	6581	
石首市	36971	1043	86	8489	
洪湖市	23261	394	18	4513	
松滋市	90437	779	1355	7940	
黄冈市	**370735**	**38267**	**10674**	**91371**	**358556**
黄冈市辖区（龙感湖农场）	85	10		366	
黄州区	4121	96	40	869	
团风县	6210	1590	277	5200	
红安县	36300	5712	973	3200	
罗田县	11941	4686	2916	18170	
英山县	10917	737	1295	3000	
浠水县	60564	5040	920	18266	
蕲春县	52779	9420	1689	10820	
黄梅县	45020	3636	311	13320	
麻城市	57509	6160	2000	9710	
武穴市	85289	1180	253	8450	
咸宁市	**194189**	**2761**	**3581**	**46553**	**62961**
咸安区	37952	270	147	30834	
嘉鱼县	9730	141	45	2060	
通城县	46333	285	172	1160	
崇阳县	50961	676	718	3864	
通山县	27223	696	2194	2387	
赤壁市	21989	693	306	6248	
随州市	**171396**	**10693**	**7514**	**104190**	**161035**
曾都区	51831	2435	832	33925	
随县	61023	4484	3504	44863	
广水市	58541	3773	3177	25402	
恩施州	**345561**	**10510**	**8588**	**16417**	**47830**
恩施市	79192	2583	942	3671	
利川市	61929	2293	832	3621	
建始县	53828	735	2036	2402	
巴东县	57802	685	2516	1376	
宣恩县	30919	1587	668	1539	
咸丰县	32479	1602	342	1565	
来凤县	15667	678	329	1659	
鹤峰县	13746	347	923	584	
仙桃市	**32066**	**674**	**54**	**7849**	**20273**
潜江市	**47614**	**2281**	**255**	**13649**	**26450**
天门市	**51198**	**2028**	**173**	**11321**	**31982**
神农架	**2925**	**181**	**192**	**434**	**363**

乡镇畜牧兽医站基本情况

地区	一、基层畜牧兽医站数（个）	二、职工总数		三、离退休人员（人）
		职工总数（人）	其中：在编人数（人）	
湖北省	**879**	**8427**	**3217**	**4000**
武汉市	**40**	**509**	**67**	**396**
东西湖区				
汉南区	4	10	5	
蔡甸区	11	72	1	119
江夏区	12	153	41	139
黄陂区				
新洲区	13	274	20	138
黄石市	**37**	**280**	**84**	**277**
黄石市辖区	3	20	3	
黄石港区				
西塞山区				
下陆区				
铁山区				
阳新县	18	140	50	228
大冶市	15	118	29	45
黄石新港（物流）工业园区	1	2	2	4
十堰市	**115**	**644**	**167**	**494**
武当山特区				
茅箭区	7	18	7	6
张湾区				
郧阳区	20	175	23	111
郧西县	18	119	48	53
竹山县	17	24	24	32
竹溪县	15	146	26	84
房县	20	93	39	61
丹江口市	18	69		147
白浪经济技术开发区				
宜昌市	**73**	**941**	**323**	**489**
宜昌市辖区	1	3	3	
西陵区				
伍家岗区	1	2		
点军区				
猇亭区				
夷陵区	13	148	28	26
远安县				
兴山县	8	47	47	23
秭归县	12	118	2	57
长阳土家族自治县	11	440	223	263
五峰土家族自治县	8	103		
宜都市	10	11	11	
当阳市	1	9	9	1
枝江市	8	60		119
襄阳市	**83**	**1558**	**840**	**1229**
襄阳市辖区	2	10	2	7
襄城区				
樊城区				
襄州区	11	349		192
南漳县	11	448	249	339
谷城县	10	126	126	147
保康县	11	71	20	68
老河口市	10	20	20	
枣阳市	17	319	319	222
宜城市	10	201	104	254
东津开发区	1	14		
鄂州市	**20**	**37**	**31**	**3**
梁子湖区				
华容区				
鄂城区	20	37	31	3
荆门市	**13**	**141**	**25**	**1**
东宝区				
掇刀区				

续表 1

地区	一、基层畜牧兽医站数（个）	二、职工总数		三、离退休人员（人）
		职工总数（人）	其中：在编人数（人）	
京山市				
沙洋县	13	141	25	1
钟祥市				
漳河新区				
屈家岭管理区				
孝感市	**98**	**598**	**318**	**147**
孝南区	12	17	17	34
孝昌县				
大悟县	17	66	13	11
云梦县	12	19	19	3
应城市	17	201	198	6
安陆市	16	153	64	8
汉川市	24	142	7	85
荆州市	**73**	**403**	**171**	
荆州市辖区	1	3	3	
沙市区	2	8	8	
荆州区	10	44	15	
公安县				
监利市	23	59	59	
江陵县				
石首市				
洪湖市	20	159	46	
松滋市	17	130	40	
黄冈市	**128**	**1288**	**655**	**284**
黄州区	10	42	42	
团风县	10	39	16	2
红安县	12	146	27	73
罗田县	11	128	1	6
英山县	11	77	22	7
浠水县	13	118	90	16
蕲春县	15	149	35	6
黄梅县	16	81	48	4
麻城市	18	332	332	163
武穴市	12	176	42	7
龙感湖管理区				
咸宁市	**45**	**268**	**86**	**276**
咸安区	14	70		49
嘉鱼县	8	44		99
通城县	11	86	86	128
崇阳县	12	68		
通山县				
赤壁市				
随州市	**45**	**363**	**67**	**139**
随州市辖区	1	33	5	30
曾都区	8	104		103
随县	18	197	33	1
广水市	17	27	27	5
大洪山风景区	1	2	2	
恩施土家族苗族自治州	**69**	**1223**	**279**	**61**
恩施市	14	349	51	35
利川市	12	55	55	13
建始县	10	190	19	10
巴东县	12	312	28	
宣恩县	9	24	19	
咸丰县	11	131	96	3
来凤县	1	162	11	
鹤峰县				
仙桃市	**18**	**58**	**20**	**23**
潜江市	**22**	**116**	**84**	**181**
天门市				
神农架林区				

续表 2

地区	四、技术职称状况			
	高级技术职称（人）	中级技术职称（人）	初级技术职称（人）	技术员（人）
湖北省	**62**	**775**	**1274**	**680**
武汉市	**2**	**16**	**32**	**10**
东西湖区				
汉南区		1	4	
蔡甸区		1		
江夏区		3	23	10
黄陂区				
新洲区	2	11	5	
黄石市	**1**	**38**	**42**	
黄石市辖区				
黄石港区				
西塞山区				
下陆区				
铁山区				
阳新县		26	24	
大冶市		11	18	
黄石新港（物流）工业园区	1	1		
十堰市	**17**	**61**	**48**	**34**
武当山特区				
茅箭区				
张湾区				
郧阳区		9	9	5
郧西县	1	9	11	27
竹山县		14	10	
竹溪县	16	10		
房县		19	18	2
丹江口市				
白浪经济技术开发区				
宜昌市	**3**	**72**	**178**	**64**
宜昌市辖区		1	1	1
西陵区				
伍家岗区				
点军区				
猇亭区				
夷陵区	1	20	5	2
远安县				
兴山县	1	8	31	7
秭归县		2		
长阳土家族自治县		35	128	54
五峰土家族自治县				
宜都市		2	9	
当阳市	1	4	4	
枝江市				
襄阳市	**3**	**90**	**417**	**330**
襄阳市辖区			1	1
襄城区				
樊城区				
襄州区				
南漳县		20	150	79
谷城县	3	16	32	75
保康县		7	8	5
老河口市		6	14	
枣阳市		30	170	119
宜城市		11	42	51
东津开发区				
鄂州市	**7**	**17**	**7**	
梁子湖区				
华容区				
鄂城区	7	17	7	
荆门市		**23**	**2**	
东宝区				
掇刀区				

续表 3

地区	四、技术职称状况			
	高级技术职称（人）	中级技术职称（人）	初级技术职称（人）	技术员（人）
京山市				
沙洋县		23	2	
钟祥市				
漳河新区				
屈家岭管理区				
孝感市	**3**	**47**	**38**	**81**
孝南区		5	6	6
孝昌县				
大悟县		10	2	
云梦县		3	9	7
应城市	3	24	17	6
安陆市		2		62
汉川市		3	4	
荆州市	**3**	**30**	**90**	**18**
荆州市辖区				
沙市区		2	6	
荆州区		1	4	
公安县				
监利市	1	7	31	4
江陵县				
石首市				
洪湖市	1	10	20	14
松滋市	1	10	29	
黄冈市	**1**	**199**	**190**	**50**
黄州区		4	25	13
团风县		8	6	2
红安县		5	10	8
罗田县		1		
英山县		9	6	3
浠水县		25	59	1
蕲春县		12	9	
黄梅县		19	23	6
麻城市	1	86	52	17
武穴市		30		
龙感湖管理区				
咸宁市			**10**	**70**
咸安区				
嘉鱼县				
通城县			10	70
崇阳县				
通山县				
赤壁市				
随州市	**1**	**52**	**14**	
随州市辖区		3	2	
曾都区				
随县		32	1	
广水市	1	15	11	
大洪山风景区		2		
恩施土家族苗族自治州	**7**	**86**	**183**	
恩施市	1	21	29	
利川市	2	25	28	
建始县	1	8	10	
巴东县	2	15	11	
宣恩县		9	7	
咸丰县			96	
来凤县	1	8	2	
鹤峰县				
仙桃市		**11**	**7**	**2**
潜江市	**14**	**33**	**16**	**21**
天门市				
神农架林区				

续表 4

地区	五、经营情况			
	盈余站数（个）	盈余金额（万元）	亏损站数（个）	亏损金额（万元）
湖北省	**183**	**180.78**	**85**	**377.19**
武汉市	**13**	**0.03**		
东西湖区				
汉南区				
蔡甸区				
江夏区				
黄陂区				
新洲区	13	0.03		
黄石市				
黄石市辖区				
黄石港区				
西塞山区				
下陆区				
铁山区				
阳新县				
大冶市				
黄石新港（物流）工业园区				
十堰市	**35**	**11.54**	**18**	**30.81**
武当山特区				
茅箭区				
张湾区				
郧阳区				
郧西县			18	30.81
竹山县				
竹溪县	15	2.02		
房县	20	9.52		
丹江口市				
白浪经济技术开发区				
宜昌市	**11**	**16.43**		
宜昌市辖区				
西陵区				
伍家岗区				
点军区				
猇亭区				
夷陵区				
远安县				
兴山县				
秭归县				
长阳土家族自治县	11	16.43		
五峰土家族自治县				
宜都市				
当阳市				
枝江市				
襄阳市	**28**	**61.36**	**16**	**33.16**
襄阳市辖区	2	1.30		
襄城区				
樊城区				
襄州区				
南漳县	11	47.00		
谷城县	4	2.32	6	16.94
保康县	7	2.00	4	3.00
老河口市				
枣阳市	4	8.74	6	13.22
宜城市				
东津开发区				
鄂州市				
梁子湖区				
华容区				
鄂城区				
荆门市	**8**	**9.38**	**5**	**4.43**
东宝区				
掇刀区				

续表 5

地区	五、经营情况			
	盈余站数（个）	盈余金额（万元）	亏损站数（个）	亏损金额（万元）
京山市				
沙洋县	8	9.38	5	4.43
钟祥市				
漳河新区				
屈家岭管理区				
孝感市	**41**	**37.42**	**15**	**120.00**
孝南区				
孝昌县				
大悟县				
云梦县				
应城市	17	3.83		
安陆市			15	120.00
汉川市	24	33.58		
荆州市			**2**	**59.50**
荆州市辖区				
沙市区			2	59.50
荆州区				
公安县				
监利市				
江陵县				
石首市				
洪湖市				
松滋市				
黄冈市	**19**	**23.58**	**10**	**19.87**
黄州区				
团风县				
红安县				
罗田县	11	17.50		
英山县				
浠水县				
蕲春县				
黄梅县				
麻城市	8	6.08	10	19.87
武穴市				
龙感湖管理区				
咸宁市				
咸安区				
嘉鱼县				
通城县				
崇阳县				
通山县				
赤壁市				
随州市	**25**	**14.55**	**12**	**50.00**
随州市辖区	1	0.96		
曾都区				
随县	6	6.00	12	50.00
广水市	17	7.19		
大洪山风景区	1	0.40		
恩施土家族苗族自治州				
恩施市				
利川市				
建始县				
巴东县				
宣恩县				
咸丰县				
来凤县				
鹤峰县				
仙桃市				
潜江市	**3**	**6.50**	**7**	**59.42**
天门市				
神农架林区				

县级畜牧三站一所机构和人员

单位：个、人

地区	畜牧站		草原工作站		家畜繁育改良站		饲料监察所	
	机构数	职工人数	机构数	职工人数	机构数	职工人数	机构数	职工人数
湖北省	**86**	**1310**	**8**	**37**	**11**	**161**	**14**	**225**
武汉市	**3**	**67**					**2**	**35**
东西湖区								
汉南区	1	21						
蔡甸区							1	5
江夏区	1	30						
黄陂区	1	16						
新洲区							1	30
黄石市	**5**	**33**						
黄石市辖区								
黄石港区	1	3						
西塞山区								
下陆区								
阳新县	1	5						
大冶市	1	17						
黄石新港(物流)工业园区	1	2						
十堰市	**9**	**142**	**3**	**4**	**3**	**18**	**3**	**13**
武当山特区								
茅箭区	1	2	1	1			1	2
张湾区	1	6						
郧阳区	1	5						
郧西县	1	10						
竹山县	1	21						
竹溪县	1	17	1	2	1	6	1	8
房县	1	43	1	1	1	5	1	3
丹江口市	1	29			1	7		
白浪经济技术开发区								
宜昌市	**12**	**150**						
宜昌市辖区								
西陵区	1	1						
伍家岗区								
点军区	1	11						
猇亭区	1	2						
夷陵区	1	9	1	9	1	9	1	43
远安县	1	1						
兴山县	1	11						
秭归县								
长阳土家族自治县	1	8	1	7	1	6	1	38
五峰土家族自治县	1	16						
宜都市	1	14						
当阳市	1	25						
枝江市	1	45						
襄阳市	**6**	**37**			**1**	**13**	**1**	**3**
襄阳市辖区	1	1						
襄城区	1	9						
樊城区	1	3						
襄州区								
南漳县	1	14			1	13	1	3
谷城县								
保康县								
老河口市	1	5						
枣阳市	1	5						
宜城市								
东津开发区								
鄂州市								
鄂州市辖区								
梁子湖区								
华容区								
鄂城区								
荆门市	**5**	**57**					**1**	**5**
东宝区	1	6						
掇刀区	1	16						

续表

地区	畜牧站		草原工作站		家畜繁育改良站		饲料监察所	
	机构数	职工人数	机构数	职工人数	机构数	职工人数	机构数	职工人数
京山市	1	8						
沙洋县	1	15						
钟祥市	1	12					1	5
漳河新区								
屈家岭管理区								
孝感市	**6**	**196**	**1**	**3**	**1**	**4**	**1**	**7**
孝南区								
孝昌县	1	60						
大悟县								
云梦县	1	22						
应城市	1	11	1	3	1	4	1	7
安陆市	1	65						
汉川市	1	34						
荆州市	**8**	**117**					**1**	**3**
荆州市辖区	1	3						
沙市区	1	3						
荆州区	1	44						
公安县								
监利市	1	38						
江陵县	1	15						
石首市								
洪湖市	1	4						
松滋市	1	7						
黄冈市	**9**	**196**	**1**	**13**	**2**	**19**	**3**	**78**
黄州区								
团风县	1	12						
红安县	1	27			1	7		
罗田县								
英山县	1	19						
浠水县	1	39						
蕲春县	1	31						
黄梅县	1	16						
麻城市	1	9	1	13	1	12	1	76
武穴市	1	42				5	1	1
龙感湖管理区	1	1					1	1
咸宁市	**5**	**31**						
咸安区	1	5						
嘉鱼县								
通城县	1	1						
崇阳县	1	4						
通山县	1	8						
赤壁市	1	13						
随州市	**5**	**110**	**1**	**1**				
随州市辖区	1	33						
曾都区	1	11						
随县	1	17						
广水市	1	47	1	1				
大洪山风景区	1	2						
恩施土家族苗族自治州	**8**	**107**						
恩施市	1	5						
利川市								
建始县	1	16						
巴东县	1	3						
宣恩县	1	16						
咸丰县	1	5						
来凤县	1	38						
鹤峰县	1	17						
仙桃市	**1**	**14**			**1**	**5**		
潜江市	**1**	**30**						
天门市	**1**	**8**						
神农架林区	**1**	**9**						

畜禽规模养殖情况

地区	1.年出栏 500 头以上生猪（个、户）	(1)出栏 500-999 头（个、户）	(2)出栏 1000-2999 头（个、户）	(3)出栏 3000-4999 头（个、户）	(4)出栏 5000-9999 头（个、户）	(5)出栏 10000-49999 头（个、户）	(6)出栏 5 万头以上（个、户）
湖北省	**9156**	**4010**	**3143**	**878**	**693**	**351**	**81**
武汉市	**160**	**51**	**29**	**9**	**9**	**46**	**16**
武汉市辖区	1					1	
汉南区	7		4	1	1		1
蔡甸区	3					2	1
江夏区	39	1	3	1	2	21	11
黄陂区	65	31	11	3	2	16	2
新洲区	45	19	11	4	4	6	1
黄石市	**264**	**64**	**150**	**23**	**19**	**4**	**4**
黄石市辖区	4	1	2	1			
阳新县	45	18	15	4	2	3	3
大冶市	215	45	133	18	17	1	1
十堰市	**277**	**173**	**70**	**17**	**9**	**8**	
十堰市辖区							
郧阳区	133	99	19	8	4	3	
郧西县	23	14	8	1			
竹山县	17	7	7	2		1	
竹溪县	26	12	9	2	2	1	
房县	54	25	22	3	3	1	
丹江口市	24	16	5	1		2	
宜昌市	**933**	**438**	**243**	**120**	**98**	**33**	**1**
宜昌市辖区	6		4	2			
夷陵区	188	133	30	9	8	8	
远安县	59	39	17	2	1		
兴山县	63	48	8	4	2	1	
秭归县	44	30	11	1	1	1	
长阳县	72	18	20	16	15	3	
五峰县	33	22	8	2	1		
宜都市	71	21	36	11	2		1
当阳市	180	46	49	34	43	8	
枝江市	217	81	60	39	25	12	
襄阳市	**1422**	**487**	**526**	**173**	**150**	**73**	**13**
襄阳市辖区	2		1				1
襄城区	19	3	11	2	1	2	
樊城区	11				3	8	
襄州区	160	22	59	27	26	26	
南漳县	308	115	137	32	21	3	
谷城县	213	86	78	27	17	4	1
保康县	34	17	11	2	3	1	
老河口市	58	6	20	10	7	8	7
枣阳市	373	106	139	61	55	12	
宜城市	244	132	70	12	17	9	4
鄂州市	**115**	**68**	**28**	**7**	**4**	**7**	**1**
荆门市	**827**	**441**	**230**	**62**	**50**	**36**	**8**
荆门市辖区	38	13	14	3	4	3	1
京山市	237	106	66	26	29	10	
沙洋县	319	219	58	14	12	14	2
钟祥市	233	103	92	19	5	9	5
孝感市	**1304**	**664**	**496**	**55**	**54**	**26**	**9**
孝南区	81	46	18	7	7	3	
孝昌县	250	100	134	8	6	2	

续表 1

地区	1.年出栏 500 头以上生猪（个、户）	(1)出栏 500–999 头（个、户）	(2)出栏 1000–2999 头（个、户）	(3)出栏 3000–4999 头（个、户）	(4)出栏 5000–9999 头（个、户）	(5)出栏 10000–49999 头（个、户）	(6)出栏 5 万头以上（个、户）
大悟县	90	27	44	7	6	4	2
云梦县	197	142	27	20	6	2	
应城市	116	65	30	2	11	6	2
安陆市	62	20	19	7	6	5	5
汉川市	508	264	224	4	12	4	
荆州市	**708**	**372**	**216**	**48**	**34**	**21**	**17**
荆州市辖区	1	1					
沙市区	6		2	1	1	2	
荆州区	19	8	4	3	3	1	
公安县	75	16	21	14	18	2	4
监利市	471	325	116	13	7	7	3
江陵县	27		16	8		3	
石首市	15		3	1	3	2	6
洪湖市	23	7	10	2	1	2	1
松滋市	71	15	44	6	1	2	3
黄冈市	**1089**	**375**	**414**	**154**	**114**	**28**	**4**
龙感湖管理区							
黄州区	17	6	4	4	3		
团风县	41	5	22	6	6	2	
红安县	211	85	88	29	8	1	
罗田县	86	58	21	6	1		
英山县	14	5	6	1	2		
浠水县	127	29	43	23	23	8	1
蕲春县	208	63	62	38	39	6	
黄梅县	46	23	13	4	5		1
麻城市	67	33	20	8	4	1	1
武穴市	272	68	135	35	23	10	1
咸宁市	**804**	**204**	**405**	**104**	**69**	**17**	**5**
咸安区	172	63	92	8	2	3	4
嘉鱼县	19	5	9	2		3	
通城县	128	35	57	18	13	5	
崇阳县	206	54	94	16	37	5	
通山县	193	26	112	47	8		
赤壁市	86	21	41	13	9	1	1
随州市	**654**	**387**	**157**	**46**	**44**	**17**	**3**
随州市辖区	130	88	27	8	5	2	
曾都区	249	152	57	15	18	7	
随县	159	103	38	5	8	4	1
广水市	116	44	35	18	13	4	2
恩施州	**291**	**170**	**80**	**17**	**12**	**12**	
恩施市	90	36	32	7	9	6	
利川市	28	17	8	2		1	
建始县	29	16	8	3		2	
巴东县	43	34	6	1	1	1	
宣恩县	57	39	18				
咸丰县	34	25	5	2	1	1	
来凤县	1		1				
鹤峰县	9	3	2	2	1	1	
仙桃市	**96**	**37**	**33**	**13**	**10**	**3**	
潜江市	**133**	**50**	**39**	**22**	**9**	**13**	
天门市	**73**	**25**	**25**	**8**	**8**	**7**	
神农架林区	**6**	**4**	**2**				

续表 2

地区	2.年存笼 2000 只以上蛋鸡（个、户）	(1)存笼 2000–9999 只（个、户）	(2)存笼 1 万–4.99 万只（个、户）	(3)存笼 5 万–9.99 万只（个、户）	(4)存笼 10 万–49.99 万只（个、户）	(5)存笼 50 万只以上（个、户）
湖北省	**8601**	**3335**	**4527**	**507**	**213**	**19**
武汉市	**433**	**98**	**243**	**63**	**27**	**2**
武汉市辖区	1		1			
汉南区						
蔡甸区	1			1		
江夏区	36	8	18	9	1	
黄陂区	51	22	22	3	2	2
新洲区	344	68	202	50	24	
黄石市	**191**	**69**	**106**	**13**	**3**	
黄石市辖区	9	7	2			
阳新县	133	44	76	10	3	
大冶市	49	18	28	3		
十堰市	**295**	**134**	**143**	**11**	**7**	
十堰市辖区	4	3	1			
郧阳区	184	67	109	6	2	
郧西县	22	15	7			
竹山县	8		7		1	
竹溪县	13	13				
房县	44	28	11	1	4	
丹江口市	20	8	8	4		
宜昌市	**104**	**28**	**49**	**15**	**9**	**3**
宜昌市辖区	4	3	1			
夷陵区	30	7	16	6	1	
远安县	1				1	
兴山县	3	1	1		1	
秭归县	2		1	1		
长阳县	5		4	1		
五峰县	1				1	
宜都市	5	1	3		1	
当阳市	35	14	14	3	1	3
枝江市	18	2	9	4	3	
襄阳市	**920**	**266**	**562**	**64**	**24**	**4**
襄阳市辖区	1	1				
襄城区	25	13	10	1	1	
樊城区	6		5	1		
襄州区	82	36	34	9	3	
南漳县	101	34	61	3	3	
谷城县	177	20	118	32	5	2
保康县	8	5	3			
老河口市	203	39	159	2	2	1
枣阳市	290	104	164	15	7	
宜城市	27	14	8	1	3	1
鄂州市	**84**	**45**	**32**	**4**	**3**	
荆门市	**1456**	**839**	**567**	**34**	**14**	**2**
荆门市辖区	38	13	21	3	1	
京山市	694	448	232	6	7	1
沙洋县	480	279	177	19	4	1
钟祥市	244	99	137	6	2	
孝感市	**951**	**540**	**346**	**34**	**30**	**1**
孝南区	52	25	20	4	3	
孝昌县	44	26	17	1		

续表 3

地区	2.年存笼 2000 只以上蛋鸡（个、户）	(1)存笼 2000–9999 只（个、户）	(2)存笼 1 万–4.99 万只（个、户）	(3)存笼 5 万–9.99 万只（个、户）	(4)存笼 10 万–49.99 万只（个、户）	(5)存笼 50 万只以上（个、户）
大悟县	79	59	16	3	1	
云梦县	288	193	85	5	4	1
应城市	159	91	56	5	7	
安陆市	155	30	100	12	13	
汉川市	174	116	52	4	2	
荆州市	**749**	**359**	**347**	**31**	**10**	**2**
荆州市辖区	11	9	2			
沙市区	26	15	9	1	1	
荆州区	35	20	11	3		1
公安县	170	89	73	6	1	1
监利市	137	70	58	5	4	
江陵县	66	44	20	1	1	
石首市	152	68	74	8	2	
洪湖市	79	17	56	5	1	
松滋市	73	27	44	2		
黄冈市	**2306**	**544**	**1530**	**172**	**57**	**3**
龙感湖管理区						
黄州区	39	3	35	1		
团风县	318	65	226	23	4	
红安县	163	118	41	3		1
罗田县	135	42	87	4	2	
英山县	111	48	59	2	2	
浠水县	560	97	387	57	17	2
蕲春县	314		253	50	11	
黄梅县	154	24	100	20	10	
麻城市	466	132	318	8	8	
武穴市	46	15	24	4	3	
咸宁市	**89**	**45**	**33**	**6**	**5**	
咸安区	7		3	3	1	
嘉鱼县	20	1	14	2	3	
通城县	3		1	1	1	
崇阳县	6	2	4			
通山县	10	6	4			
赤壁市	43	36	7			
随州市	**233**	**30**	**156**	**30**	**17**	
随州市辖区	23	6	13	2	2	
曾都区	42	6	27	4	5	
随县	31	3	19	5	4	
广水市	137	15	97	19	6	
恩施州	**63**	**29**	**24**	**5**	**4**	**1**
恩施市	11	3	6	1	1	
利川市	10	1	5	3	1	
建始县	17	11	4	1		1
巴东县	3	3				
宣恩县	11	6	5			
咸丰县	3		3			
来凤县	3	1	1		1	
鹤峰县	5	4			1	
仙桃市	**513**	**221**	**281**	**10**	**1**	
潜江市	**80**	**24**	**49**	**6**	**1**	
天门市	**132**	**62**	**59**	**9**	**1**	**1**
神农架林区	**2**	**2**				

续表 4

地区	3.年存笼2000 只以上蛋鸭(个、户)	(1)存笼2000-9999只(个、户)	(2)存笼10000-19999只(个、户)	(3)存笼20000-29999只(个、户)	(4)存笼30000-39999只(个、户)	(5)存笼40000-49999只(个、户)	(6)存笼50000 只以上(个、户)
湖北省	**2323**	**2019**	**206**	**34**	**29**	**6**	**29**
武汉市	**8**	**7**		**1**			
武汉市辖区							
汉南区							
蔡甸区							
江夏区							
黄陂区	4	3		1			
新洲区	4	4					
黄石市	**80**	**73**	**6**				**1**
黄石市辖区							
阳新县	79	72	6				1
大冶市	1	1					
十堰市							
十堰市辖区							
郧阳区							
郧西县							
竹山县							
竹溪县							
房县							
丹江口市							
宜昌市	**15**	**13**	**1**		**1**		
宜昌市辖区							
夷陵区	1	1					
远安县							
兴山县							
秭归县							
长阳县							
五峰县							
宜都市	2	1			1		
当阳市	12	11	1				
枝江市							
襄阳市	**269**	**218**	**38**	**2**	**4**	**2**	**5**
襄阳市辖区							
襄城区	7	6		1			
樊城区							
襄州区	3	3					
南漳县							
谷城县	3	2	1				
保康县	1		1				
老河口市	3	1	2				
枣阳市	7	6			1		
宜城市	245	200	34	1	3	2	5
鄂州市	**56**	**31**	**22**	**1**	**1**		**1**
荆门市	**569**	**481**	**56**	**14**	**10**	**3**	**5**
荆门市辖区	6	4	1		1		
京山市	431	404	20	2	3		2
沙洋县	42	4	22	8	5	1	2
钟祥市	89	69	13	4	1	2	
孝感市	**251**	**221**	**21**	**2**	**2**		**5**
孝南区	2	2					
孝昌县	9	9					

续表 5

地区	3.年存笼2000只以上蛋鸭(个、户)	(1)存笼2000-9999只(个、户)	(2)存笼10000-19999只(个、户)	(3)存笼20000-29999只(个、户)	(4)存笼30000-39999只(个、户)	(5)存笼40000-49999只(个、户)	(6)存笼50000只以上(个、户)
大悟县	36	36					
云梦县							
应城市	108	101	4	2			1
安陆市	60	41	13		2		4
汉川市	36	32	4				
荆州市	**590**	**548**	**32**	**3**	**5**		**2**
荆州市辖区							
沙市区	8	5	1	1	1		
荆州区	62	59	3				
公安县	83	75	6	1	1		
监利市	175	167	5	1	1		1
江陵县	153	144	8				1
石首市	46	38	8				
洪湖市	55	52	1		2		
松滋市							
黄冈市	**113**	**103**	**8**				**2**
龙感湖管理区	1						1
黄州区	2	2					
团风县	13	13					
红安县	19	19					
罗田县							
英山县	1	1					
浠水县	34	33	1				
蕲春县							
黄梅县	23	16	6				1
麻城市							
武穴市	20	19	1				
咸宁市	**5**	**5**					
咸安区							
嘉鱼县							
通城县	1	1					
崇阳县	1	1					
通山县	3	3					
赤壁市							
随州市	**191**	**175**	**5**	**5**	**4**		**2**
随州市辖区	147	141	2		2		2
曾都区	23	18	1	3	1		
随县	18	15	1	1	1		
广水市	3	1	1	1			
恩施州							
恩施市							
利川市							
建始县							
巴东县							
宣恩县							
咸丰县							
来凤县							
鹤峰县							
仙桃市	**84**	**73**	**6**	**2**	**2**		**1**
潜江市	**55**	**40**	**6**	**3**		**1**	**5**
天门市	**37**	**31**	**5**	**1**			
神农架林区							

续表 6

地区	4.年出笼 1 万只以上肉鸡（个、户）	(1)出笼 1 万–2.99 万只（个、户）	(2)出笼 3 万–4.99 万只（个、户）	(3)出笼 5 万–9.99 万只（个、户）	(4)出笼 10 万–49.99 万只(个、户)	(5)出笼 50 万–99.99 万只(个、户)	(6)出笼 100 万只以上（个、户）
湖北省	**2738**	**1171**	**727**	**545**	**238**	**21**	**36**
武汉市	**340**	**107**	**129**	**96**	**8**		
武汉市辖区							
汉南区							
蔡甸区							
江夏区	330	99	129	94	8		
黄陂区	10	8		2			
新洲区							
黄石市	**28**	**7**	**8**	**10**	**2**	**1**	
黄石市辖区	1	1					
阳新县	5	4				1	
大冶市	22	2	8	10	2		
十堰市	**120**	**86**	**14**	**12**	**8**		
十堰市辖区	14	4	4	5	1		
郧阳区	10	6	3	1			
郧西县							
竹山县	47	42	3	2			
竹溪县	18	18					
房县	19	14	3	1	1		
丹江口市	12	2	1	3	6		
宜昌市	**124**	**41**	**16**	**40**	**26**	**1**	
宜昌市辖区	6	2	1	1	2		
夷陵区	43	19	6	7	10	1	
远安县	1				1		
兴山县							
秭归县							
长阳县	6	6					
五峰县							
宜都市	9	7	1		1		
当阳市	22	6	5	4	7		
枝江市	37	1	3	28	5		
襄阳市	**347**	**94**	**110**	**82**	**47**	**11**	**3**
襄阳市辖区							
襄城区							
樊城区	1				1		
襄州区	14		7	6	1		
南漳县	81	7	40	33	1		
谷城县	30	9	9	8	4		
保康县	3	2	1				
老河口市							
枣阳市	67	1	10	16	28	9	3
宜城市	151	75	43	19	12	2	
鄂州市	**36**		**14**	**15**	**6**		**1**
荆门市	**91**	**46**	**18**	**9**	**18**		
荆门市辖区	4	2	1		1		
京山市	7	6			1		
沙洋县	28	11	2	2	13		
钟祥市	52	27	15	7	3		
孝感市	**651**	**497**	**121**	**30**	**3**		
孝南区							
孝昌县	4	3	1				

续表 7

地区	4.年出笼1万只以上肉鸡(个、户)	(1)出笼1万-2.99万只(个、户)	(2)出笼3万-4.99万只(个、户)	(3)出笼5万-9.99万只(个、户)	(4)出笼10万-49.99万只(个、户)	(5)出笼50万-99.99万只(个、户)	(6)出笼100万只以上(个、户)
大悟县							
云梦县							
应城市	1				1		
安陆市	11	3		6	2		
汉川市	635	491	120	24			
荆州市	**475**	**175**	**169**	**126**	**5**		
荆州市辖区							
沙市区							
荆州区	2	1		1			
公安县	8	2	1	4	1		
监利市	420	150	154	115	1		
江陵县	12	9	1		2		
石首市	9	1	3	5			
洪湖市							
松滋市	24	12	10	1	1		
黄冈市	**131**	**25**	**4**	**3**	**91**	**5**	**3**
龙感湖管理区							
黄州区							
团风县							
红安县	4	3	1				
罗田县	58				50	5	3
英山县	7				7		
浠水县	1				1		
蕲春县	7		1	1	5		
黄梅县	24	19	1	2	2		
麻城市							
武穴市	30	3	1		26		
咸宁市	**287**	**45**	**112**	**114**	**12**		**4**
咸安区	224	19	93	98	10		4
嘉鱼县							
通城县	1				1		
崇阳县	24	21	3				
通山县	29		16	13			
赤壁市	9	5		3	1		
随州市	**71**	**31**	**5**	**2**	**8**		**25**
随州市辖区	6	2			1		3
曾都区	15				3		12
随县	12		1	1	4		6
广水市	38	29	4	1			4
恩施州	**24**	**15**	**2**	**2**	**3**	**2**	
恩施市	8	3	1	1	2	1	
利川市	8	6	1			1	
建始县	4	4					
巴东县	3	2			1		
宣恩县							
咸丰县	1			1			
来凤县							
鹤峰县							
仙桃市							
潜江市	**13**	**2**	**5**	**4**	**1**	**1**	
天门市							
神农架林区							

续表 8

地区	5.年出笼 5000 只肉鸭以上的总户数(个、户)	(1)出笼 5000-9999 只(个、户)	(2)出笼 10000-29999 只(个、户)	(3)出笼 30000-99999 只(个、户)	(4)出笼 10 万只以上(个、户)	6.年出栏 50 头以上肉牛(个、户)	(1)出栏 50-99 头(个、户)
湖北省	**908**	**514**	**268**	**100**	**26**	**2965**	**1650**
武汉市	**6**		**2**	**3**	**1**	**23**	**10**
武汉市辖区							
汉南区							
蔡甸区							
江夏区						4	
黄陂区	5		2	2	1	16	9
新洲区	1			1		3	1
黄石市	**11**	**10**	**1**			**37**	**20**
黄石市辖区							
阳新县						24	14
大冶市						13	6
十堰市						**237**	**168**
十堰市辖区							
郧阳区						87	58
郧西县						17	16
竹山县						39	33
竹溪县						34	25
房县						35	22
丹江口市						25	14
宜昌市	**2**			**1**	**1**	**180**	**132**
宜昌市辖区	1				1	4	4
夷陵区						19	10
远安县						2	
兴山县						5	5
秭归县						1	1
长阳县						26	19
五峰县						9	6
宜都市						36	31
当阳市	1			1		10	7
枝江市						68	49
襄阳市	**13**	**10**			**3**	**1063**	**552**
襄阳市辖区						2	
襄城区						10	8
樊城区							
襄州区						70	34
南漳县						212	140
谷城县						235	120
保康县	1				1	3	3
老河口市	11	10			1	50	27
枣阳市						222	30
宜城市	1				1	259	190
鄂州市						**17**	**8**
荆门市	**101**	**63**	**34**	**3**	**1**	**225**	**88**
荆门市辖区						14	8
京山市	12	3	8		1	28	18
沙洋县	46	21	25			76	11
钟祥市	43	39	1	3		107	51
孝感市	**452**	**268**	**113**	**54**	**17**	**234**	**160**
孝南区	1		1			13	9
孝昌县	50	47	3			31	24

续表 9

地区	5.年出笼5000只肉鸭以上的总户数(个、户)	(1)出笼5000-9999只(个、户)	(2)出笼10000-29999只(个、户)	(3)出笼30000-99999只(个、户)	(4)出笼10万只以上(个、户)	6.年出栏50头以上肉牛(个、户)	(1)出栏50-99头(个、户)
大悟县						49	40
云梦县	77	43	1	19	14	24	18
应城市	55	17	17	20	1	25	22
安陆市	10	3	2	4	1	84	47
汉川市	259	158	89	11	1	8	
荆州市	**168**	**103**	**59**	**6**		**96**	**55**
荆州市辖区							
沙市区						7	6
荆州区	3			3		5	3
公安县						14	10
监利市	156	97	56	3		14	10
江陵县	8	5	3			6	1
石首市	1	1				17	4
洪湖市						4	4
松滋市						29	17
黄冈市	**106**	**38**	**42**	**25**	**1**	**350**	**226**
龙感湖管理区							
黄州区						1	
团风县	25		20	4	1	12	10
红安县	2			2		105	59
罗田县	2	1	1			68	45
英山县						9	6
浠水县						37	29
蕲春县	9	9				66	45
黄梅县	41	13	9	19		25	10
麻城市	5	5				14	13
武穴市	22	10	12			13	9
咸宁市	**8**	**3**		**5**		**46**	**35**
咸安区						8	4
嘉鱼县						5	1
通城县						12	11
崇阳县	5			5		7	6
通山县						13	12
赤壁市	3	3				1	1
随州市	**31**	**9**	**17**	**3**	**2**	**363**	**131**
随州市辖区	2	2				114	38
曾都区						137	53
随县	13	4	9			61	5
广水市	16	3	8	3	2	51	35
恩施州	**10**	**10**				**41**	**24**
恩施市						7	4
利川市	10	10				5	2
建始县						4	2
巴东县						14	10
宣恩县						1	1
咸丰县						1	1
来凤县						5	3
鹤峰县						4	1
仙桃市						**15**	**13**
潜江市						**12**	**8**
天门市						**21**	**15**
神农架林区						**5**	**5**

续表 10

地区	(2)出栏100-499头(个、户)	(3)出栏500-999头(个、户)	(4)出栏1000头以上(个、户)	7.年出栏100只以上肉羊(个、户)	(1)出栏100-199只(个、户)	(2)出栏200-499只(个、户)	(3)出栏500-999只(个、户)
湖北省	**1152**	**98**	**65**	**4540**	**2613**	**1459**	**260**
武汉市	**11**	**1**	**1**	**22**	**8**	**8**	**3**
武汉市辖区							
汉南区							
蔡甸区							
江夏区	2	1	1	2			1
黄陂区	7			12	4	4	2
新洲区	2			8	4	4	
黄石市	**14**	**2**	**1**	**38**	**24**	**11**	**2**
黄石市辖区							
阳新县	8	1	1	29	19	9	1
大冶市	6	1		9	5	2	1
十堰市	**59**	**10**		**698**	**486**	**174**	**32**
十堰市辖区				10	7	3	
郧阳区	23	6		74	38	28	7
郧西县	1			40	21	16	1
竹山县	6			124	85	32	4
竹溪县	7	2		83	29	40	14
房县	12	1		340	291	44	5
丹江口市	10	1		27	15	11	1
宜昌市	**42**	**3**	**3**	**697**	**336**	**321**	**31**
宜昌市辖区				5	5		
夷陵区	7	2		67	39	19	6
远安县	2			2	1		1
兴山县				30	25	5	
秭归县				5	4	1	
长阳县	7			492	187	281	20
五峰县	3			4	2	1	1
宜都市	5			34	29	4	
当阳市	2		1	36	32	2	1
枝江市	16	1	2	22	12	8	2
襄阳市	**419**	**49**	**43**	**1086**	**462**	**360**	**102**
襄阳市辖区	2			5		3	2
襄城区	2			15	6	6	3
樊城区							
襄州区	32	3	1	53	30	17	4
南漳县	72			246	51	142	37
谷城县	115			227	116	81	25
保康县				16	10	5	1
老河口市	18	3	2	54	36	15	1
枣阳市	119	37	36	298	110	31	20
宜城市	59	6	4	172	103	60	9
鄂州市	**8**	**1**		**31**	**11**	**17**	**1**
荆门市	**105**	**21**	**11**	**454**	**225**	**182**	**34**
荆门市辖区	3	3		18	5	9	2
京山市	10			118	96	15	2
沙洋县	42	13	10	112	49	54	9
钟祥市	50	5	1	206	75	104	21
孝感市	**73**		**1**	**250**	**132**	**100**	**17**
孝南区	3		1	4	1	1	1
孝昌县	7			23	19	4	

续表 11

地区	(2)出栏100–499头(个、户)	(3)出栏500–999头(个、户)	(4)出栏1000头以上(个、户)	7.年出栏100只以上肉羊(个、户)	(1)出栏100–199只(个、户)	(2)出栏200–499只(个、户)	(3)出栏500–999只(个、户)
大悟县	9			58	42	16	
云梦县	6			9	7	2	
应城市	3			53	27	24	2
安陆市	37			92	36	50	6
汉川市	8			11		3	8
荆州市	**39**	**1**	**1**	**99**	**61**	**35**	**2**
荆州市辖区				4	2	2	
沙市区	1						
荆州区	2			3	1	2	
公安县	3		1	34	16	17	1
监利市	4			24	21	3	
江陵县	5			3	2		1
石首市	13			19	11	8	
洪湖市							
松滋市	11	1		12	8	3	
黄冈市	**120**	**3**	**1**	**567**	**476**	**80**	**6**
龙感湖管理区							
黄州区	1			4		4	
团风县	2			5	3	1	1
红安县	46			180	151	27	1
罗田县	22	1		227	210	15	1
英山县	3			15	15		
浠水县	8			43	38	5	
蕲春县	21			32	27	5	
黄梅县	12	2	1	24	8	15	1
麻城市	1			18	14	3	
武穴市	4			19	10	5	2
咸宁市	**9**	**2**		**99**	**71**	**22**	**4**
咸安区	3	1		12	8	4	
嘉鱼县	4			4	2	1	1
通城县	1			3			1
崇阳县		1		60	45	13	2
通山县	1			20	16	4	
赤壁市							
随州市	**227**	**2**	**3**	**409**	**260**	**125**	**21**
随州市辖区	75	1		98	74	23	
曾都区	83		1	107	73	30	2
随县	53	1	2	42	3	21	18
广水市	16			162	110	51	1
恩施州	**16**	**1**		**66**	**44**	**18**	**4**
恩施市	3			14	7	5	2
利川市	2	1		6	3	3	
建始县	2			6	6		
巴东县	4			26	17	7	2
宣恩县				3	3		
咸丰县				2	1	1	
来凤县	2			9	7	2	
鹤峰县	3						
仙桃市	**2**			**12**	**9**	**2**	**1**
潜江市	**2**	**2**		**4**	**2**	**2**	
天门市	**6**			**5**	**3**	**2**	
神农架林区				**3**	**3**		

续表 12

地区	(4)出栏 1000–2999 只 (个、户)	(5)出栏 3000 只以上 (个、户)	8.年存栏 100 头奶牛以上的总户数 (个、户)	(1)存栏 100–199 头 (个、户)	(2)存栏 200–499 头 (个、户)	(3)存栏 500–999 头 (个、户)
湖北省	**196**	**12**	**15**	**3**	**8**	**1**
武汉市	**3**		**3**	**1**	**1**	
武汉市辖区			1			
汉南区						
蔡甸区						
江夏区	1		2	1	1	
黄陂区	2					
新洲区						
黄石市	**1**					
黄石市辖区						
阳新县						
大冶市	1					
十堰市	**6**		**1**		**1**	
十堰市辖区						
郧阳区	1					
郧西县	2					
竹山县	3		1		1	
竹溪县						
房县						
丹江口市						
宜昌市	**8**	**1**	**2**	**1**	**1**	
宜昌市辖区						
夷陵区	2	1	2	1	1	
远安县						
兴山县						
秭归县						
长阳县	4					
五峰县						
宜都市	1					
当阳市	1					
枝江市						
襄阳市	**159**	**3**	**1**			**1**
襄阳市辖区						
襄城区			1			1
樊城区						
襄州区	2					
南漳县	16					
谷城县	2	3				
保康县						
老河口市	2					
枣阳市	137					
宜城市						
鄂州市	**2**					
荆门市	**10**	**3**				
荆门市辖区	2					
京山市	4	1				
沙洋县						
钟祥市	4	2				
孝感市	**1**					
孝南区	1					
孝昌县						

续表 13

地区	(4)出栏1000–2999只(个、户)	(5)出栏3000只以上(个、户)	8.年存栏100头奶牛以上的总户数(个、户)	(1)存栏100–199头(个、户)	(2)存栏200–499头(个、户)	(3)存栏500–999头(个、户)
大悟县						
云梦县						
应城市						
安陆市						
汉川市						
荆州市		**1**				
荆州市辖区						
沙市区						
荆州区						
公安县						
监利市						
江陵县						
石首市						
洪湖市						
松滋市		1				
黄冈市	**2**	**3**	**5**			**3**
龙感湖管理区						
黄州区			1			1
团风县			1			1
红安县	1					
罗田县		1				
英山县						
浠水县			1			1
蕲春县						
黄梅县						
麻城市	1		1			
武穴市		2	1			
咸宁市	**2**		**3**		**1**	**2**
咸安区			2		1	1
嘉鱼县						
通城县	2					
崇阳县						
通山县						
赤壁市			1			1
随州市	**2**	**1**				
随州市辖区	1					
曾都区	1	1				
随县						
广水市						
恩施州						
恩施市						
利川市						
建始县						
巴东县						
宣恩县						
咸丰县						
来凤县						
鹤峰县						
仙桃市						
潜江市						
天门市						
神农架林区						

续表 14

地区	(4)存栏1000-1999头(个、户)	(5)存栏2000-4999头(个、户)	(6)存栏5000头以上(个、户)	9.年出笼鹅100只以上(个、户)	10.年出笼特禽1000只以上(个、户)	11.年出栏肉兔50只以上(个、户)
湖北省			**3**	**848**	**342**	**283**
武汉市			**1**	**5**	**28**	**7**
武汉市辖区			1			
汉南区						
蔡甸区						
江夏区						
黄陂区						
新洲区				5	28	7
黄石市				**18**	**3**	**1**
黄石市辖区						
阳新县				18	2	1
大冶市					1	
十堰市				**6**		**55**
十堰市辖区						
郧阳区				3		45
郧西县				3		2
竹山县						
竹溪县						
房县						8
丹江口市						
宜昌市				**64**	**8**	**2**
宜昌市辖区					1	
夷陵区				1	4	
远安县						1
兴山县						
秭归县						
长阳县						
五峰县						
宜都市					1	1
当阳市				9	1	
枝江市				54	1	
襄阳市				**132**	**29**	**57**
襄阳市辖区					2	
襄城区						
樊城区						
襄州区				29	4	26
南漳县					2	3
谷城县						
保康县						
老河口市				11	2	5
枣阳市				81	18	21
宜城市				11	1	2
鄂州市					**8**	**2**
荆门市				**149**	**44**	**53**
荆门市辖区				9		13
京山市					7	12
沙洋县				133	35	24
钟祥市				7	2	4
孝感市				**358**	**77**	**38**
孝南区						
孝昌县						

续表 15

地区	(4)存栏 1000–1999 头 (个、户)	(5)存栏 2000–4999 头 (个、户)	(6)存栏 5000 头以上 (个、户)	9.年出笼鹅 100 只以上 (个、户)	10.年出笼特禽 1000 只以上 (个、户)	11.年出栏肉兔 50 只以上 (个、户)
大悟县						
云梦县				6	7	
应城市				57	32	8
安陆市					8	30
汉川市				295	30	
荆州市				**23**	**18**	**2**
荆州市辖区						
沙市区				2		
荆州区				2	2	
公安县				10		
监利市					8	1
江陵县				7		
石首市				2	1	
洪湖市					7	1
松滋市						
黄冈市		**2**		**41**	**27**	**10**
龙感湖管理区						
黄州区				28		
团风县				4	8	3
红安县					1	
罗田县						
英山县						
浠水县				3	6	1
蕲春县						
黄梅县				6	11	6
麻城市		1				
武穴市		1			1	
咸宁市				**35**		**5**
咸安区						
嘉鱼县						
通城县				35		
崇阳县						
通山县						5
赤壁市						
随州市				**6**	**90**	**7**
随州市辖区						
曾都区						
随县				4	10	7
广水市				2	80	
恩施州					**5**	**9**
恩施市						2
利川市					2	5
建始县						
巴东县						
宣恩县						
咸丰县						2
来凤县					3	
鹤峰县						
仙桃市				**1**	**4**	**32**
潜江市					**1**	
天门市				**10**		**3**
神农架林区						

畜产品加工企业情况(一)

名称	肉制品			禽蛋制品		
	加工企业个数（个）	固定资产（万元）	年产值（万元）	加工企业个数（个）	固定资产（万元）	年产值（万元）
合计	**328**	**907077**	**3160143**	**65**	**623708**	**518984**
武汉市	21	79875	246703			
黄石市	21	36995	110373			
十堰市	28	26875	115967	1	5435	2400
宜昌市	35	59000	311518	1	1100	1100
襄阳市	9	207797	288010	8	87837	78437
鄂州市	8	4790	55265			
荆门市	24	61058	283002	11	141235	104235
孝感市	25	62675	330571	8	220937	192474
荆州市	29	74142	248004	15	75639	65353
黄冈市	44	179519	612570	3	18120	12120
咸宁市	18	35661	161105			
随州市	29	24105	207015	2	31296	31296
恩施州	11	34586	84389	2	843	643
仙桃市	13	11610	35646	1	29604	19264
潜江市	5	2618	32697	8	3966	3966
天门市	7	5650	37210	5	7696	7696
神农架林区	1	120	98			

畜产品加工企业情况(二)

名称	乳制品			蜂制品		
	加工企业个数（个）	固定资产（万元）	年产值（万元）	加工企业个数（个）	固定资产（万元）	年产值（万元）
合计	**12**	**270822**	**523517**	**55**	**51144**	**181015**
武汉市	4	181397	415231	7	3910	38000
黄石市	1	616	2400			
十堰市	1	500	109	7	4209	9368
宜昌市	1	19000	29000	1	60	750
襄阳市				8	4626	61300
鄂州市						
荆门市	1	1500	4336	5	5250	34483
孝感市				5	694	1158
荆州市				2	1965	5442
黄冈市	2	60000	53726	3	4300	1231
咸宁市	2	7808	18716	1	3000	1200
随州市				3	7380	17236
恩施州				6	4800	4750
仙桃市						
潜江市						
天门市				1	880	1100
神农架林区				6	10070	4997

畜牧部门饲料加工情况

地区	一、饲料加工厂(站)个数(个)	二、从业人员(人)	三、全年实际产量(吨)	其中			四、年产值(万元)
				预混料	浓缩料	全价料	
全省合计	**505**	**53141**	**15004032**	**290602**	**295947**	**14416766**	**5735166**
武汉市	76	8215	1806096	159882	59443	1586517	761359
黄石市	12	1277	289343	17280	27555	244508	119770
十堰市	1	27	1	1			
宜昌市	37	4035	1249514	3654	75861	1170000	494001
襄阳市	33	3584	1962435		12784	1949651	665238
鄂州市	22	2304	363709	16839		346840	141632
荆门市	42	4459	853088	88	7352	845649	300904
孝感市	52	5217	1010245	30307	20223	959709	389046
荆州市	85	9013	3196670	20763	31717	3143948	1202860
黄冈市	66	7021	2234155	37186	18432	2178357	817826
咸宁市	18	1865	497373	958	17390	479025	179855
随州市	12	1047	499900		6	499894	198798
恩施州	7	658	129892	318	22488	107086	52694
仙桃市	17	1854	155173			155173	73251
潜江市	14	1476	352871	2420	2695	347756	141326
天门市	11	1089	403563	912		402651	196606

兽药生产企业情况

地区	固定资产（万元）	年销售收入（万元）	年产值（万元）	从业人数（人）
全省合计	**1000015**	**393324**	**441859**	**9046**
武汉市	291862	237333	255292	2773
黄石市	1866	645	717	33
十堰市	3917	3279	3309	62
宜昌市	222143	26375	31930	1670
襄阳市	3000	805	805	48
鄂州市	5600	585	805	30
荆门市	32789	10739	10772	412
孝感市	113317	43044	62120	715
荆州市	1700	726	696	58
黄冈市	333477	64522	69889	3285
咸宁市	5612	5172	5512	150
随州市				
恩施州				
仙桃市	400	93	3	21
潜江市				
天门市	3527	9	9	55
神农架林区				

畜禽规模饲养情况

项　目	场、户数(个、户)	年存、出栏(笼)量(万头、万只)
生猪出栏 500 头以上	9156	3048
商品肉鸡出笼 1 万只以上	2738	26956
商品蛋鸡存笼 2000 只以上	8601	19074
年存栏奶牛 100 头以上	15	1
年出栏肉牛 50 头以上	2965	53
年出栏肉羊 100 只以上	4540	139
年出笼鹅 100 只以上	848	216
年出笼特禽 1000 只以上	342	2695
年出栏肉兔 50 只以上	283	173

《湖北农村统计年鉴2024》

1.农村基本情况
2.农业产值
3.种植业
4.林业及土特产
5.畜牧业
6.渔业 ☑
7.农业机械化
8.农村主要能源及物资消耗
9.农业技术推广及应用
10.水利建设
11.农垦及监狱系统农场

水产品总产量及捕捞产量

单位:吨

地区	合计	捕捞产量							养殖产量小计	增殖渔业产量小计
		小计	鱼类	甲壳类			贝类	其它类		
				小计	虾	蟹				
湖北省	**5227890**	**21514**	**17995**	**3134**	**2904**	**230**	**251**	**134**	**4945610**	**260766**
武汉市	**473662**	**5792**	**5036**	**756**	**737**	**19**			**444256**	**23614**
新洲区	118552	966	843	123	123				114718	2868
江夏区	90013	2826	2826						71408	15779
蔡甸区	73021	331	260	71	52	19			71824	866
黄陂区	110234	1406	873	533	533				104727	4101
汉南区	27353	263	234	29	29				27090	
东西湖区	54489								54489	
黄石市	**256427**	**6255**	**5020**	**977**	**950**	**27**	**240**	**18**	**215968**	**34204**
黄石市直	4671								3387	1284
大冶市	99738	1930	1800	112	85	27		18	79008	18800
阳新县	152018	4325	3220	865	865		240		133573	14120
十堰市	**53888**								**37645**	**16243**
十堰市直	40								30	10
十堰市辖区	1360								1360	
丹江口市	34488								23950	10538
郧阳区	2095								1930	165
郧西	1600								980	620
竹山县	9500								5092	4408
竹溪县	1905								1503	402
房县	2900								2800	100
荆州市	**1277043**								**1258970**	**18073**
荆州区	124130								121230	2900
沙市区	50000								49905	95
江陵县	34340								33775	565
松滋市	40410								39710	700
公安县	148326								145211	3115
石首市	135166								131948	3218
监利市	303571								299991	3580
洪湖市	441100								437200	3900
宜昌市	**207516**	**501**	**436**	**65**	**65**				**192647**	**14368**
宜昌市直	280								210	70
夷陵区	7115	381	324	57	57				6316	418
宜都市	7240								6058	1182
枝江市	95750								87850	7900
当阳市	85816	110	102	8	8				81281	4425
远安县	3147								2932	215
兴山县	107								91	16
秭归县	303								172	131
长阳县	7700								7700	
五峰县	58	10	10						37	11
襄阳市	**218226**								**176744**	**41482**
襄阳市辖区	23605								21738	1867
老河口市	39057								33252	5805
襄州区	46018								37120	8898
枣阳市	48999								30047	18952
宜城市	34929								31336	3593
南漳县	10567								9653	914
谷城县	13814								12903	911
保康县	1237								695	542
鄂州市	**300507**	**3**	**3**						**278187**	**22317**
鄂城区	102900								98909	3991
华容区	104178	3	3						89032	15143
梁子湖区	93429								90246	3183

续表 单位:吨

地区	合计	捕捞产量							养殖产量小计	增殖渔业产量小计
		小计	鱼类	甲壳类			贝类	其它类		
				小计	虾	蟹				
荆门市	**516432**	**1197**	**1070**	**127**	**127**				**490087**	**25148**
荆门市辖区										
沙洋县	206958								202918	4040
钟祥市	161003								148116	12887
京山市	89043	310	229	81	81				86333	2400
沙洋农场										
东宝区	25414	50	50						22734	2630
掇刀区	19065								18318	747
漳河新区	12148	837	791	46	46				9025	2286
屈家岭管理区	2801								2643	158
孝感市	**468325**								**450727**	**17598**
孝南区	76822								75542	1280
孝昌县	25555								25090	465
大悟县	28819								25559	3260
安陆市	30134								28337	1797
云梦县	58709								58709	
应城市	77596								72495	5101
汉川市	170170								164495	5675
孝感市辖区	520								500	20
黄冈市	**506877**								**479280**	**27597**
黄州区	38880								35271	3609
团风县	54968								53118	1850
红安县	17768								16058	1710
麻城市	28606								24586	4020
罗田县	6978								5606	1372
英山县	6690								6052	638
浠水县	76168								71257	4911
蕲春县	88563								83708	4855
武穴市	63502								62007	1495
黄梅县	110911								107774	3137
龙感湖区	13843								13843	
咸宁市	**253407**	**4013**	**3602**	**400**	**306**	**94**	**11**		**242347**	**7047**
咸安区	52463	250	212	37	34	3	1		51263	950
嘉鱼县	73703	1300	1210	90	80	10			70403	2000
赤壁市	83582	1073	866	197	144	53	10		79682	2827
通城县	14156	460	460						13276	420
崇阳县	15647	930	854	76	48	28			14717	
通山县	13856								13006	850
恩施州	**3455**								**3455**	
恩施市	700								700	
建始县	395								395	
巴东县	49								49	
利川市	1403								1403	
宣恩县	120								120	
咸丰县	71								71	
来凤县	671								671	
鹤峰县	46								46	
随州市	**91314**	**3753**	**2828**	**809**	**719**	**90**		**116**	**78421**	**9140**
曾都区	13026	620	585	35	35				10983	1423
随县	40603	476	258	195	176	19		23	34850	5277
广水市	37685	2657	1985	579	508	71		93	32588	2440
仙桃市	**311356**								**311356**	
天门市	**120602**								**117963**	**2639**
潜江市	**168817**								**167521**	**1296**
神农架	**36**								**36**	

水产品养殖产量(一)

单位:吨

地区	养殖产量合计	其中:一、鱼　类						
		小计	草鱼	鲢鱼	鲫鱼	鳙鱼	鳊鲂	青鱼
湖北省	**4945609**	**3363100**	**805921**	**430980**	**362988**	**403437**	**229544**	**199165**
武汉市	**444256**	**385986**	**99836**	**36651**	**37602**	**28857**	**45269**	**17871**
新洲区	114718	103790	39060	9807	7429	9299	6059	2825
江夏区	71408	56402	581	421	4955	249	9167	1561
蔡甸区	71824	57152	13617	7669	5176	5593	12412	1496
黄陂区	104727	92954	31519	9520	8931	6986	8812	5541
汉南区	27090	23942	5995	2046	2135	2514	1235	801
东西湖区	54489	51746	9064	7188	8976	4216	7584	5647
黄石市	**215968**	**185777**	**28851**	**22581**	**25716**	**32934**	**20324**	**13654**
黄石市直	3387	3337	690	720	810	350	302	102
大冶市	79008	67553	15100	11410	13194	8000	6600	3954
阳新县	133573	114887	13061	10451	11712	24584	13422	9598
十堰市	**37645**	**32512**	**1784**	**1562**	**1125**	**1487**	**458**	**643**
十堰市直	30	24	4	2	4			
十堰市辖区	1360	1358	331	312	89	396	25	
丹江口市	23950	19299	10	8	5	20	12	5
郧阳区	1930	1872	97	276	75	160	156	3
郧西	980	867	48	45	16	95	10	2
竹山县	5092	4947	979	578	810	450	255	435
竹溪县	1503	1380	259	300	90	260		
房县	2800	2765	56	41	36	106		198
荆州市	**1258970**	**578104**	**165297**	**63767**	**60557**	**48617**	**20184**	**48970**
荆州区	121230	101891	18562	11745	6250	4802	7400	36660
沙市区	49905	28124	5875	3945	6475	1920	442	902
江陵县	33775	11664	4477	1720	635	1263	295	356
松滋市	39710	25055	5700	4300	2718	2570	850	1250
公安县	145211	58402	14885	7917	4339	4339	1267	1228
石首市	131948	75707	18853	4960	17240	8073	6210	2394
监利市	299991	77481	16445	3480	1850	2450	920	4080
洪湖市	437200	199780	80500	25700	21050	23200	2800	2100
宜昌市	**192647**	**171099**	**12694**	**5301**	**18720**	**14742**	**3569**	**25568**
宜昌市直	210	210	32	22	21	21		
夷陵区	6316	5876	424	167	425	306	114	574
宜都市	6058	5748	386	79	50	120	46	85
枝江市	87850	82716	4745	2310	7970	5120	1158	11895
当阳市	81281	66715	5850	1791	9596	8910	1980	12675
远安县	2932	2066	371	279	425	90	151	174
兴山县	91	83	5	5	5	5	5	10
秭归县	172	172	10	13	15	15	10	20
长阳县	7700	7476	864	632	206	145	105	130
五峰县	37	37	7	3	7	10		5
襄阳市	**176744**	**144014**	**17956**	**30156**	**12140**	**32125**	**6442**	**5376**
襄阳市辖区	21738	20029	3620	5288	1956	4655	876	1130
老河口市	33252	25280	1483	5000	1157	6130	808	1318
襄州区	37120	33500	3118	5448	2118	6927	1002	243
枣阳市	30047	24801	4422	7458	2490	6772	190	963
宜城市	31336	25250	3446	4931	3305	4639	2076	196
南漳县	9653	4904	668	966	928	1114	482	97
谷城县	12903	9664	1108	972	118	1776	980	1401
保康县	695	586	91	93	68	112	28	28
鄂州市	**278187**	**259829**	**97173**	**47660**	**21015**	**38085**	**17889**	**12725**
鄂城区	98909	93680	44236	18568	5979	10304	6715	2374
华容区	89032	84411	34859	17032	7763	8714	5025	5233
梁子湖区	90246	81738	18078	12060	7273	19067	6149	5118

续表 1 单位:吨

地区	养殖产量合计	其中:一、鱼　类						
		小计	草鱼	鲢鱼	鲫鱼	鳙鱼	鳊鲂	青鱼
荆门市	**490087**	**336651**	**88494**	**68860**	**52816**	**44640**	**32273**	**8719**
荆门市辖区								
沙洋县	202918	130259	42603	31638	17055	12477	10528	998
钟祥市	148116	119434	29860	19605	24386	16269	16118	1852
京山市	86333	49498	9566	11185	5937	9777	2763	3344
沙洋农场								
东宝区	22734	15850	3257	3487	2711	2716	992	1071
掇刀区	18318	13369	1998	1625	1501	2258	1075	1037
漳河新区	9025	6343	986	989	973	792	500	408
屈家岭管理区	2643	1898	224	331	253	351	297	9
孝感市	**450727**	**319729**	**85543**	**44711**	**40366**	**37489**	**24308**	**14458**
孝南区	75542	70282	18550	4124	10314	9079	13718	1750
孝昌县	25090	22711	4310	2148	1890	7550	2060	2877
大悟县	25559	18759	1440	1348	560	1892	200	380
安陆市	28337	23228	3696	2289	4480	4731	1880	865
云梦县	58709	49465	12858	3628	12100	4546	780	730
应城市	72495	50311	19760	6942	6198	4895	3120	2196
汉川市	164495	84473	24809	24032	4794	4696	2520	5650
孝感市辖区	500	500	120	200	30	100	30	10
黄冈市	**479280**	**340369**	**73480**	**52828**	**37416**	**66663**	**28456**	**17387**
黄州区	35271	32802	12899	8058	2871	3317	1869	1625
团风县	53118	46590	10570	16268	3785	6290	2461	425
红安县	16058	12680	2980	3647	772	2026	987	723
麻城市	24586	22432	6069	2740	2667	7548	1050	380
罗田县	5606	4875	153	2874	80	1360	45	12
英山县	6052	5773	1674	1505	292	1698	122	98
浠水县	71257	56832	9776	3210	8024	13398	5874	2870
蕲春县	83708	69503	12017	8303	10212	15471	9777	4853
武穴市	62007	37455	8138	2452	3788	10625	2427	1951
黄梅县	107774	49484	8071	3566	4830	4780	3844	4290
龙感湖区	13843	1943	1133	205	95	150		160
咸宁市	**242347**	**193086**	**32065**	**21462**	**21551**	**29239**	**12642**	**14842**
咸安区	51263	40968	11420	8960	5220	4900	2663	1360
嘉鱼县	70403	63638	9605	5000	8000	9880	3000	6003
赤壁市	79682	53245	5900	4200	5350	12303	4738	5162
通城县	13276	12014	2470	1420	940	825	1320	1100
崇阳县	14717	11996	1810	1202	1327	551	751	417
通山县	13006	11225	860	680	714	780	170	800
恩施州	**3455**	**2974**	**1430**	**170**	**123**	**100**	**8**	**91**
恩施市	700	636	264	39	58		8	6
建始县	395	386	62	13	8			
巴东县	49	49	17	6	6	5		
利川市	1403	1090	575	87	30	39		34
宣恩县	120	64	22	3	5	3		
咸丰县	71	63	26	8	7	8		
来凤县	671	640	464	7		45		51
鹤峰县	46	46		7	9			
随州市	**78421**	**63427**	**10009**	**10807**	**11105**	**10932**	**4529**	**7399**
曾都区	10983	10154	1843	2355	1991	2176	318	885
随县	34850	30536	4668	5017	6002	4533	2809	3139
广水市	32588	22737	3498	3435	3112	4223	1402	3375
仙桃市	**311356**	**253101**	**70996**	**15901**	**12259**	**5426**	**5583**	**5344**
天门市	**117963**	**65936**	**9510**	**4896**	**6822**	**8731**	**6538**	**4836**
潜江市	**167521**	**30471**	**10797**	**3667**	**3655**	**3370**	**1072**	**1282**
神农架	**35**	**35**	**6**					

续表 2　　　　单位:吨

地区	其中:一、鱼　类							
	鲤鱼	黄鳝	黄颡鱼	鳜鱼	泥鳅	乌鳢	鮰鱼	鲶鱼
湖北省	**82511**	**169752**	**169529**	**134198**	**41164**	**29923**	**79741**	**14478**
武汉市	**9071**	**7311**	**20488**	**40627**	**3411**	**4060**	**7812**	**3742**
新洲区	2820	1550	2756	1569	942	2013	2378	2449
江夏区	446	4411	6255	27033		3		
蔡甸区	625	102	4324	1977	369	875	2219	416
黄陂区	4612	214	4901	3265	2019	881	1786	636
汉南区	105	1034	616	5827	81	163	104	46
东西湖区	463		1636	956		125	1325	195
黄石市	**5336**	**2699**	**8222**	**4447**	**6423**	**4885**	**800**	**2070**
黄石市直	22		110	66				
大冶市	780	325	1900	1400	610	760	750	220
阳新县	4534	2374	6212	2981	5813	4125	50	1850
十堰市	**837**	**406**	**548**	**2752**	**1316**	**78**	**71**	**95**
十堰市直	3		3					
十堰市辖区	80							
丹江口市	6	397	290	2594	1250	40		20
郧阳区	70	5	35	10	15	3		
郧西	11		15	5	27			
竹山县	375	2	120	100	20	35		15
竹溪县	260				1			27
房县	32	2	85	43	3		71	33
荆州市	**7977**	**45849**	**45585**	**29247**	**5441**	**2670**	**9548**	**678**
荆州区	2020		9056	300	280	200	30	
沙市区			5417		527		426	
江陵县	35	1220	1040	105	474	20	6	18
松滋市	1307	1100	1700	700	570	90		
公安县	1425	9400	11992	550	470	180	70	100
石首市	1880	2936	5930	3072	670	1000	236	540
监利市	940	22893	5350	9520	1050	960	760	
洪湖市	370	8300	5100	15000	1400	220	8020	20
宜昌市	**5965**	**249**	**20703**	**12282**	**2468**	**2068**	**1093**	
宜昌市直	50					5		
夷陵区	110	5	794	97	15	198		
宜都市	30	5	50	172		100		
枝江市	1880		16283	7432	2150	585	670	
当阳市	3650	239	3195	3985	138	1180		
远安县	140		183		70		38	
兴山县			5	20				
秭归县								
长阳县	105		193	576	95		385	
五峰县								
襄阳市	**10266**	**1610**	**7525**	**970**	**941**	**404**	**213**	**1405**
襄阳市辖区	1822	105	108	21	32	18	13	258
老河口市	362	180	1684	183	154	126	64	450
襄州区	2062	392	4670	670	274	78	61	286
枣阳市	1425	43	385	1	141	86	65	126
宜城市	3813	840	416	77	150	53		145
南漳县	281	8	108	2	16	15	8	31
谷城县	462	20	134	6	174	28	2	109
保康县	39	22	20	10				
鄂州市	**4412**	**1227**	**5001**	**3241**	**1102**	**2174**	**2173**	
鄂城区	859	852	2728	243	36	12	85	
华容区	282	111	1541	2391	210	240		
梁子湖区	3271	264	732	607	856	1922	2088	

地区	其中:一、鱼　类							
	鲤鱼	黄鳝	黄颡鱼	鳜鱼	泥鳅	乌鳢	鮰鱼	鲶鱼
荆门市	**10798**	**2708**	**9471**	**2518**	**1643**	**2046**	**3140**	**1432**
荆门市辖区								
沙洋县	5912	1635	2260	1478	620	836	280	370
钟祥市	3434	507	2834	58	560	466	2584	321
京山市	720	250	1586	520	300	240		600
沙洋农场								
东宝区	246	116	387	27	11	21	95	23
掇刀区	188	51	1799	122		385	181	43
漳河新区	289	149	592	312	95	98		75
屈家岭管理区	9		13	1	57			
孝感市	**12697**	**6958**	**14259**	**13377**	**7444**	**4868**	**4089**	**563**
孝南区	4020	13	1046	701	2170	885	2000	
孝昌县	158	650	495	134	120	38	5	3
大悟县	650	1220	3810	3448	3500	150		100
安陆市	900	495	1203	496	490	245	140	145
云梦县	710	958	5420	965	265	2690	25	315
应城市	4211	819	862	448	100	540		
汉川市	2038	2803	1423	7185	799	320	1919	
孝感市辖区	10							
黄冈市	**4562**	**6247**	**14674**	**13938**		**3194**		
黄州区	122	128	352	496		189		
团风县	50	61	510	2545		100		
红安县	20	43	340	105				
麻城市	265	98	450	150		125		
罗田县	13	2	178					
英山县	276		4	60		11		
浠水县	466	860	2462	3145		322		
蕲春县	2087	640	1412	2171		472		
武穴市	1185	475	285	1827		215		
黄梅县	78	3740	8681	3439		1760		
龙感湖区		200						
咸宁市	**6335**	**8669**	**6348**	**5664**	**3877**	**2359**	**10896**	**2126**
咸安区	2865	550	530	256	310	200		243
嘉鱼县	200	2343	3200	1300	2000	550	10000	800
赤壁市	2250	4235	1638	2055	1065	1312	486	938
通城县	499	710	140	630	193	84	110	2
崇阳县	401	396	636	713	196	133	121	123
通山县	120	435	204	710	113	80	179	20
恩施州	**327**		**142**	**42**	**13**			**1**
恩施市	106		90	42	9			
建始县	9							
巴东县	4		2					1
利川市	139		48		4			
宣恩县	5		2					
咸丰县	12							
来凤县	43							
鹤峰县	9							
随州市	**3458**	**809**	**1305**	**316**	**966**	**378**	**21**	**676**
曾都区	150	25	215	20	13	8	21	16
随县	2253	476	602	55	300			660
广水市	1055	308	488	241	653	370		
仙桃市	**7**	**80483**	**8117**	**3384**	**5925**	**681**	**32671**	**1640**
天门市		**2960**	**4660**	**1294**	**52**		**6645**	
潜江市	**453**	**1567**	**2481**	**99**	**142**	**58**	**569**	**50**
神农架	**10**							

水产品养殖产量(二)

单位:吨

地区	其中:一、鱼　类								
	鲟鱼	鲈鱼	罗非鱼	长吻鮠	银鱼	鳗鲡	鲌鱼	其它	其中观赏鱼
湖北省	**17081**	**72966**	**1869**	**17430**	**1195**	**8447**	**68831**	**21950**	**2531**
武汉市	**48**	**14994**	**121**	**94**		**544**	**7537**	**40**	**5**
新洲区	48	10928					1858		3
江夏区		457	32				831		
蔡甸区		276					6		1
黄陂区		1321	89	94			1827		1
汉南区		510					700	30	
东西湖区		1502				544	2315	10	
黄石市	**240**	**1416**	**195**				**2234**	**2750**	**5**
黄石市直							165		
大冶市	240	450	195				265	1400	
阳新县		966					1804	1350	5
十堰市	**546**	**3512**					**12500**	**2792**	**1235**
十堰市直								8	
十堰市辖区		65						60	
丹江口市		1700					11990	952	1200
郧阳区	295	240					225	207	2
郧西	241	95					225	32	26
竹山县	10	324						439	
竹溪县		180						3	3
房县		908					60	1091	4
荆州市	**2550**	**15998**		**760**	**50**		**4277**	**82**	
荆州区	1050	750					2780	6	
沙市区		1713					482		
江陵县									
松滋市		2200							
公安县		150					90		
石首市		165		760	50		662	76	
监利市		6520					263		
洪湖市	1500	4500							
宜昌市	**10311**	**5390**		**15999**	**1019**		**9819**	**3139**	
宜昌市直				59					
夷陵区	30	100		170				2347	
宜都市	4215	400					10		
枝江市	1790	2573		11147	420		4588		
当阳市	873	2151		4080	536		5198	688	
远安县	105	5					23	12	
兴山县	5	18							
秭归县	26				63				
长阳县	3264	141		543				92	
五峰县	3	2							
襄阳市	**853**	**10895**			**79**		**3693**	**965**	**165**
襄阳市辖区	3	25					67	32	22
老河口市		5972			52		17	140	70
襄州区	24	3819					2308		50
枣阳市		105					49	80	
宜城市		4					1116	43	
南漳县	113	30			27		6	4	3
谷城县	690	940					130	614	20
保康县	23							52	
鄂州市		**2201**					**2602**	**1149**	**13**
鄂城区		531					132	26	
华容区		660					350		13
梁子湖区		1010					2120	1123	

续表　　　　单位:吨

地区	其中:一、鱼　类								
	鲟鱼	鲈鱼	罗非鱼	长吻鮠	银鱼	鳗鲡	鲍鱼	其它	其中观赏鱼
荆门市	**34**	**2368**	**110**	**375**	**27**	**1353**	**2663**	**163**	**21**
荆门市辖区									
沙洋县	32	285	110				1142		
钟祥市		240					312	28	
京山市		860				1005	745	100	
沙洋农场									
东宝区		441		3	27		219		21
掇刀区	2	534		372			193	5	
漳河新区		3					52	30	
屈家岭管理区		5				348			
孝感市	**5**	**1657**	**431**				**4512**	**1994**	**15**
孝南区		115					1011	786	
孝昌县	5	38					30	200	15
大悟县							61		
安陆市		374	146				615	38	
云梦县		850	125				2500		
应城市		60	160						
汉川市		220					295	970	
孝感市辖区									
黄冈市	**167**	**4222**				**6530**	**7030**	**3575**	**638**
黄州区		215					405	256	
团风县		1525					1495	505	
红安县		752					285		
麻城市		45				750	45	50	365
罗田县		138					20		
英山县		20						13	
浠水县		260				3020	1625	1520	22
蕲春县	5	166				200	1243	474	15
武穴市	162	926				2560	402	37	26
黄梅县		175					1510	720	210
龙感湖区									
咸宁市	**2071**	**6064**	**1002**	**1**	**20**	**20**	**1962**	**3871**	**414**
咸安区		1220					255	16	
嘉鱼县		50					500	1207	
赤壁市			378				365	870	410
通城县	3	425	3	1			743	396	4
崇阳县	1691	1112	291				99	26	
通山县	377	3257	330		20	20		1356	
恩施州	**233**	**74**	**10**					**210**	
恩施市	4		10						
建始县	130	3						161	
巴东县	7	1							
利川市	74	11						49	
宣恩县	18	6							
咸丰县		2							
来凤县		30							
鹤峰县		21							
随州市	**8**	**220**					**439**	**50**	**20**
曾都区	8	20					40	50	20
随县							22		
广水市		200					377		
仙桃市		**2469**					**1958**	**257**	
天门市		**682**		**201**			**7605**	**504**	
潜江市		**804**						**405**	
神农架	**15**							**4**	

水产品养殖产量(三)

单位:吨

地区	二、甲壳类	其中:虾					其中:河蟹
		小计	青虾	克氏原螯虾	南美白对虾	其他	
湖北省	**1453674**	**1261742**	**6447**	**1242701**	**11025**	**1569**	**191932**
武汉市	**54512**	**42298**	**1444**	**38431**	**2262**	**161**	**12214**
新洲区	9750	5645		4995	650		4105
江夏区	14901	13540	844	11770	795	131	1361
蔡甸区	14333	11394	56	11247	91		2939
黄陂区	10478	8841	544	7869	428		1637
汉南区	2350	1287		1160	97	30	1063
东西湖区	2700	1591		1390	201		1109
黄石市	**27961**	**26090**	**65**	**25905**	**120**		**1871**
黄石市直	50	30		30			20
大冶市	9853	8553	50	8383	120		1300
阳新县	18058	17507	15	17492			551
十堰市	**776**	**721**		**459**	**207**	**55**	**55**
十堰市直							
十堰市辖区	2	2			2		
丹江口市	567	567		319	200	48	
郧阳区	26	26		26			
郧西	12	12			5	7	
竹山县	108	58		58			50
竹溪县	26	26		26			
房县	35	30		30			5
荆州市	**643714**	**521214**	**120**	**520515**	**164**	**415**	**122500**
荆州区	15910	15910		15910			
沙市区	20199	20199		20060	139		
江陵县	21426	21306		21306			120
松滋市	12630	12630		12630			
公安县	75423	75173		75148	15	10	250
石首市	55326	55076		55061	10	5	250
监利市	213280	172400		172400			40880
洪湖市	229520	148520	120	148000		400	81000
宜昌市	**9420**	**9420**		**7574**	**1846**		
宜昌市直							
夷陵区	363	363		248	115		
宜都市	200	200		120	80		
枝江市	1296	1296		410	886		
当阳市	6745	6745		5980	765		
远安县	616	616		616			
兴山县							
秭归县							
长阳县	200	200		200			
五峰县							
襄阳市	**29150**	**28297**	**307**	**27648**	**294**	**48**	**853**
襄阳市辖区	1669	1667	187	1202	230	48	2
老河口市	7936	7156	18	7132	6		780
襄州区	2816	2816	25	2753	38		
枣阳市	5216	5199	20	5179			17
宜城市	4339	4287	4	4283			52
南漳县	3859	3859	3	3836	20		
谷城县	3210	3210	50	3160			
保康县	105	103		103			2
鄂州市	**18157**	**17934**	**134**	**16772**	**905**	**123**	**223**
鄂城区	5219	5193		4954	239		26
华容区	4552	4525	60	4315	150		27
梁子湖区	8386	8216	74	7503	516	123	170

续表 1　　单位:吨

地区	二、甲壳类	其中:虾					其中:河蟹
		小计	青虾	克氏原螯虾	南美白对虾	其他	
荆门市	**130501**	**130262**	**182**	**129960**	**100**	**20**	**239**
荆门市辖区							
沙洋县	69491	69302	182	69020	100		189
钟祥市	25900	25900		25900			
京山市	20766	20758		20758			8
沙洋农场							
东宝区	6504	6504		6504			
掇刀区	4553	4553		4553			
漳河新区	2600	2600		2580		20	
屈家岭管理区	687	645		645			42
孝感市	**119230**	**76544**	**125**	**75526**	**698**	**195**	**42686**
孝南区	5032	4640		4640			392
孝昌县	1584	1577		1572	5		7
大悟县	5350	5350		5300	50		
安陆市	4929	4793	125	4413	60	195	136
云梦县	7725	6860		6500	360		865
应城市	15083	14853		14630	223		230
汉川市	79527	38471		38471			41056
孝感市辖区							
黄冈市	**133990**	**133190**	**3476**	**126024**	**3439**	**251**	**800**
黄州区	2148	2148	15	1038	1069	26	
团风县	6178	6178		6080	98		
红安县	3030	3030	109	2790	131		
麻城市	907	855		855			52
罗田县	608	608		500	108		
英山县	274	274		274			
浠水县	14060	14060	45	12545	1470		
蕲春县	14197	14189	12	14038	114	25	8
武穴市	24171	24061	35	23705	311	10	110
黄梅县	56517	55887	3260	52299	138	190	630
龙感湖区	11900	11900		11900			
咸宁市	**46924**	**44912**	**317**	**44220**	**74**	**301**	**2012**
咸安区	10042	10024		9970	50	4	18
嘉鱼县	6075	6025		6000		25	50
赤壁市	25923	24183	317	23842	24		1740
通城县	1002	1000		1000			2
崇阳县	2322	2120		1848		272	202
通山县	1560	1560		1560			
恩施州	**387**	**383**		**383**			**4**
恩施市	52	52		52			
建始县	7	7		7			
巴东县							
利川市	250	246		246			4
宣恩县	42	42		42			
咸丰县	5	5		5			
来凤县	31	31		31			
鹤峰县							
随州市	**12225**	**11979**	**273**	**11635**	**71**		**246**
曾都区	324	310		280	30		14
随县	3953	3780		3780			173
广水市	7948	7889	273	7575	41		59
仙桃市	**50768**	**44796**	**4**	**43947**	**845**		**5972**
天门市	**41605**	**39348**		**39348**			**2257**
潜江市	**134354**	**134354**		**134354**			
神农架							

续表2 单位:吨

地区	三、贝类	其中:河蚌	螺	蚬	四、其它类	其中:龟	鳖	蛙
湖北省	**1362**	**145**	**1090**	**127**	**127473**	**17009**	**82736**	**27728**
武汉市					**3758**	**423**	**1810**	**1525**
新洲区					1178	5	34	1139
江夏区					105		10	95
蔡甸区					339		318	21
黄陂区					1295	29	1078	188
汉南区					798	388	328	82
东西湖区					43	1	42	
黄石市	**334**	**20**	**193**	**121**	**1896**	**122**	**1523**	**251**
黄石市直								
大冶市					1602	122	1300	180
阳新县	334	20	193	121	294		223	71
十堰市	**100**		**100**		**4257**	**315**	**3873**	**69**
十堰市直					6		6	
十堰市辖区								
丹江口市					4084	300	3784	
郧阳区					32		12	20
郧西	100		100		1		1	
竹山县					37	15	22	
竹溪县					97		48	49
房县								
荆州市	**528**	**59**	**463**	**6**	**36624**	**5354**	**26807**	**4463**
荆州区					3429	344	2085	1000
沙市区					1582	1035	402	145
江陵县					685	205	300	180
松滋市					2025	65	1860	100
公安县	128	59	63	6	11258	100	11050	108
石首市					915	25	650	240
监利市					9230	1080	6960	1190
洪湖市	400		400		7500	2500	3500	1500
宜昌市					**12128**	**5541**	**5582**	**1005**
宜昌市直								
夷陵区					77		48	29
宜都市					110	30	80	
枝江市					3838	885	2735	218
当阳市					7821	4626	2460	735
远安县					250		250	
兴山县					8			8
秭归县								
长阳县					24		9	15
五峰县								
襄阳市	**12**	**5**	**7**		**3568**	**178**	**1427**	**1963**
襄阳市辖区	1	1			39	3	18	18
老河口市	4	2	2		32	10	18	4
襄州区					804	20	30	754
枣阳市					30		14	16
宜城市					1747	141	1324	282
南漳县					890	1	14	875
谷城县	7	2	5		22	1	7	14
保康县					4	2	2	
鄂州市	**2**		**2**		**199**	**20**	**132**	**47**
鄂城区	2		2		8		8	
华容区					69	8	25	36
梁子湖区					122	12	99	11

续表 3　　单位:吨

地区	三、贝类	其中:河蚌	螺	蚬	四、其它类	其中:龟	鳖	蛙
荆门市					**22935**	**3248**	**18790**	**897**
荆门市辖区								
沙洋县					3168	183	2520	465
钟祥市					2782	956	1568	258
京山市					16069	1795	14154	120
沙洋农场								
东宝区					380	217	163	
掇刀区					396	72	315	9
漳河新区					82	16	36	30
屈家岭管理区					58	9	34	15
孝感市	**282**	**57**	**225**		**11486**	**552**	**9636**	**1298**
孝南区					228	20	208	
孝昌县					795	5	470	320
大悟县					1450	450	850	150
安陆市					180	8	70	102
云梦县					1519	39	930	550
应城市					7101	30	7050	21
汉川市	282	57	225		213		58	155
孝感市辖区								
黄冈市					**4921**	**51**	**1521**	**3349**
黄州区					321		46	275
团风县					350			350
红安县					348	4	15	329
麻城市					1247	1	1150	96
罗田县					123		123	
英山县					5		5	
浠水县					365	30	60	275
蕲春县					8	3	4	1
武穴市					381	3	53	325
黄梅县					1773	10	65	1698
龙感湖区								
咸宁市					**2337**	**278**	**808**	**1251**
咸安区					253	8	57	188
嘉鱼县					690	80	110	500
赤壁市					514	60	298	156
通城县					260		60	200
崇阳县					399		192	207
通山县					221	130	91	
恩施州					**94**		**25**	**69**
恩施市					12			12
建始县					2			2
巴东县								
利川市					63		25	38
宣恩县					14			14
咸丰县					3			3
来凤县								
鹤峰县								
随州市					**2769**	**4**	**1591**	**1174**
曾都区					505		5	500
随县					361	4	88	269
广水市					1903		1498	405
仙桃市	**104**	**4**	**100**		**7383**	**691**	**5893**	**799**
天门市					**10422**	**90**	**3048**	**7284**
潜江市					**2696**	**142**	**270**	**2284**
神农架								

精养鱼池主养名特优水产品面积

面积：公顷；温室面积：平方米

地区	龟		鳖		河蟹	鳜鱼	青虾
	小计	#温室	小计	#温室			
湖北省	**2804**	**285823**	**29971**	**1288595**	**94583**	**66630**	**3575**
武汉市	**28**	**6500**	**425**	**3260**	**5736**	**3281**	**327**
新洲区		3200	4		1556	51	
江夏区					305	2100	307
蔡甸区			38		2366	380	20
黄陂区	2		98	2000	755	171	
汉南区	26	3300	280	1260	587	537	
东西湖区			5		167	42	
黄石市	**6**	**5000**	**206**	**15176**	**805**	**612**	**1**
黄石市直					20	11	
大冶市	6	5000	150	15000	330	180	
阳新县			56	176	455	421	1
十堰市	**3**	**50**	**60**	**3300**	**58**	**69**	**10**
十堰市直							
十堰市辖区							
丹江口市	1		50			60	10
郧阳区				3300		2	
郧西							
竹山县	2	50	10		50		
竹溪县							
房县					8	7	
荆州市	**1376**	**87603**	**16359**	**60970**	**63612**	**34988**	**3**
荆州区	47	5300	624	3450		20	
沙市区	22	7000	90				
江陵县	90	69181	388			20	
松滋市	250	2500	2667	9000		3000	
公安县	279		9150	200	4400	1310	
石首市	30		1360	42000	95	120	
监利市	368	3522	1885	6200	26667	18718	
洪湖市	290	100	195	120	32450	11800	3
宜昌市	**514**	**2000**	**909**	**500**		**613**	
宜昌市直							
夷陵区			4			13	
宜都市	10		27				
枝江市	236		650			400	
当阳市	268	2000	129	500		190	
远安县			98			10	
兴山县							
秭归县							
长阳县			1				
五峰县							
襄阳市	**29**		**345**		**695**	**377**	**378**
襄阳市辖区			12		2	3	60
老河口市	20		20		520	280	25
襄州区	7		10		24	52	228
枣阳市					136	27	50
宜城市	1		297		12	12	4
南漳县			5			2	9
谷城县							2
保康县	1		1		1	1	
鄂州市			**72**	**1560**	**177**	**295**	**112**
鄂城区			12		14	64	7
华容区					1	25	2
梁子湖区			60	1560	162	206	103

续表 1　　面积：公顷；温室面积：平方米

地区	龟		鳖		河蟹	鳜鱼	青虾
	小计	#温室	小计	#温室			
荆门市	**592**	**177700**	**6655**	**614750**	**370**	**1240**	**530**
荆门市辖区							
沙洋县	24	21650	890	97230	300	1010	530
钟祥市	115	82510	585	56320		35	
京山市	390	49500	5000	450000	4	80	
沙洋农场							
东宝区	38	15200	56	3200		53	
掇刀区	4	3000	90	8000		5	
漳河新区	2		2			56	
屈家岭管理区	19	5840	32		66	1	
孝感市	**97**	**2550**	**1474**	**451939**	**17668**	**11620**	**384**
孝南区	5	1000	166	24500	262	2873	
孝昌县	10		220	6000	18	26	4
大悟县	50		150			850	
安陆市	30		115		235	268	380
云梦县	2	650	320	4800	430	210	
应城市		900	503	416639	910	2273	
汉川市					15813	5120	
孝感市辖区							
黄冈市	**4**	**500**	**186**	**54920**	**244**	**5360**	**461**
黄州区			13			82	
团风县						2810	
红安县	2		22			325	56
麻城市			13	40000	40	350	
罗田县			15	12400			
英山县			7			9	
浠水县				1500		105	
蕲春县	2	500	2	500	22	888	96
武穴市			42		6	335	43
黄梅县			72	520	176	456	266
龙感湖区							
咸宁市	**30**	**300**	**1606**	**1600**	**339**	**7243**	**1230**
咸安区	5		10	1100	84	430	
嘉鱼县	5		15		30	500	
赤壁市	13		1500		200	4265	1230
通城县			45		1	175	
崇阳县			16		24	1600	
通山县	7	300	20	500		273	
恩施州			**3**			**1**	
恩施市						1	
建始县							
巴东县							
利川市			3				
宣恩县							
咸丰县							
来凤县							
鹤峰县							
随州市			**422**	**41000**	**210**	**414**	**136**
曾都区			1		13	5	3
随县			15		110	21	
广水市			406	41000	87	388	133
仙桃市	**78**	**3420**	**825**	**4300**	**3620**	**479**	**3**
天门市	**7**		**412**	**34920**	**1039**	**38**	
潜江市	**40**	**200**	**12**	**400**	**10**		
神农架							

续表 2 面积：公顷；温室面积：平方米

地区	克氏螯虾	鲌鱼	黄颡鱼	鳝鱼	鮰鱼	泥鳅	鲈鱼
湖北省	**107999**	**8338**	**47568**	**20322**	**7296**	**5026**	**6770**
武汉市	**5435**	**670**	**1094**	**839**	**362**	**61**	**982**
新洲区		92	59	197	176	19	599
江夏区	481	230	360	509			91
蔡甸区	1715	34	278	13	140	22	100
黄陂区	2468	264	267	20	29	16	97
汉南区	440	50	38	100	9	4	40
东西湖区	331		92		8		55
黄石市	**1103**	**359**	**1060**	**299**	**67**	**389**	**250**
黄石市直		15	5				
大冶市	67	34	350	33	67	40	150
阳新县	1036	310	705	266		349	100
十堰市	**60**	**210**	**79**	**51**		**51**	**201**
十堰市直							
十堰市辖区							1
丹江口市	10	186	20	40		40	111
郧阳区	43	21	14	11		1	43
郧西		3					1
竹山县	7		35			10	30
竹溪县							8
房县			10				7
荆州市	**57188**	**1631**	**9934**	**5897**	**1143**	**689**	**1288**
荆州区		1210	834		2	2	34
沙市区	200	30	460		30	35	120
江陵县	364		330	167	1	225	
松滋市			260	143		50	160
公安县	667	170	4800	1189	108	125	20
石首市	1420	200	720	367	70	80	40
监利市	26667	21	1780	3011	32	172	434
洪湖市	27870		750	1020	900		480
宜昌市	**158**	**549**	**1386**	**30**	**46**	**74**	**288**
宜昌市直					3		
夷陵区	33		112	1		2	13
宜都市		1	3	1			27
枝江市	67	300	1130		27	53	150
当阳市	58	239	129	28		8	95
远安县		9	12		11	9	
兴山县							2
秭归县							
长阳县					5	2	1
五峰县							
襄阳市	**1035**	**49**	**934**	**198**	**59**	**173**	**289**
襄阳市辖区	52	18	16	13	10	10	15
老河口市			240	23			80
襄州区	70	20	420	48	24	15	154
枣阳市	660	4	167	5	23	89	5
宜城市	93		17	103		32	2
南漳县	160	5	70	1	2	13	10
谷城县		2	2	2		14	23
保康县			2	3			
鄂州市	**914**	**188**	**496**	**123**	**100**	**4**	**68**
鄂城区	612	46	382	95	8		32
华容区	302	18	70			2	
梁子湖区		124	44	28	92	2	36

续表 3　　　　面积：公顷；温室面积：平方米

地区	克氏螯虾	鲌鱼	黄颡鱼	鳝鱼	鮰鱼	泥鳅	鲈鱼
荆门市	**7433**	**875**	**3327**	**295**	**561**	**297**	**442**
荆门市辖区							
沙洋县	4320	516	1021	121	231	10	47
钟祥市	1405	45	1067	33	284	18	20
京山市	947	200	500	20		28	300
沙洋农场							
东宝区	127	77	355	53	31	27	36
掇刀区	500	16	226	8	15		36
漳河新区	67	20	148	60		195	2
屈家岭管理区	67	1	10			19	1
孝感市	**14246**	**913**	**13595**	**786**	**459**	**1422**	**314**
孝南区	1667	106	2000	2	133	310	56
孝昌县	84	180	2086	76	4	96	80
大悟县	1769	56	2535	136		850	
安陆市	858	479	920	55	125	98	108
云梦县	1566	62	4580	111	12	15	50
应城市	3329		1044	96			
汉川市	4973	30	430	310	185	53	20
孝感市辖区							
黄冈市	**5771**	**1041**	**5270**	**643**	**33**	**386**	**703**
黄州区	229	30	25	9			16
团风县		100	2705	4	13		72
红安县	260	195	307	5		88	190
麻城市	50		1002	12		42	65
罗田县			20			10	40
英山县			2				3
浠水县	311	85	27	96		6	18
蕲春县	2161	155	512	77	20	19	10
武穴市	1560	45	110	59		1	123
黄梅县	1200	431	560	379		220	166
龙感湖区				2			
咸宁市	**1916**	**690**	**8549**	**914**	**1186**	**878**	**1358**
咸安区	390	100	515	207	1	160	85
嘉鱼县	399	150	500	220	1100	500	10
赤壁市	791	160	7380	320	28	150	
通城县		155	40	77	19	33	110
崇阳县		125	33	43	2	13	200
通山县	336		81	47	36	22	953
恩施州	**163**		**3**			**2**	**7**
恩施市	25		2			2	1
建始县	1		1				1
巴东县							
利川市	100						
宣恩县	24						
咸丰县	3						3
来凤县	10						2
鹤峰县							
随州市	**2639**	**355**	**410**	**182**	**18**	**252**	**80**
曾都区		64	49	3	18	51	22
随县	1226	129	220	63		20	
广水市	1413	162	141	116		181	58
仙桃市	**4632**	**275**	**783**	**9545**	**2904**	**304**	**232**
天门市	**2000**	**533**	**418**	**351**	**300**		**62**
潜江市	**3306**		**230**	**169**	**58**	**44**	**206**
神农架							

养殖产量、面积(按水面分类)(一)

地区	池塘养殖面积				稻田综合养殖面积				
	小计	其中:精养鱼池		农村塘堰	小计	其中:稻田养虾	稻田养鳅	稻田养鳖	其它品种养殖面积
		小计	其中:尾水治理面积						
	公顷	公顷	公顷	公顷	公顷	公顷	公顷	公顷	公顷
湖北省	**535522**	**391172**	**96400**	**144350**	**564400**	**548501**	**2611**	**6031**	**7257**
武汉市	**43823**	**35274**	**6559**	**8549**	**14835**	**14615**		**13**	**207**
新洲区	11146	10674	1473	472	2940	2900			40
江夏区	9133	8066	995	1067	5597	5597			
蔡甸区	7293	5371	1078	1922	4362	4362			
黄陂区	9000	4959	1239	4041	1367	1367			
汉南区	2805	2805	1041		43	43			
东西湖区	4446	3399	733	1047	526	346		13	167
黄石市	**15334**	**13337**	**1753**	**1997**	**12170**	**11546**	**73**	**439**	**112**
黄石市直	197	192	84	5	20	20			
大冶市	5887	4705	320	1182	5702	5482	33	87	100
阳新县	9250	8440	1349	810	6448	6044	40	352	12
十堰市	**7243**	**1039**	**617**	**6204**	**326**	**126**	**16**	**60**	**124**
十堰市直	4	1	1	3					
十堰市辖区	52	24	24	28					
丹江口市	1507	528	380	979	123	63	10	50	
郧阳区	2000	140	114	1860	12	8			4
郧西	600	80	30	520	70				70
竹山县	2467	200	47	2267	98	33	5	10	50
竹溪县	133	13	8	120	19	18	1		
房县	480	53	13	427	4	4			
荆州市	**124733**	**115376**	**25945**	**9357**	**217144**	**214796**	**433**	**872**	**1043**
荆州区	7047	7047	4455		8887	8860		7	20
沙市区	2215	2015	860	200	9466	9460			6
江陵县	5343	4790	1772	553	13670	13109	293	10	258
松滋市	6455	3730	886	2725	6800	6720			80
公安县	12900	12233	2353	667	37113	36666	100	300	47
石首市	7807	7187	3320	620	19803	19663	10	30	100
监利市	29432	24840	3633	4592	72667	72000	30	405	232
洪湖市	53534	53534	8666		48738	48318		120	300
宜昌市	**12994**	**10573**	**4101**	**2421**	**3920**	**3766**	**14**	**62**	**78**
宜昌市直	154	154							
夷陵区	1265	710	23	555	100	100			
宜都市	1033	133	10	900	62	62			
枝江市	4988	4588	3000	400	215	170	10	5	30
当阳市	4720	4598	1025	122	3080	3004	4	57	15
远安县	588	238		350	323	323			
兴山县	15	13		2					
秭归县	19		1	19					
长阳县	199	139	42	60	140	107			33
五峰县	13			13					
襄阳市	**29587**	**17911**	**8120**	**11676**	**13902**	**12170**	**104**	**449**	**1179**
襄阳市辖区	3047	2392	1715	655	587	545	9	8	25
老河口市	4160	3200	1210	960	3121	2753	11	12	345
襄州区	7180	4580	2200	2600	1566	1312	14	56	184
枣阳市	6460	2450	1100	4010	2181	1876	70	78	157
宜城市	3863	1662	284	2201	2711	2157		295	259
南漳县	2324	1119	336	1205	1933	1752			181
谷城县	2528	2483	1250	45	1733	1733			
保康县	25	25	25		70	42			28
鄂州市	**16095**	**12083**	**1353**	**4012**	**9704**	**8992**	**160**	**120**	**432**
鄂城区	4890	3706	418	1184	2179	2179			
华容区	4723	4267	447	456	2660	2166	84	10	400
梁子湖区	6482	4110	488	2372	4865	4647	76	110	32

续表

地区	池塘养殖面积				稻田综合养殖面积				
	小计	其中:精养鱼池		农村塘堰	小计	其中:稻田养虾	稻田养鳅	稻田养鳖	其它品种养殖面积
		小计	其中:尾水治理面积						
	公顷	公顷	公顷	公顷	公顷	公顷	公顷	公顷	公顷
荆门市	**50343**	**29311**	**4032**	**21032**	**61235**	**57356**	**127**	**2887**	**865**
荆门市辖区									
沙洋县	14973	9020	1029	5953	26194	25681	34	126	353
钟祥市	13200	7667	1148	5533	13934	11827	93	1907	107
京山市	11933	7866	986	4067	12186	11239		627	320
沙洋农场									
东宝区	4444	2322	439	2122	4344	4344			
掇刀区	3347	1259	353	2088	3047	2834		200	13
漳河新区	1766	667		1099	1130	1097			33
屈家岭管理区	680	510	77	170	400	334		27	39
孝感市	**70666**	**43444**	**8558**	**27222**	**32893**	**31340**	**772**	**725**	**56**
孝南区	10466	5006	265	5460	577	577			
孝昌县	7020	5544	3500	1476	1320	950	120	250	
大悟县	6939	1360		5579	1457	866	591		
安陆市	5348	2445	603	2903	1740	1619	61	56	4
云梦县	8222	4130	2910	4092	1449	1406			43
应城市	9667	5317	480	4350	5816	5388		419	9
汉川市	22884	19642	800	3242	20534	20534			
孝感市辖区	120			120					
黄冈市	**53441**	**30833**	**10560**	**22608**	**66786**	**64720**	**759**	**178**	**1129**
黄州区	2884	2581	1696	303	607	607			
团风县	4844	3651	1326	1193	2734	2734			
红安县	5980	2689	876	3291	1611	1451			160
麻城市	4350	1333	742	3017	767	626	16	55	70
罗田县	1542	174	65	1368	648	608	10	10	20
英山县	1765	212	64	1553	231	220		11	
浠水县	8406	3544	1068	4862	9302	9270			32
蕲春县	8101	5668	1704	2433	9891	9724			167
武穴市	7752	4447	1044	3305	11928	11413	400	35	80
黄梅县	6467	5184	1497	1283	24667	23667	333	67	600
龙感湖区	1350	1350	478		4400	4400			
咸宁市	**30913**	**22231**	**5594**	**8682**	**33486**	**32416**	**133**	**67**	**870**
咸安区	6867	5180	1253	1687	6992	6927	10	15	40
嘉鱼县	6700	6073	2466	627	5438	5148	70		220
赤壁市	7926	6655	973	1271	17396	16734	33	34	595
通城县	2233	1063	200	1170	926	873	20	18	15
崇阳县	4200	1467	469	2733	2000	2000			
通山县	2987	1793	233	1194	734	734			
恩施州	**1221**	**492**	**45**	**729**	**300**				**300**
恩施市	193	78	16	115					
建始县	27	12		15					
巴东县	23			23					
利川市	800	333	11	467	300				300
宣恩县	27	24		3					
咸丰县	28	20	2	8					
来凤县	107	20	16	87					
鹤峰县	16	5		11					
随州市	**24638**	**9954**	**552**	**14684**	**6605**	**6034**	**20**	**73**	**478**
曾都区	4873	2123	103	2750	232	220			12
随县	12098	3997		8101	1310	1288	10	12	
广水市	7667	3834	449	3833	5063	4526	10	61	466
仙桃市	**35637**	**35637**	**14099**		**14021**	**13811**		**86**	**124**
天门市	**10257**	**7656**	**1047**	**2601**	**18766**	**18699**			**67**
潜江市	**8577**	**6021**	**3465**	**2556**	**58307**	**58114**			**193**
神农架	**20**			**20**					

养殖产量、面积(按水面分类)(二)

地区	池塘养殖产量			稻田综合养殖产量				
	小计	其中:精养鱼池	农村塘堰	小计	其中:小龙虾	泥鳅	鳖	其它品种产量
	吨	吨	吨	吨	吨	吨	吨	吨
湖北省	**3878581**	**3394158**	**484423**	**1064283**	**1020831**	**4307**	**7862**	**31283**
武汉市	**414273**	**341771**	**72502**	**27237**	**25818**		**5**	**1414**
新洲区	108584	105406	3178	6134	4995			1139
江夏区	58027	48099	9928	10635	10635			
蔡甸区	64487	48953	15534	7337	7337			
黄陂区	102576	67070	35506	2151	2151			
汉南区	27010	27010		80	80			
东西湖区	53589	45233	8356	900	620		5	275
黄石市	**192293**	**182398**	**9895**	**23675**	**22892**	**52**	**131**	**600**
黄石市直	3357	3323	34	30	30			
大冶市	70130	62095	8035	8878	8223	40	65	550
阳新县	118806	116980	1826	14767	14639	12	66	50
十堰市	**35696**	**22473**	**13223**	**1949**	**210**	**41**	**560**	**1138**
十堰市直	30	6	24					
十堰市辖区	1360	600	760					
丹江口市	23250	17882	5368	700	122	20	540	18
郧阳区	1903	645	1258	27	7			20
郧西	880	670	210	100				100
竹山县	4002	850	3152	1090	50	20	20	1000
竹溪县	1476	520	956	27	26	1		
房县	2795	1300	1495	5	5			
荆州市	**824708**	**794764**	**29944**	**434262**	**420599**	**476**	**2750**	**10437**
荆州区	104310	104310		16920	15910		10	1000
沙市区	30060	29700	360	19845	19700			145
江陵县	12741	11946	795	21034	20644	250	10	130
松滋市	26980	22980	4000	12730	12630			100
公安县	69743	64965	4778	75468	73888	150	1230	200
石首市	79263	76836	2427	52685	52583	35	42	25
监利市	175711	158127	17584	124280	123844	41	58	337
洪湖市	325900	325900		111300	101400		1400	8500
宜昌市	**185220**	**177353**	**7867**	**7427**	**7208**	**25**	**114**	**80**
宜昌市直	210	210						
夷陵区	6148	5042	1106	168	168			
宜都市	5938	4238	1700	120	120			
枝江市	87583	85733	1850	267	260	5	2	
当阳市	75225	73190	2035	6056	5844	20	112	80
远安县	2316	2168	148	616	616			
兴山县	91	50	41					
秭归县	172	64	108					
长阳县	7500	6651	849	200	200			
五峰县	37	7	30					
襄阳市	**148209**	**105583**	**42626**	**28535**	**25408**	**92**	**401**	**2634**
襄阳市辖区	20588	16808	3780	1150	1086	21	8	35
老河口市	25580	21366	4214	7672	7132	2	2	536
襄州区	33392	24129	9263	3728	2614	46	88	980
枣阳市	26259	14688	11571	3788	3738	20	10	20
宜城市	26785	14683	12102	4551	4084	3	291	173
南漳县	5272	3769	1503	4381	3491			890
谷城县	9743	9565	178	3160	3160			
保康县	590	575	15	105	103		2	
鄂州市	**262522**	**234876**	**27646**	**15665**	**14336**	**273**	**100**	**956**
鄂城区	95310	78280	17030	3599	3526	71	2	
华容区	84647	79449	5198	4385	3307	140	8	930
梁子湖区	82565	77147	5418	7681	7503	62	90	26

续表

地区	池塘养殖产量			稻田综合养殖产量				
	小计	其中：精养鱼池	农村塘堰	小计	其中：小龙虾	泥鳅	鳖	其它品种产量
	吨	吨	吨	吨	吨	吨	吨	吨
荆门市	**377818**	**312882**	**64936**	**112269**	**108415**	**350**	**2360**	**1144**
荆门市辖区								
沙洋县	148334	137967	10367	54584	54170	70	110	234
钟祥市	123316	87454	35862	24800	23160	280	930	430
京山市	66675	58561	8114	19658	18128		1130	400
沙洋农场								
东宝区	16722	13485	3237	6012	6012			
掇刀区	14023	9085	4938	4295	4080		173	42
漳河新区	6620	4371	2249	2405	2385			20
屈家岭管理区	2128	1959	169	515	480		17	18
孝感市	**401087**	**321237**	**79850**	**49640**	**46990**	**1688**	**430**	**532**
孝南区	74330	48586	25744	1212	1212			
孝昌县	23081	21760	1321	2009	1429	230	330	20
大悟县	22506	11070	11436	3053	1703	1350		
安陆市	25408	19665	5743	2929	2732	108	30	59
云梦县	54887	44108	10779	3822	3372			450
应城市	64117	40390	23727	8378	8305		70	3
汉川市	136258	135658	600	28237	28237			
孝感市辖区	500		500					
黄冈市	**354684**	**286911**	**67773**	**124596**	**116935**	**253**	**445**	**6963**
黄州区	34543	32615	1928	728	728			
团风县	46688	46160	528	6430	6080			350
红安县	12680	8961	3719	3378	2337			1041
麻城市	23348	10548	12800	1238	794		300	144
罗田县	4982	1932	3050	624	500	15	45	64
英山县	5778	1354	4424	274	274			
浠水县	58649	42600	16049	12608	12110			498
蕲春县	72593	60540	12053	11115	11114			1
武穴市	40685	32838	7847	21322	21089	53	55	125
黄梅县	52795	47420	5375	54979	50009	185	45	4740
龙感湖区	1943	1943		11900	11900			
咸宁市	**199397**	**175664**	**23733**	**42950**	**41003**	**953**	**94**	**900**
咸安区	41993	35333	6660	9270	9220	10	15	25
嘉鱼县	64453	62003	2450	5950	5100	230		620
赤壁市	56090	52530	3560	23592	22875	523	59	135
通城县	11946	7800	4146	1330	1000	190	20	120
崇阳县	12869	9638	3231	1848	1848			
通山县	12046	8360	3686	960	960			
恩施州	**3342**	**1884**	**1458**	**113**				**113**
恩施市	700	468	232					
建始县	395	200	195					
巴东县	49	25	24					
利川市	1290	788	502	113				113
宣恩县	120	62	58					
咸丰县	71	51	20					
来凤县	671	250	421					
鹤峰县	46	40	6					
随州市	**70871**	**44852**	**26019**	**7550**	**6826**	**104**	**105**	**515**
曾都区	10593	8162	2431	390	280			110
随县	33638	18835	14803	1212	1161	26	25	
广水市	26640	17855	8785	5948	5385	78	80	405
仙桃市	**280865**	**280865**		**30491**	**29784**		**97**	**610**
天门市	**86854**	**78565**	**8289**	**31109**	**30288**			**821**
潜江市	**40706**	**32080**	**8626**	**126815**	**124119**		**270**	**2426**
神农架	**36**		**36**					

养殖产量、面积(按水面分类)(三)

地区	养殖面积中：							
	网箱面积（池塘）	网箱产量（池塘）	工厂化面积	其中：流道养殖	循环水养殖	工厂化产量	其中：流道养殖	循环水养殖
	千立方米	吨	千立方米	千立方米	千立方米	吨	吨	吨
湖北省	**30044**	**69284**	**7392**	**864**	**5223**	**81524**	**13604**	**58335**
武汉市	**1542**	**8767**	**404**	**70**	**316**	**8472**	**1376**	**6936**
新洲区	690	2654	148	30	101	2899	290	2449
江夏区	812	5976	99	5	94	2746	30	2716
蔡甸区	40	137	29	11	17	1219	657	562
黄陂区			41	8	33	968	234	734
汉南区			11		11	30		30
东西湖区			76	16	60	610	165	445
黄石市	**15**	**50**	**80**	**1**	**55**	**436**	**35**	**225**
黄石市直								
大冶市			10		10	50		50
阳新县	15	50	70	1	45	386	35	175
十堰市			**1684**	**416**	**1268**	**18239**	**4629**	**13610**
十堰市直			20	20		22	22	
十堰市辖区			24		24	230		230
丹江口市			601	60	541	14670	3640	11030
郧阳区			390	60	330	245	125	120
郧西			296	190	106	770	410	360
竹山县			112	10	102	730	10	720
竹溪县			126	26	100	620	30	590
房县			115	50	65	952	392	560
荆州市	**16581**	**37342**	**574**	**14**	**139**	**10306**	**806**	**6687**
荆州区			5		5	1		1
沙市区								
江陵县	268	1431	4					
松滋市			3		3			
公安县	3150	10135	331	6	34	4875	362	1700
石首市	163	3116	128		2	45		45
监利市	7000	20860	14		14	385	44	341
洪湖市	6000	1800	89	8	81	5000	400	4600
宜昌市			**1221**	**152**	**1066**	**12756**	**2137**	**10502**
宜昌市直								
夷陵区			12		11	147		30
宜都市			317		317	4215		4215
枝江市			38	8	30	2670	1140	1530
当阳市			31	29	1	1050	997	53
远安县			3		3	18		18
兴山县			48		47			
秭归县			115	115				
长阳县			654		654	4656		4656
五峰县			3		3			
襄阳市			**1015**	**110**	**904**	**7725**	**3493**	**4232**
襄阳市辖区			35		35	70		70
老河口市			126	32	94	3474	1380	2094
襄州区			260		260	128		128
枣阳市			100		100	100		100
宜城市			151		151	600		600
南漳县			65	10	55	375	245	130
谷城县			158	68	89	2708	1868	840
保康县			120		120	270		270
鄂州市	**110**	**405**	**1**		**1**	**35**		**35**
鄂城区	110	405						
华容区			1		1	35		35
梁子湖区								

续表

地区	养殖面积中：							
	网箱面积（池塘）	网箱产量（池塘）	工厂化面积	其中：流道养殖	循环水养殖	工厂化产量	其中：流道养殖	循环水养殖
	千立方米	吨	千立方米	千立方米	千立方米	吨	吨	吨
荆门市	**365**	**2306**	**811**	**15**	**204**	**10380**	**609**	**4602**
荆门市辖区								
沙洋县	363	2274	72	2	48	3050	210	2550
钟祥市	2	32	167	6	122	2920	180	1586
京山市			517			3410		
沙洋农场								
东宝区								
掇刀区			22	4	4	659	180	166
漳河新区			3	3		41	39	
屈家岭管理区			30		30	300		300
孝感市	**7074**	**6258**	**47**		**47**	**1235**		**1235**
孝南区	18	13	2		2	50		50
孝昌县	1467	650	20		20	550		550
大悟县	1692	1220	10		10	262		262
安陆市	378	295						
云梦县	882	958	13		13	325		325
应城市	747	819	2		2	48		48
汉川市	1890	2303						
孝感市辖区								
黄冈市	**15**	**805**	**734**	**8**	**481**	**7188**	**221**	**5817**
黄州区			2		2	60		60
团风县			31		31	585		585
红安县			13	1	12	440	20	420
麻城市			80			1150		
罗田县								
英山县			3	2	1	11	6	5
浠水县			322	4	153	3214	150	3064
蕲春县			75	1	74	450	45	405
武穴市	15	805	88		88	1278		1278
黄梅县			120		120			
龙感湖区								
咸宁市	**1447**	**8655**	**161**	**16**	**145**			
咸安区	175	545	6		6			
嘉鱼县	420	3500						
赤壁市	796	4365	17		17			
通城县								
崇阳县	54	135	106		106			
通山县	2	110	32	16	16			
恩施州			**24**	**2**	**22**	**250**	**85**	**165**
恩施市			7		7	32		32
建始县			1		1	45		45
巴东县			2		2	25		25
利川市			2	2		85	85	
宣恩县			3		3	20		20
咸丰县			1		1			
来凤县			1		1	20		20
鹤峰县			7		7	23		23
随州市			**86**		**86**	**905**		**905**
曾都区								
随县								
广水市			86		86	905		905
仙桃市			**400**	**2**	**398**	**125**	**82**	**43**
天门市	**1591**	**2960**	**91**		**91**	**3341**		**3341**
潜江市	**1304**	**1736**	**58**	**58**		**131**	**131**	
神农架			**1**					

水产苗种生产投放

地区	投放鱼种总量	鱼种产量	鱼苗生产数量		扣蟹	稚龟	稚鳖	虾类育苗	贝类育苗
			合计	其中：黄颡鱼					
	吨	吨	亿尾	亿尾	公斤	万只	万只	亿尾	万粒
湖北省	**1162554**	**1171061**	**1448**	**66.48**	**2601935**	**2236**	**7957**	**1476.86**	**15**
武汉市	**91500**	**76431**	**157**	**11.91**	**112**	**97**	**159**	**7.82**	
新洲区	19990	21013	54	2.00				2.10	
江夏区	16000	17300	40	9.00	112			0.80	
蔡甸区	19423	17282	19				25		
黄陂区	17989	18041	39	0.07			27	4.01	
汉南区	4598	2795	1	0.04		97	107	0.91	
东西湖区	13500		4	0.80					
黄石市	**45215**	**38839**	**67**	**3.00**	**12100**	**1**	**125**	**15.00**	
黄石市直	850	829	6						
大冶市	19400	15500	9			1	120	10.00	
阳新县	24965	22510	52	3.00	12100		5	5.00	
十堰市	**11292**	**65955**	**15**			**1**		**0.01**	
十堰市直	10	1	1						
十堰市辖区	332								
丹江口市	8800	65350	7						
郧阳区	380	320	2						
郧西	530	30							
竹山县	500	250	2			1		0.01	
竹溪县	140	4	2						
房县	600		1						
荆州市	**314450**	**309452**	**286**	**19.81**	**1995034**	**427**	**3485**	**792.00**	**15**
荆州区	29740	30200	30					31.00	
沙市区	6100	2410	13	6.00		50	15		
江陵县	9950	8550	22	0.01		13	100	4.00	
松滋市	10000	10000	10	1.05	3000	30	300		
公安县	35500	35000	43	1.25	7510	31	780	255.00	15
石首市	40160	41352	21		19168	2	150	26.00	
监利市	69500	72540	45	3.00	176856	285	1852	136.00	
洪湖市	113500	109400	103	8.50	1788500	16	288	340.00	
宜昌市	**58939**	**36602**	**19**	**1.20**		**73**	**87**	**16.30**	
宜昌市直	150								
夷陵区	1500	1014						1.00	
宜都市	1600	800	1			10	30		
枝江市	32000	22800	6	0.60				0.50	
当阳市	22550	11020	10	0.60		63	57	14.00	
远安县	620	710	1					0.80	
兴山县	8								
秭归县	27								
长阳县	482	258	1						
五峰县	2								
襄阳市	**39521**	**40738**	**27**	**4.71**	**4160**	**6**	**53**	**31.97**	
襄阳市辖区	2996	5960			50			11.00	
老河口市	6393	10376	2		3800				
襄州区	8726	5484	4	3.50			1	8.00	
枣阳市	9631	7530	2	0.05	310				
宜城市	6494	5716	5	0.16		5	50	6.17	
南漳县	1912	3674	9				1	2.60	
谷城县	3139	1548	5	1.00		1	1	4.20	
保康县	230	450							
鄂州市	**70673**	**43975**	**36**	**12.80**	**5000**		**13**	**106.60**	
鄂城区	17900	10726	22	12.00				3.20	
华容区	30928	27941	9	0.80				1.40	
梁子湖区	21845	5308	5		5000		13	102.00	

续表

地区	投放鱼种总量	鱼种产量	鱼苗生产数量		扣蟹	稚龟	稚鳖	虾类育苗	贝类育苗
			合计	其中:黄颡鱼					
	吨	吨	亿尾	亿尾	公斤	万只	万只	亿尾	万粒
荆门市	**128951**	**122865**	**81**	**3.20**	**22**	**1612**	**2108**	**53.37**	
荆门市辖区									
沙洋县	51560	50151	29	1.10	22	75	34	12.40	
钟祥市	37510	39060	20	1.50		527	274	19.00	
京山市	22410	22990	16	0.60		700	1600	8.40	
沙洋农场									
东宝区	8530	2231	1			37	11	4.80	
掇刀区	6302	5138	6			12	137	4.55	
漳河新区	2164	2843	8					4.22	
屈家岭管理区	475	452				261	52		
孝感市	**105866**	**118584**	**70**	**2.70**	**553936**	**3**	**647**	**85.00**	
孝南区	16600	16200	16			1	5	0.50	
孝昌县	12680	12290	5	1.50			50	4.00	
大悟县	7200	5130	5			2	25		
安陆市	9300	9800	4						
云梦县	13500	12850	1					3.50	
应城市	13800	10500	13	1.20			567	38.00	
汉川市	32586	51714	27		553936			39.00	
孝感市辖区	200	100							
黄冈市	**110718**	**123116**	**407**	**3.05**	**4050**		**77**	**126.89**	
黄州区	8168	10989	180	0.72					
团风县	10290	7210	27					1.10	
红安县	6015	5680	12					1.15	
麻城市	7165	5780	4	0.60	3050			3.00	
罗田县	2985	581	5				68		
英山县	2580	2292	3						
浠水县	19500	22730	55	1.20			2	47.00	
蕲春县	15755	30818	23	0.36				9.02	
武穴市	14120	14050	31				5	15.50	
黄梅县	19560	19650	66	0.17	1000		2	48.00	
龙感湖区	4580	3336	2					2.12	
咸宁市	**51730**	**110519**	**51**	**0.05**	**23000**	**2**	**92**	**25.40**	
咸安区	6800	16500	7	0.02	5000	1	10	10.20	
嘉鱼县	16100		18					7.00	
赤壁市	17200	83989	16	0.03	18000	1	70	6.90	
通城县	3700	1700	1						
崇阳县	4930	5330	2				12	1.30	
通山县	3000	3000	6						
恩施州	**644**	**360**							
恩施市	375	170							
建始县	10	4							
巴东县	11								
利川市	187	178							
宣恩县	10	8							
咸丰县	9								
来凤县	42								
鹤峰县									
随州市	**18286**	**14675**	**35**	**0.05**			**353**	**6.50**	
曾都区	2390	1956	5	0.05				4.00	
随县	8213	6610							
广水市	7683	6109	30				353	2.50	
仙桃市	**62471**	**56448**	**33**			**3**	**423**	**6.00**	
天门市	**28494**	**657**	**22**		**4521**	**5**	**327**	**14.00**	
潜江市	**23804**	**11845**	**141**	**4.00**		**6**	**8**	**190.00**	
神农架			**1**						

水产加工业(一)

地区	水产加工企业			水产冷库				部分水产品年加工量		
	总数	加工能力	其中:规模以上的加工企业个数	座数	冻结能力	冷藏能力	制冰能力	克氏螯虾	鳊鲂	斑点叉尾鮰
	个	吨/年	个	座	吨/日	吨/次	吨/日	吨	吨	吨
湖北省	**359**	**2744811**	**171**	**562**	**99766**	**297456**	**7627**	**977413**	**20631**	**14352**
武汉市	**22**	**170075**	**9**	**46**	**396**	**22547**	**158**	**3362**	**674**	**4920**
新洲区	12	98000	5	6	168	536	38		649	4920
江夏区	2	61480	1	6	158	20001	120			
蔡甸区	3	4355		19		1650		3355		
黄陂区	2	1200	2	13	60	300		7	25	
汉南区										
东西湖区	3	5040	1	2	10	60				
黄石市	**24**	**37730**	**11**	**22**	**285**	**1610**	**226**	**4153**	**2153**	**42**
黄石市直										
大冶市	16	29800	8	12	120	760	130	3100	1450	42
阳新县	8	7930	3	10	165	850	96	1053	703	
十堰市	**14**	**101200**	**6**	**19**	**360**	**30100**	**50**			
十堰市直										
十堰市辖区										
丹江口市	11	100000	5	16	260	30000	50			
郧阳区										
郧西	3	1200	1	3	100	100				
竹山县										
竹溪县										
房县										
荆州市	**91**	**907900**	**37**	**174**	**59960**	**80150**	**2857**	**464820**	**1352**	**5558**
荆州区	2	50000		2	10000	10000	1	20100		
沙市区	1	10000	1	2	150	200		2420		
江陵县	12	20000	6	6	400	800	5	7500		80
松滋市	2	5500	2	5	1000	1200	3			
公安县	9	105000	3	7	39330	39330	28	101000	1340	
石首市	8	108000	3	8	2800	3600	70	22500		58
监利市	29	220400	10	86	2080	8520	1250	176800		220
洪湖市	28	389000	12	58	4200	16500	1500	134500	12	5200
宜昌市	**15**	**81100**	**5**	**17**	**670**	**5450**	**280**	**1880**	**428**	**590**
宜昌市直										
夷陵区										
宜都市	4	15000	2	4	200	800	40			
枝江市	5	54600	3	7	350	1250	120	1100	50	130
当阳市	2	4000		2		1600				
远安县										
兴山县										
秭归县										
长阳县	4	7500		4	120	1800	120	780	378	460
五峰县										
襄阳市	**19**	**21784**	**4**	**18**	**306**	**382**	**43**	**133**	**145**	**12**
襄阳市辖区	4	1800	1	5	160	100	10	2	2	
老河口市	5	15600	1	3	50	50				
襄州区	2	998								
枣阳市	1	280		1	2	25	1	80		
宜城市	2	1943		2	12	7		51	15	5
南漳县	4	563	1	3	2	120	2		128	7
谷城县	1	600	1	4	80	80	30			
保康县										
鄂州市	**16**	**147435**	**9**	**22**	**1275**	**2180**	**420**	**205**	**15098**	**730**
鄂城区	5	61686	4	10	525	1100		205	9900	730
华容区										
梁子湖区	11	85749	5	12	750	1080	420		5198	

续表

地区	水产加工企业			水产冷库				部分水产品年加工量		
	总数	加工能力	其中：规模以上的加工企业个数	座数	冻结能力	冷藏能力	制冰能力	克氏螯虾	鳊鲂	斑点叉尾鮰
	个	吨/年	个	座	吨/日	吨/次	吨/日	吨	吨	吨
荆门市	**17**	**206000**	**12**	**46**	**5310**	**12637**	**940**	**56720**	**306**	
荆门市辖区										
沙洋县	6	119700	5	9	3300	2900	210	25270		
钟祥市	3	3000	1	9	500	3000	400	4500	70	
京山市	2	12300	1	8	300	1550	250			
沙洋农场										
东宝区	4	50000	4	13	1030	1102		18950	236	
掇刀区	1	10000	1	5	100	4000		8000		
漳河新区	1	11000		2	80	85	80			
屈家岭管理区										
孝感市	**25**	**49165**	**2**	**11**	**1580**	**2350**	**120**	**17562**	**15**	
孝南区										
孝昌县	1	15	1						15	
大悟县										
安陆市										
云梦县	15	31850		6	1500	2200				
应城市	1	2800		2	40	150		2800		
汉川市	8	14500	1	3	40		120	14762		
孝感市辖区										
黄冈市	**39**	**113360**	**9**	**46**	**9578**	**34897**	**552**	**11988**	**160**	**2500**
黄州区	3	1750		1	15	65	14			
团风县	1	100	1							
红安县	2	1230		6	30	60	15			
麻城市	5	4200	2	2	16	7		38		
罗田县	11	230	1	4	7	15	3			
英山县										
浠水县	6	40000	2	14	1000	10900	100			
蕲春县	3	5850		7	460	1450	60	50	10	
武穴市	2	10000	1	3	1000	200	200	900		
黄梅县	6	50000	2	9	7050	22200	160	11000	150	2500
龙感湖区										
咸宁市	**13**	**32710**	**3**	**28**	**386**	**1370**	**8**	**5320**		
咸安区	2	100						20		
嘉鱼县	5	16000	1	20	300	300				
赤壁市	3	15230	2	5	40	1050	3	5300		
通城县	2	380		2	6					
崇阳县	1	1000		1	40	20	5			
通山县										
恩施州										
恩施市										
建始县										
巴东县										
利川市										
宣恩县										
咸丰县										
来凤县										
鹤峰县										
随州市	**1**	**25000**	**1**	**1**	**60**	**6300**	**45**	**6548**		
曾都区										
随县										
广水市	1	25000	1	1	60	6300	45	6548		
仙桃市	**13**	**105900**	**13**	**60**	**14642**	**64233**	**1782**	**23800**	**300**	
天门市	**2**	**21000**	**2**	**2**		**14000**		**13504**		
潜江市	**48**	**724452**	**48**	**50**	**4958**	**19250**	**146**	**367418**		
神农架										

水产加工业(二)

地区	水产加工品(吨)						
	总量	(一)水产品冷冻			(二)鱼糜制品及干腌制品		
		小计	#冷冻品	#冷冻加工品	小计	#鱼糜制品	#干腌制品
湖北省	**1604420**	**1081219**	**409960**	**671259**	**407401**	**217959**	**189442**
武汉市	**96075**	**63123**	**15313**	**47810**	**31755**	**27011**	**4744**
新洲区	30603	10573	3823	6750	20030	17370	2660
江夏区	56532	51590	11040	40550	4643	4251	392
蔡甸区	1730				932		932
黄陂区	1840	960	450	510	780	25	755
汉南区							
东西湖区	5370				5370	5365	5
黄石市	**27919**	**2598**	**2035**	**563**	**25200**	**9740**	**15460**
黄石市直							
大冶市	19620	1400	850	550	18100	4400	13700
阳新县	8299	1198	1185	13	7100	5340	1760
十堰市	**44500**	**34800**	**6800**	**28000**	**9700**	**1100**	**8600**
十堰市直							
十堰市辖区							
丹江口市	44000	34800	6800	28000	9200	1100	8100
郧阳区							
郧西	500				500		500
竹山县							
竹溪县							
房县							
荆州市	**460060**	**268155**	**162080**	**106075**	**190400**	**107060**	**83340**
荆州区	18610	3100	3000	100	15510	15000	510
沙市区	21500	3900		3900	17600	15000	2600
江陵县	6900	2600	2300	300	4300	4300	
松滋市	3800	3000	3000		800	800	
公安县	51235	22555	15280	7275	28680	25750	2930
石首市	23940	23200		23200	740	560	180
监利市	92570	76300	53500	22800	16270	7150	9120
洪湖市	241505	133500	85000	48500	106500	38500	68000
宜昌市	**47442**	**25380**	**10500**	**14880**	**21726**	**3586**	**18140**
宜昌市直	472				236	236	
夷陵区	896				896		896
宜都市	10100	1000		1000	9000		9000
枝江市	26480	19580	8050	11530	6900	3100	3800
当阳市	3550				3550	250	3300
远安县							
兴山县	10				10		10
秭归县	34				34		34
长阳县	5900	4800	2450	2350	1100		1100
五峰县							
襄阳市	**11076**	**10146**	**9042**	**1104**	**930**	**91**	**839**
襄阳市辖区	2061	1800	1200	600	261	63	198
老河口市	5548	5350	5350		198	18	180
襄州区	774	626	626		148	10	138
枣阳市	300	300	150	150			
宜城市	702	702	684	18			
南漳县	992	754	682	72	238		238
谷城县	699	614	350	264	85		85
保康县							
鄂州市	**60088**	**14214**	**4055**	**10159**	**33566**	**8626**	**24940**
鄂城区	28107	4200		4200	17237	4212	13025
华容区							
梁子湖区	31981	10014	4055	5959	16329	4414	11915

续表 1

地区	水产加工品（吨）						
	总量	(一)水产品冷冻			(二)鱼糜制品及干腌制品		
		小计	#冷冻品	#冷冻加工品	小计	#鱼糜制品	#干腌制品
荆门市	**145408**	**85683**	**8842**	**76841**	**28225**	**16743**	**11482**
荆门市辖区							
沙洋县	91710	48300		48300	12410	6400	6010
钟祥市	28700	17000	3500	13500	11700	8300	3400
京山市	11650	8800	1900	6900	2850	1600	1250
沙洋农场							
东宝区	8423	8274	2507	5767	149	17	132
掇刀区	3600	3100	800	2300			
漳河新区	1119	209	135	74	910	342	568
屈家岭管理区	206				206	84	122
孝感市	**19643**	**15122**	**10880**	**4242**	**4521**	**256**	**4265**
孝南区							
孝昌县	15				15		15
大悟县							
安陆市							
云梦县	4140	380		380	3760		3760
应城市	980	980		980			
汉川市	14508	13762	10880	2882	746	256	490
孝感市辖区							
黄冈市	**120138**	**44172**	**31543**	**12629**	**34533**	**19846**	**14687**
黄州区	2663	98		98	2565	1603	962
团风县	41250	100	100				
红安县	1515	1135	825	310	380	230	150
麻城市	5260	610	480	130	4650	4500	150
罗田县	1215				1215	365	850
英山县	1143				1143	185	958
浠水县	8976	900	750	150	8073	4218	3855
蕲春县	13528	6609	4123	2486	6919	4143	2776
武穴市	6508	4120	465	3655	2388	702	1686
黄梅县	38080	30600	24800	5800	7200	3900	3300
龙感湖区							
咸宁市	**18715**	**13570**	**4800**	**8770**	**5145**	**3400**	**1745**
咸安区	20	20		20			
嘉鱼县	8000	6000		6000	2000	2000	
赤壁市	9830	7550	4800	2750	2280	1400	880
通城县	380				380		380
崇阳县	485				485		485
通山县							
恩施州							
恩施市							
建始县							
巴东县							
利川市							
宣恩县							
咸丰县							
来凤县							
鹤峰县							
随州市	**4660**	**4660**		**4660**			
曾都区							
随县							
广水市	4660	4660		4660			
仙桃市	**61040**	**32440**	**2850**	**29590**	**1200**		**1200**
天门市	**4183**	**4183**		**4183**			
潜江市	**483473**	**462973**	**141220**	**321753**	**20500**	**20500**	
神农架							

续表 2

地区	水产加工品（吨）					用于加工的水产品总量(吨)
	(三)罐制品	(四)水产饲料(鱼粉)	(五)鱼油制品	(六)其它水产品加工		
				小计	#助剂和添加剂	
湖北省	**12872**	**100931**		**1997**	**299**	**2215665**
武汉市	**100**			**1097**	**299**	**105495**
新洲区						47920
江夏区				299	299	50421
蔡甸区				798		3574
黄陂区	100					3580
汉南区						
东西湖区						
黄石市	**120**	**1**				**50380**
黄石市直						
大冶市	120					37500
阳新县		1				12880
十堰市						**66000**
十堰市直						
十堰市辖区						
丹江口市						65000
郧阳区						
郧西						1000
竹山县						
竹溪县						
房县						
荆州市	**5**	**1500**				**773030**
荆州区						47550
沙市区						45000
江陵县						20480
松滋市						5200
公安县						65000
石首市						58000
监利市						185800
洪湖市	5	1500				346000
宜昌市	**336**					**96153**
宜昌市直	236					656
夷陵区						2430
宜都市	100					
枝江市						68700
当阳市						10000
远安县						
兴山县						33
秭归县						34
长阳县						14300
五峰县						
襄阳市						**14017**
襄阳市辖区						380
老河口市						9000
襄州区						1472
枣阳市						200
宜城市						1032
南漳县						768
谷城县						1165
保康县						
鄂州市	**12308**					**115664**
鄂城区	6670					51212
华容区						
梁子湖区	5638					64452

续表 3

地区	水产加工品（吨）					
	（三）罐制品	（四）水产饲料（鱼粉）	（五）鱼油制品	（六）其它水产品加工		用于加工的水产品总量（吨）
				小计	#助剂和添加剂	
荆门市		**31000**		**500**		**225893**
荆门市辖区						
沙洋县		31000				102000
钟祥市						55200
京山市						29600
沙洋农场						
东宝区						28630
掇刀区				500		8000
漳河新区						1986
屈家岭管理区						477
孝感市						**33417**
孝南区						
孝昌县						
大悟县						
安陆市						
云梦县						5100
应城市						4900
汉川市						23417
孝感市辖区						
黄冈市	**3**	**41430**				**123103**
黄州区						7659
团风县		41150				16490
红安县						3350
麻城市						12500
罗田县						3365
英山县						2516
浠水县	3					17615
蕲春县						18788
武穴市						23620
黄梅县		280				17200
龙感湖区						
咸宁市						**26770**
咸安区						30
嘉鱼县						11000
赤壁市						14230
通城县						540
崇阳县						970
通山县						
恩施州						
恩施市						
建始县						
巴东县						
利川市						
宣恩县						
咸丰县						
来凤县						
鹤峰县						
随州市						**26192**
曾都区						
随县						
广水市						26192
仙桃市		**27000**		**400**		**30100**
天门市						**13504**
潜江市						**515947**
神农架						

渔业人口与从业人员

地区	渔业乡（个）	渔业村（个）	渔业户（户）	渔业人口（人）		渔业从业人员（人）		
				小计	其中：传统渔民	合计	其中：专业从业人员	
							小计	捕捞
湖北省	**73**	**1021**	**426190**	**1356099**	**484203**	**1139162**	**747234**	**5133**
武汉市	**1**	**90**	**35992**	**119222**	**48832**	**83053**	**51396**	**661**
新洲区		44	11599	35992	13489	28188	18083	276
江夏区		6	1338	4445	1776	8303	2908	72
蔡甸区		17	6310	21245	8386	19046	8702	
黄陂区			11812	45104	16336	18829	13586	211
汉南区		7	2682	7980	7150	4879	4469	102
东西湖区	1	16	2251	4456	1695	3808	3648	
黄石市	**1**	**15**	**9260**	**36560**	**7540**	**37627**	**14537**	**582**
黄石市直			168	430		670	160	
大冶市	1	4	4030	14900	1780	11120	4470	550
阳新县		11	5062	21230	5760	25837	9907	32
十堰市		**1**	**2463**	**14648**	**919**	**10192**	**4419**	
十堰市直			15	24		21	7	
十堰市辖区			24	80		60	60	
丹江口市		1	570	3000	780	2350	1600	
郧阳区			1025	4613		2390	845	
郧西			218	1037		2390	845	
竹山县			164	4890		2173	773	
竹溪县			310	700		600	150	
房县			137	304	139	208	139	
荆州市	**14**	**315**	**94667**	**289387**	**119497**	**241079**	**189031**	
荆州区			4056	15610	1151	15521	11551	
沙市区			5010	8955	4500	8030	5720	
江陵县			4041	15172	2516	8153	6353	
松滋市		16	5560	15210	3450	12975	9845	
公安县		34	8125	23550		28048	22490	
石首市			403	750		4147	3307	
监利市	3	130	31447	112140	47380	66555	43765	
洪湖市	11	135	36025	98000	60500	97650	86000	
宜昌市	**8**	**175**	**16651**	**45690**	**4441**	**51855**	**29339**	**235**
宜昌市直			113	215		215	195	
夷陵区			3936	8086	438	5827	1209	135
宜都市			200	1000		1440	622	
枝江市	8	173	5661	20007		19840	13140	
当阳市		2	6735	16370	4003	20920	11855	100
远安县						2806	1882	
兴山县			6	12		20	20	
秭归县						65	65	
长阳县						722	351	
五峰县								
襄阳市	**4**	**20**	**37781**	**90531**	**23727**	**44299**	**29323**	**120**
襄阳市辖区		1	5100	10100	8655	7042	4512	
老河口市	1	5	14217	23671	12164	5800	3570	120
襄州区				680		680	680	
枣阳市			8265	26550	1543	14050	8850	
宜城市	1	4	5595	16345		3287	3287	
南漳县	2	10	3080	9500	1360	9690	6665	
谷城县			1524	3615		3689	1725	
保康县				70	5	61	34	
鄂州市	**2**	**13**	**11341**	**45846**	**17608**	**44933**	**27977**	**23**
鄂城区	1	2	3835	13240	6766	14128	7034	
华容区		5	2386	14966	1074	9567	7633	23
梁子湖区	1	6	5120	17640	9768	21238	13310	

续表 1

地区	渔业乡（个）	渔业村（个）	渔业户（户）	渔业人口（人）		渔业从业人员（人）		
				小计	其中：传统渔民	合计	其中：专业从业人员	
							小计	捕捞
荆门市	**9**	**121**	**32901**	**90716**	**28105**	**70354**	**46936**	**1334**
荆门市辖区								
沙洋县	6	46	7090	23690	8830	17605	14280	
钟祥市		44	8925	31632	9091	25170	16760	530
京山市	3	29	7743	20622	8420	18690	11250	300
沙洋农场								
东宝区			4887	6994	271	2036	577	5
掇刀区			1492	4433		2672	2091	280
漳河新区		2	2394	2392	1493	3530	1444	219
屈家岭管理区			370	953		651	534	
孝感市	**1**	**40**	**32176**	**116594**	**58879**	**108901**	**71464**	**120**
孝南区			6100	19200		8921	8256	
孝昌县			3308	11453	9880	12720	11350	120
大悟县			3270	11810	3000	14935	6115	
安陆市			2190	8690	4438	8690	4657	
云梦县			3091	8852	3760	8852	7768	
应城市			5381	18699	7552	14645	10300	
汉川市	1	40	8836	37890	30249	40138	23018	
孝感市辖区								
黄冈市	**11**	**112**	**46480**	**158481**	**55657**	**142163**	**76534**	**1191**
黄州区	1	7	2861	7586	6702	9472	6910	
团风县		5	4454	12710	6050	6733	5233	
红安县	1	1	4437	13578	1354	14373	8787	
麻城市		3	5100	14500	3365	14740	10550	100
罗田县			997	2016	320	985	349	
英山县	1	12	1862	3612	380	6624	1028	
浠水县	1	21	6945	22620	10500	23025	9825	
蕲春县	1	22	5192	20111	6230	20053	8910	
武穴市		2	5025	25125	3586	16073	8742	
黄梅县			9190	35532	17170	27903	14018	
龙感湖区	6	39	417	1091		2182	2182	1091
咸宁市	**20**	**90**	**17910**	**78260**	**24316**	**54317**	**26790**	**722**
咸安区	8	26	2450	9700	3800	6530	3830	200
嘉鱼县	1	7	6000	25000	4000	13520	5720	
赤壁市	5	17	4300	21000	13060	17930	8160	330
通城县			2115	7400	2196	5348	4061	47
崇阳县		4	1585	6340	960	5489	879	145
通山县	6	36	1460	8820	300	5500	4140	
恩施州			**810**	**1625**		**2118**	**972**	
恩施市			171	511		528	207	
建始县			15	24		46	24	
巴东县			141	390		140	20	
利川市			231	613		763	343	
宣恩县			26			27	27	
咸丰县			5	12		264	130	
来凤县			200			308	200	
鹤峰县			21	75		42	21	
随州市			**19885**	**70745**	**856**	**28339**	**12689**	**145**
曾都区			547	985	856	945	923	30
随县			14760	53235		17986	9753	115
广水市			4578	16525		9408	2013	
仙桃市			**37428**	**115163**	**72749**	**68318**	**40103**	
天门市			**10021**	**37154**		**28825**	**15341**	
潜江市	**2**	**29**	**20424**	**45270**	**21077**	**122789**	**110383**	
神农架				**207**				

续表 2

地区	渔业从业人员(人)						
	其中:专业从业人员		专业从业人员中:女性	兼业从业人员		临时从业人员	
	养殖	其它		小计	其中:女性	小计	其中:女性
湖北省	**708123**	**33978**	**181884**	**270233**	**68174**	**121695**	**31955**
武汉市	**44908**	**5827**	**19206**	**24283**	**5667**	**7374**	**1380**
新洲区	17292	515	4201	8309	1896	1796	161
江夏区	2440	396	2667	3671	1126	1724	665
蔡甸区	8702		1162	7502	672	2842	
黄陂区	8614	4761	8115	4231	1796	1012	554
汉南区	4212	155	1746	410	105		
东西湖区	3648		1315	160	72		
黄石市	**13367**	**588**	**3305**	**18510**	**2180**	**4580**	**1200**
黄石市直	102	58		270	50	240	180
大冶市	3600	320	850	4500	620	2150	295
阳新县	9665	210	2455	13740	1510	2190	725
十堰市	**3581**	**838**	**848**	**3316**	**762**	**2457**	**636**
十堰市直	6	1		12		2	
十堰市辖区	48	12					
丹江口市	1000	600	500	450	180	300	50
郧阳区	845		45	925	185	620	125
郧西	845		45	925	185	620	125
竹山县	548	225	220	535	145	865	326
竹溪县	150		38	400	38	50	10
房县	139			69	29		
荆州市	**184940**	**4091**	**57441**	**34174**	**11747**	**17874**	**8615**
荆州区	11551		1650	3080	485	890	110
沙市区	5320	400	910	980	550	1330	700
江陵县	6245	108	1630	1340	740	460	175
松滋市	9560	285	1050	2570	580	560	118
公安县	21419	1071	5159	3399	1226	2159	944
石首市	2905	402	318	480	48	360	36
监利市	41940	1825	17224	15875	5118	6915	2632
洪湖市	86000		29500	6450	3000	5200	3900
宜昌市	**27922**	**1182**	**11087**	**14731**	**4948**	**7785**	**2022**
宜昌市直	195			20			
夷陵区	936	138	218	2197	642	2421	527
宜都市	522	100	100	408	100	410	100
枝江市	12700	440	5800	4020	1550	2680	850
当阳市	11515	240	4521	7144	2021	1921	434
远安县	1654	228	406	821	627	103	94
兴山县	20						
秭归县	65		17				
长阳县	315	36	25	121	8	250	17
五峰县							
襄阳市	**25580**	**3623**	**2015**	**8753**	**1942**	**6223**	**911**
襄阳市辖区	3550	962	335	1530	435	1000	510
老河口市	3260	190	210	1610	280	620	72
襄州区	680						
枣阳市	8670	180	900	2900	400	2300	269
宜城市	3265	22					
南漳县	4416	2249		2345	785	680	
谷城县	1705	20	570	351	42	1613	60
保康县	34			17		10	
鄂州市	**27143**	**811**	**7249**	**6251**	**2343**	**10705**	**2188**
鄂城区	6763	271	1828	1454	582	5640	192
华容区	7378	232	1375	365	71	1569	331
梁子湖区	13002	308	4046	4432	1690	3496	1665

续表 3

地区	渔业从业人员(人)						
	其中:专业从业人员		专业从业人员中:女性	兼业从业人员		临时从业人员	
	养殖	其它		小计	其中:女性	小计	其中:女性
荆门市	**42864**	**2738**	**12506**	**16743**	**4820**	**6675**	**2579**
荆门市辖区							
沙洋县	13190	1090	6195	2010	910	1315	460
钟祥市	15560	670	2780	4950	1120	3460	1280
京山市	10650	300	2300	6900	2300	540	150
沙洋农场							
东宝区	516	56	219	523	116	936	626
掇刀区	1488	323	580	354	63	227	37
漳河新区	960	265	295	1896	285	190	23
屈家岭管理区	500	34	137	110	26	7	3
孝感市	**65092**	**6252**	**11130**	**24065**	**3485**	**13372**	**2363**
孝南区	7901	355	1538	220	30	445	63
孝昌县	11230		1130	1210	230	160	30
大悟县	5565	550	1120	5800	950	3020	680
安陆市	3239	1418	1390	3030	130	1003	368
云梦县	7768		3230	1057	70	27	10
应城市	8011	2289	502	3498	510	847	232
汉川市	21378	1640	2220	9250	1565	7870	980
孝感市辖区							
黄冈市	**68842**	**6501**	**11645**	**38388**	**8476**	**27241**	**5250**
黄州区	6652	258		1926	86	636	78
团风县	4983	250	890	1310	150	190	12
红安县	8237	550	1138	3886	1235	1700	425
麻城市	10150	300	100	3360	20	830	
罗田县	349		6	501	16	135	14
英山县	816	212	210	2626	390	2970	498
浠水县	9240	585	1480	7766	4496	5434	1186
蕲春县	8346	564	2315	4654	1138	6489	1215
武穴市	8580	162	1628	5163	319	2168	334
黄梅县	10398	3620	3576	7196	626	6689	1488
龙感湖区	1091		302				
咸宁市	**25312**	**756**	**6087**	**24394**	**2302**	**3133**	**576**
咸安区	3600	30	1100	1900	475	800	190
嘉鱼县	5500	220		7800			
赤壁市	7830		3360	8930	1210	840	143
通城县	3858	156	515	564	157	723	190
崇阳县	714	20	12	4250	180	360	13
通山县	3810	330	1100	950	280	410	40
恩施州	**967**	**5**	**97**	**709**	**100**	**437**	**43**
恩施市	207		37	201	51	120	19
建始县	19	5	7	7	2	15	3
巴东县	20		7	65	8	55	
利川市	343		30	225	32	195	21
宣恩县	27		5				
咸丰县	130			82		52	
来凤县	200		11	108	7		
鹤峰县	21			21			
随州市	**11983**	**561**	**2221**	**11403**	**3336**	**4247**	**1185**
曾都区	855	38		11	3	11	3
随县	9115	523	1943	4673	1220	3560	990
广水市	2013		278	6719	2113	676	192
仙桃市	**40103**		**15196**	**23473**	**10091**	**4742**	**1388**
天门市	**15341**		**6745**	**11123**		**2361**	
潜江市	**110178**	**205**	**15106**	**9917**	**5975**	**2489**	**1619**
神农架							

渔业船舶拥有量

地区	机动渔船合计			机动渔船按船长分		
				24米以上		
	艘	总吨	千瓦	艘	总吨	千瓦
湖北省	**5252**	**9885**	**66777**	**7**	**517**	**3276**
武汉市	**594**	**1333**	**13029**	**4**	**373**	**2208**
武汉市直	12	404	4166	2	252	1152
新洲区	149	202	1338			
江夏区	52	200	2356	2	121	1056
蔡甸区	59	72	1480			
黄陂区	213	312	2316			
汉南区	107	130	1153			
东西湖区	2	13	220			
黄石市	**846**	**1048**	**6641**			
黄石市直	22	68	306			
大冶市	45	76	410			
阳新县	779	904	5925			
十堰市	**36**	**284**	**3465**	**1**	**58**	**352**
十堰市直						
十堰市辖区						
丹江口市	14	51	1212			
郧阳区	12	106	1101	1	58	352
郧西	2	5	154			
竹山县	6	110	726			
竹溪县	2	12	272			
房县						
荆州市	**333**	**857**	**4465**	**1**	**58**	**320**
荆州区						
沙市区						
江陵县						
松滋市	27	85	314			
公安县	126	418	1549			
石首市	82	82	736			
监利市	4	123	810	1	58	320
洪湖市	94	149	1056			
宜昌市	**154**	**566**	**2856**			
宜昌市直	4	164	746			
夷陵区	77	103	506			
宜都市	3	64	382			
枝江市						
当阳市	64	138	410			
远安县	2	2	33			
兴山县	1	8	105			
秭归县	3	87	674			
长阳县						
五峰县						
襄阳市	**686**	**1424**	**9746**			
襄阳市辖区	89	184	1375			
老河口市	202	367	2850			
襄州区	84	330	1743			
枣阳市						
宜城市	102	246	1539			
南漳县	132	171	1115			
谷城县	53	94	1026			
保康县	24	32	98			
鄂州市	**81**	**198**	**615**			
鄂城区	63	147	426			
华容区	18	51	189			
梁子湖区						
荆门市	**70**	**129**	**2193**			

续表 1

地区	机动渔船合计			机动渔船按船长分		
				24 米以上		
	艘	总吨	千瓦	艘	总吨	千瓦
荆门市直	5	27	850			
荆门市辖区						
沙洋县						
钟祥市	42	71	948			
京山市						
沙洋农场						
东宝区	7	14	272			
掇刀区	9	10	63			
漳河新区	7	7	60			
屈家岭管理区						
孝感市	**257**	**557**	**3890**			
孝南区	3	3	190			
孝昌县	66	95	304			
大悟县	70	245	627			
安陆市	53	42	967			
云梦县	13	15	224			
应城市	6	21	300			
汉川市	2	87	386			
孝感市辖区	44	49	892			
黄冈市	**441**	**997**	**5372**			
黄冈市直	55	269	1286			
黄州区	42	142	767			
团风县	66	201	854			
红安县	8	26	384			
麻城市	39	52	355			
罗田县	17	21	100			
英山县	23	23	153			
浠水县	63	88	454			
蕲春县	127	155	916			
武穴市	1	20	103			
黄梅县						
龙感湖区						
咸宁市	**1133**	**1376**	**6697**	**1**	**28**	**396**
咸安区	100	108	534			
嘉鱼县	153	113	1165	1	28	396
赤壁市	323	361	1822			
通城县	120	303	714			
崇阳县	433	440	1782			
通山县	4	51	680			
恩施州	**17**	**196**	**2024**			
恩施州直	2	30	380			
恩施市	1	8	103			
建始县	1	7	103			
巴东县	5	70	564			
利川市	1	3	66			
宣恩县	1	7	103			
咸丰县	4	18	291			
来凤县						
鹤峰县	2	53	414			
随州市	**442**	**702**	**4286**			
曾都区	25	48	592			
随县	211	428	2096			
广水市	206	226	1598			
仙桃市	**4**	**23**	**628**			
天门市	**158**	**195**	**870**			
潜江市						
神农架						

续表 2

地区	机动渔船按船长分						非机动渔船合计	
	12–24 米			12 米以下				
	艘	总吨	千瓦	艘	总吨	千瓦	艘	总吨
湖北省	**142**	**1401**	**10432**	**5103**	**7967**	**53069**	**14776**	**6456**
武汉市	**5**	**108**	**1302**	**585**	**852**	**9519**		
武汉市直	2	84	990	8	68	2024		
新洲区				149	202	1338		
江夏区	1	8	105	49	71	1195		
蔡甸区				59	72	1480		
黄陂区	1	8	104	212	304	2212		
汉南区				107	130	1153		
东西湖区	1	8	103	1	5	117		
黄石市	**14**	**49**	**647**	**832**	**999**	**5994**	**300**	**300**
黄石市直	1	7	105	21	61	201		
大冶市	1	9	103	44	67	307	300	300
阳新县	12	33	439	767	871	5486		
十堰市	**5**	**147**	**854**	**30**	**79**	**2259**		
十堰市直								
十堰市辖区								
丹江口市	2	37	408	12	14	804		
郧阳区				11	48	749		
郧西				2	5	154		
竹山县	3	110	446	3		280		
竹溪县				2	12	272		
房县								
荆州市	**28**	**127**	**516**	**304**	**672**	**3629**	**8800**	**1700**
荆州区								
沙市区								
江陵县								
松滋市	25	75	167	2	10	147		
公安县				126	418	1549		
石首市	2	2	29	80	80	707		
监利市	1	50	320	2	15	170		
洪湖市				94	149	1056	8800	1700
宜昌市	**6**	**261**	**1429**	**148**	**305**	**1427**	**50**	**30**
宜昌市直	4	164	746					
夷陵区				77	103	506		
宜都市	1	50	235	2	14	147	50	30
枝江市								
当阳市				64	138	410		
远安县				2	2	33		
兴山县				1	8	105		
秭归县	1	47	448	2	40	226		
长阳县								
五峰县								
襄阳市				**686**	**1424**	**9746**	**20**	**40**
襄阳市辖区				89	184	1375	20	40
老河口市				202	367	2850		
襄州区				84	330	1743		
枣阳市								
宜城市				102	246	1539		
南漳县				132	171	1115		
谷城县				53	94	1026		
保康县				24	32	98		
鄂州市	**1**	**4**	**17**	**80**	**194**	**598**		
鄂城区				63	147	426		
华容区	1	4	17	17	47	172		
梁子湖区								
荆门市	**3**	**24**	**700**	**67**	**105**	**1493**	**196**	**202**

续表 3

地区	机动渔船按船长分						非机动渔船合计	
	12–24 米			12 米以下				
	艘	总吨	千瓦	艘	总吨	千瓦	艘	总吨
荆门市直	3	24	700	2	3	150		
荆门市辖区								
沙洋县								
钟祥市				42	71	948		
京山市								
沙洋农场								
东宝区				7	14	272		
掇刀区				9	10	63		
漳河新区				7	7	60	196	202
屈家岭管理区								
孝感市	**13**	**125**	**873**	**244**	**432**	**3017**	**2185**	**1738**
孝南区				3	3	190	820	278
孝昌县				66	95	304	160	240
大悟县	4	90	52	66	155	575	40	40
安陆市	3	23	569	50	19	398		
云梦县	3	6	47	10	9	177		
应城市				6	21	300	1165	1180
汉川市				2	87	386		
孝感市辖区	3	6	205	41	43	687		
黄冈市	**56**	**356**	**1891**	**385**	**641**	**3481**	**258**	**211**
黄冈市直	12	117	662	43	152	624	7	20
黄州区	3	66	457	39	76	310	17	26
团风县	40	153	669	26	48	185	85	21
红安县				8	26	384	14	12
麻城市				39	52	355	11	12
罗田县				17	21	100	14	10
英山县				23	23	153		
浠水县				63	88	454		
蕲春县				127	155	916		
武穴市	1	20	103				110	110
黄梅县								
龙感湖区								
咸宁市	**3**	**44**	**577**	**1129**	**1304**	**5724**	**1492**	**1492**
咸安区				100	108	534		
嘉鱼县				152	85	769		
赤壁市				323	361	1822	1492	1492
通城县				120	303	714		
崇阳县				433	440	1782		
通山县	3	44	577	1	7	103		
恩施州	**7**	**145**	**1290**	**10**	**51**	**734**	**2**	**1**
恩施州直	2	30	380					
恩施市				1	8	103		
建始县				1	7	103	2	1
巴东县	2	51	290	3	19	274		
利川市				1	3	66		
宣恩县				1	7	103		
咸丰县	2	12	210	2	6	81		
来凤县								
鹤峰县	1	52	410	1	1	4		
随州市				**442**	**702**	**4286**	**1473**	**742**
曾都区				25	48	592	23	17
随县				211	428	2096		
广水市				206	226	1598	1450	725
仙桃市	**1**	**11**	**336**	**3**	**12**	**292**		
天门市				**158**	**195**	**870**		
潜江市								
神农架								

渔业船舶拥有量(机动渔船中的生产渔船)

地区	机动渔船中:生产渔船					
	生产渔船合计			捕捞渔船小计		
	艘	总吨	千瓦	艘	总吨	千瓦
湖北省	**4976**	**7466**	**38163**	**2429**	**2883**	**12244**
武汉市	**555**	**681**	**4941**	**385**	**409**	**1862**
武汉市直						
新洲区	147	184	939	123	147	630
江夏区	36	36	159	36	36	159
蔡甸区	57	57	1208			
黄陂区	211	300	2102	122	122	540
汉南区	104	104	533	104	104	533
东西湖区						
黄石市	**838**	**1004**	**5891**	**571**	**674**	**3241**
黄石市直	20	54	115			
大冶市	43	63	211			
阳新县	775	887	5565	571	674	3241
十堰市						
十堰市直						
十堰市辖区						
丹江口市						
郧阳区						
郧西						
竹山县						
竹溪县						
房县						
荆州市	**320**	**680**	**2816**	**144**	**176**	**1035**
荆州区						
沙市区						
江陵县						
松滋市	25	75	167			
公安县	124	402	1371			
石首市	82	82	736	55	55	493
监利市						
洪湖市	89	121	542	89	121	542
宜昌市	**141**	**241**	**916**	**141**	**241**	**916**
宜昌市直						
夷陵区	77	103	506	77	103	506
宜都市						
枝江市						
当阳市	64	138	410	64	138	410
远安县						
兴山县						
秭归县						
长阳县						
五峰县						
襄阳市	**669**	**1375**	**8980**			
襄阳市辖区	83	166	1245			
老河口市	198	353	2696			
襄州区	82	326	1709			
枣阳市						
宜城市	101	244	1524			
南漳县	131	168	1049			
谷城县	50	86	659			
保康县	24	32	98			
鄂州市	**81**	**198**	**615**	**11**	**32**	**143**
鄂城区	63	147	426			
华容区	18	51	189	11	32	143
梁子湖区						
荆门市	**23**	**25**	**310**	**23**	**25**	**310**

续表 1

地区	机动渔船中:生产渔船					
	生产渔船合计			捕捞渔船小计		
	艘	总吨	千瓦	艘	总吨	千瓦
荆门市直	2	3	150	2	3	150
荆门市辖区						
沙洋县						
钟祥市						
京山市						
沙洋农场						
东宝区	5	5	37	5	5	37
掇刀区	9	10	63	9	10	63
漳河新区	7	7	60	7	7	60
屈家岭管理区						
孝感市	**232**	**402**	**1786**			
孝南区						
孝昌县	65	90	292			
大悟县	69	241	542			
安陆市	47	14	273			
云梦县	10	12	99			
应城市						
汉川市						
孝感市辖区	41	45	580			
黄冈市	**427**	**848**	**3980**			
黄冈市直	55	269	1286			
黄州区	39	76	310			
团风县	64	192	651			
红安县	5	5	44			
麻城市	37	39	334			
罗田县	17	21	100			
英山县	23	23	153			
浠水县	63	88	454			
蕲春县	124	135	648			
武穴市						
黄梅县						
龙感湖区						
咸宁市	**1112**	**1213**	**4197**	**1075**	**1176**	**4059**
咸安区	97	97	291	97	97	291
嘉鱼县	150	75	600	150	75	600
赤壁市	315	315	1079	315	315	1079
通城县	119	295	611	119	295	611
崇阳县	431	431	1616	394	394	1478
通山县						
恩施州						
恩施市						
建始县						
巴东县						
利川市						
宣恩县						
咸丰县						
来凤县						
鹤峰县						
随州市	**426**	**636**	**2983**	**79**	**150**	**678**
曾都区	20	33	180	19	32	175
随县	205	402	1624	60	118	503
广水市	201	201	1179			
仙桃市						
天门市	**152**	**163**	**748**			
潜江市						
神农架						

续表 2

地区	机动渔船中:生产渔船								
	捕捞渔船小计						养殖渔船小计		
	45-440 千瓦(61-599 马力)			44 千瓦(60 马力)以下			艘	总吨	千瓦
	艘	总吨	千瓦	艘	总吨	千瓦			
湖北省	**2**	**3**	**150**	**2427**	**2880**	**12094**	**2547**	**4583**	**25919**
武汉市				**385**	**409**	**1862**	**170**	**272**	**3079**
武汉市直									
新洲区				123	147	630	24	37	309
江夏区				36	36	159			
蔡甸区							57	57	1208
黄陂区				122	122	540	89	178	1562
汉南区				104	104	533			
东西湖区									
黄石市				**571**	**674**	**3241**	**267**	**330**	**2650**
黄石市直							20	54	115
大冶市							43	63	211
阳新县				571	674	3241	204	213	2324
十堰市									
十堰市直									
十堰市辖区									
丹江口市									
郧阳区									
郧西									
竹山县									
竹溪县									
房县									
荆州市				**144**	**176**	**1035**	**176**	**504**	**1781**
荆州区									
沙市区									
江陵县									
松滋市							25	75	167
公安县							124	402	1371
石首市				55	55	493	27	27	243
监利市									
洪湖市				89	121	542			
宜昌市				**141**	**241**	**916**			
宜昌市直									
夷陵区				77	103	506			
宜都市									
枝江市									
当阳市直				64	138	410			
远安县									
兴山县									
秭归县									
长阳县									
五峰县									
襄阳市							**669**	**1375**	**8980**
襄阳市辖区							83	166	1245
老河口市							198	353	2696
襄州区							82	326	1709
枣阳市									
宜城市							101	244	1524
南漳县							131	168	1049
谷城县							50	86	659
保康县							24	32	98
鄂州市				**11**	**32**	**143**	**70**	**166**	**472**
鄂城区							63	147	426
华容区				11	32	143	7	19	46
梁子湖区									
荆门市	**2**	**3**	**150**	**21**	**22**	**160**			

续表 3

地区	机动渔船中：生产渔船								
	捕捞渔船小计						养殖渔船小计		
	45-440 千瓦(61-599 马力)			44 千瓦(60 马力)以下			艘	总吨	千瓦
	艘	总吨	千瓦	艘	总吨	千瓦			
荆门市直	2	3	150						
荆门市辖区									
沙洋县									
钟祥市									
京山市									
沙洋农场									
东宝区				5	5	37			
掇刀区				9	10	63			
漳河新区				7	7	60			
屈家岭管理区									
孝感市							**232**	**402**	**1786**
孝南区									
孝昌县							65	90	292
大悟县							69	241	542
安陆市							47	14	273
云梦县							10	12	99
应城市									
汉川市									
孝感市辖区							41	45	580
黄冈市							**427**	**848**	**3980**
黄冈市直							55	269	1286
黄州区							39	76	310
团风县							64	192	651
红安县							5	5	44
麻城市							37	39	334
罗田县							17	21	100
英山县							23	23	153
浠水县							63	88	454
蕲春县							124	135	648
武穴市									
黄梅县									
龙感湖区									
咸宁市				**1075**	**1176**	**4059**	**37**	**37**	**138**
咸安区				97	97	291			
嘉鱼县				150	75	600			
赤壁市				315	315	1079			
通城县				119	295	611			
崇阳县				394	394	1478	37	37	138
通山县									
恩施州									
恩施市									
建始县									
巴东县									
利川市									
宣恩县									
咸丰县									
来凤县									
鹤峰县									
随州市				**79**	**150**	**678**	**347**	**486**	**2305**
曾都区				19	32	175	1	1	5
随县				60	118	503	145	284	1121
广水市							201	201	1179
仙桃市									
天门市							**152**	**163**	**748**
潜江市									
神农架									

渔业船舶拥有量(机动渔船中的辅助渔船)

地区	机动渔船中:辅助渔船								
	艘	总吨	千瓦	其中:捕捞辅助船			其中:渔业执法船		
				艘	总吨	千瓦	艘	总吨	千瓦
湖北省	**276**	**2419**	**28614**	**37**	**25**	**322**	**239**	**2394**	**28292**
武汉市	**39**	**652**	**8088**				**39**	**652**	**8088**
武汉市直	12	404	4166				12	404	4166
新洲区	2	18	399				2	18	399
江夏区	16	164	2197				16	164	2197
蔡甸区	2	15	272				2	15	272
黄陂区	2	12	214				2	12	214
汉南区	3	26	620				3	26	620
东西湖区	2	13	220				2	13	220
黄石市	**8**	**44**	**750**				**8**	**44**	**750**
黄石市直	2	14	191				2	14	191
大冶市	2	13	199				2	13	199
阳新县	4	17	360				4	17	360
十堰市	**36**	**284**	**3465**				**36**	**284**	**3465**
十堰市直									
十堰市辖区									
丹江口市	14	51	1212				14	51	1212
郧阳区	12	106	1101				12	106	1101
郧西	2	5	154				2	5	154
竹山县	6	110	726				6	110	726
竹溪县	2	12	272				2	12	272
房县									
荆州市	**13**	**177**	**1649**				**13**	**177**	**1649**
荆州区									
沙市区									
江陵县									
松滋市	2	10	147				2	10	147
公安县	2	16	178				2	16	178
石首市									
监利市	4	123	810				4	123	810
洪湖市	5	28	514				5	28	514
宜昌市	**13**	**325**	**1940**				**13**	**325**	**1940**
宜昌市直	4	164	746				4	164	746
夷陵区									
宜都市	3	64	382				3	64	382
枝江市									
当阳市									
远安县	2	2	33				2	2	33
兴山县	1	8	105				1	8	105
秭归县	3	87	674				3	87	674
长阳县									
五峰县									
襄阳市	**17**	**49**	**766**				**17**	**49**	**766**
襄阳市辖区	6	18	130				6	18	130
老河口市	4	14	154				4	14	154
襄州区	2	4	34				2	4	34
枣阳市									
宜城市	1	2	15				1	2	15
南漳县	1	3	66				1	3	66
谷城县	3	8	367				3	8	367
保康县									
鄂州市									
鄂城区									
华容区									
梁子湖区									
荆门市	**47**	**104**	**1883**	**37**	**25**	**322**	**10**	**79**	**1561**

续表

地区	机动渔船中:辅助渔船								
	艘	总吨	千瓦	其中:捕捞辅助船			其中:渔业执法船		
				艘	总吨	千瓦	艘	总吨	千瓦
荆门市直	3	24	700				3	24	700
荆门市辖区									
沙洋县									
钟祥市	42	71	948	37	25	322	5	46	626
京山市									
沙洋农场									
东宝区	2	9	235				2	9	235
掇刀区									
漳河新区									
屈家岭管理区									
孝感市	**25**	**155**	**2104**				**25**	**155**	**2104**
孝南区	3	3	190				3	3	190
孝昌县	1	5	12				1	5	12
大悟县	1	4	85				1	4	85
安陆市	6	28	694				6	28	694
云梦县	3	3	125				3	3	125
应城市	6	21	300				6	21	300
汉川市	2	87	386				2	87	386
孝感市辖区	3	4	312				3	4	312
黄冈市	**14**	**149**	**1392**				**14**	**149**	**1392**
黄冈市直									
黄州区	3	66	457				3	66	457
团风县	2	9	203				2	9	203
红安县	3	21	340				3	21	340
麻城市	2	13	21				2	13	21
罗田县									
英山县									
浠水县									
蕲春县	3	20	268				3	20	268
武穴市	1	20	103				1	20	103
黄梅县									
龙感湖区									
咸宁市	**21**	**163**	**2500**				**21**	**163**	**2500**
咸安区	3	11	243				3	11	243
嘉鱼县	3	38	565				3	38	565
赤壁市	8	46	743				8	46	743
通城县	1	8	103				1	8	103
崇阳县	2	9	166				2	9	166
通山县	4	51	680				4	51	680
恩施州	**17**	**196**	**2024**				**17**	**196**	**2024**
恩施州直	2	30	380				2	30	380
恩施市	1	8	103				1	8	103
建始县	1	7	103				1	7	103
巴东县	5	70	564				5	70	564
利川市	1	3	66				1	3	66
宣恩县	1	7	103				1	7	103
咸丰县	4	18	291				4	18	291
来凤县									
鹤峰县	2	53	414				2	53	414
随州市	**16**	**66**	**1303**				**16**	**66**	**1303**
曾都区	5	15	412				5	15	412
随县	6	26	472				6	26	472
广水市	5	25	419				5	25	419
仙桃市	**4**	**23**	**628**				**4**	**23**	**628**
天门市	**6**	**32**	**122**				**6**	**32**	**122**
潜江市									
神农架									

渔业灾情(一)

地区	一、水产品损失					
	数量损失（吨）	价值损失（万元）	#台风、洪涝		#病害	
			数量	价值	数量	价值
湖北省	**14289**	**21642**	**4559**	**10801**	**7373**	**8544**
省直属						
武汉市	**30**	**60**			**30**	**60**
新洲区						
江夏区						
蔡甸区						
黄陂区	30	60			30	60
汉南区						
东西湖区						
黄石市	**1405**	**4220**	**1400**	**4200**		
黄石市直						
大冶市	5	20				
阳新县	1400	4200	1400	4200		
十堰市	**289**	**1050**	**194**	**500**	**75**	**420**
十堰市直						
十堰市辖区						
丹江口市	70	430			50	300
郧阳区	100	200	100	200		
郧西	45	210	20	90	25	120
竹山县	54	170	54	170		
竹溪县	20	40	20	40		
房县						
荆州市	**978**	**1346**	**143**	**305**	**645**	**871**
荆州区						
沙市区	95	170			95	170
江陵县	35	21			35	21
松滋市	8	100	8	100		
公安县	485	510	90	120	355	380
石首市	355	545	45	85	160	300
监利市						
洪湖市						
宜昌市	**876**	**640**	**165**	**112**	**706**	**508**
宜昌市直						
夷陵区	53	58			53	58
宜都市	60	172			60	172
枝江市	620	237	165	87	450	130
当阳市	140	142			140	142
远安县	3	5			3	5
兴山县		26		25		1
秭归县						
长阳县						
五峰县						
襄阳市	**1476**	**1470**			**785**	**850**
襄阳市直						
襄阳市辖区	25	25			10	10
老河口市	460	358			32	61
襄州区						
枣阳市						
宜城市						
南漳县	330	426			180	216
谷城县	661	661			563	563
保康县						
鄂州市	**1043**	**2368**	**320**	**820**	**723**	**1548**
鄂城区	723	1415			723	1415
华容区		93				93
梁子湖区	320	860	320	820		40

续表 1

地区	一、水 产 品 损 失					
	数量损失（吨）	价值损失（万元）	# 台风、洪涝		# 病害	
			数量	价值	数量	价值
荆门市	**3771**	**2176**	**1002**	**420**	**1468**	**754**
荆门市直						
荆门市辖区						
沙洋县	2411	800	940	420	810	
钟祥市	582	585			582	585
京山市	600	600				
沙洋农场						
东宝区						
掇刀区	115	104			75	82
漳河新区	1	2			1	2
屈家岭管理区	62	85	62			85
孝感市	**2265**	**4540**	**230**	**1720**	**2015**	**2700**
孝南区	37	37			37	37
孝昌县	410	3070	230	1720	180	1350
大悟县	530	605			530	605
安陆市						
云梦县	20	120				
应城市						
汉川市	1268	708			1268	708
孝感市辖区						
黄冈市	**1076**	**1164**	**365**	**592**	**649**	**510**
黄州区						
团风县	1	1			1	1
红安县	157	352	157	352		
麻城市	200	230	200	230		
罗田县	12	24			12	24
英山县	8	10	8	10		
浠水县	410	257			410	257
蕲春县	1	3			1	3
武穴市	287	287			225	225
黄梅县						
龙感湖区						
咸宁市	**543**	**833**	**440**	**616**	**40**	**64**
咸安区	330	440	330	440		
嘉鱼县	15	100				
赤壁市						
通城县	150	240	110	176	40	64
崇阳县	48	53				
通山县						
恩施州						
恩施市						
建始县						
巴东县						
利川市						
宣恩县						
咸丰县						
来凤县						
鹤峰县						
随州市	**480**	**1696**	**300**	**1516**	**180**	**180**
曾都区	180	180			180	180
随县						
广水市	300	1516	300	1516		
仙桃市	**57**	**79**			**57**	**79**
天门市						
潜江市						
神农架						

续表 2

地区	一、水产品损失						二、人员损失(人)		
	#干旱		#污染		#其它		失踪	死亡	重伤
	数量	价值	数量	价值	数量	价值			
湖北省	**1424**	**1958**			**933**	**339**			
省直属									
武汉市									
新洲区									
江夏区									
蔡甸区									
黄陂区									
汉南区									
东西湖区									
黄石市					**5**	**20**			
黄石市直									
大冶市					5	20			
阳新县									
十堰市	**20**	**130**							
十堰市直									
十堰市辖区									
丹江口市	20	130							
郧阳区									
郧西									
竹山县									
竹溪县									
房县									
荆州市	**190**	**170**							
荆州区									
沙市区									
江陵县									
松滋市									
公安县	40	10							
石首市	150	160							
监利市									
洪湖市									
宜昌市	**5**	**20**							
宜昌市直									
夷陵区									
宜都市									
枝江市	5	20							
当阳市									
远安县									
兴山县									
秭归县									
长阳县									
五峰县									
襄阳市	**263**	**323**			**428**	**297**			
襄阳市直									
襄阳市辖区	15	15							
老河口市					428	297			
襄州区									
枣阳市									
宜城市									
南漳县	150	210							
谷城县	98	98							
保康县									
鄂州市									
鄂城区									
华容区									
梁子湖区									

续表 3

地区	一、水产品损失						二、人员损失(人)		
	#干旱		#污染		#其它		失踪	死亡	重伤
	数量	价值	数量	价值	数量	价值			
荆门市	**801**	**980**			**500**	**22**			
荆门市直									
荆门市辖区									
沙洋县	201	380			460				
钟祥市									
京山市	600	600							
沙洋农场									
东宝区									
掇刀区					40	22			
漳河新区									
屈家岭管理区									
孝感市	**20**	**120**							
孝南区									
孝昌县									
大悟县									
安陆市									
云梦县	20	120							
应城市									
汉川市									
孝感市辖区									
黄冈市	**62**	**62**							
黄州区									
团风县									
红安县									
麻城市									
罗田县									
英山县									
浠水县									
蕲春县									
武穴市	62	62							
黄梅县									
龙感湖区									
咸宁市	**63**	**153**							
咸安区									
嘉鱼县	15	100							
赤壁市									
通城县									
崇阳县	48	53							
通山县									
恩施州									
恩施市									
建始县									
巴东县									
利川市									
宣恩县									
咸丰县									
来凤县									
鹤峰县									
随州市									
曾都区									
随县									
广水市									
仙桃市									
天门市									
潜江市									
神农架									

渔业灾情(二)

地区	三、损毁渔业设施(一)									
	损失数量	经济损失(万元)	池塘		网箱(池塘)		围栏		沉船	
			公顷	价值	个	价值	千米	价值	艘	价值
湖北省		**1591**	**2426**	**1019**						
省直属										
武汉市		**50**	**50**	**50**						
新洲区										
江夏区										
蔡甸区										
黄陂区		50	50	50						
汉南区										
东西湖区										
黄石市			**800**							
黄石市直										
大冶市										
阳新县			800							
十堰市		**180**	**154**	**10**						
十堰市直										
十堰市辖区										
丹江口市										
郧阳区		100	153							
郧西										
竹山县										
竹溪县		80	1	10						
房县										
荆州市										
荆州区										
沙市区										
江陵县										
松滋市										
公安县										
石首市										
监利市										
洪湖市										
宜昌市		**90**								
宜昌市直										
夷陵区										
宜都市										
枝江市		90								
当阳市										
远安县										
兴山县										
秭归县										
长阳县										
五峰县										
襄阳市		**108**	**12**	**14**						
襄阳市直										
襄阳市辖区										
老河口市										
襄州区										
枣阳市										
宜城市										
南漳县										
谷城县		108	12	14						
保康县										
鄂州市										
鄂城区										
华容区										
梁子湖区										

续表 1

地区	三、损毁渔业设施(一)									
	损失数量	经济损失(万元)	池塘		网箱(池塘)		围栏		沉船	
			公顷	价值	个	价值	千米	价值	艘	价值
荆门市		**747**	**1270**	**730**						
荆门市直										
荆门市辖区										
沙洋县		747	1270	730						
钟祥市										
京山市										
沙洋农场										
东宝区										
掇刀区										
漳河新区										
屈家岭管理区										
孝感市										
孝南区										
孝昌县										
大悟县										
安陆市										
云梦县										
应城市										
汉川市										
孝感市辖区										
黄冈市		**25**	**30**	**5**						
黄州区										
团风县										
红安县		25	30	5						
麻城市										
罗田县										
英山县										
浠水县										
蕲春县										
武穴市										
黄梅县										
龙感湖区										
咸宁市		**50**								
咸安区		30								
嘉鱼县										
赤壁市										
通城县		20								
崇阳县										
通山县										
恩施州										
恩施市										
建始县										
巴东县										
利川市										
宣恩县										
咸丰县										
来凤县										
鹤峰县										
随州市		**341**	**110**	**210**						
曾都区										
随县										
广水市		341	110	210						
仙桃市										
天门市										
潜江市										
神农架										

续表 2

地区	三、损毁渔业设施(二)									
	堤坝		船损		泵站		涵闸		码头	
	米	价值	艘	价值	座	价值	座	价值	米	价值
湖北省	**14995**	**121**			**7**	**63**	**10**	**67**		
省直属										
武汉市										
新洲区										
江夏区										
蔡甸区										
黄陂区										
汉南区										
东西湖区										
黄石市										
黄石市直										
大冶市										
阳新县										
十堰市	**3000**	**20**								
十堰市直										
十堰市辖区										
丹江口市										
郧阳区										
郧西										
竹山县										
竹溪县	3000	20								
房县										
荆州市										
荆州区										
沙市区										
江陵县										
松滋市										
公安县										
石首市										
监利市										
洪湖市										
宜昌市										
宜昌市直										
夷陵区										
宜都市										
枝江市										
当阳市										
远安县										
兴山县										
秭归县										
长阳县										
五峰县										
襄阳市					**3**	**6**	**4**	**7**		
襄阳市直										
襄阳市辖区										
老河口市										
襄州区										
枣阳市										
宜城市										
南漳县										
谷城县					3	6	4	7		
保康县										
鄂州市										
鄂城区										
华容区										
梁子湖区										

续表 3

地区	三、损毁渔业设施（二）									
	堤坝		船损		泵站		涵闸		码头	
	米	价值	艘	价值	座	价值	座	价值	米	价值
荆门市	**10040**	**15**				**2**				
荆门市直										
荆门市辖区										
沙洋县	10040	15				2				
钟祥市										
京山市										
沙洋农场										
东宝区										
掇刀区										
漳河新区										
屈家岭管理区										
孝感市										
孝南区										
孝昌县										
大悟县										
安陆市										
云梦县										
应城市										
汉川市										
孝感市辖区										
黄冈市	**780**	**10**			**1**	**10**				
黄州区										
团风县										
红安县	780	10			1	10				
麻城市										
罗田县										
英山县										
浠水县										
蕲春县										
武穴市										
黄梅县										
龙感湖区										
咸宁市	**50**	**50**								
咸安区	50	30								
嘉鱼县										
赤壁市										
通城县		20								
崇阳县										
通山县										
恩施州										
恩施市										
建始县										
巴东县										
利川市										
宣恩县										
咸丰县										
来凤县										
鹤峰县										
随州市	**1125**	**26**			**3**	**45**	**6**	**60**		
曾都区										
随县										
广水市	1125	26			3	45	6	60		
仙桃市										
天门市										
潜江市										
神农架										

渔业灾情(三)

地区	三、损毁渔业设施(二)								
	护岸		防波堤		工厂化养殖		苗种繁育场		其他
	米	价值	米	价值	座	价值	个	价值	价值
湖北省	**23921**	**221**	**100**		**5**	**100**			
省直属									
武汉市									
新洲区									
江夏区									
蔡甸区									
黄陂区									
汉南区									
东西湖区									
黄石市									
黄石市直									
大冶市									
阳新县									
十堰市	**5000**	**50**			**5**	**100**			
十堰市直									
十堰市辖区									
丹江口市									
郧阳区					5	100			
郧西									
竹山县									
竹溪县	5000	50							
房县									
荆州市									
荆州区									
沙市区									
江陵县									
松滋市									
公安县									
石首市									
监利市									
洪湖市									
宜昌市	**12200**	**90**							
宜昌市直									
夷陵区									
宜都市									
枝江市	12200	90							
当阳市									
远安县									
兴山县									
秭归县									
长阳县									
五峰县									
襄阳市	**6721**	**81**							
襄阳市直									
襄阳市辖区									
老河口市									
襄州区									
枣阳市									
宜城市									
南漳县									
谷城县	6721	81							
保康县									
鄂州市									
鄂城区									
华容区									
梁子湖区									

续表 1

地区	三、损 毁 渔 业 设 施（二）								
	护岸		防波堤		工厂化养殖		苗种繁育场		其他
	米	价值	米	价值	座	价值	个	价值	价值
荆门市									
荆门市直									
荆门市辖区									
沙洋县									
钟祥市									
京山市									
沙洋农场									
东宝区									
掇刀区									
漳河新区									
屈家岭管理区									
孝感市									
孝南区									
孝昌县									
大悟县									
安陆市									
云梦县									
应城市									
汉川市									
孝感市辖区									
黄冈市									
黄州区									
团风县									
红安县									
麻城市									
罗田县									
英山县									
浠水县									
蕲春县									
武穴市									
黄梅县									
龙感湖区									
咸宁市			**100**						
咸安区									
嘉鱼县									
赤壁市									
通城县			100						
崇阳县									
通山县									
恩施州									
恩施市									
建始县									
巴东县									
利川市									
宣恩县									
咸丰县									
来凤县									
鹤峰县									
随州市									
曾都区									
随县									
广水市									
仙桃市									
天门市									
潜江市									
神农架									

续表 2

地区	四、受灾养殖面积（公顷）						五、直接经济损失合计（万元）
	小计	台风、洪涝	病害	干旱	污染	其它	
湖北省	**17245**	**4147**	**11704**	**1364**		**30**	**23233**
省直属							
武汉市	**60**		**60**				**110**
新洲区							
江夏区							
蔡甸区							
黄陂区	60		60				110
汉南区							
东西湖区							
黄石市	**812**	**800**				**12**	**4220**
黄石市直							
大冶市	12					12	20
阳新县	800	800					4200
十堰市	**898**	**803**	**23**	**72**			**1230**
十堰市直							
十堰市辖区							
丹江口市	30		18	12			430
郧阳区	786	786					300
郧西	77	12	5	60			210
竹山县							170
竹溪县	5	5					120
房县							
荆州市	**589**	**102**	**417**	**70**			**1346**
荆州区							
沙市区	105		105				170
江陵县	20		20				21
松滋市	7	7					100
公安县	277	65	192	20			510
石首市	180	30	100	50			545
监利市							
洪湖市							
宜昌市	**689**	**122**	**557**	**10**			**730**
宜昌市直							
夷陵区	35		35				58
宜都市	66		66				172
枝江市	480	120	350	10			327
当阳市	100		100				142
远安县	6		6				5
兴山县	2	2					26
秭归县							
长阳县							
五峰县							
襄阳市	**648**		**484**	**164**			**1578**
襄阳市直							
襄阳市辖区	13		12	1			25
老河口市							358
襄州区							
枣阳市							
宜城市							
南漳县	220		120	100			426
谷城县	415		352	63			769
保康县							
鄂州市	**263**	**57**	**198**			**8**	**2368**
鄂城区	192		184			8	1415
华容区	10		10				93
梁子湖区	61	57	4				860

续表 3

地区	四、受灾养殖面积(公顷)						五、直接经济损失合计(万元)
	小计	台风、洪涝	病害	干旱	污染	其它	
荆门市	**5484**	**1490**	**3404**	**580**		**10**	**2923**
荆门市直							
荆门市辖区							
沙洋县	3872	1490	2102	280			1547
钟祥市	1024		1024				585
京山市	300			300			600
沙洋农场							
东宝区							
掇刀区	210		200			10	104
漳河新区	1		1				2
屈家岭管理区	77		77				85
孝感市	**5347**	**210**	**5137**				**4540**
孝南区	920		920				37
孝昌县	290	210	80				3070
大悟县	320		320				605
安陆市							
云梦县							120
应城市							
汉川市	3817		3817				708
孝感市辖区							
黄冈市	**1525**	**250**	**1067**	**208**			**1189**
黄州区							
团风县	1		1				1
红安县	240	240					377
麻城市	150			150			230
罗田县	8		8				24
英山县	10	10					10
浠水县	880		880				257
蕲春县	8		8				3
武穴市	228		170	58			287
黄梅县							
龙感湖区							
咸宁市	**473**	**203**	**10**	**260**			**883**
咸安区	180	180					470
嘉鱼县	50			50			100
赤壁市							
通城县	33	23	10				260
崇阳县	210			210			53
通山县							
恩施州							
恩施市							
建始县							
巴东县							
利川市							
宣恩县							
咸丰县							
来凤县							
鹤峰县							
随州市	**150**	**110**	**40**				**2037**
曾都区	40		40				180
随县							
广水市	110	110					1857
仙桃市	**307**		**307**				**79**
天门市							
潜江市							
神农架							

增殖渔业产量及面积

产量:吨、面积:公顷

地区	产量				面积			
	合计	湖泊	水库	其他	合计	湖泊	水库	其他
湖北省	**260766**	**122113**	**131694**	**6959**	**350702**	**152560**	**182604**	**15538**
省直属								
武汉市	**23614**	**21534**	**2080**		**46286**	**41029**	**5257**	
新洲区	2868	2200	668		6164	5028	1136	
江夏区	15779	15779			19867	19867		
蔡甸区	866	866			8652	8652		
黄陂区	4101	2689	1412		11603	7482	4121	
汉南区								
东西湖区								
黄石市	**34204**	**29602**	**4602**		**22043**	**19490**	**2553**	
黄石市直	1284	1122	162		1280	1190	90	
大冶市	18800	14700	4100		8533	7050	1483	
阳新县	14120	13780	340		12230	11250	980	
十堰市	**16243**		**14119**	**2124**	**69619**		**62464**	**7155**
十堰市直	10			10	2			2
十堰市辖区								
丹江口市	10538		8458	2080	55600		48600	7000
郧阳区	165		156	9	1194		1076	118
郧西	620		595	25	1516		1481	35
竹山县	4408		4408		7900		7900	
竹溪县	402		402		3340		3340	
房县	100		100		67		67	
荆州市	**18073**	**13118**	**1650**	**3305**	**36649**	**27117**	**3047**	**6485**
荆州区	2900	1550	1350		3940	2116	1824	
沙市区	95	95			113	113		
江陵县	565	565			411	411		
松滋市	700	310	200	190	3265	1610	870	785
公安县	3115	2900	100	115	10953	10000	353	600
石首市	3218	3218			6621	6621		
监利市	3580	3580			5480	5480		
洪湖市	3900	900		3000	5866	766		5100
宜昌市	**14368**	**2156**	**12102**	**110**	**9173**	**2110**	**6860**	**203**
宜昌市直	70		70		40		40	
夷陵区	418		418		210		210	
宜都市	1182	56	1126		800	40	760	
枝江市	7900	2100	5700	100	3370	2070	1100	200
当阳市	4425		4425		4188		4188	
远安县	215		215		271		271	
兴山县	16		6	10	4		1	3
秭归县	131		131		240		240	
长阳县								
五峰县	11		11		50		50	
襄阳市	**41482**	**914**	**40568**		**23197**		**23197**	
襄阳市直								
襄阳市辖区	1867		1867		1661		1661	
老河口市	5805		5805		3600		3600	
襄州区	8898		8898		3095		3095	
枣阳市	18952		18952		7690		7690	
宜城市	3593		3593		2885		2885	
南漳县	914	914			1613		1613	
谷城县	911		911		1653		1653	
保康县	542		542		1000		1000	
鄂州市	**22317**	**21181**	**786**	**350**	**12324**	**11694**	**580**	**50**
鄂城区	3991	2873	768	350	3066	2649	367	50
华容区	15143	15143			6692	6692		
梁子湖区	3183	3165	18		2566	2353	213	

续表

地区	产量				面积			
	合计	湖泊	水库	其他	合计	湖泊	水库	其他
荆门市	**25148**	**6008**	**19085**	**55**	**35622**	**8880**	**26675**	**67**
荆门市直								
荆门市辖区								
沙洋县	4040	3380	660		9000	6680	2320	
钟祥市	12887	2628	10259		11200	2200	9000	
京山市	2400		2400		3266		3266	
沙洋农场								
东宝区	2630		2630		6336		6336	
掇刀区	747		747		933		933	
漳河新区	2286		2231	55	4540		4473	67
屈家岭管理区	158		158		347		347	
孝感市	**17598**	**8185**	**8854**	**559**	**13186**	**5277**	**7414**	**495**
孝南区	1280		1280		583		583	
孝昌县	465		465		1241		1241	
大悟县	3260		3260		2000		2000	
安陆市	1797		1797		1607		1607	
云梦县								
应城市	5101	2490	2052	559	5369	2891	1983	495
汉川市	5675	5675			2186	2186		
孝感市辖区	20	20			200	200		
黄冈市	**27597**	**12161**	**15436**		**32741**	**11670**	**21071**	
黄州区	3609	3484	125		2286	2163	123	
团风县	1850	452	1398		2102	636	1466	
红安县	1710		1710		1058		1058	
麻城市	4020		4020		4250		4250	
罗田县	1372		1372		1467		1467	
英山县	638		638		680		680	
浠水县	4911	2476	2435		10084	2406	7678	
蕲春县	4855	2862	1993		5840	3493	2347	
武穴市	1495	828	667		2841	1572	1269	
黄梅县	3137	2059	1078		2133	1400	733	
龙感湖区								
咸宁市	**7047**	**3426**	**3165**	**456**	**34434**	**20338**	**13013**	**1083**
咸安区	950	900	30	20	6574	4431	1260	883
嘉鱼县	2000	1400	600		9800	8327	1473	
赤壁市	2827	1126	1265	436	14613	7580	6833	200
通城县	420		420		1367		1367	
崇阳县					1520		1520	
通山县	850		850		560		560	
恩施州								
恩施市								
建始县								
巴东县								
利川市								
宣恩县								
咸丰县								
来凤县								
鹤峰县								
随州市	**9140**		**9140**		**10330**		**10330**	
曾都区	1423		1423		1825		1825	
随县	5277		5277		6666		6666	
广水市	2440		2440		1839		1839	
仙桃市								
天门市	**2639**	**2532**	**107**		**3518**	**3375**	**143**	
潜江市	**1296**	**1296**			**1580**	**1580**		
神农架								

增殖渔业产量(按品种分)

单位:吨

地区	合计	一、鱼类						
		小计	青鱼	草鱼	鲢鱼	鳙鱼	鲌鱼	其他
湖北省	**260766**	**250478**	**17625**	**43849**	**81149**	**76030**	**14067**	**17758**
省直属								
武汉市	**23614**	**23614**	**1856**	**5566**	**5566**	**6996**	**3068**	**562**
新洲区	2868	2868	461	286	698	896	335	192
江夏区	15779	15779	1299	3804	3190	4726	2430	330
蔡甸区	866	866	96	165	385	142	38	40
黄陂区	4101	4101		1311	1293	1232	265	
汉南区								
东西湖区								
黄石市	**34204**	**32809**	**1385**	**6550**	**12002**	**9356**	**558**	**2958**
黄石市直	1284	1284	27	270	780	207		
大冶市	18800	18800	1100	6010	7000	4000	500	190
阳新县	14120	12725	258	270	4222	5149	58	2768
十堰市	**16243**	**10179**	**1039**	**800**	**1340**	**1305**	**4165**	**1530**
十堰市直	10	8	1	4	2			1
十堰市辖区								
丹江口市	10538	4690	5	10	10	15	3900	750
郧阳区	165	165		11	63	14	74	3
郧西	620	538	25	35	106	206	91	75
竹山县	4408	4318	995	633	1025	920	100	645
竹溪县	402	360		90	120	120		30
房县	100	100	13	17	14	30		26
荆州市	**18073**	**17813**	**1065**	**2070**	**5832**	**7445**	**1043**	**358**
荆州区	2900	2900		50	1800	800	200	50
沙市区	95	95	5	16	42	24		8
江陵县	565	565	38	230	195	102		
松滋市	700	700	25	130	235	210		100
公安县	3115	2905	505	590	690	900	120	100
石首市	3218	3218	50	260	1090	1050	668	100
监利市	3580	3580	92	194	980	2259	55	
洪湖市	3900	3850	350	600	800	2100		
宜昌市	**14368**	**14305**	**1340**	**2598**	**4725**	**3052**	**1010**	**1580**
宜昌市直	70	70		20	20	30		
夷陵区	418	418		40	142	54	157	25
宜都市	1182	1182	42	163	583	391	3	
枝江市	7900	7900	1150	1650	1670	1260	650	1520
当阳市	4425	4425	125	710	2175	1195	200	20
远安县	215	215			112	103		
兴山县	16	16	3	5	3			5
秭归县	131	68	20	10	13	15		10
长阳县								
五峰县	11	11			7	4		
襄阳市	**41482**	**41477**	**2129**	**7954**	**14783**	**14582**	**604**	**1425**
襄阳市直								
襄阳市辖区	1867	1867	150	330	490	580	80	237
老河口市	5805	5805	1065	1055	1818	1666	161	40
襄州区	8898	8898	212	2330	2820	3504	32	
枣阳市	18952	18952	165	3151	7530	6947	265	894
宜城市	3593	3593	176	754	1417	1141	35	70
南漳县	914	914	35	116	413	317	25	8
谷城县	911	911	243	100	114	303	6	145
保康县	542	537	83	118	181	124		31
鄂州市	**22317**	**22287**	**4382**	**6992**	**4445**	**4058**	**276**	**2134**
鄂城区	3991	3991	346	694	1282	1322	52	295
华容区	15143	15143	3783	5852	2323	1324	189	1672
梁子湖区	3183	3153	253	446	840	1412	35	167

续表 1

单位:吨

地区	合计	一、鱼类						
		小计	青鱼	草鱼	鲢鱼	鳙鱼	鲌鱼	其他
荆门市	**25148**	**25148**	**1221**	**2780**	**11582**	**7058**	**1235**	**1272**
荆门市直								
荆门市辖区								
沙洋县	4040	4040	230	420	2080	620	315	375
钟祥市	12887	12887	232	984	6107	4772	420	372
京山市	2400	2400	204	215	1151	660	120	50
沙洋农场								
东宝区	2630	2630	204	322	1236	412	102	354
掇刀区	747	747	96	178	173	288	5	7
漳河新区	2286	2286	251	615	776	259	273	112
屈家岭管理区	158	158	4	46	59	47		2
孝感市	**17598**	**15875**	**1466**	**4731**	**4359**	**2761**	**362**	**2196**
孝南区	1280	1280		185	350	620	30	95
孝昌县	465	465	8	27	260	155	15	
大悟县	3260	3260	185	605	825	543	89	1013
安陆市	1797	1797	182	342	482	480	201	110
云梦县								
应城市	5101	4699	925	2125	1269	370	10	
汉川市	5675	4354	166	1446	1163	585	16	978
孝感市辖区	20	20		1	10	8	1	
黄冈市	**27597**	**27507**	**961**	**2442**	**9504**	**12011**	**921**	**1668**
黄州区	3609	3609	208	868	1503	801		229
团风县	1850	1850	165	22	703	692	92	176
红安县	1710	1710	72	230	980	385	43	
麻城市	4020	4020	23	160	1750	1920	40	127
罗田县	1372	1372		48	929	330	65	
英山县	638	638	118	130	240	150		
浠水县	4911	4864	106	225	1268	2322	345	598
蕲春县	4855	4855	31	96	1109	3469	82	68
武穴市	1495	1452	156	193	202	737	153	11
黄梅县	3137	3137	82	470	820	1205	101	459
龙感湖区								
咸宁市	**7047**	**6521**	**311**	**632**	**1762**	**2095**	**500**	**1221**
咸安区	950	950			350	350		250
嘉鱼县	2000	1980	20	50	650	980	100	180
赤壁市	2827	2321	171	292	392	505	305	656
通城县	420	420		100	180	100	25	15
崇阳县								
通山县	850	850	120	190	190	160	70	120
恩施州								
恩施市								
建始县								
巴东县								
利川市								
宣恩县								
咸丰县								
来凤县								
鹤峰县								
随州市	**9140**	**9140**	**88**	**196**	**4532**	**4110**	**156**	**58**
曾都区	1423	1423	75	114	700	424	80	30
随县	5277	5277			3272	2005		
广水市	2440	2440	13	82	560	1681	76	28
仙桃市								
天门市	**2639**	**2507**	**263**	**264**	**396**	**804**	**120**	**660**
潜江市	**1296**	**1296**	**119**	**274**	**321**	**397**	**49**	**136**
神农架								

续表 2　　单位:吨

地区	二、贝类				三、其他
	小计	河蚌	螺	蚬	
湖北省	**4029**	**2244**	**1607**	**178**	**6259**
省直属					
武汉市					
新洲区					
江夏区					
蔡甸区					
黄陂区					
汉南区					
东西湖区					
黄石市	**286**	**22**	**219**	**45**	**1109**
黄石市直					
大冶市					
阳新县	286	22	219	45	1109
十堰市	**2770**	**1460**	**1205**	**105**	**3294**
十堰市直					2
十堰市辖区					
丹江口市	2708	1438	1180	90	3140
郧阳区					
郧西	52	12	25	15	30
竹山县					90
竹溪县	10	10			32
房县					
荆州市	**50**		**50**		**210**
荆州区					
沙市区					
江陵县					
松滋市					
公安县					210
石首市					
监利市					
洪湖市	50		50		
宜昌市					**63**
宜昌市直					
夷陵区					
宜都市					
枝江市					
当阳市					
远安县					
兴山县					
秭归县					63
长阳县					
五峰县					
襄阳市					**5**
襄阳市直					
襄阳市辖区					
老河口市					
襄州区					
枣阳市					
宜城市					
南漳县					
谷城县					
保康县					5
鄂州市					**30**
鄂城区					
华容区					
梁子湖区					30

续表 3 单位:吨

地区	二、贝类				三、其他
	小计	河蚌	螺	蚬	
荆门市					
荆门市直					
荆门市辖区					
沙洋县					
钟祥市					
京山市					
沙洋农场					
东宝区					
掇刀区					
漳河新区					
屈家岭管理区					
孝感市	**873**	**744**	**101**	**28**	**850**
孝南区					
孝昌县					
大悟县					
安陆市					
云梦县					
应城市					402
汉川市	873	744	101	28	448
孝感市辖区					
黄冈市					**90**
黄州区					
团风县					
红安县					
麻城市					
罗田县					
英山县					
浠水县					47
蕲春县					
武穴市					43
黄梅县					
龙感湖区					
咸宁市	**50**	**18**	**32**		**476**
咸安区					
嘉鱼县					20
赤壁市	50	18	32		456
通城县					
崇阳县					
通山县					
恩施州					
恩施市					
建始县					
巴东县					
利川市					
宣恩县					
咸丰县					
来凤县					
鹤峰县					
随州市					
曾都区					
随县					
广水市					
仙桃市					
天门市					**132**
潜江市					
神农架					

《湖北农村统计年鉴2024》

农机服务组织人员及投入产出情况表

地区	一、农机服务组织及农机户 (一)农机服务组织		其中:农机专业合作社		其中:拥有农机原值100万元(含100万元)以上的	
	年末机构数(个)	年末人数(人)	年末机构数(个)	年末人数(人)	年末机构数(个)	年末人数(人)
湖北省	6744	148832	3588	110230	1436	54280
武汉市	208	2531	177	2239	77	1097
黄石市	141	2077	104	1862	31	190
十堰市	284	6880	179	4152	29	1066
宜昌市	498	9787	220	8601	39	1691
襄阳市	642	25610	420	20512	303	17590
鄂州市	89	1275	65	881	7	209
荆门市	629	11672	424	8258	111	2190
孝感市	755	9074	269	7231	129	4079
荆州市	872	26985	542	20279	239	11780
黄冈市	573	15915	365	13673	122	4321
咸宁市	264	3688	185	2974	90	1579
随州市	192	3606	109	2419	39	941
恩施土家族苗族自治州	294	5107	73	1823	7	197
仙桃市	51	1465	51	1465	9	100
潜江市	477	3900	117	2668	110	2635
天门市	735	19215	248	11148	94	4615
神农架林区	40	45	40	45		
省直						

续表 1

地区	(二)农机户		其中:农机作业服务专业户		二、农机维修厂及维修点	
	年末机构数(个)	年末人数(人)	年末机构数(个)	年末人数(人)	年末机构数(个)	年末人数(人)
湖北省	1724808	2239058	166335	325121	5139	15925
武汉市	56077	75750	12494	15384	171	576
黄石市	1766	6871	1422	6100	81	204
十堰市	44224	84513	27283	56624	588	2295
宜昌市	230613	258535	12994	15143	178	586
襄阳市	295040	434095	30685	43255	1095	2688
鄂州市	7136	13304	7038	12653	97	308
荆门市	258929	278020	6431	8829	618	1465
孝感市	83839	101660	9421	12715	555	1387
荆州市	359502	423118	8320	66997	363	1112
黄冈市	154604	246492	18665	25876	389	1540
咸宁市	55202	73928	4669	6604	166	650
随州市	40382	46895	3965	4615	221	1600
恩施土家族苗族自治州	87763	116409	7193	11899	312	702
仙桃市	38450	46020	9282	14000	52	136
潜江市	4230	5450	720	875	55	170
天门市	6881	27828	5598	23397	189	497
神农架林区	170	170	155	155	9	9
省直						

续表2

地区	三、乡村农机从业人员	其中：持证人员	其中：驾驶操作人员	农机维修人员
	年末人数（人）	年末人数（人）	年末人数（人）	年末人数（人）
湖北省	2249249	583901	577982	6835
武汉市	58490	30557	30455	203
黄石市	12452	8149	8043	111
十堰市	84961	12309	12002	318
宜昌市	176227	23614	23432	179
襄阳市	464623	155060	154522	799
鄂州市	14002	5862	5822	42
荆门市	228176	64782	64531	721
孝感市	88721	41979	41293	679
荆州市	355799	77150	76671	457
黄冈市	168999	29692	27894	1897
咸宁市	80511	17297	17048	255
随州市	144697	30459	30358	101
恩施土家族苗族自治州	153363	6838	6324	500
仙桃市	65455	20230	20224	10
潜江市	21710	20310	20224	85
天门市	131022	39593	39119	478
神农架林区	41	20	20	
省直				

续表 3

地区	四、农机化投入 (一)财政资金	1.科研投入	2.推广投入	3.安全监理投入	4.试验鉴定投入
	万元	万元	万元	万元	万元
湖北省	59042	2783	11065	2885	323
武汉市	605		422	179	
黄石市	250		219	31	
十堰市	1878	23	272	151	13
宜昌市	1771	25	778	134	
襄阳市	8582	3	5776	186	
鄂州市	135	64	52	17	2
荆门市	3904	130	256	144	
孝感市	757	33	409	315	
荆州市	2557	10	494	265	
黄冈市	4844	267	514	525	
咸宁市	947	100	464	206	
随州市	1198	28	836	329	5
恩施土家族苗族自治州	336		66	67	
仙桃市	114		98	16	
潜江市	729		409	320	
天门市	4391				
神农架林区	5				
省直	26039	2100			303

续表 4

地区	(二)基本建设投入	(三)农业机械购置投入	五、农机服务投入	其中:农机作业服务投入
	万元	万元	万元	万元
湖北省	19030	736003	2436913	1888231
武汉市	860	11935	177374	154674
黄石市	266	960	26733	22219
十堰市	919	16723	93642	10811
宜昌市	237	397602	188737	154647
襄阳市	4525	59519	485365	343575
鄂州市	114	2365	3950	3027
荆门市	1910	43244	57247	48185
孝感市	240	32149	192305	166753
荆州市	842	53607	394625	310615
黄冈市	2530	24615	264842	215532
咸宁市	3229	9258	82813	67598
随州市	1256	12740	50226	49566
恩施土家族苗族自治州	102	10166	140372	95273
仙桃市		25000	106965	99666
潜江市	2000	8500	35500	33700
天门市		3971	135746	111985
神农架林区		13	471	405
省直		23636		

农业机械拥有量

地区	一、农业机械总动力	(一)柴油发动机动力	(二)汽油发动机动力	(三)电动机动力	(四)其它机械动力
	千瓦	千瓦	千瓦	千瓦	千瓦
湖北省	49754919	34779443	2151234	12678120	146122
武汉市	2496921	1504255	81177	884174	27316
黄石市	1332731	682766	46839	603074	52
十堰市	2037012	929367	88077	993398	26170
宜昌市	3434023	1937821	330577	1147260	18364
襄阳市	7860178	6861569	155104	842270	1235
鄂州市	600220	295989	16886	287064	281
荆门市	5260964	4648744	124668	462506	25046
孝感市	3075459	2190905	127244	757310	
荆州市	7168106	5635629	201354	1331122	
黄冈市	4187182	2494306	308206	1382372	2298
咸宁市	2080689	1172348	103522	795025	9793
随州市	2428105	1957364	108904	361836	
恩施土家族苗族自治州	2650268	1076369	275515	1270218	28167
仙桃市	1598039	984579	63792	542268	7400
潜江市	1540000	1003900	17900	518200	
天门市	1872677	1388590	82792	401295	
神农架林区	132345	14942	18676	98727	
省直					

续表 1

地区	二、拖拉机及配套机械 (一)拖拉机		1.小型 (22.1 千瓦及以下)		2.中型 (22.1–73.5 千瓦)	
	台	千瓦	台	千瓦	台	千瓦
湖北省	1220292	18484061	1012793	8043543	185616	8513308
武汉市	32296	645751	21958	201946	9393	362058
黄石市	9510	306001	4201	49763	5120	239291
十堰市	11218	133734	9757	68186	1353	56139
宜昌市	74759	1067706	64350	594422	9686	399471
襄阳市	364418	4634948	310017	2044987	51107	2285136
鄂州市	4476	100430	2976	37780	1433	57120
荆门市	266644	3263758	242323	1965841	20948	997490
孝感市	49416	1288516	30115	286950	17701	860902
荆州市	131929	2615479	99345	857607	26291	1240008
黄冈市	39742	812877	28946	310109	9870	428219
咸宁市	19704	454038	13498	133616	5443	251034
随州市	113579	1201113	102858	700273	10364	471953
恩施土家族苗族自治州	7847	130347	6620	94885	1218	34732
仙桃市	20091	488502	14000	117600	4860	255732
潜江市	36876	637960	32060	302450	3920	255700
天门市	37546	698470	29540	273036	6897	317986
神农架林区	241	4429	229	4092	12	337
省直						

续表 2

地区	其中:58.8 千瓦及以上		3.大型及以上（73.5 千瓦及以上）		(二)拖拉机配套农具	其中:与 58.8 千瓦及以上拖拉机配套
	台	千瓦	台	千瓦	台	台
湖北省	45832	2915651	21883	1927210	2584311	220632
武汉市	1721	109751	945	81747	62155	3856
黄石市	782	52251	189	16947	27201	2638
十堰市	344	18076	108	9409	35329	1194
宜昌市	2018	121316	723	73814	238991	7223
襄阳市	10265	638380	3294	304825	860816	48112
鄂州市	338	20421	67	5530	13682	3729
荆门市	4677	304933	3373	300427	431937	15398
孝感市	4089	256464	1600	140665	95300	19174
荆州市	8062	511482	6293	517864	250634	67681
黄冈市	3357	216466	926	74549	75134	9118
咸宁市	1297	82954	763	69388	35266	7839
随州市	2761	172027	357	28887	301106	9160
恩施土家族苗族自治州	30	1975	9	730	7981	231
仙桃市	1553	98513	1231	115170	16741	9369
潜江市	2560	179250	896	79810	63548	10600
天门市	1978	131392	1109	107448	68451	5310
神农架林区					39	
省直						

续表 3

地区	三、种植业机械 (一)耕整地机械 1.耕整机		2.微型耕耘机		3.犁	4.旋耕机
	台	千瓦	台	千瓦	台	台
湖北省	204857	1126731	428061	2158707	841260	782110
武汉市	16690	105843	16752	105497	9845	23090
黄石市	4023	40713	3214	21212	4488	6486
十堰市	1343	8490	54949	301688	1971	5084
宜昌市	3137	21615	125298	594777	67656	80145
襄阳市	443	5076	25312	122013	300433	179137
鄂州市	2361	17161	2308	13018	1797	4740
荆门市	1307	4127	2430	5557	183890	138992
孝感市	13132	77411	7370	39661	20508	57757
荆州市	74949	315232	12464	62129	82932	110914
黄冈市	26550	175885	87875	457816	12158	42587
咸宁市	18375	100631	23828	104731	7941	19232
随州市	18924	96287	3575	17522	111773	44730
恩施土家族苗族自治州	14856	79235	57830	288998	1562	7942
仙桃市	2561	28475	1800	8410	4461	10651
潜江市	3524	22000	460	2650	16380	26100
天门市	2177	15654	1255	7491	13465	24523
神农架林区	505	12895	1341	5536		
省直						

续表 4

地区	5.深松机	6.耙	7.铺膜机	8.联合整地机	(二)种植施肥机械 1.播种机械 (1)免耕播种机	(2)精量播种机
	台	台	台	台	台	台
湖北省	2919	568042	5733	9146	17155	55084
武汉市	144	3630	283	1	506	527
黄石市	48	2923	5		55	398
十堰市	262	1525	1424	48	104	1073
宜昌市	57	42671	1759	274	486	2594
襄阳市	826	203539	1177	15	7431	27960
鄂州市	88	674	2		172	125
荆门市	353	126844	44	24	2316	5327
孝感市	31	5872	82	1	1189	1850
荆州市	123	40581	17	136	1790	2392
黄冈市	473	7873	14	1899	1727	3274
咸宁市	33	3088	43	50	179	532
随州市	152	114984	4	13	391	4232
恩施土家族苗族自治州	23	817	150	16	39	32
仙桃市	45	921		6640	42	1207
潜江市	25	7940	107	21	320	460
天门市	236	4160	622	7	408	3101
神农架林区						
省直						

续表 5

地区	(3)整地施肥播种机	(4)水稻直播机	2.栽植机械 (1)水稻插秧机		其中:乘坐式	
	台	台	台	千瓦	台	千瓦
湖北省	15453	7230	104379	385279	8532	107309
武汉市	1751	83	2078	11786	360	3816
黄石市	57	532	1366	5430	65	2455
十堰市	112	36	483	2176	57	715
宜昌市	1753	64	1726	7420	221	2766
襄阳市	4650	1246	17190	73192	2423	28912
鄂州市	18	78	810	1952	44	253
荆门市	1783	168	40885	116352	702	9815
孝感市	574	340	6987	27983	822	10005
荆州市	1789	1595	11757	51602	1496	20926
黄冈市	609	1314	6960	25979	593	5753
咸宁市	231	330	1429	6726	204	3064
随州市	179	61	6791	26323	847	10561
恩施土家族苗族自治州	18	12	543	1759	14	160
仙桃市	146	1124	1034	3550	66	613
潜江市	300	2	595	4800	356	4540
天门市	1483	245	3745	18247	262	2956
神农架林区						
省直						

续表 6

地区	(2)移栽机	(三)排灌机械	2.节水灌溉类机械	(四)田间管理机械	
		1.农用水泵		1.中耕机械	
				其中:田园管理机	
	台	台	台	台	千瓦
湖北省	457	1223796	133739	35157	123151
武汉市	53	40081	21492	639	6088
黄石市	2	32330	8303	237	1792
十堰市	42	36683	9871	11016	19537
宜昌市	61	143438	9022	8431	35971
襄阳市	114	59994	9779	1832	7531
鄂州市		16078	1506	7	48
荆门市	123	72051	1006	1273	2721
孝感市	6	165693	16200	739	4054
荆州市	42	137667	1875	2234	4019
黄冈市		93791	13960	1262	7445
咸宁市	9	79151	6600	295	1405
随州市	1	53179	11707	779	3284
恩施土家族苗族自治州		116585	20063	5341	23583
仙桃市	4	118300		200	600
潜江市		33878	710	98	474
天门市		24729	1486	774	4600
神农架林区		168	159		
省直					

续表 7

地区	2.机动植保机械		其中:自走式		3.修剪机械 (1)茶树修剪机
	台	千瓦	台	千瓦	台
湖北省	743686	966025	7235	115109	124982
武汉市	28462	45418	746	12181	592
黄石市	27701	20185	510	5177	137
十堰市	14175	20091	236	829	8764
宜昌市	98822	115717	339	5230	56989
襄阳市	27659	47893	640	10418	2375
鄂州市	11376	11376	2	11	193
荆门市	38694	75157	225	6281	38
孝感市	34480	50569	1707	9674	923
荆州市	134585	173591	717	25498	43
黄冈市	100823	113288	776	19870	7018
咸宁市	21614	32989	97	1930	1716
随州市	13976	18423	46	409	271
恩施土家族苗族自治州	118053	119167			44835
仙桃市	30700	44370	13	370	
潜江市	19230	20650	1030	12240	
天门市	22137	55933	148	4972	3
神农架林区	1199	1208	3	18	1085
省直					

续表 8

地区	(2)果树修剪机		(五)收获机械 1.脱粒机		2.谷物联合收割机	
	台	千瓦	台	千瓦	台	千瓦
湖北省	105746	176285	373807	786708	119218	6762316
武汉市	352	419	14693	56065	2287	134690
黄石市	935	2840	9942	42140	1673	95574
十堰市	9126	8447	51363	101623	369	13564
宜昌市	7822	8102	76726	126857	3842	187803
襄阳市	8270	26491	35212	78825	29610	1602278
鄂州市	27	43	5446	11580	361	20237
荆门市	124	326	122	530	17607	1073830
孝感市	53	234	842	1814	9293	484790
荆州市	24	47	1291	8172	23673	1460593
黄冈市	15740	22177	35506	80670	7120	365272
咸宁市	2926	4393	13438	27478	4682	234681
随州市	661	2231	6201	18304	6716	322554
恩施土家族苗族自治州	58540	93392	120005	226987	551	15414
仙桃市	23	56			2810	157034
潜江市			2700	5500	2804	197800
天门市	123	287	320	162	5820	396202
神农架林区	1000	6800				
省直						

续表 9

地区	3.玉米收获机		其中：自走式	4.大豆收获机		5.油菜籽收获机	
	台	千瓦	台	台	千瓦	台	千瓦
湖北省	2753	153920	2433	95	5461	6698	351804
武汉市	117	7041	109	2	338	142	7442
黄石市	43	2544	3	5	397	763	41554
十堰市	27	1438	16	2	239	10	1858
宜昌市	228	11631	217	3	16	305	14858
襄阳市	1411	72182	1241			616	28663
鄂州市						24	1033
荆门市	189	11930	150	12	848	290	15836
孝感市	89	4143	85			726	31543
荆州市	305	19681	299	22	1320	1972	106474
黄冈市	8	649	8	10	523	345	17767
咸宁市	104	6350	84	21	920	317	17557
随州市	52	3300	52			114	5057
恩施土家族苗族自治州	14	738	12			3	255
仙桃市	83	6745	83	4	215	150	9448
潜江市	63	3840	63			282	19120
天门市	20	1710	11	14	644	639	33339
神农架林区							
省直							

续表 10

地区	6.马铃薯收获机		7.花生收获机		8.甜菜收获机	
	台	千瓦	台	千瓦	台	千瓦
湖北省	1585	10530	5115	52813		
武汉市	7	110	20	134		
黄石市	28	1335	12	331		
十堰市	15	231	1	135		
宜昌市	60	1044	11	174		
襄阳市	1116	996	3289	26737		
鄂州市			5	300		
荆门市	27	1370	187	5717		
孝感市	43	379	94	2122		
荆州市	2	180	1			
黄冈市	63	660	788	2834		
咸宁市	16	347	18	191		
随州市	146	1771	387	3604		
恩施土家族苗族自治州	32	469				
仙桃市			1	66		
潜江市	2	150				
天门市	25	1366	301	10469		
神农架林区	3	123				
省直						

续表 11

地区	9.甘蔗收获机		10.棉花收获机		11.蔬菜收获机械	
	台	千瓦	台	千瓦	台	千瓦
湖北省					21	470
武汉市					1	3
黄石市					12	36
十堰市						
宜昌市						
襄阳市						
鄂州市						
荆门市					2	161
孝感市						
荆州市						
黄冈市						
咸宁市					6	270
随州市						
恩施土家族苗族自治州						
仙桃市						
潜江市						
天门市						
神农架林区						
省直						

续表 12

地区	12.采茶机		13.饲料(草)收获机械		其中:青(黄)饲料收获机	
	台	千瓦	台	千瓦	台	千瓦
湖北省	88693	78428	15080	104310	8426	37176
武汉市	193	270	296	2730	110	1731
黄石市	34	102	5284	17626	3557	11466
十堰市	2915	3510	559	4881	163	1329
宜昌市	36068	26584	374	5478	108	1002
襄阳市	778	1384	1412	20313	179	5852
鄂州市	46	111	926	1023	526	359
荆门市	25	42	644	24107	31	3161
孝感市	53	94	756	3975	32	3581
荆州市			57	248	4	356
黄冈市	8714	13465	2272	7127	1973	3791
咸宁市	1789	4712	1754	5472	1684	2248
随州市	399	439	251	3841	5	100
恩施土家族苗族自治州	37679	27715	197	752	27	114
仙桃市			42	315		
潜江市			75	2805	2	103
天门市			181	3616	25	1982
神农架林区						
省直						

续表 13

地区	打(压)捆机		14.秸秆粉碎还田机	(六)设施农业设备 温室	其中:连栋温室	日光温室
	台	千瓦	台	平方米	平方米	平方米
湖北省	5914	81170	39824	871551607	22123252	10026095
武汉市	155	799	1934	104497187	3334829	9767
黄石市	100	3183	315	39100758	2072696	98667
十堰市	548	3664	291	59419435	451394	288887
宜昌市	247	1057	1580	40932498	761722	1783400
襄阳市	1994	21084	13586	59583541	3050532	32918
鄂州市	10	74	161	13331200	23000	
荆门市	613	20946	8237	44391208	607319	652424
孝感市	724	188	1680	220715664	9158460	839110
荆州市	387	8965	3719	68863893	272818	
黄冈市	385	8959	1463	63146983	250920	4800
咸宁市	64	3222	1030	28743542	738699	164090
随州市	246	3741	4634	33054777	232460	5731419
恩施土家族苗族自治州	170	638	157	8556174	1037315	1100
仙桃市	42	315	175	12067160	9100	
潜江市	73	2702	103	16420000	20000	
天门市	156	1633	759	58400868	88002	419513
神农架林区				326718	13986	
省直						

续表 14

地区	塑料大棚	四、农产品初加工机械		(一)种子初加工机械		(二)粮食初加工机械	
	平方米	台(套)	千瓦	台	千瓦	台(套)	千瓦
湖北省	838684827	1008750	3883321	685	3498	747411	2234875
武汉市	101152481	18559	258276			7752	36847
黄石市	36929395	7676	99248			5405	72330
十堰市	58684152	91121	341859	49	422	67353	190242
宜昌市	38127376	205828	769817	4	3	165586	538174
襄阳市	56489238	83503	371542	359	1322	57664	301258
鄂州市	13308200	4778	73364	2	3	2034	9081
荆门市	43131465	9950	67946			6382	25670
孝感市	210718063	21025	121374	19	30	9656	70354
荆州市	68578115	24450	163189			15656	94449
黄冈市	62559106	84399	324346	32	509	61306	156959
咸宁市	27840753	41637	254520	43	529	24755	174339
随州市	27090898	19230	273575	31	170	8917	85495
恩施土家族苗族自治州	7411439	367664	522465	98	300	289937	320466
仙桃市	12058060	6565	27143			5780	25278
潜江市	16400000	1720	89145	40	165	1049	46535
天门市	57893354	14457	125510	8	45	12668	87399
神农架林区	312732	6188				5511	
省直							

续表 15

地区	其中:谷物(粮食)干燥机		其中:30 吨以上		(三)油料初加工机械	
	台	千瓦	台	千瓦	台(套)	千瓦
湖北省	9095	188480	3555	101613	50334	510739
武汉市	351	2704	110	1559	1585	6610
黄石市	230	3311	93	1738	1449	22277
十堰市	49	897	5	320	5059	28303
宜昌市	232	16054	168	12655	4026	117776
襄阳市	1246	34944	438	15253	12082	12286
鄂州市	73	1147	21	591	367	2125
荆门市	422	10522	165	6865	1928	4440
孝感市	993	18204	412	6774	3724	26342
荆州市	2607	45140	1152	24077	3331	19384
黄冈市	610	8405	167	4084	5240	53239
咸宁市	420	8799	190	3002	1953	30011
随州市	377	5318	119	1720	4966	165571
恩施土家族苗族自治州	231	1522	2	60	3286	9966
仙桃市	438	18278	119	14944	515	515
潜江市	354	7965	233	5580	181	3830
天门市	462	5272	161	2391	542	8064
神农架林区					100	
省直						

续表 16

地区	(四)棉花初加工机械		(五)果蔬初加工机械		其中:1.果蔬干燥机	
	台(套)	千瓦	台(套)	千瓦	台	千瓦
湖北省	14814	46697	18220	169021	1228	16009
武汉市	672	2703	170	674	35	175
黄石市	253	418	387	2895	1	5
十堰市	72	269	2015	11337	365	641
宜昌市	634	5162	2178	23957	336	3534
襄阳市	3122	673	1618	6538	271	595
鄂州市	225	335	100	3530	4	40
荆门市	451	1113	241	1370	15	250
孝感市	1278	5621	1012	3108	14	48
荆州市	2008	4572	172	2406		
黄冈市	2316	10517	434	1280	51	346
咸宁市	407	2330	1163	6807	16	233
随州市	1966	1550	2352	13912	2	27
恩施土家族苗族自治州			5510	36345	6	12
仙桃市	270	1350				
潜江市	365	5930	85	32685		
天门市	775	4155	283	22176	112	10104
神农架林区			500			
省直						

续表 17

地区	2.果蔬冷藏保鲜设备		(六)茶叶初加工机械		五、畜牧机械	
	台(套)	千瓦	台(套)	千瓦	台(套)	千瓦
湖北省	7704	112348	128522	354762	560546	1760453
武汉市	27	177	1470	3044	29655	74596
黄石市	2	12	161	1208	5984	38515
十堰市	663	8445	15979	45896	64915	142094
宜昌市	459	5870	22217	60443	33744	135340
襄阳市	311	5253	8115	26079	15380	476271
鄂州市	60	3000	62	530	2527	21263
荆门市	35	460	116	270	9306	55908
孝感市	164	1080	5321	13929	18635	60115
荆州市	35	435	94	2202	15281	76223
黄冈市	25	510	10664	33980	77754	198075
咸宁市	679	5211	2742	21498	19565	58884
随州市	164	1865	731	6187	10021	34164
恩施土家族苗族自治州	4824	35273	60768	139221	249073	346194
仙桃市					2436	9064
潜江市	85	32685			2547	13760
天门市	171	12072	11	275	3642	19436
神农架林区			71		81	554
省直						

续表 18

地区	(一)饲料(草)加工机械设备		其中:1.铡草机	2.饲料(草)粉碎机	(二)饲养设备	
	台(套)	千瓦	台	台	台(套)	千瓦
湖北省	385258	973178	55886	188414	123578	284697
武汉市	4186	30697	859	1127	17812	37943
黄石市	1357	11118	2	123	4335	21478
十堰市	48714	111110	14165	23471	9304	21251
宜昌市	29863	128118	1888	14857	2350	2163
襄阳市	12356	68814	2313	5187	1899	9137
鄂州市	1077	10770	362	715	1285	6681
荆门市	3429	37403	302	3126	3612	18445
孝感市	5767	34634	1137	4428	8855	15770
荆州市	5228	38642	1716	1386	8608	18088
黄冈市	37913	119391	2186	4822	36388	68761
咸宁市	8561	38402	4844	3176	10423	20459
随州市	5327	22795	325	4750	3019	7563
恩施土家族苗族自治州	218963	298007	25338	119918	11906	22647
仙桃市	529	5950	10	519	1480	3060
潜江市	914	6440	62	112	340	2180
天门市	994	10335	324	670	1962	9072
神农架林区	80	552	53	27		
省直						

续表 19

地区	(三)畜产品采集储运设备		其中:1.挤奶机		2.剪毛机	
	台(套)	千瓦	台	千瓦	台	千瓦
湖北省	4619	13163	353	1852	21	39
武汉市	168	1618	3	21		
黄石市						
十堰市	3054	4305				
宜昌市	47	212	34	174	11	33
襄阳市	190	1900				
鄂州市	10	20				
荆门市						
孝感市	475	1667				
荆州市						
黄冈市	328	2167	285	1634	4	2
咸宁市	31	23	31	23		
随州市	141					
恩施土家族苗族自治州	155	1215				
仙桃市	17	30			6	4
潜江市	3	6				
天门市						
神农架林区						
省直						

续表 20

地区	(四)畜禽粪污资源化利用设备	六、水产机械		(一)水产养殖机械	
	台(套)	台	千瓦	台	千瓦
湖北省	18035	513356	979454	498361	915306
武汉市	6908	54204	86034	54094	85207
黄石市	290	26252	64578	26252	64578
十堰市	291	1888	8845	1333	6241
宜昌市	555	20549	59013	19819	52580
襄阳市	515	5741	9765	5741	9765
鄂州市	135	20802	44310	20802	44310
荆门市	1732	45715	80115	45670	79239
孝感市	1554	24616	45786	24588	45226
荆州市	924	151324	176665	140984	164304
黄冈市	550	56457	113966	55414	110886
咸宁市	542	22572	70380	20823	43648
随州市	1534	8758	16506	8558	14969
恩施土家族苗族自治州	118	18031	26678	17911	26389
仙桃市	410	41256	148798	41181	139950
潜江市	1290	7520	18870	7520	18870
天门市	686	7671	9147	7671	9147
神农架林区	1				
省直					

续表 21

地区	其中:1.增氧机		2.投(饲)饵机		(二)捕捞机械设备	
	台	千瓦	台	千瓦	台	千瓦
湖北省	311315	685708	182931	213570	2073	18418
武汉市	32022	70428	22045	12982	12	108
黄石市	17022	51896	8220	12681		
十堰市	1012	2824	181	3313	159	980
宜昌市	12447	36779	6737	11683	75	614
襄阳市	3919	7466	1803	2277		
鄂州市	10345	32348	10015	11728		
荆门市	27197	64117	18457	15070		
孝感市	16316	38447	8148	6762	28	530
荆州市	86310	155134	54661	7572		
黄冈市	35986	80913	17975	23706	37	1163
咸宁市	14712	33816	6045	8145	1748	14983
随州市	5847	10480	2654	4418	3	26
恩施土家族苗族自治州	17576	26007	222	323	11	14
仙桃市	24190	59070	16991	80880		
潜江市	4100	13800	3420	5070		
天门市	2314	2184	5357	6961		
神农架林区						
省直						

续表 22

地区	七、农田基本建设机械		八、农用航空器	(一)植保无人驾驶航空器	(二)其他无人驾驶航空器
	台	千瓦	架	架	架
湖北省	33895	1509600	9989	9974	4
武汉市	2060	105859	645	645	
黄石市	2928	123221	481	481	
十堰市	2489	125199	264	263	1
宜昌市	1046	70367	777	777	
襄阳市	2082	64970	1075	1075	
鄂州市	760	48690	63	63	
荆门市	2099	125468	790	779	
孝感市	2354	91331	709	709	
荆州市	6731	255438	2566	2566	
黄冈市	3494	158539	831	831	
咸宁市	3189	130917	358	358	
随州市	2211	65138	210	210	
恩施土家族苗族自治州	985	48238	82	81	1
仙桃市	170	8506	369	369	
潜江市	811	68060	400	400	
天门市	486	19660	366	364	2
神农架林区			3	3	
省直					

农机作业情况

地区	一、农机作业总体情况 (一)机耕面积	(二)机播面积	(三)机电灌溉面积	(四)机械植保面积	(五)机收面积	二、主要农作物生产机械化作业情况 (一)小麦 1.小麦机耕面积
	公顷	公顷	公顷	公顷	公顷	公顷
湖北省	6455297	3803819	3380144	5533287	4918584	1025606
武汉市	271870	146633	249865	321562	216789	11169
黄石市	123321	86322	90724	110899	101688	7069
十堰市	303475	103759	70698	265142	141781	52995
宜昌市	485926	225407	211193	506755	243563	36401
襄阳市	941208	734772	240403	763535	842964	356219
鄂州市	54743	30440	65279	63464	42875	4867
荆门市	608783	437537	308683	388972	527142	116405
孝感市	475437	298010	328388	362796	408871	78283
荆州市	976852	600009	866403	1069343	861618	157707
黄冈市	678935	397958	284743	580281	492202	34759
咸宁市	309300	152412	103684	187622	238360	5777
随州市	243429	155561	99455	210091	202645	52388
恩施土家族苗族自治州	404276	52728	46093	223750	111229	540
仙桃市	182727	127412	99800	123700	159044	26306
潜江市	140000	81160	100000	125000	112540	27400
天门市	249959	173177	213254	228345	214602	57247
神农架林区	5055	522	1480	2030	669	73
省直						

续表 1

地区	2.小麦机播面积	3.小麦机收面积	（二）水稻 1.水稻机耕面积	2.水稻机械种植面积	其中：水稻机直播面积	水稻机插面积
	公顷	公顷	公顷	公顷	公顷	公顷
湖北省	838214	1009827	2255049	1477842	325793	1137200
武汉市	9237	11402	103260	69453	21943	47510
黄石市	5997	7017	58983	41814	33197	8116
十堰市	21746	41121	21957	12335	8	12327
宜昌市	27280	35917	76273	50180	6848	43331
襄阳市	308135	356111	201489	139000	10500	128400
鄂州市	4333	5133	26333	18000	11462	6538
荆门市	85095	112517	247125	204602	11635	184536
孝感市	66814	78897	241311	143806	27964	112337
荆州市	135106	159492	461294	303882	34115	269766
黄冈市	27854	33379	312350	187854	80305	105630
咸宁市	3216	5666	141406	75263	37146	38117
随州市	41284	52011	125383	94132	8739	85392
恩施土家族苗族自治州	10	158	44210	12378	323	11701
仙桃市	23675	26306	63626	41993	30403	11590
潜江市	24667	27533	59113	35793	8705	27088
天门市	53758	57167	70900	47321	2500	44821
神农架林区	8		37	37		
省直						

续表 2

地区	水稻机浅栽面积	3.水稻机收面积	(三)玉米	2.玉米机播面积	3.玉米机收面积	(四)大豆
			1.玉米机耕面积			1.大豆机耕面积
	公顷	公顷	公顷	公顷	公顷	公顷
湖北省	3738	2232458	743440	406547	411701	220286
武汉市		102727	15952	11391	12385	8929
黄石市		58154	9742	6746	6046	2039
十堰市		18409	74341	33989	37767	16532
宜昌市		74244	128237	59438	61452	11401
襄阳市		202006	204124	185088	178439	6556
鄂州市		25200	1067	733	267	2333
荆门市	15	245150	51345	28220	19719	31199
孝感市	3496	239633	14340	8930	11707	6011
荆州市		459778	32089	22442	24875	39077
黄冈市		306183	9975	6905	7019	15769
咸宁市		139838	21049	6553	8188	6790
随州市		127674	16598	5367	3636	1396
恩施土家族苗族自治州	227	39913	142316	13463	22393	24021
仙桃市		63626	14280	12566	12281	10466
潜江市		59107	2583	1713	2300	11233
天门市		70796	3408	2776	3228	26533
神农架林区		21	1995	225		
省直						

续表 3

地区	2.大豆机播面积	3.大豆机收面积	(五)油菜	2.油菜机播面积	3.油菜机收面积	(六)马铃薯
			1.油菜机耕面积			1.马铃薯机耕面积
	公顷	公顷	公顷	公顷	公顷	公顷
湖北省	111074	107650	1187584	679510	857031	227801
武汉市	6633	5683	42058	26952	33036	1969
黄石市	471	317	34724	28514	28149	2862
十堰市	4887	4373	49974	20623	26043	19017
宜昌市	3990	4265	93408	43027	55002	45536
襄阳市	2738	2166	46337	23555	32446	17657
鄂州市	153	1000	13000	7220	11000	1320
荆门市	21877	15076	141873	91219	130201	2696
孝感市	1820	1864	99458	67543	70002	3243
荆州市	15499	17934	228140	111735	196133	4912
黄冈市	4353	6033	168303	115961	98700	13628
咸宁市	4841	4200	90762	53981	64681	4471
随州市	24		24477	9894	13347	6468
恩施土家族苗族自治州	2395	75	40800	2642	6795	97476
仙桃市	9105	7326	57450	39640	48832	733
潜江市	7420	10900	17667	10667	12267	1713
天门市	24867	26439	38934	26330	30399	2367
神农架林区			220	8		1733
省直						

续表 4

地区	2.马铃薯机播面积	3.马铃薯机收面积	(七)花生	2.花生机播面积	3.花生机收面积	(八)棉花
			1.花生机耕面积			1.棉花机耕面积
	公顷	公顷	公顷	公顷	公顷	公顷
湖北省	40101	49937	240678	106974	84494	90135
武汉市		345	12315	2347	1520	2874
黄石市	421	690	5202	2101	1315	2701
十堰市	2625	4770	18594	6110	3598	
宜昌市	7397	7352	10424	2724	486	1291
襄阳市	4539	6093	61803	48089	44981	8350
鄂州市		200	1953			3333
荆门市	874	527	15219	5443	3919	2921
孝感市	1060	937	25489	7402	5094	6459
荆州市	69		1551	69	65	23010
黄冈市	1702	3319	47558	19933	7494	20276
咸宁市	2232	2353	6026	3020	3970	2374
随州市	4319	4101	12618	437	1846	3187
恩施土家族苗族自治州	12218	16235	9226	67		
仙桃市			1200		240	7266
潜江市	333	333	1167	100	100	1300
天门市	2067	2033	10300	9133	9867	4793
神农架林区	245	648	33			
省直						

续表 5

地区	2.棉花机播面积	3.棉花机收面积	(九)水果 1.水果机械中耕面积	2.水果机械施肥面积	3.水果机械植保面积	4.水果机械修剪面积
	公顷	公顷	公顷	公顷	公顷	公顷
湖北省	2704	46	222497	189342	332035	112586
武汉市	30		4217	2893	4283	845
黄石市	255		879	3061	3227	1140
十堰市			12949	5621	22208	8349
宜昌市	277	13	104035	88438	146326	46365
襄阳市	454		19123	9229	26258	11163
鄂州市			1370	1165	1364	968
荆门市	207	33	7959	2844	12644	132
孝感市			1543	3126	1852	824
荆州市	162		12217	6802	13942	
黄冈市	1035		8387	3245	9982	4972
咸宁市	84		13150	10308	15193	2097
随州市			10209	14404	15194	13309
恩施土家族苗族自治州			23687	36950	55978	22238
仙桃市	200		450		1330	
潜江市			2000	1000	2000	
天门市			321	255	254	185
神农架林区						
省直						

续表 6

地区	5.水果机械采收产量	6.水果机械田间转运产量	(十)茶叶 1.茶叶机械中耕面积	2.茶叶机械施肥面积	3.茶叶机械植保面积	4.茶叶机械修剪面积
	吨	吨	公顷	公顷	公顷	公顷
湖北省	117598	4108267	178758	138084	240642	216810
武汉市	87	33444	2304	1929	2536	749
黄石市	1054	649	1752	1830	1050	486
十堰市	272	164269	33408	30248	40860	34564
宜昌市		2839262	15451	28753	29563	31592
襄阳市	15718	148543	14784	9436	23215	20607
鄂州市		12808	260	242	260	165
荆门市		221597	245	420	890	138
孝感市		50072	10688	4979	14982	6196
荆州市		131341				
黄冈市	3714	38172	20311	2331	22319	16379
咸宁市	580	53794	21973	22358	27062	30732
随州市	68828	160721	2442	3930	4468	4496
恩施土家族苗族自治州	10490	161149	55042	31529	72323	70142
仙桃市		25090				
潜江市		50500				
天门市	16855	16855	14	13	14	
神农架林区			85	85	1100	565
省直						

续表 7

地区	5.茶叶机械采收产量	6.茶叶机械田间转运产量	三、单项农机作业情况 (一)机械深松深耕面积	其中:机械深松面积	(二)机械免耕播种面积	(三)机械精量播种面积
	吨	吨	公顷	公顷	公顷	公顷
湖北省	229538	201527	480211	59232	81477	748855
武汉市	164	21	5656	1278	1805	13128
黄石市	700		4512	600	400	65205
十堰市	7305	9646	4112	645	1748	7532
宜昌市	52330	58482	6214	2820	984	38986
襄阳市	2538	4523	161535	5896	27096	156761
鄂州市	80		3968	3968	1097	12145
荆门市		1	3850	3130	6172	101388
孝感市	3898	3139	66880	2000		45961
荆州市			78434	6539	14279	32106
黄冈市	32157	1836	31938	14404	21069	82183
咸宁市	59280	52629	3860	1469	258	45102
随州市	2147	2105	10715	3165	1296	5822
恩施土家族苗族自治州	68939	69143	28437	5441	3407	531
仙桃市						77560
潜江市			4000			6000
天门市		2	65890	7667	1866	58444
神农架林区			210	210		
省直						

续表 8

地区	(四)机械深施化肥面积	(五)机械铺膜面积	(六)农田机械节水灌溉面积	(七)机械化播种牧草面积	(八)机械化秸秆还田面积	(九)机械化秸秆捡拾打捆面积
	公顷	公顷	公顷	公顷	公顷	公顷
湖北省	260769	39563	547770	17265	3057818	474331
武汉市	6671	4615	53236		141406	43343
黄石市	4685	650	1621	200	98366	1784
十堰市	8052	7112	37095	202	46584	19871
宜昌市	12100	6290	29394	100	152210	8504
襄阳市	70261	3502	87749	230	607902	87978
鄂州市	10225		42103		9167	480
荆门市	10652	4200	57254	10872	387368	82796
孝感市	77006	1849	33083	255	317636	27027
荆州市	16982		37701		390617	98830
黄冈市	39661	3090	66189	4836	312547	20277
咸宁市	608	1552	35147	445	174605	31801
随州市	2049	1971	9436		76245	7304
恩施土家族苗族自治州	338	3147	8101		529	743
仙桃市					143400	760
潜江市			4000	125	106667	16333
天门市	1480	1585	45660		92570	26500
神农架林区						
省直						

续表 9

地区	(十)农用航空器作业面积	其中:植保无人驾驶航空器作业面积	(十一)机械化青(黄)贮秸秆数量	四、农机社会化服务作业情况 (一)农机专业合作社作业服务面积	(二)农机跨区作业面积	1.跨区机耕面积
	公顷	公顷	吨	公顷	公顷	公顷
湖北省	1424692	1399569	2146044	2666327	1062303	237424
武汉市	82512	79162	152025	113826	52082	15451
黄石市	56187	55487	138343	113228	46737	7172
十堰市	23382	13561	79015	127526	20185	7813
宜昌市	88667	81147	294962	148400	29084	3198
襄阳市	356075	354352	735215	389290	136713	22020
鄂州市	6852	6852	4260	32508	23102	3289
荆门市	111398	111279	285482	318089	121132	8908
孝感市	90093	88982	11085	323680	71120	15583
荆州市	253011	253011	93088	284001	298940	72388
黄冈市	95551	94775	71374	384741	73035	23650
咸宁市	50544	50544	2883	86419	18292	1654
随州市	23261	23260	1966	82278	95773	19825
恩施土家族苗族自治州	13444	13442	253922	28651	20432	13013
仙桃市	15730	15730		53040	23800	17020
潜江市	110000	110000	20000	80000	11400	2100
天门市	47895	47895	1075	98500	20475	4340
神农架林区	90	90	1350	2150		
省直						

续表 10

地区	2.跨区机播面积	3.跨区机收面积	其中:跨区机收小麦	跨区机收水稻	跨区机收玉米	(三)农机托管作业面积
	公顷	公顷	公顷	公顷	公顷	公顷
湖北省	59459	721431	220295	450841	23298	2033223
武汉市	922	35709	7317	26979	728	77337
黄石市	3521	36044	3661	30160	2223	35681
十堰市	2284	10037	3068	6211	733	72556
宜昌市	919	24946	5193	16354	3286	143528
襄阳市	12994	100308	61279	24643	2669	347100
鄂州市	1910	15826	3025	4826		15548
荆门市	6383	105562	32906	63930	8456	186845
孝感市	5846	48806	13241	35257	306	139891
荆州市	4345	184150	50221	131443	1718	303368
黄冈市	6450	42169	8423	27890	900	159195
咸宁市	3743	12595	1852	10257		82591
随州市	3343	72444	20176	51544	724	69296
恩施土家族苗族自治州	43	7376	68	7172	136	69156
仙桃市	190	6589	1750	4519	320	160796
潜江市	2100	7200	2300	3800	1100	80236
天门市	4465	11670	5815	5855		90101
神农架林区						
省直						

续表 11

地区	1.农业生产性服务组织或个人完成的机械托管耕整地作业面积	其中：农机社会化服务组织完成的机械托管耕整地作业面积	2.农业生产性服务组织或个人完成的机械托管种植作业面积	其中：农机社会化服务组织完成的机械托管种植作业面积	3.农业生产性服务组织或个人完成的机械托管植保作业面积
	公顷	公顷	公顷	公顷	公顷
湖北省	2451543	1448646	1465615	1082290	2005371
武汉市	81667	45300	44400	32080	125356
黄石市	36867	18380	25906	18200	44400
十堰市	109000	60220	31080	22000	96150
宜昌市	160895	104323	122263	79926	158925
襄阳市	441840	234319	275508	216835	256848
鄂州市	16435	9500	9132	6500	25350
荆门市	213070	123580	175300	112710	61087
孝感市	156528	83779	92500	64250	145150
荆州市	387700	215200	214999	170499	305510
黄冈市	186935	104704	112497	77636	169954
咸宁市	102800	59624	45730	33011	75048
随州市	73100	42000	47000	32900	84040
恩施土家族苗族自治州	122000	68763	15818	11073	89500
仙桃市	182727	164454	127412	114670	176715
潜江市	80000	54600	56800	41500	100000
天门市	99980	59900	69270	48500	91338
神农架林区					
省直					

续表 12

地区	其中：农机社会化服务组织完成的机械托管植保作业面积	4.农业生产性服务组织或个人完成的机械托管收获作业面积	其中：农机社会化服务组织完成的机械托管收获作业面积	五、农产品初加工机械化作业情况 （一）机械脱出农产品数量	其中：1.机械脱出粮食数量
	公顷	公顷	公顷	吨	吨
湖北省	1210565	2053386	1525361	36664338	23381331
武汉市	85723	86715	65700	3147174	949405
黄石市	30430	40644	29450	514825	467029
十堰市	60890	56700	42688	1515191	587210
宜昌市	110406	135935	96638	3460872	1197435
襄阳市	108266	325800	194836	5587610	4097148
鄂州市	19950	17150	13000	1301932	272042
荆门市	40409	210000	157000	1699024	1594460
孝感市	80800	163150	124200	3747787	2252803
荆州市	165168	278500	204951	3832974	3328749
黄冈市	112970	164921	127154	3875419	2798088
咸宁市	49260	95300	72971	2118405	913741
随州市	51230	81060	56740	1412663	1344178
恩施土家族苗族自治州	53230	44500	31150	1960877	1314333
仙桃市	123700	159044	159044	884900	749950
潜江市	63333	96667	72000	624100	594300
天门市	54800	97300	77840	937585	877960
神农架林区				43000	42500
省直					

续表 13

地区	2.机械脱出油料数量	(二)机械清选农产品数量	其中:1.机械清选蔬菜数量	2.机械清选水果数量	3.机械清选棉花数量	(三)机械保质农产品数量
	吨	吨	吨	吨	吨	吨
湖北省	2016913	33829180	18462607	4917815	96000	32959986
武汉市	51227	2711721	2618499	59613		2113912
黄石市	29296	299719	33052	2200		348330
十堰市	98234	794706	510942	205574		497267
宜昌市	162904	3802130	1428498	1811802	901	4026989
襄阳市	228973	4963920	1444482	227468	44724	4328310
鄂州市	44122	1383276	710673	671203		1405496
荆门市	104533	224355	201652	19445	3240	2656311
孝感市	160039	3490765	2825252	92855	2620	3573206
荆州市	390783	6321100	3073806	583720	22379	5101492
黄冈市	357031	2001395	590462	77620	22136	1594152
咸宁市	63577	1520161	61189	830		1274697
随州市	8016	2087050	933286	967417		2506407
恩施土家族苗族自治州	93798	1930456	1767388	163068		1360016
仙桃市	134950	841300	841300			1357104
潜江市	29800					470700
天门市	59625	1457126	1422126	35000		338996
神农架林区	5					6600
省直						

续表 14

地区	其中：1.机械保质粮食数量	2.机械保质油料数量	3.机械保质蔬菜数量	4.机械保质水果数量	5.机械保质棉花数量	6.机械保质茶叶数量
	吨	吨	吨	吨	吨	吨
湖北省	13950590	1411505	4395446	2453813	55389	322965
武汉市	934785	58865	1065411	48363	5145	358
黄石市	311768	19951	10408	5200		1004
十堰市	343188	61732	45046	18702		1251
宜昌市	502315	111422	919622	1551123	805	47616
襄阳市	1859010	71443	419068	38292	457	167791
鄂州市	272240	40817	7175	13404	3824	220
荆门市	1547978	287163	315850	21370		
孝感市	1458445	71803	154680	34047	6869	6732
荆州市	1771439	301322	612498	204325	28054	293
黄冈市	937402	132126	16263	14854	7485	7036
咸宁市	438073	51631	43412	17843		9330
随州市	1610491	13343	477591	373536	2750	3694
恩施土家族苗族自治州	809793	79547	282423	110653		77620
仙桃市	466617	14090				
潜江市	433100	9500	26000	2100		
天门市	252246	86750				
神农架林区	1700					20
省直						

续表 15

地区	六、畜牧养殖机械化作业情况 (一)机械收获饲草秸秆量	其中:机械收获牧草数量	(二)机械化饲草料加工数量	(三)机械饲喂的畜禽数量(折算为羊单位)	(四)机械清粪的畜禽数量(折算为羊单位)	(五)机械环控的畜禽数量(折算为羊单位)
	吨	吨	吨	个	个	个
湖北省	12922794	1665595	14315837	46622666	42829025	40428666
武汉市	523730		437649	3664833	4678454	3072101
黄石市	216440	1585	425696	101192	82502	1387620
十堰市	628550	3378	725231	997656	2312590	1258315
宜昌市	2364118	1688	4932477	6223868	3937965	4000337
襄阳市	1956854	74993	1550316	6338191	6326125	3382352
鄂州市	5152	2958	21517	341204	342353	1498640
荆门市	973460	1200	1175031	2110231	1910634	2406800
孝感市	387778	5859	1018503	1412265	1834510	1024883
荆州市	2091869	1080070	119290	5576310	7052604	8235085
黄冈市	1268004	114482	832097	3028232	3141609	3854992
咸宁市	845097	301572	830765	4683488	3779841	4148961
随州市	257488	28608	172549	9458620	5409079	3188433
恩施土家族苗族自治州	159492	32703	1171956	472821	185105	24732
仙桃市	693909		544200	462650	491020	1501300
潜江市	33000	15000	15000	728860	625770	740245
天门市	517852	1500	313560	1022245	718864	703870
神农架林区			30000			
省直						

续表 16

地区	(六)机械挤奶的家畜数量(折算为羊单位)	(七)机械剪毛的畜禽数量(折算为羊单位)	(八)机械捡蛋的蛋禽数量(折算为羊单位)	七、水产养殖机械化作业情况 (一)池塘养殖 1.机械投饲池塘养殖产量	2.机械水质调控池塘养殖产量	3.机械起捕池塘养殖产量
	个	个	个	吨	吨	吨
湖北省	58127	1467	4626572	2027097	1525642	409722
武汉市	16534		305062	290264	219258	178342
黄石市			45988	203506	22760	21540
十堰市			131431	2213	2377	71
宜昌市	2750		77379	123377	54818	36222
襄阳市	3800		434479	35936	37179	7994
鄂州市			69051	207651	207655	1863
荆门市			158337	138397	99253	98049
孝感市	1510	97	617378	114182	83781	1759
荆州市			5	143575	97183	90
黄冈市	30368	1100	146743	257688	220377	13827
咸宁市	3101		1916404	92195	54293	3071
随州市	64		667551	13361	11730	5144
恩施土家族苗族自治州			12280	957	198	20
仙桃市		270	6510	274954	274954	
潜江市			10245	40706	40706	
天门市			27730	88135	99120	41730
神农架林区						
省直						

续表 17

地区	4.机械清淤池塘养殖产量	(二)网箱养殖	2.机械清洗网箱养殖产量	3.机械起捕网箱养殖产量	(三)工厂化养殖	2.机械起捕工厂化养殖产量
		1.机械投饲网箱养殖产量			1.机械投饲工厂化养殖产量	
	吨	吨	吨	吨	吨	吨
湖北省	1145096	35302	4368	5396	14849	5225
武汉市	250054	497	497	100	2431	1821
黄石市	162193					
十堰市	1265	10		80	1754	21
宜昌市	39783				6189	1730
襄阳市	7778	867	275	992	686	529
鄂州市	208597					
荆门市	66439	4408	3596	3896	1332	739
孝感市	8313	870				
荆州市	40682					
黄冈市	42109	1952		328	2457	385
咸宁市	12419	168				
随州市	6764					
恩施土家族苗族自治州	170					
仙桃市	254900	26530				
潜江市	11600					
天门市	32030					
神农架林区						
省直						

续表 18

地区	(四)筏式吊笼及底播养殖	2.机械采收养殖产量	八、设施农业(种植)机械化作业情况	(二)机械种植面积	(三)机械采运面积	(四)机械灌溉施肥面积
	1.机械投苗养殖产量		(一)机械耕整地面积			
	吨	吨	公顷	公顷	公顷	公顷
湖北省	217	948	86867	20461	8798	48673
武汉市			10440	2437	876	6394
黄石市			3910	990	320	2471
十堰市			5940	4290	1202	3781
宜昌市			3956	2407	1250	3282
襄阳市	217	948	5950	1239	629	3670
鄂州市			1330	294		277
荆门市			4430	1242	970	3020
孝感市			22070	1588	583	4749
荆州市			6881	2180	1349	4376
黄冈市			6310	612	157	5224
咸宁市			2870	1796	967	2610
随州市			3300	219	121	725
恩施土家族苗族自治州			810	308	75	609
仙桃市			1200	125	108	1000
潜江市			1640			1360
天门市			5800	735	191	5125
神农架林区			30			
省直						

续表 19

地区	(五)机械调控环境面积	农机作业情况补充资料 1.保护性耕作面积	2.免耕播种面积	其中:小麦免耕播种面积	水稻免耕播种面积	玉米免耕播种面积
	公顷	公顷	公顷	公顷	公顷	公顷
湖北省	20194	316280	101365	12633	10846	29787
武汉市	3296	422	1825	1054	210	550
黄石市	1009	1886	610	123		487
十堰市	759	1176	2033	322		1656
宜昌市	1147	6547	1427	784		621
襄阳市	633	41021	29211	3178	882	15814
鄂州市	224	1835	1470	729	350	377
荆门市	1020	3002	10989	828	2657	3828
孝感市	1424	6928				
荆州市	1392	25650	14281	4658	875	241
黄冈市	1683	19622	19774	387	3622	3946
咸宁市	1365		286	35		247
随州市	149	15849	1296	535	523	238
恩施土家族苗族自治州	394	6780	3407		1727	1650
仙桃市	850	167890	12890			
潜江市		10000				
天门市	4850	7667	1866			133
神农架林区		5				
省直						

续表 20

地区	3.实际脱出农产品总量	4.实际清选农产品总量	5.实际保质农产品总量	6.收获的饲草秸秆总量	7.饲草料加工总量	8.畜禽总数（折算为羊单位）
	吨	吨	吨	吨	吨	个
湖北省	69066712	66528072	67259540	53670287	35858717	193126934
武汉市	6781660	6675344	6217368	1184286	783714	7022602
黄石市	575791	367431	1297714	983682	522843	3624364
十堰市	3201491	2407792	1887393	1771670	2314470	7291776
宜昌市	8805725	8852933	8972630	10344520	8098358	18294346
襄阳市	9869180	10076221	9574605	5927448	5496904	38029079
鄂州市	1696100	1614100	1717312	725697	407277	5030073
荆门市	6165320	4547295	6169977	4277512	3328521	14465776
孝感市	4625639	5082065	5150985	5373907	2527246	18440802
荆州市	6059565	8120139	7184171	3432007	1788332	14258282
黄冈市	7443580	5814059	4583493	4958778	2543639	21367394
咸宁市	4688335	4486279	4413138	2587731	1780644	12202202
随州市	2806364	2513004	3020770	1977547	1076953	12424846
恩施土家族苗族自治州	3365914	3048876	3987849	7245648	3717733	14761517
仙桃市	1357090	841308	1357105	1620000	634500	1980010
潜江市	624100	624100	470700	33000	15000	1568000
天门市	957858	1457126	1241858	1226854	792584	2365865
神农架林区	43000		12472		30000	
省直						

续表 21

地区	9.环控畜禽总数(折算为羊单位)	10.产奶家畜数量(折算为羊单位)	11.产毛畜禽数量(折算为羊单位)	12.蛋禽数量(折算为羊单位)	13.池塘养殖总产量	14.网箱养殖总产量
	个	个	个	个	吨	吨
湖北省	106574022	243818	68476	17189117	4134248	114578
武汉市	4394936	22807	290	943937	444751	638
黄石市	2365410			104785	227354	
十堰市	3024266	2600	4300	501110	9680	230
宜昌市	8810010	2750		1857976	174904	
襄阳市	19056416	12541	30977	1607405	148010	1696
鄂州市	1676317	991	518	87881	245538	
荆门市	7797395		152	1224063	400181	7209
孝感市	11251078	14790	3843	1047684	304774	6960
荆州市	10515156	98730		964748	952863	50122
黄冈市	11553249	84936	8625	2412144	453670	5115
咸宁市	7282088	3123		2813544	218048	668
随州市	8779214	67		1179592	90320	
恩施土家族苗族自治州	5858691	265		1077706	3205	
仙桃市	1501300		1850	687450	295150	35550
潜江市	769900			160124	42800	1700
天门市	1938596	218	17921	518968	123000	4690
神农架林区						
省直						

续表 22

地区	15.工厂化养殖总产量	16.筏式吊笼及底播养殖总产量	17.果园面积	18.茶园面积	19.水果采收产量	20.茶叶采收产量
	吨	吨	公顷	公顷	吨	吨
湖北省	25771	6867	439418	394493	7826244	407693
武汉市	2431		9190	7675	154466	2922
黄石市	386	3805	12827	5727	121955	1969
十堰市	2746		32948	54731	339733	15801
宜昌市	6393		151493	66348	4362042	119221
襄阳市	1223	1062	35367	27626	811857	11852
鄂州市			3216	433	46752	206
荆门市	1609		18190	3614	385058	261
孝感市			6132	31639	155619	10733
荆州市	84		24546	631	547317	297
黄冈市	10421	2000	33491	27914	115975	39210
咸宁市	228		27313	37253	136823	70364
随州市			16331	7837	166002	3198
恩施土家族苗族自治州	250		59703	121873	375282	131658
仙桃市			1333		25380	
潜江市			2314		59529	
天门市			5026	93	22454	2
神农架林区				1100		
省直						

《湖北农村统计年鉴2024》

农村主要能源及物资消耗

单位:吨

地区	农用柴油使用量	农药使用量	农用塑料薄膜使用量
湖北省	**601247**	**83177**	**55017**
武汉市	**17613**	**2950**	**5595**
武汉市辖区	1326	234	1419
汉南区	1510	141	265
蔡甸区	1465	427	622
江夏区	1912	582	564
黄陂区	5876	619	1692
新洲区	5524	948	1034
黄石市	**21700**	**2517**	**1340**
黄石市辖区	11	2	27
阳新县	10826	2091	763
大冶市	10863	424	550
十堰市	**24914**	**1813**	**3335**
茅箭区	7	8	19
张湾区	156	34	129
郧阳区	2019	443	106
郧西县	2775	89	804
竹山县	5451	185	454
竹溪县	2187	69	587
房县	7540	68	737
丹江口市	4779	917	499
宜昌市	**39147**	**5850**	**4650**
宜昌市辖区	525	235	81
夷陵区	7572	897	312
远安县	2346	243	311
兴山县	1347	138	445
秭归县	1242	573	363
长阳县	1311	337	511
五峰县	262	49	339
宜都市	3634	616	303
当阳市	12972	1244	1295
枝江市	7936	1518	690
襄阳市	**119426**	**9116**	**6034**
高新区	1256	208	52
襄城区	6065	550	282
樊城区	3342	98	289
襄州区	21139	2595	803
南漳县	12941	489	228
谷城县	3211	325	693
保康县	3308	405	420
老河口市	9925	363	265
枣阳市	38342	2117	1442
宜城市	19896	1967	1560
鄂州市	**2834**	**327**	**349**
梁子湖区	659	84	46
华容区	1285	111	64
鄂城区	890	132	239
荆门市	**71999**	**6321**	**5265**
东宝区	4634	269	445
掇刀区	4425	252	228
沙洋县	14180	1453	1273
钟祥市	32260	2985	2223
京山市	16500	1362	1096
孝感市	**27942**	**5955**	**4674**

续表 单位：吨

地区	农用柴油使用量	农药使用量	农用塑料薄膜使用量
孝感市辖区			
孝南区	3755	582	965
孝昌县	3879	340	511
大悟县	4151	175	1255
云梦县	792	515	244
应城市	7174	284	171
安陆市	4529	781	61
汉川市	3662	3278	1467
荆州市	**66300**	**21074**	**2264**
荆州开发区	48	28	5
沙市区	642	1033	70
荆州区	3906	1212	234
公安县	11990	4350	324
江陵县	8183	2226	157
石首市	4308	2229	240
洪湖市	8583	2833	287
松滋市	5646	1743	287
监利市	22994	5420	660
黄冈市	**60848**	**10215**	**7869**
龙感湖农场	60	31	165
黄州区	1145	217	474
团风县	2032	837	212
红安县	3962	811	2685
罗田县	2763	521	279
英山县	4598	182	432
浠水县	13160	1513	1276
蕲春县	8913	1262	405
黄梅县	10382	1898	170
麻城市	9785	1881	1488
武穴市	4047	1063	282
咸宁市	**48810**	**1412**	**1481**
咸安区	10148	203	475
嘉鱼县	8418	330	338
通城县	7192	87	82
崇阳县	6701	139	183
通山县	5535	59	215
赤壁市	10816	593	188
随州市	**48846**	**4740**	**5552**
曾都区	12082	2062	1267
随县	31713	2278	3284
广水市	5051	400	1001
恩施州	**5897**	**1028**	**2850**
恩施市	372	124	510
利川市	704	295	572
建始县	1442	73	374
巴东县	1549	156	489
宣恩县	376	85	338
咸丰县	793	146	226
来凤县	300	130	112
鹤峰县	361	21	229
仙桃市	**16279**	**3572**	**1982**
潜江市	**8437**	**1865**	**1111**
天门市	**19799**	**4412**	**642**
神农架林区	**457**	**11**	**24**

农用化肥施用

单位:吨

项目	农用化肥施用量（按折纯法计算）	氮肥	磷肥	钾肥	复合肥
湖北省	**2543852**	**844064**	**329011**	**219223**	**1151554**
武汉市	**101144**	**32733**	**13897**	**10695**	**43820**
武汉市辖区	8463	1532	1031	345	5555
汉南区	1879	439	273	94	1073
蔡甸区	11152	3022	1385	1142	5603
江夏区	16842	3753	1633	1368	10090
黄陂区	30375	10620	4123	4386	11246
新洲区	32433	13368	5452	3360	10253
黄石市	**40833**	**16063**	**5213**	**3975**	**15582**
黄石市辖区	178	24	3	3	148
阳新县	20703	7992	2206	1246	9259
大冶市	19952	8047	3004	2726	6175
十堰市	**87285**	**39200**	**14169**	**5933**	**27983**
茅箭区	368	107	45	30	186
张湾区	1899	756	219	198	726
郧阳区	23645	10497	3996	2324	6828
郧西县	10564	2254			8310
竹山县	8853	5852	769	867	1365
竹溪县	29348	13589	7532	1952	6275
房县	7443	3700	1140	391	2212
丹江口市	5165	2445	468	171	2081
宜昌市	**271792**	**79361**	**35130**	**21481**	**135820**
宜昌市辖区	6288	2177	1032	851	2228
夷陵区	46072	15067	3702	2105	25198
远安县	6857	2378	957	129	3393
兴山县	7918	1349	1130	728	4711
秭归县	30600	7392	4191	2753	16264
长阳县	16151	5420	1296	226	9209
五峰县	21373	6725	4563	2247	7838
宜都市	14327	5207	1001	1501	6618
当阳市	65798	22315	13136	6956	23391
枝江市	56408	11331	4122	3985	36970
襄阳市	**343919**	**75463**	**9073**	**6622**	**252761**
高新区	3375	1316	509	558	992
襄城区	13868	4390	1668	528	7283
樊城区	11161	3569	957	524	6111
襄州区	87373	14954	20	11	72388
南漳县	28791	13457	2350	1986	10998
谷城县	17647	5831	1967	1421	8428
保康县	15004	2476	53	459	12016
老河口市	31954	3017	560	305	28072
枣阳市	83183	17877	407	268	64631
宜城市	51563	8576	582	562	41843
鄂州市	**59333**	**13046**	**8629**	**6159**	**31499**
梁子湖区	17964	4572	3487	2398	7507
华容区	19323	2719	1670	948	13986
鄂城区	22046	5755	3472	2813	10006
荆门市	**271943**	**73810**	**38931**	**21365**	**137837**
东宝区	10340	3964	2213	924	3239
掇刀区	9603	4200	3365	675	1363
沙洋县	105183	23524	9878	8041	63740
钟祥市	84462	27657	20006	7147	29652
京山市	62355	14465	3469	4578	39843
孝感市	**165093**	**72439**	**23149**	**13079**	**56426**

续表 单位：吨

项目	农用化肥施用量（按折纯法计算）	氮肥	磷肥	钾肥	复合肥
孝感市辖区	161	33	19	39	70
孝南区	23015	9836	2983	2142	8054
孝昌县	16694	4515	2304	2448	7427
大悟县	15485	9558	1186	387	4354
云梦县	13372	3209	931	961	8271
应城市	24354	7070	3924	2029	11331
安陆市	32966	18837	6686	2258	5185
汉川市	39046	19381	5116	2815	11734
荆州市	**293920**	**125037**	**51394**	**36358**	**81131**
荆州开发区	430	139	95	49	147
沙市区	11143	2694	1945	2103	4401
荆州区	21759	7880	2742	2441	8696
公安县	53808	22977	9699	7025	14107
江陵县	29478	14513	5551	3010	6404
石首市	24738	8791	4289	3244	8414
洪湖市	41586	19812	7703	4678	9393
松滋市	37462	15138	3888	4301	14135
监利市	73516	33093	15482	9507	15434
黄冈市	**289179**	**98406**	**33228**	**26554**	**130991**
龙感湖农场	2011	255	208	245	1303
黄州区	13134	4238	2964	1833	4099
团风县	18132	5822	2430	1732	8148
红安县	43027	16635	7456	3461	15475
罗田县	15589	6172	1120	1507	6791
英山县	5052	1918	570	405	2159
浠水县	44144	14754	2606	2905	23879
蕲春县	39134	17168	5295	2646	14025
黄梅县	38485	13475	4796	3725	16489
麻城市	30106	6985	2219	2982	17920
武穴市	40366	10984	3565	5114	20703
咸宁市	**98499**	**33632**	**17071**	**12890**	**34906**
咸安区	21871	7447	3853	2425	8145
嘉鱼县	27550	8570	5200	3667	10114
通城县	14358	4519	1270	2764	5805
崇阳县	13585	4623	2961	1915	4086
通山县	7885	2538	837	650	3861
赤壁市	13250	5936	2951	1468	2895
随州市	**139281**	**51898**	**26999**	**13908**	**46476**
曾都区	26134	6108	4706	2814	12506
随县	76746	30636	15252	7710	23148
广水市	36401	15154	7041	3384	10822
恩施州	**215675**	**87424**	**33689**	**21040**	**73522**
恩施市	32550	12824	4316	3220	12190
利川市	42512	19895	6552	3433	12632
建始县	26714	12392	5288	2406	6628
巴东县	36996	14962	4415	1872	15747
宣恩县	20850	5436	3964	2692	8758
咸丰县	31911	14074	4893	4193	8751
来凤县	8871	3715	1230	1343	2583
鹤峰县	15272	4126	3030	1882	6233
仙桃市	**49257**	**20532**	**7084**	**4106**	**17535**
潜江市	**48277**	**12507**	**6373**	**6542**	**22855**
天门市	**66219**	**11940**	**4926**	**8451**	**40902**
神农架林区	**2203**	**572**	**56**	**65**	**1510**

《湖北农村统计年鉴 2024》

主要农作物病虫害发生面积

单位:万亩次

地区	水稻	小麦	玉米	大豆	马铃薯	棉花	油菜	柑橘	蔬菜
湖北	**9520.47**	**2099.36**	**1390.92**	**288.42**	**215.20**	**429.69**	**1925.78**	**1229.18**	**1923.29**
武汉	274.55	16.91	26.04	20.79	2.34	36.25	41.55		118.15
黄石	174.14	10.20	12.39	1.47	1.20	4.10	41.60	17.15	29.00
十堰	124.19	92.27	118.97	30.90	25.90		75.27	159.16	189.38
宜昌	457.33	31.81	211.36	3.93	26.40		175.78	873.69	275.55
襄阳	905.50	885.09	469.27	4.73	9.08	54.28	84.76	21.20	148.20
鄂州	112.40	8.00	1.11	2.90	0.30	6.48	18.00	2.52	56.18
荆门	1447.85	307.23	127.75	73.60	1.29	23.16	245.80	44.50	146.09
孝感	712.12	121.49	27.02	4.46	4.16	7.42	104.35	0.80	160.95
荆州	1531.26	225.30	82.20	59.40		113.86	350.30	14.20	50.53
黄冈	1653.49	104.67	40.36	9.59	15.22	84.53	329.67	10.75	295.10
咸宁	533.43	15.84	42.19	8.45	4.50	7.96	161.58	20.84	160.74
随州	341.72	63.02	10.70	0.08	1.50		19.10		29.69
恩施州	211.44	0.43	199.65	25.22	122.68		74.40	63.70	161.39
仙桃	378.30	55.40	14.38	18.90		62.10	81.70	0.67	42.74
潜江	476.10	47.97	1.24		0.05	10.55	26.87		32.34
天门	186.40	113.70	5.84	24.00		19.00	95.00		24.50
神农架林区	0.25	0.03	0.45		0.58		0.05		2.76

主要农作物病虫害防治面积

单位:万亩次

地区	水稻	小麦	玉米	大豆	马铃薯	棉花	油菜	柑橘	蔬菜
湖北	**12603.23**	**3978.21**	**1501.07**	**344.94**	**259.56**	**644.60**	**2551.01**	**1796.88**	**2698.55**
武汉	385.31	35.48	29.44	28.44	2.92	42.45	53.28		175.80
黄石	197.61	24.25	14.12	0.98	1.10	4.49	65.50	17.40	31.20
十堰	113.32	144.97	99.18	17.00	16.31		56.04	271.75	159.43
宜昌	706.31	131.75	222.77	4.94	30.12		266.41	1293.15	471.34
襄阳	1220.73	1318.85	599.71	4.04	8.58	71.53	116.38	23.20	187.12
鄂州	115.70	17.30	1.18	2.95	0.32	7.10	19.00	2.85	102.90
荆门	1621.57	531.43	95.81	83.34	1.73	27.40	348.96	55.50	196.83
孝感	1102.65	303.39	30.63	4.80	6.47	16.51	153.05	4.00	251.90
荆州	2278.51	666.90	125.36	96.30		220.54	569.80	26.10	106.98
黄冈	2149.43	151.57	47.42	14.06	17.90	129.30	356.29	16.11	405.35
咸宁	549.12	30.06	46.55	9.29	5.02	8.37	175.96	21.68	172.69
随州	421.62	172.80	8.12	0.18	5.00		41.40		48.98
恩施州	386.91	0.60	154.56	32.32	163.48		96.80	64.46	177.05
仙桃	501.90	98.80	14.58	19.30		63.30	86.09	0.68	45.18
潜江	574.00	136.76	5.74		0.03	30.61	38.00		114.04
天门	278.30	213.20	5.45	27.00		23.00	108.00		49.00
神农架林区	0.24	0.10	0.45		0.58		0.05		2.76

主要农作物病虫害挽回损失

单位：吨

地区	水稻	小麦	玉米	大豆	马铃薯	棉花	油菜	柑橘	蔬菜
湖北	**2094346**	**349032**	**368825**	**25296**	**69108**	**40858**	**243086**	**531718**	**2269378**
武汉	62051	2331	6931	1038	240	973	5154		66359
黄石	26717	3810	3203	25	1100	517	4486	4640	7850
十堰	14939	18097	21788	802	1774		2849	45998	105219
宜昌	217358	20580	74207	41	5210		22859	384033	768340
襄阳	179948	127411	141709	389	2252	2834	11297	15289	139114
鄂州	10611	3408	230	199	25	298	4850	568	10548
荆门	272956	30373	12905	8809	190	979	31781	16792	216055
孝感	156180	14272	11624	619	1409	914	10284	728	92320
荆州	366868	55760	27504	2621		16073	58954	4967	8409
黄冈	256424	18507	8096	1281	2547	5891	23482	3630	218212
咸宁	86745	3103	5559	1002	1368	412	7381	3805	292487
随州	145524	14727	5713	9	914		4238		36411
恩施州	50078	137	39251	1927	51357		13296	50443	136205
仙桃	137493	6752	2768	813		6962	8374	825	108683
潜江	9561	6025	69		1	20	3959		415
天门	100770	23724	6822	5723		4984	29827		61959
神农架林区	125	15	445		720		17		792

主要农作物病虫害实际损失

单位：吨

地区	水稻	小麦	玉米	大豆	马铃薯	棉花	油菜	柑橘	蔬菜
湖北	**243579**	**42668**	**39459**	**3454**	**10243**	**6541**	**37489**	**101819**	**287265**
武汉	4977	209	814	138	25	88	415		7994
黄石	1563	129	346	4	100	68	583	560	873
十堰	2868	1953	3050	395	852		735	4124	42403
宜昌	10908	845	7230	35	791		1474	82664	28983
襄阳	19212	13436	9999	34	601	371	948	2606	26039
鄂州	1112	465	30	23	3	29	757	24	962
荆门	25325	2556	708	686	26	71	4081	1646	24666
孝感	14655	2063	1158	123	227	149	1500	60	16888
荆州	59066	9689	4504	604		2547	10160	667	2152
黄冈	37039	2108	1146	185	539	1319	4193	817	25259
咸宁	5389	237	294	119	225	29	1030	453	29467
随州	21888	2186	1014	1	152		753		8100
恩施州	6384	20	7887	217	6629		1946	8080	49423
仙桃	15279	560	308	143		826	2093	118	19179
潜江	4847	1903	22			5	1540		100
天门	13056	4310	907	745		1038	5279		4699
神农架林区	12	1	43		73		2		77

农民专业合作社建设情况

地区	户数情况									出资总额								
	2023年12月末户数（户）	2022年12月末户数（户）	增长率±%	2023年1–12月新登记户数（户）	2022年1–12月新登记户数（户）	增长率±%	2023年12月新登记户数（户）	2022年12月新登记户数（户）	增长率±%	2023年12月期末出资总额（万元）	2022年12月末出资总额（万元）	增长率±%	2023年1–12月新登记出资总额（万元）	2022年1–12月新登记出资总额（万元）	增长率±%	2023年12月新登记出资总额（万元）	2022年12月新登记出资总额（万元）	增长率±%
全　省	**119679**	**114520**	**4.50**	**7812**	**10273**	**–23.96**	**617**	**669**	**–7.77**	**33473205**	**27351202**	**22.38**	**6584535**	**1927170**	**241.67**	**5101493**	**118438**	**4207.31**
武　汉	6393	6038	5.88	525	737	–28.77	29	22	31.82	1288530	1223438	5.32	90552	130177	–30.44	6938	2835	144.73
黄　石	3802	3767	0.93	144	185	–22.16	17	18	–5.56	1104786	1095203	0.88	35023	45645	–23.27	2435	2446	–0.45
十　堰	11174	10846	3.02	599	2071	–71.08	45	66	–31.82	1651835	1593549	3.66	90210	223826	–59.70	5084	10543	–51.78
宜　昌	10051	9511	5.68	796	741	7.42	62	37	67.57	1760439	1683893	4.55	108521	112249	–3.32	7837	4351	80.13
襄　阳	8998	8540	5.36	557	575	–3.13	47	34	38.24	2399981	2280496	5.24	126532	129377	–2.20	7465	5739	30.08
鄂　州	2157	2067	4.35	120	140	–14.29	8	9	–11.11	496357	478363	3.76	25101	25754	–2.53	1301	1035	25.74
荆　门	7921	7613	4.05	497	474	4.85	28	40	–30.00	2342004	2264308	3.43	122139	132732	–7.98	7325	12610	–41.91
孝　感	7898	7462	5.84	597	582	2.58	44	31	41.94	2068632	1989226	3.99	128204	139857	–8.33	8659	4296	101.56
荆　州	12348	11906	3.71	858	1281	–33.02	81	77	5.19	3711542	3576517	3.78	194347	317404	–38.77	11565	21320	–45.76
黄　冈	13841	13094	5.70	940	980	–4.08	84	60	40.00	3146065	2992671	5.13	179324	203845	–12.03	15271	9256	64.99
咸　宁	7265	7061	2.89	424	705	–39.86	38	59	–35.59	2055374	2035376	0.98	78908	127590	–38.16	7867	10266	–23.37
随　州	5282	5085	3.87	326	365	–10.68	33	15	120.00	1398123	1362782	2.59	64135	71645	–10.48	4331	2555	69.51
恩　施	14453	14017	3.11	708	833	–15.01	55	167	–67.07	2472412	2320047	6.57	187120	112814	65.87	8088	18246	–55.67
仙　桃	2183	2055	6.23	163	132	23.48	16	10	60.00	765620	734843	4.19	37514	35977	4.27	1945	3700	–47.43
潜　江	1786	1605	11.28	214	152	40.79	9	7	28.57	578296	543576	6.39	43769	37540	16.59	1630	850	91.76
天　门	3759	3484	7.89	330	295	11.86	20	16	25.00	6093513	1038215	486.92	5070722	77782	6419.16	5003501	8240	60622.10
林　区	368	369	–0.27	14	25	–44.00	1	1		139696	138699	0.72	2415	2956	–18.30	250	150	66.67

农村可再生能源及秸秆综合利用情况

地区	清洁能源入户年末累计数(户)	秸秆综合利用率(%)
湖北省	**5160438**	**94.59**
武汉市	**195850**	**95.70**
武汉市辖区		
汉南区	11633	95.43
蔡甸区	29309	95.48
江夏区	37495	95.42
黄陂区	70997	95.40
新洲区	46416	96.45
黄石市	**102693**	**93.33**
黄石市辖区		
阳新县	44890	93.35
大冶市	57803	93.21
十堰市	**434470**	**92.78**
茅箭区	6806	
张湾区	9694	
郧阳区	78099	92.09
郧西县	79580	93.33
竹山县	71749	92.66
竹溪县	63246	92.00
房县	64970	93.27
丹江口市	60326	94.14
宜昌市	**625627**	**95.70**
宜昌市辖区		
夷陵区	123934	95.27
远安县	37957	95.07
兴山县	41748	96.20
秭归县	87388	96.52
长阳县	71949	95.64
五峰县	49797	95.20
宜都市	69720	95.27
当阳市	73414	95.85
枝江市	69720	95.89
襄阳市	**428770**	**94.70**
襄阳市辖区		
襄城区	13301	95.00
樊城区	1200	95.16
襄州区	99793	95.06
南漳县	70279	93.26
谷城县	50694	92.63
保康县	55479	96.35
老河口市	41954	95.61
枣阳市	58270	94.28
宜城市	37800	94.74
鄂州市	**37576**	**95.23**
荆门市	**268531**	**95.20**
东宝区	35527	97.24
掇刀区	10823	95.50
京山市	60988	94.53
沙洋县	76948	95.27
钟祥市	84245	95.14
孝感市	**278647**	**94.17**
孝感市辖区		
孝南区	32165	93.46

续表

地区	清洁能源入户年末累计数(户)	秸秆综合利用率(%)
孝昌县	35438	95.19
大悟县	77090	93.84
云梦县	20250	95.10
应城市	32399	95.00
安陆市	38501	92.17
汉川市	42804	94.51
荆州市	**395930**	**95.26**
荆州市辖区		
沙市区	8610	93.35
荆州区	10025	94.11
公安县	93185	94.30
监利市	57934	96.00
江陵县	46230	95.16
石首市	36207	96.80
洪湖市	61864	95.77
松滋市	81875	94.79
黄冈市	**733655**	**95.20**
黄冈市辖区		
黄州区	29707	96.82
团风县	43016	95.16
红安县	68630	94.33
罗田县	59665	95.20
英山县	51960	95.20
浠水县	109154	95.23
蕲春县	119257	95.32
黄梅县	91761	95.76
麻城市	117299	94.67
武穴市	43206	95.60
咸宁市	**252994**	**94.58**
咸安区	38952	94.52
嘉鱼县	30584	94.69
通城县	36099	94.25
崇阳县	46460	94.09
通山县	55286	94.69
赤壁市	45613	95.10
随州市	**270353**	**93.39**
曾都区	45793	93.04
随县	60354	93.34
广水市	164206	93.71
恩施州	**837312**	**93.49**
恩施市	173777	93.78
利川市	139954	93.60
建始县	110635	93.59
巴东县	111933	93.21
宣恩县	80712	93.11
咸丰县	90297	93.55
来凤县	75028	91.52
鹤峰县	54976	94.69
仙桃市	**99137**	**92.65**
潜江市	**75506**	**94.10**
天门市	**111069**	**91.82**
神农架林区	**12318**	**93.03**

农村土地规模经营及流转情况

单位：万亩

地区	1.家庭承包经营的耕地面积	2.土地经营权流转总面积	3.适度规模经营的面积
湖北省	**6221.68**	**3415.92**	**2169.61**
武汉市	324.54	170.95	130.75
黄石市	135.47	82.88	64.67
十堰市	239.69	75.34	49.69
宜昌市	463.02	241.32	151.09
襄阳市	770.17	427.95	223.64
鄂州市	55.83	42.76	33.19
荆门市	477.37	286.37	203.65
孝感市	513.07	335.15	274.90
荆州市	912.89	651.29	318.43
黄冈市	609.56	304.69	219.00
咸宁市	249.71	141.11	101.45
随州市	245.49	154.96	74.12
恩施州	704.01	164.72	98.26
仙桃市	179.43	114.83	49.90
潜江市	127.32	86.56	49.47
天门市	206.64	134.52	127.07
神农架林区	7.49	0.52	0.33

“二品一标”产品统计

单位：个

地区	绿色食品	有机食品	农产品地理标志
湖北省	**2785**	**179**	**197**
武汉市	**598**	**25**	**18**
武汉市辖区	34		1
东西湖区	104		2
汉南区	19	2	1
蔡甸区	87		2
江夏区	106	23	6
黄陂区	150		3
新洲区	98		3
黄石市	**56**		**2**
黄石市辖区	2		
阳新县	24		2
大冶市	30		
十堰市	**75**	**6**	**24**
茅箭区			1
张湾区	1		2
郧阳区	10		3
郧西县	5		6
竹山县	39	2	3
竹溪县	2	2	1
房县	10		5
丹江口市	10	2	2
宜昌市	**303**	**7**	**40**
宜昌市辖区	12		
夷陵区	47	7	3
远安县	15		4
兴山县	10		6
秭归县	13		4
长阳县	105		5
五峰县	21		1
宜都市	25		2
当阳市	28		4
枝江市	27		5
襄阳市	**99**		**7**
襄阳市辖区	6		
襄城区	3		1
樊城区	5		
襄州区	17		
南漳县	23		3
谷城县			1
保康县	2		
老河口市	2		
枣阳市	31		2
宜城市	10		
鄂州市	**12**		**1**
荆门市	**172**	**20**	**19**
东宝区	29		2
掇刀区	14		1
京山市	34	2	2
沙洋县	43	6	2
钟祥市	42	12	11
漳河新区	3		
屈家岭管理区	7		
孝感市	**266**		**10**
孝感市辖区	14		

续表 单位：个

地区	绿色食品	有机食品	农产品地理标志
孝南区	61		1
孝昌县	16		
大悟县	15		2
云梦县	36		2
应城市	74		
安陆市	15		1
汉川市	35		1
荆州市	**168**	**2**	**18**
荆州市辖区	8		
沙市区	5		
荆州区	10		2
公安县	11		
监利市	49		3
江陵县	17		1
石首市	5		
洪湖市	23		5
松滋市	40	2	7
黄冈市	**201**	**10**	**21**
黄冈市辖区			
黄州区	17		1
团风县	61		
红安县	9		1
罗田县	29		3
英山县	19		3
浠水县	19	1	3
蕲春县	10		5
黄梅县	11	3	
麻城市	11	6	2
武穴市	15		3
龙感湖管区			
咸宁市	**127**	**1**	**11**
咸安区	34		3
嘉鱼县	48		
通城县	10		2
崇阳县	8		1
通山县	22		5
赤壁市	5	1	
随州市	**104**	**4**	**4**
曾都区	48	2	
随县	33	2	1
广水市	23		1
恩施州	**529**	**102**	**14**
恩施市	119	53	2
利川市	176	17	2
建始县	47	2	4
巴东县	32	2	
宣恩县	25	13	1
咸丰县	51	7	2
来凤县	51	1	
鹤峰县	28	7	2
仙桃市	**17**		
潜江市	**21**		**2**
天门市	**36**		**4**
神农架林区	**1**	**2**	**2**

《湖北农村统计年鉴2024》

1.农村基本情况

2.农业产值

3.种植业

4.林业及土特产

5.畜牧业

6.渔业

7.农业机械化

8.农村主要能源及物资消耗

9.农业技术推广及应用

10.水利建设☑

11.农垦及监狱系统农场

水库数量

单位：座

行政区	合计	大型			中型	小型		
		大(1)型	大(2)型	小计		小(1)型	小(2)型	小计
湖北省	**6751**	**11**	**67**	**78**	**290**	**1226**	**5156**	**6382**
武汉市	**261**		**3**	**3**	**6**	**41**	**211**	**252**
蔡甸区	10						10	10
江夏区	94					13	81	94
黄陂区	106		2	2	5	23	76	99
新洲区	40		1	1	1	3	35	38
东湖新技术开发区	11					2	9	11
黄石市	**285**	**1**	**1**	**2**	**6**	**51**	**226**	**277**
西塞山区	2						2	2
下陆区	3					1	2	3
铁山区	3					1	2	3
阳新县	167	1	1	2	3	25	137	162
大冶市	110				3	24	83	107
十堰市	**514**	**3**	**7**	**10**	**25**	**81**	**398**	**479**
茅箭区	10				2	2	6	8
张湾区	17	1		1		3	13	16
郧阳区	85				4	15	66	81
郧西县	107		2	2	3	12	90	102
竹山县	64	1	2	3	3	15	43	58
竹溪县	49		2	2	7	5	35	40
房县	78		1	1	4	14	59	73
丹江口市	104	1		1	2	15	86	101
宜昌市	**455**	**3**	**4**	**7**	**32**	**113**	**303**	**416**
西陵区	2	1		1			1	1
伍家岗区	4					1	3	4
点军区	15				1	1	13	14
猇亭区	6					2	4	6
夷陵区	69	1	1	2	4	12	51	63
远安县	56				3	10	43	53
兴山县	16		1	1	1	3	11	14
秭归县	20				2	5	13	18
长阳土家族自治县	15	1		1	1	5	8	13
五峰土家族自治县	11				3	5	3	8
宜都市	47		1	1	5	9	32	41
当阳市	127		1	1	7	45	74	119
枝江市	67				5	15	47	62
襄阳市	**1188**		**15**	**15**	**60**	**181**	**932**	**1113**
襄城区	56		2	2	2	4	48	52
樊城区	26				4	7	15	22
襄州区	263		2	2	6	34	221	255
南漳县	139		4	4	1	15	119	134
谷城县	87		1	1	7	12	67	79
保康县	20		1	1	2	6	11	17
老河口市	57		2	2	7	19	29	48
枣阳市	383		2	2	20	63	298	361
宜城市	127		1	1	10	15	101	116
东津区	30				1	6	23	29
鄂州市	**36**				**1**	**7**	**28**	**35**
梁子湖区	17					2	15	17
鄂城区	19				1	5	13	18
荆门市	**708**	**1**	**8**	**9**	**30**	**176**	**492**	**668**
东宝区	104	1		1	4	27	72	99

续表

单位:座

行政区	合计	大型			中型	小型		
		大(1)型	大(2)型	小计		小(1)型	小(2)型	小计
掇刀区	43				4	17	22	39
京山市	222		4	4	7	38	172	210
沙洋县	62				7	33	22	55
钟祥市	249		4	4	8	56	181	237
屈家岭管理区	28					5	23	28
孝感市	**448**		**1**	**1**	**16**	**97**	**334**	**431**
孝南区	25				1	6	18	24
孝昌县	40		1	1	2	10	27	37
大悟县	134				8	24	102	126
云梦县	7					1	6	7
应城市	99				2	17	80	97
安陆市	143				3	39	101	140
荆州市	**114**		**2**	**2**	**6**	**19**	**87**	**106**
荆州区	30		1	1	2	6	21	27
公安县	6				1	2	3	5
石首市	18					1	17	18
松滋市	60		1	1	3	10	46	56
黄冈市	**1190**	**1**	**11**	**12**	**38**	**192**	**948**	**1140**
黄州区	2					1	1	2
团风县	84		1	1	6	8	69	77
红安县	163		2	2	4	23	134	157
罗田县	173		1	1	7	28	137	165
英山县	83		1	1	2	17	63	80
浠水县	68	1		1	2	17	48	65
蕲春县	179		2	2	4	30	143	173
黄梅县	22		1	1	2	4	15	19
麻城市	316		3	3	7	44	262	306
武穴市	100				4	20	76	96
咸宁市	**547**		**4**	**4**	**19**	**78**	**446**	**524**
咸安区	101		1	1	1	7	92	99
嘉鱼县	18		1	1	1	7	9	16
通城县	96				6	15	75	90
崇阳县	109		1	1	4	11	93	104
通山县	93				4	16	73	89
赤壁市	130		1	1	3	22	104	126
随州市	**707**		**8**	**8**	**21**	**99**	**579**	**678**
曾都区	111		1	1	4	11	96	107
随县	392		5	5	12	53	321	374
广水市	204		2	2	5	35	162	197
恩施土家族苗族自治州	**261**	**2**	**3**	**5**	**28**	**88**	**140**	**228**
恩施市	45		1	1	5	11	28	39
利川市	53				6	15	32	47
建始县	33				4	6	23	29
巴东县	15	1		1		5	9	14
宣恩县	18		1	1	3	12	2	14
咸丰县	19		1	1	2	8	8	16
来凤县	55				4	22	29	51
鹤峰县	23	1		1	4	9	9	18
省直管	**37**				**2**	**3**	**32**	**35**
天门市	**27**					**2**	**25**	**27**
神农架林区	**4**				**2**	**1**	**1**	**2**
其他	**6**						**6**	**6**

泵站工程数量

单位：处

地区	合计	按规模分							按功能位置分		
		大型			中型	小型			河湖取水泵站数量	水库取水泵站数量	其他
		大(1)型	大(2)型	小计		小(1)型	小(2)型	小计			
湖北省	**47574**	**7**	**61**	**68**	**404**	**3637**	**43465**	**47102**	**23135**	**3915**	**20524**
武汉市	**6358**		**19**	**19**	**63**	**514**	**5762**	**6276**	**1308**	**23**	**5027**
江岸区	13				5	8		8			13
江汉区	10				1	1	8	9			10
硚口区	6						6	6	6		
汉阳区	12				1	2	9	11	4		8
武昌区	24				2	6	16	22	3		21
青山区	46		1	1	5	3	37	40	11		35
洪山区	13		1	1	2	4	6	10	4		9
东西湖区	328		4	4	9	85	230	315	238		90
汉南区	72		1	1	11	16	44	60	15		57
蔡甸区	1421		1	1	8	66	1346	1412	181		1240
江夏区	980		3	3	4	70	903	973	144	23	813
黄陂区	1624		2	2	6	81	1535	1616	268		1356
新洲区	1671		1	1	8	140	1522	1662	375		1296
经济技术开发区	24		2	2		17	5	22	11		13
东湖新技术开发区	102				1	14	87	101	37		65
化学工业区	11		3	3		1	7	8	11		
东湖生态旅游风景区	1						1	1			1
黄石市	**1434**	**1**	**1**	**2**	**15**	**152**	**1265**	**1417**	**1359**	**72**	**3**
黄石港区	12				4	3	5	8	12		
西塞山区	46				1	13	32	45	46		
阳新县	656	1		1	7	78	570	648	655		1
大冶市	720		1	1	3	58	658	716	646	72	2
十堰市	**287**					**25**	**262**	**287**	**99**	**26**	**162**
郧阳区	63					3	60	63	57	6	
郧西县	34					1	33	34	3	1	30
竹山县	2					2		2	2		
竹溪县	40					1	39	40	5	1	34
房县	37					1	36	37	5		32
丹江口市	111					17	94	111	27	18	66
宜昌市	**1092**		**1**	**1**	**13**	**132**	**946**	**1078**	**918**	**96**	**78**
西陵区	13					5	8	13	6		7
伍家岗区	2					1	1	2	2		
点军区	41					3	38	41	37	4	
猇亭区	2					2		2	2		
夷陵区	69					4	65	69	66	3	
远安县	119						119	119	119		
秭归县	18					2	16	18	18		

续表 1 单位:处

地区	合计	按规模分							按功能位置分		
		大型			中型	小型			河湖取水泵站数量	水库取水泵站数量	其他
		大(1)型	大(2)型	小计		小(1)型	小(2)型	小计			
长阳土家族自治县	9					6	3	9	9		
五峰土家族自治县	1					1		1	1		
宜都市	136				1	31	104	135	36	29	71
当阳市	405				4	29	372	401	390	15	
枝江市	277		1	1	8	48	220	268	232	45	
襄阳市	**3372**		**3**	**3**	**7**	**239**	**3123**	**3362**	**2696**	**556**	**120**
襄城区	265					8	257	265	260	5	
樊城区	122					6	116	122	100	21	1
襄州区	430		1	1	1	55	373	428	255	56	119
南漳县	452					6	446	452	316	136	
谷城县	71					18	53	71	49	22	
保康县	121					1	120	121	121		
老河口市	199				3	38	158	196	141	58	
枣阳市	1335		2	2	1	43	1289	1332	1135	200	
宜城市	377				2	64	311	375	319	58	
鄂州市	**1024**	**1**	**2**	**3**	**7**	**108**	**906**	**1014**	**1024**		
梁子湖区	255				1	42	212	254	255		
华容区	418				2	28	388	416	418		
鄂城区	351	1	2	3	4	38	306	344	351		
荆门市	**4581**		**1**	**1**	**24**	**212**	**4344**	**4556**	**1221**	**2107**	**1253**
东宝区	738					14	724	738	581	141	16
掇刀区	388					8	380	388		380	8
京山市	173					20	153	173	84	23	66
沙洋县	1414				10	95	1309	1404	251	3	1160
钟祥市	1752		1	1	13	67	1671	1738	192	1557	3
屈家岭管理区	116				1	8	107	115	113	3	
孝感市	**3625**		**9**	**9**	**40**	**375**	**3201**	**3576**	**3309**	**61**	**255**
孝南区	471		3	3	8	63	397	460	430	14	27
孝昌县	147				1	13	133	146	107	26	14
大悟县	239					7	232	239	230	2	7
云梦县	274				4	6	264	270	274		
应城市	940		1	1	7	65	867	932	850	19	71
安陆市	434				7	53	374	427	373		61
汉川市	1120		5	5	13	168	934	1102	1045		75
荆州市	**14216**	**3**	**11**	**14**	**144**	**802**	**13256**	**14058**	**4838**	**61**	**9317**
沙市区	600		1	1	7	46	546	592	35		565
荆州区	1217	1		1	14	46	1156	1202	194	20	1003
公安县	5185		3	3	21	143	5018	5161	405	5	4775
监利市	759		3	3	35	161	560	721	166		593

续表 2

单位:处

地区	合计	按规模分							按功能位置分		
		大型			中型	小型			河湖取水泵站数量	水库取水泵站数量	其他
		大(1)型	大(2)型	小计		小(1)型	小(2)型	小计			
江陵县	1190				7	122	1061	1183	1190		
石首市	2499				8	97	2394	2491	2496		3
洪湖市	858	2	4	6	42	111	699	810	246		612
松滋市	1908				10	76	1822	1898	106	36	1766
黄冈市	**5160**		**6**	**6**	**24**	**351**	**4779**	**5130**	**672**	**391**	**4097**
黄州区	399				4	17	378	395	4		395
团风县	846				2	31	813	844	72	30	744
红安县	300		1	1		20	279	299	108	1	191
罗田县	76					5	71	76	16		60
英山县	91					1	90	91			91
浠水县	577		1	1	2	53	521	574	161		416
蕲春县	665		1	1	5	28	631	659	111	26	528
黄梅县	1290		2	2	6	112	1170	1282	2	332	956
麻城市	641				2	13	626	639	28	2	611
武穴市	275		1	1	3	71	200	271	170		105
咸宁市	**2704**		**2**	**2**	**20**	**101**	**2581**	**2682**	**2257**	**259**	**188**
咸安区	247				2	21	224	245	61		186
嘉鱼县	969		2	2	6	47	914	961	954	13	2
通城县	353						353	353	325	28	
崇阳县	421				1	1	419	420	419	2	
通山县	89					6	83	89	30	59	
赤壁市	625				11	26	588	614	468	157	
随州市	**250**				**1**	**58**	**191**	**249**	**25**	**225**	
曾都区	42					13	29	42		42	
随县	85					17	68	85	25	60	
广水市	123				1	28	94	122		123	
恩施土家族苗族自治州	**58**					**10**	**48**	**58**	**52**	**6**	
恩施市	8					4	4	8	8		
利川市	6					2	4	6	5	1	
建始县	2						2	2	2		
巴东县	7					2	5	7	7		
宣恩县	3						3	3	3		
咸丰县	11					1	10	11	11		
来凤县	18					1	17	18	13	5	
鹤峰县	3						3	3	3		
省直管	**3413**	**2**	**6**	**8**	**46**	**558**	**2801**	**3359**	**3357**	**32**	**24**
仙桃市	**1030**	**1**	**4**	**5**	**15**	**187**	**823**	**1010**	**1020**		**10**
潜江市	**391**	**1**	**2**	**3**	**11**	**230**	**147**	**377**	**378**		**13**
天门市	**1992**				**20**	**141**	**1831**	**1972**	**1959**	**32**	**1**

水闸工程数量

单位：座

地区	合计	按规模分						
		大型			中型	小型		
		大(1)型	大(2)型	小计		小(1)型	小(2)型	小计
湖北省	**21990**	**6**	**19**	**25**	**185**	**840**	**20940**	**21780**
武汉市	**1743**	**1**	**1**	**2**	**19**	**86**	**1636**	**1722**
江岸区	5					1	4	5
江汉区	1					1		1
硚口区	2					2		2
汉阳区	7						7	7
武昌区	2					2		2
青山区	3						3	3
洪山区	6				1	1	4	5
东西湖区	529				4	16	509	525
汉南区	153					3	150	153
蔡甸区	137				5	12	120	132
江夏区	142				2	5	135	140
黄陂区	304					21	283	304
新洲区	424	1		1	7	12	404	416
经济技术开发区	21		1	1		5	15	20
东湖新技术开发区	4					2	2	4
化学工业区	3					3		3
黄石市	**436**		**4**	**4**	**10**	**30**	**392**	**422**
黄石港区	4					3	1	4
西塞山区	13					3	10	13
铁山区	3				1		2	2
阳新县	199		3	3	3	10	183	193
大冶市	217		1	1	6	14	196	210
宜昌市	**1033**		**1**	**1**	**7**	**37**	**988**	**1025**
点军区	13						13	13
猇亭区	3					1	2	3
夷陵区	42						42	42
远安县	41					1	40	41
宜都市	102					1	101	102
当阳市	334		1	1	5	16	312	328
枝江市	498				2	18	478	496
襄阳市	**894**				**2**	**36**	**856**	**892**
襄城区	71					1	70	71
樊城区	20					2	18	20
襄州区	78					9	69	78
南漳县	269					6	263	269
谷城县	33						33	33
保康县	8						8	8
老河口市	29				1		28	28
枣阳市	90					3	87	90
宜城市	296				1	15	280	295
鄂州市	**164**		**1**	**1**	**4**	**6**	**153**	**159**
梁子湖区	55				1		54	54
华容区	49					3	46	49
鄂城区	60		1	1	3	3	53	56
荆门市	**802**				**17**	**93**	**692**	**785**
东宝区	50				1	7	42	49
掇刀区	25				2	2	21	23
京山市	131				3	22	106	128
沙洋县	293				5	19	269	288

续表 单位:座

地区	合计	按规模分						
		大型			中型	小型		
		大(1)型	大(2)型	小计		小(1)型	小(2)型	小计
钟祥市	237				6	42	189	231
屈家岭管理区	66					1	65	66
孝感市	**1633**	**1**	**2**	**3**	**21**	**85**	**1524**	**1609**
孝南区	168				9	12	147	159
孝昌县	107						107	107
大悟县	67						67	67
云梦县	238				1	18	219	237
应城市	202		1	1	1	27	173	200
安陆市	144	1		1		10	133	143
汉川市	707		1	1	10	18	678	696
荆州市	**8195**	**1**	**1**	**2**	**27**	**202**	**7964**	**8166**
沙市区	290				1	4	285	289
荆州区	448				2	12	434	446
公安县	2126	1	1	2	4	24	2096	2120
监利市	2030				7	39	1984	2023
江陵县	966					20	946	966
石首市	718				1	15	702	717
洪湖市	1146				12	77	1057	1134
松滋市	471					11	460	471
黄冈市	**2784**	**1**	**1**	**2**	**20**	**100**	**2662**	**2762**
黄州区	147				4	10	133	143
团风县	358					6	352	358
红安县	60					1	59	60
罗田县	110				1		109	109
英山县	5						5	5
浠水县	169	1	1	2		4	163	167
蕲春县	731				6	16	709	725
黄梅县	683				5	31	647	678
麻城市	238					24	214	238
武穴市	283				4	8	271	279
咸宁市	**1212**		**5**	**5**	**30**	**44**	**1133**	**1177**
咸安区	139		1	1	14	11	113	124
嘉鱼县	318				2	13	303	316
通城县	416				6	5	405	410
崇阳县	75		1	1	2	1	71	72
通山县	51		2	2	6	5	38	43
赤壁市	213		1	1		9	203	212
随州市	**276**		**2**	**2**	**5**	**8**	**261**	**269**
曾都区	49		2	2	1		46	46
随县	131				1		130	130
广水市	96				3	8	85	93
恩施土家族苗族自治州	**4**		**1**	**1**			**3**	**3**
恩施市	1						1	1
建始县	1						1	1
巴东县	1		1	1				
来凤县	1						1	1
省直管	**2814**	**2**		**2**	**23**	**113**	**2676**	**2789**
仙桃市	**1680**	**1**		**1**	**15**	**57**	**1607**	**1664**
潜江市	**339**	**1**		**1**	**5**	**34**	**299**	**333**
天门市	**795**				**3**	**22**	**770**	**792**

灌溉面积

单位：万亩

地区	按土地用途分					年实际耕地灌溉面积
	合计	耕地灌溉面积	林地灌溉面积	园地灌溉面积	牧草地灌溉面积	
湖北省	**5139.96**	**4830.29**	**159.09**	**140.24**	**10.35**	**4232.35**
武汉市	**299.67**	**282.11**	**10.49**	**7.08**		**232.23**
汉阳区	1.26	1.26				1.26
洪山区	0.83	0.75	0.08			
东西湖区	23.42	17.49	5.21	0.72		17.49
汉南区	11.12	9.89	0.77	0.47		9.89
蔡甸区	47.04	47.04				42.06
江夏区	54.36	53.43	0.51	0.42		41.36
黄陂区	88.61	81.80	3.15	3.66		49.73
新洲区	57.38	56.04	0.78	0.56		56.04
东湖新技术开发区	13.61	12.35		1.26		12.35
化学工业区	2.07	2.07				2.07
黄石市	**110.45**	**109.87**	**0.53**	**0.06**		**84.94**
西塞山区	1.47	1.41	0.06			
阳新县	54.00	53.82	0.12	0.06		37.95
大冶市	54.98	54.64	0.35			46.99
十堰市	**119.44**	**115.02**	**1.22**	**2.99**	**0.23**	**96.41**
茅箭区	0.69	0.69				0.69
张湾区	2.24	1.61	0.60	0.03		1.61
郧阳区	27.84	25.32	0.20	2.10	0.23	21.90
郧西县	10.64	10.62		0.02		9.03
竹山县	17.21	16.23	0.26	0.72		16.14
竹溪县	14.12	14.00		0.12		13.82
房县	15.60	15.44	0.17			12.78
丹江口市	31.12	31.12				20.45
宜昌市	**332.58**	**268.54**	**12.14**	**51.90**		**250.10**
伍家岗区	0.03			0.03		
点军区	6.08	4.58		1.50		2.24
猇亭区	1.68	1.26	0.42			0.87
夷陵区	23.49	19.25		4.25		19.25
远安县	23.69	22.91		0.78		22.31
兴山县	25.89	20.10		5.79		19.48
秭归县	24.26	14.96		9.30		14.96
长阳土家族自治县	37.74	23.28	4.22	10.25		19.08
五峰土家族自治县	16.25	12.87		3.38		10.98
宜都市	23.99	20.18		3.81		20.10
当阳市	67.07	59.57	7.50			59.57
枝江市	82.43	69.60		12.83		61.28
襄阳市	**594.62**	**577.14**	**10.64**	**6.54**	**0.30**	**548.39**
襄城区	26.03	23.36	2.09	0.59		23.15
樊城区	14.04	14.04				12.51
襄州区	188.48	179.13	6.38	2.97		179.13
南漳县	44.19	43.35	0.35	0.50		39.53
谷城县	39.39	36.20	1.40	1.50	0.30	32.30
保康县	10.64	10.53	0.02	0.09		6.66
老河口市	44.73	44.33	0.17	0.24		40.23
枣阳市	168.71	168.71				168.71
宜城市	58.43	57.51	0.26	0.66		46.19
鄂州市	**43.54**	**38.46**	**4.65**	**0.44**		**36.83**
梁子湖区	10.14	9.57	0.41	0.17		9.57
华容区	13.10	12.11	0.75	0.24		12.11
鄂城区	20.31	16.78	3.50	0.03		15.15
荆门市	**474.05**	**439.79**	**16.55**	**12.18**	**5.54**	**351.62**
东宝区	25.26	19.37	3.32	2.58		19.35
掇刀区	23.34	21.84	0.75	0.75		19.35
京山市	153.75	151.98	0.77	1.01		101.33

续表

单位:万亩

地区	按土地用途分					年实际耕地灌溉面积
	合计	耕地灌溉面积	林地灌溉面积	园地灌溉面积	牧草地灌溉面积	
沙洋县	121.79	119.07	1.59	1.13		108.66
钟祥市	122.12	108.68	5.93	1.98	5.54	97.01
屈家岭管理区	27.80	18.86	4.20	4.74		5.93
孝感市	**510.87**	**484.25**	**19.61**	**6.80**	**0.23**	**411.62**
孝南区	54.92	47.33	6.47	1.13		47.33
孝昌县	66.78	56.57	5.76	4.46		46.23
大悟县	47.36	46.88	0.14	0.35		33.92
云梦县	59.10	57.98	0.50	0.41	0.23	40.20
应城市	85.89	85.89				80.18
安陆市	82.55	82.55				58.68
汉川市	114.29	107.07	6.75	0.47		105.09
荆州市	**915.06**	**880.80**	**19.35**	**14.91**		**854.88**
沙市区	27.12	27.12				26.93
荆州区	57.87	57.87				53.01
公安县	148.88	148.88				148.88
监利市	237.86	231.41	6.05	0.41		211.40
江陵县	99.12	91.85	2.49	4.79		91.85
石首市	80.22	79.23	0.51	0.48		78.38
洪湖市	154.37	152.15	0.17	2.06		152.15
松滋市	109.64	92.31	10.14	7.19		92.31
黄冈市	**531.84**	**504.24**	**16.34**	**11.25**	**0.02**	**435.99**
黄州区	11.64	11.34		0.30		11.34
团风县	29.88	26.67	0.20	3.02		22.92
红安县	46.32	45.23	1.10			43.14
罗田县	49.43	49.43				30.56
英山县	21.87	19.50	1.56	0.81		18.29
浠水县	77.48	68.70	5.85	2.93		50.85
蕲春县	66.57	66.57				66.06
黄梅县	87.68	87.62		0.05	0.02	71.25
麻城市	73.22	71.55		1.67		71.55
武穴市	67.77	57.65	7.64	2.49		50.04
咸宁市	**193.65**	**187.58**	**3.65**	**2.43**		**170.03**
咸安区	33.03	30.89	2.15			25.47
嘉鱼县	39.75	38.25	1.20	0.30		35.18
通城县	29.57	28.70	0.30	0.57		27.84
崇阳县	30.06	28.56		1.50		25.32
通山县	15.72	15.66		0.06		15.39
赤壁市	45.53	45.53				40.83
随州市	**231.63**	**212.90**	**14.88**	**3.60**	**0.26**	**179.85**
曾都区	49.43	47.49	0.50	1.44		26.85
随县	116.69	101.04	13.65	1.86	0.14	92.88
广水市	65.52	64.37	0.74	0.30	0.12	60.12
恩施土家族苗族自治州	**178.04**	**158.58**	**9.18**	**6.48**	**3.80**	**89.73**
恩施市	21.84	21.84				13.02
利川市	38.31	35.40	2.91			18.18
建始县	17.55	16.28	1.28			7.98
巴东县	10.76	10.76				7.89
宣恩县	22.13	22.04	0.05	0.05		11.30
咸丰县	29.93	17.16	4.95	4.02	3.80	11.15
来凤县	20.12	18.92		1.20		9.93
鹤峰县	17.42	16.20		1.22		10.29
省直管	**604.53**	**571.04**	**19.91**	**13.59**		**489.75**
仙桃市	**185.60**	**170.30**	**5.10**	**10.20**		**140.34**
潜江市	**151.53**	**148.14**		**3.39**		**148.14**
天门市	**266.31**	**251.51**	**14.81**			**200.33**
神农架林区	**1.10**	**1.10**				**0.95**

水土流失综合治理面积

单位：千公顷

地区	年度新增水土流失综合治理面积							新增小流域综合治理面积
	合计	按措施分						
		梯田	水土保持林	经济林	种草	封禁治理	其他措施	
湖北省	**163.22**	**7.34**	**17.72**	**18.54**	**1.82**	**108.25**	**9.55**	**34.01**
武汉市	**4.93**		**0.37**	**0.11**	**0.26**	**3.82**	**0.37**	**1.30**
洪山区	0.26		0.07		0.19			
东西湖区	0.07				0.07			
蔡甸区	0.40		0.03				0.37	
江夏区	2.19			0.01		2.18		1.30
黄陂区	1.61		0.27	0.02		1.32		
新洲区	0.40			0.09		0.31		
黄石市	**7.79**		**0.71**	**0.90**		**6.06**	**0.13**	**1.90**
西塞山区	0.33			0.01		0.29	0.03	
下陆区	1.02					1.02		0.96
阳新县	3.15		0.47	0.49		2.19		
大冶市	3.30		0.24	0.40		2.56	0.10	0.95
十堰市	**22.38**	**0.31**	**1.43**	**1.50**	**0.13**	**19.00**		**6.08**
茅箭区	0.19					0.19		
张湾区	0.97					0.97		0.63
郧阳区	4.22	0.01	0.40	0.01		3.80		0.94
郧西县	2.46	0.23	0.42	0.83	0.13	0.84		
竹山县	3.02	0.06	0.07	0.50		2.40		1.71
竹溪县	2.83		0.15	0.02		2.66		0.94
房县	4.28					4.28		0.72
丹江口市	4.40	0.01	0.39	0.14		3.86		1.15
宜昌市	**19.02**	**0.37**	**0.63**	**1.22**	**0.20**	**16.07**	**0.53**	**4.52**
点军区	0.29				0.01	0.27	0.01	
猇亭区	0.05		0.05					
夷陵区	4.58	0.04				4.54		1.59
远安县	0.98			0.37		0.60	0.01	
兴山县	1.79	0.03			0.09	1.67		
秭归县	2.95		0.01			2.93	0.02	
长阳土家族自治县	3.35	0.05		0.33		2.97		0.94
五峰土家族自治县	2.67	0.08	0.01	0.25	0.01	1.83	0.49	0.87
宜都市	0.60	0.15	0.37		0.04	0.05		
当阳市	1.56	0.02		0.27	0.05	1.22		1.12
枝江市	0.20		0.20					
襄阳市	**15.98**	**0.23**	**3.02**	**2.23**	**0.49**	**9.71**	**0.31**	**1.63**
襄城区	0.33		0.11			0.22		
樊城区	0.16		0.15		0.01			
襄州区	0.72		0.24	0.01	0.47			
南漳县	4.35		0.07	0.19		3.90	0.19	0.82
谷城县	1.09		0.09	0.08		0.93		
保康县	3.92		0.69	0.01		3.22		0.82
老河口市	0.69		0.21	0.37			0.12	
枣阳市	2.36	0.23	0.66	1.25	0.01	0.21		
宜城市	2.37		0.81	0.33		1.23		
鄂州市	**0.51**		**0.30**	**0.12**		**0.06**	**0.02**	
梁子湖区	0.17		0.17					
华容区	0.09		0.09					
鄂城区	0.25		0.04	0.12		0.06	0.02	
荆门市	**10.83**	**2.75**	**1.95**	**0.08**		**5.86**	**0.19**	**2.41**
东宝区	2.26		0.13			2.12		0.67
掇刀区	0.90	0.13	0.08	0.03		0.66		0.68
京山市	3.04	1.29	0.29	0.01		1.36	0.08	

续表

单位：千公顷

地区	年度新增水土流失综合治理面积							新增小流域综合治理面积
	合计	按措施分						
		梯田	水土保持林	经济林	种草	封禁治理	其他措施	
沙洋县	0.21					0.21		
钟祥市	4.43	1.33	1.45	0.03		1.51	0.11	1.06
孝感市	**4.16**		**0.44**	**0.85**	**0.19**	**1.58**	**1.11**	
孝南区	0.16		0.11		0.05		0.01	
孝昌县	0.44			0.44				
大悟县	1.91		0.34			1.58		
应城市	0.15				0.15			
安陆市	0.41			0.41				
汉川市	1.10						1.10	
荆州市	**2.46**	**0.02**	**0.19**	**0.25**	**0.17**	**0.92**	**0.91**	**0.94**
荆州区	0.10				0.10			
公安县	0.06		0.06					
石首市	0.13		0.13					
洪湖市	0.07				0.07			
松滋市	2.10	0.02		0.25		0.92	0.91	0.94
黄冈市	**21.82**	**0.77**	**1.76**	**4.08**	**0.14**	**14.99**	**0.08**	**7.58**
黄州区	0.07		0.07					
团风县	1.69					1.68		0.94
红安县	2.77	0.04		0.80		1.93		1.38
罗田县	2.47	0.60	0.01			1.86		
英山县	2.33		0.68	0.11		1.54		1.55
浠水县	2.87	0.01	0.45	0.86		1.48	0.08	1.10
蕲春县	3.18	0.12	0.24	1.18		1.64		1.66
黄梅县	0.49		0.03		0.14	0.32		
麻城市	5.15		0.18	1.11		3.86		0.95
武穴市	0.79		0.11	0.02		0.66		
咸宁市	**10.21**	**0.28**	**3.01**	**1.16**	**0.13**	**5.63**		**1.92**
咸安区	0.92		0.30		0.01	0.61		
嘉鱼县	0.32		0.07	0.20		0.05		
通城县	2.24	0.27	0.61	0.26	0.12	0.98		0.98
崇阳县	2.40	0.01				2.39		0.94
通山县	2.18		1.55			0.64		
赤壁市	2.15		0.48	0.70		0.97		
随州市	**8.30**	**2.09**	**2.86**	**1.78**	**0.10**	**1.24**	**0.23**	**0.94**
曾都区	1.11	0.87					0.23	
随县	5.37	0.64	1.74	1.66	0.10	1.24		0.94
广水市	1.82	0.58	1.12	0.12				
恩施土家族苗族自治州	**32.43**	**0.52**	**0.81**	**4.17**		**21.90**	**5.03**	**3.06**
恩施市	5.14					5.14		0.95
利川市	4.69	0.32	0.55	0.23		1.72	1.88	
建始县	5.20	0.02	0.18			3.60	1.39	1.18
巴东县	5.18	0.11		3.28		1.77	0.02	0.94
宣恩县	3.94	0.05	0.07			3.47	0.35	
咸丰县	3.06	0.01		0.40		1.25	1.40	
来凤县	1.47			0.27		1.20		
鹤峰县	3.74	0.02				3.73		
省直管	**2.41**		**0.24**	**0.09**	**0.01**	**1.44**	**0.63**	**1.73**
仙桃市	**0.63**						**0.63**	**0.63**
潜江市	**0.05**		**0.05**					
天门市	**0.07**		**0.06**		**0.01**			
神农架林区	**1.66**		**0.13**	**0.09**		**1.44**		**1.10**

堤防长度

单位：千米

地区	合计	按所处位置分			按等级分					
		河(江)堤	湖堤	圩垸、围堤	1级堤防	2级堤防	3级堤防	4级堤防	5级堤防	5级以下堤防
湖北省	**21485.49**	**16044.18**	**1158.48**	**4282.83**	**608.99**	**2718.08**	**1975.43**	**3856.69**	**6664.54**	**5661.76**
武汉市	**1903.22**	**1159.96**	**163.46**	**579.80**	**182.08**	**157.66**	**331.86**	**172.59**	**611.54**	**447.49**
江岸区	33.76	33.76			22.33	5.71	5.72			
江汉区	5.15	5.15			5.15					
硚口区	25.25	25.25			25.25					
汉阳区	30.32	30.32			30.32					
武昌区	22.74	22.74			22.74					
青山区	20.43	20.43			20.43					
洪山区	32.93	15.13		17.80	15.13			17.80		
东西湖区	98.06	98.06				34.65	52.26	11.15		
汉南区	95.58	86.02		9.56		50.25		37.54	7.79	
蔡甸区	230.88	81.80	12.91	136.17	10.67	21.31	24.88	26.24	147.78	
江夏区	218.95	149.43	69.52		5.62	23.75		15.56	49.39	124.63
黄陂区	502.38	124.06	40.65	337.67			86.72		92.80	322.86
新洲区	512.12	417.44	40.38	54.30			157.23	62.53	292.36	
经济技术开发区	57.03	32.73		24.30	10.68	19.88	5.05		21.42	
东湖新技术开发区	4.78	4.78			2.67	2.11				
化学工业区	12.86	12.86			11.09			1.77		
黄石市	**1187.33**	**639.76**	**116.81**	**430.76**	**28.27**	**54.75**	**32.35**	**226.32**	**431.28**	**414.36**
黄石港区	11.67	6.72	2.70	2.25	6.72				2.70	2.25
西塞山区	37.08	20.28	16.80		20.28				2.50	14.30
铁山区	31.19	9.34	8.81	13.04		14.81		11.15	5.23	
阳新县	673.87	321.71	70.43	281.73		25.32	31.58	146.21	188.95	281.81
大冶市	433.52	281.71	18.07	133.74	1.27	14.62	0.77	68.96	231.90	116.00
十堰市	**1.46**	**1.46**							**1.46**	
竹山县	1.46	1.46							1.46	
宜昌市	**554.76**	**547.93**	**6.83**				**152.80**	**210.49**	**191.47**	
猇亭区	12.42	12.42							12.42	
远安县	11.77	11.77							11.77	
宜都市	65.57	65.57						41.43	24.14	
当阳市	204.24	197.41	6.83					169.06	35.18	
枝江市	260.76	260.76					152.80		107.96	
襄阳市	**1200.40**	**1200.40**				**189.80**	**31.33**	**258.79**	**139.29**	**581.19**
襄城区	89.96	89.96				35.42		50.58	3.96	
樊城区	52.56	52.56				32.84	12.56	7.16		
襄州区	160.29	160.29				26.67		115.52	18.10	
南漳县	92.95	92.95						15.77	31.18	46.00
谷城县	75.03	75.03					7.40	31.87	35.76	
保康县	355.95	355.95						20.60	40.16	295.19
老河口市	11.42	11.42				6.25	5.17			
宜城市	340.24	340.24				72.82		17.29	10.13	240.00
东津区	22.00	22.00				15.80	6.20			
鄂州市	**277.14**	**205.58**	**47.16**	**24.40**		**90.69**	**28.41**	**39.77**	**118.27**	
梁子湖区	74.56	44.70	15.93	13.93		15.93		13.93	44.70	
华容区	83.86	66.83	14.93	2.10		31.62	2.27	13.86	36.11	
鄂城区	118.72	94.05	16.30	8.37		43.14	26.14	11.98	37.46	
荆门市	**612.22**	**503.27**	**31.00**	**77.95**	**39.46**	**291.51**	**9.62**	**85.36**	**186.27**	
京山市	15.62	15.62							15.62	
沙洋县	205.07	180.27	11.75	13.05		55.01		85.36	64.70	
钟祥市	391.53	307.38	19.25	64.90	39.46	236.50	9.62		105.95	

续表

单位：千米

地区	合计	按所处位置分			按等级分					
		河（江）堤	湖堤	圩垸、围堤	1级堤防	2级堤防	3级堤防	4级堤防	5级堤防	5级以下堤防
孝感市	**1477.90**	**1350.62**	**127.28**			**196.14**	**282.07**	**281.96**	**657.26**	**60.47**
孝南区	272.51	217.00	55.51			35.02	89.62	27.54	120.33	
孝昌县	21.71	21.71					11.56	8.75	1.40	
云梦县	168.14	168.14					62.62	24.89	80.63	
应城市	288.57	231.09	57.48				27.21	45.04	155.85	60.47
安陆市	37.47	37.47				2.90	12.99	15.55	6.03	
汉川市	689.50	675.21	14.29			158.22	78.07	160.19	293.02	
荆州市	**4151.93**	**3523.37**	**303.54**	**325.02**	**343.38**	**967.85**	**831.10**	**1363.66**	**645.94**	
沙市区	185.70	148.44	26.26	11.00	38.13	1.45		124.12	22.00	
荆州区	237.87	147.72	40.12	50.03	73.63	10.26	54.97	85.65	13.36	
公安县	944.10	654.97	89.74	199.39	22.00	382.49	300.79	167.48	71.34	
监利市	587.20	524.95	27.68	34.57	75.32	132.22	78.64	270.13	30.89	
江陵县	536.75	536.75			66.00			137.14	333.61	
石首市	594.40	594.40				115.47	175.84	242.28	60.81	
洪湖市	690.32	540.55	119.74	30.03	37.00	252.52	105.59	191.66	103.55	
松滋市	330.49	330.49				70.89	115.27	133.95	10.38	
荆州市辖区	45.10	45.10			31.30	2.55		11.25		
黄冈市	**5013.85**	**2365.37**	**90.16**	**2558.32**		**202.37**	**128.47**	**509.37**	**1694.56**	**2479.08**
黄州区	193.52	167.20	3.27	23.05		59.57	6.17	49.12	78.66	
团风县	409.27	242.00		167.27		16.84	5.57	64.51	172.13	150.22
红安县	98.12	45.97		52.15				0.23	45.75	52.14
罗田县	709.15	203.68		505.47				52.85	150.84	505.46
英山县	676.45	215.65		460.80					215.65	460.80
浠水县	704.62	317.05		387.57			41.99	117.40	157.65	387.58
蕲春县	772.26	285.26	7.45	479.55			46.21	91.50	155.00	479.55
黄梅县	361.47	277.17	45.17	39.13		97.99			263.48	
麻城市	777.56	334.23		443.33			22.52	102.77	208.94	443.33
武穴市	311.43	277.16	34.27			27.97	6.01	30.99	246.46	
咸宁市	**2116.99**	**1743.82**	**199.80**	**173.37**		**41.95**	**81.54**	**134.27**	**758.43**	**1100.80**
咸安区	342.13	238.49	103.64			9.87	17.47	22.87	111.66	180.26
嘉鱼县	397.99	311.58	31.60	54.81		23.79	32.78	72.69	162.56	106.17
通城县	535.73	535.73							201.70	334.03
崇阳县	423.84	423.84							103.13	320.71
通山县	138.08	105.56		32.52					37.44	100.64
赤壁市	279.22	128.62	64.56	86.04		8.29	31.29	38.71	141.94	58.99
随州市	**82.31**	**82.31**					**3.23**	**46.00**	**33.08**	
曾都区	40.23	40.23					3.23	27.00	10.00	
随县	42.08	42.08						19.00	23.08	
恩施土家族苗族自治州	**419.33**	**419.33**						**0.46**	**9.77**	**409.10**
恩施市	63.09	63.09						0.46		62.63
利川市	27.72	27.72							2.55	25.17
建始县	89.38	89.38								89.38
巴东县	29.18	29.18								29.18
宣恩县	49.38	49.38							2.87	46.51
咸丰县	71.49	71.49								71.49
来凤县	40.47	40.47							4.35	36.12
鹤峰县	48.62	48.62								48.62
省直管	**2486.65**	**2301.00**	**72.44**	**113.21**	**15.80**	**525.36**	**62.65**	**527.65**	**1185.92**	**169.27**
仙桃市	**773.56**	**683.29**		**90.27**		**229.90**	**28.41**		**515.25**	
潜江市	**612.13**	**587.92**	**8.19**	**16.02**		**173.56**		**344.50**	**94.07**	
天门市	**1100.96**	**1029.79**	**64.25**	**6.92**	**15.80**	**121.90**	**34.24**	**183.15**	**576.60**	**169.27**

《湖北农村统计年鉴 2024》

1.农村基本情况

2.农业产值

3.种植业

4.林业及土特产

5.畜牧业

6.渔业

7.农业机械化

8.农村主要能源及物资消耗

9.农业技术推广及应用

10.水利建设

11.农垦及监狱系统农场☑

农垦基本情况

指标名称	计量单位	代码	数量
一、农垦农场情况	–	–	–
农场个数	个	1	65
二、农垦人口情况	–	–	–
农垦年末总人口	人	2	1476668
其中:农场人口	人	3	1305146
农垦年平均人口	人	4	1469845
三、从业人员情况	–	–	–
从业人员期末人数	人	5	981845
第一产业	人	6	334749
第二产业	人	7	337007
第三产业	人	8	310089
从业人员工资总额	万元	9	3823442
四、职工及工资总额	–	–	–
职工期末人数	人	10	371497
其中:在岗职工人数	人	11	324128
职工工资总额	万元	12	1299793
其中:在岗职工工资总额	万元	13	1159477
五、收入及住房情况	–	–	–
1.居民人均可支配收入	元	14	31840
2.年末实有住房面积	平方米	15	57734278
六、农垦经营规模情况	–	–	–
1.第一产业增加值	万元	16	1514008
2.第二产业增加值	万元	17	11270143
3.第三产业增加值	万元	18	10317390
七、小城镇情况	–	–	–
1.小城镇个数	个	19	53
2.小城镇人口	人	20	427683
3.小城镇占地面积	平方米	21	88606116

农垦土地利用和耕地面积

指标名称	计量单位	代码	数量
一、土地总面积	公顷	1	392170
1.耕地面积	公顷	2	144079
其中:水田	公顷	3	58955
高标准农田面积	公顷	4	89104
永久基本农田	公顷	5	107351
2.牧草地面积	公顷	6	553
3.林地面积	公顷	7	50186
4.水面面积	公顷	8	77723
其中:可养殖水面	公顷	9	54805
5.园地面积	公顷	10	6661
6.可垦荒地面积	公顷	11	1863
7.宜林地面积	公顷	12	3381
8.居民点及工矿用地面积	公顷	13	46376
9.其他面积	公顷	14	61349
二、现代化农业园区情况	-	-	-
1.现代化农业园区个数	个	15	5
2.现代化农业园区占地面积	公顷	16	7538
三、土地变动情况	-	-	-
1.年初实有耕地面积	公顷	17	143999
2.当年增加的耕地面积	公顷	18	174
3.当年被政府收回的土地	公顷	19	47
4.当年减少的耕地面积	公顷	20	94

农垦农作物播种面积和产量

指标名称	代码	播种面积(公顷)	总产量(吨)
农作物播种面积总计	1	244343	–
一、粮食作物	2	143175	931500
其中:夏收作物	3	51140	257870
(一)谷物合计	4	131590	903853
1.稻谷	5	61964	534074
其中:早稻	6	2655	22390
2.小麦	7	44011	213562
3.玉米	9	24818	152701
4.谷子	10		
5.高粱	11	470	2173
6.其他谷物	12	326	1343
(二)豆类合计	13	10757	22954
1.大豆	14	10341	16232
2.杂豆	15	220	629
(三)薯类	16	828	4693
二、油料合计	17	27827	105823
其中:花生	18	6867	53931
油菜籽	19	18823	47640
芝麻	20	2071	3775
向日葵	22	23	75
三、棉花	23	4476	5250
四、麻类合计	25	31	22
苎麻	27	31	22
五、糖料合计	30	35	2979
其中:甘蔗	31	35	2979
六、烟叶合计	33		
七、药材类合计	35	795	–
八、蔬菜、瓜类	36	60024	2155828
其中:蔬菜	37	51983	1868453
瓜类	38	7902	256793
八、其他作物	39	7980	–
青饲料	41	5388	–

农垦牧业生产情况

指标名称	代码	计量单位	数量
一、肉类总产量	1	吨	119355
1.当年出栏肉猪	2	头	1011618
猪肉产量	3	吨	94340
2.当年出售的肉用牛	4	头	23323
牛肉产量	5	吨	4923
3.当年出售的肉用羊	6	只	52109
羊肉产量	7	吨	1058
4.兔肉产量	8	吨	2049
5.禽肉产量	9	吨	15014
二、牛奶产量	10	吨	38035
三、山羊毛产量	11	吨	
四、绵羊毛产量	12	吨	
其中:细羊毛	13	吨	
半细羊毛	14	吨	
五、羊绒产量	15	吨	
六、蜂蜜产量	16	吨	460
七、禽蛋产量	17	吨	38633
八、蚕茧产量	18	吨	
其中:桑蚕茧	19	吨	

农垦渔业生产情况

指标名称	代码	计量单位	合　计	#海　水
一、水产品总产量	1	吨	539388	
其中:养殖产量	2	吨	366760	
1.鱼类	3	吨	381259	
2.虾蟹类	4	吨	145017	
其中:对虾	5	吨	1444	
3.贝类	6	吨	112	
4.藻类	7	吨		
5.其他	8	吨	13000	
二、养殖面积	9	公顷	54958	
其中:对虾	10	公顷	1120	

监狱系统农场基本情况

项目	单位	合计	各农业子公司					
			沙洋广华	沙洋小江湖	沙洋漳湖垸	沙洋荷花垸	沙洋熊望台	沙洋苗子湖
职工人数	人	3768	386	209	124	136	236	64
农业科技人员	人	54	10				2	1
耕地面积	公顷	24103	2260	2723	1250	1448	2882	557
#水田	公顷	13774	1860	2470	979	757	1037	451
果园面积	公顷	41	41					
茶园面积	公顷	18						
固定资产投资	万元	5184	1247	226	26	81	30	508
#生产性	万元	4382	1073	226	3	59	30	508
在固定资产投资中								
拨款	万元	431						
贷款	万元							
自筹	万元	4753	1247	226	26	81	30	508
其他	万元							
农业机械总动力	千瓦	41738	5173	5800	2861	2537	2589	1293
农业用电量	万千瓦时	1448	229	214	64	46	59	18
农用动力机械	台	490	185	35	17	14		
#电动机	台	388	175	35	17			
柴油机	台	45						
农用排灌机械	台	235	25	56	17	14		5
农用加工机械	台	116						
大中型拖拉机	台	274	14	24	25	13	22	6
小型拖拉机	台	4						
农用水泵	台	308	45	56	17	14		5
谷物烘干机	台	31	10	2	1	1	1	1
机引农具	台	934	95	102	75	59		26
联合收割机	台	79		5	4	6	4	3
机动脱粒机	台	2						
农用运输车	辆	2					1	
机耕面积	公顷	28064	2031	933	1847	1283	2882	632
机播面积	公顷	28917	3119	933	1847	1283	2882	632
机收面积	公顷	29131	3169	933	1847	1283	2882	632
有效灌溉面积	公顷	17863	1860	2855	989	757	2882	632
机电排灌面积	公顷	16834	1860	1904	989	1067	2882	632
旱涝保收面积	公顷	14017	1493		250	1133	2882	632
水库	个	23						
化肥施用折纯量	吨	13459	1862	1135	502	617	1059	485
农药施用量	吨	377	66	32	31	24	13	15

注：1.2003 年起所有监狱农场均更名为公司。

2.2022 年沙洋监狱管理局机构撤销，所属沙洋办事处不再承担沙洋片各子公司管理职能，统一由省监狱管理局直管，表中原沙洋办事处改为 9 个农业子公司。

续表

项目	单位	各农业子公司					
		沙洋新园	沙洋马良	沙洋平湖	襄北公司	江北公司	襄南公司
职工人数	人	145	367	109	744	573	675
农业科技人员	人				41		
耕地面积	公顷	755	1285	130	5212	3506	2095
#水田	公顷	612	1198	124	591	3506	189
果园面积	公顷						
茶园面积	公顷		18				
固定资产投资	万元	189	124		978	911	864
#生产性	万元	189	21		498	911	864
在固定资产投资中							
拨款	万元				431		
贷款	万元						
自筹	万元	189	124		547	911	864
其他	万元						
农业机械总动力	千瓦		6141		15344		
农业用电量	万千瓦时		186		138	494	
农用动力机械	台		71		168		
#电动机	台		33		128		
柴油机	台		5		40		
农用排灌机械	台		33		85		
农用加工机械	台		33		83		
大中型拖拉机	台		26		144		
小型拖拉机	台		1		3		
农用水泵	台		33		54	84	
谷物烘干机	台		7		1	7	
机引农具	台		96		481		
联合收割机	台		6		51		
机动脱粒机	台				2		
农用运输车	辆		1				
机耕面积	公顷	755	2415		9262	6024	
机播面积	公顷	520	2415		9262	6024	
机收面积	公顷	684	2415		9262	6024	
有效灌溉面积	公顷	548	1198	124	2516	3502	
机电排灌面积	公顷	548	1198	124	2128	3502	
旱涝保收面积	公顷	454	1198		2473	3502	
水库	个				20		3
化肥施用折纯量	吨	1020	1020	106	2643	1884	1126
农药施用量	吨	5	29		62	56	44

监狱系统农场农业总产值、增加值

单位：万元

项目	合计	各农业子公司											
		沙洋广华	沙洋小江湖	沙洋漳湖垸	沙洋荷花垸	沙洋熊望台	沙洋苗子湖	沙洋新园	沙洋马良	沙洋平湖	襄北公司	江北公司	襄南公司
按当年价格计算													
农林牧渔业总产值	91669	13907	9059	3564	4774	11477	2116	2238	5236	552	15758	18500	4488
1、农业	76228	8292	7949	3271	4495	10583	1964	1649	5007	552	15323	12655	4488
2、林业	1190		111	293		73					2	711	
3、牧业	342							108	141		93		
4、渔业	10825	5615	526		150	401	5	481	88			3559	
5、农林牧渔服务业	3084		473		129	420	147				340	1575	
按当年价格计算													
农林牧渔业增加值	43176	6193	4037	2545	2214	5737	1110	878	2683	244	8210	7295	2030
1、农业	36881	4587	3691	2255	2068	5291	1022	661	2594	244	8009	4429	2030
2、林业	582		6	290		35					2	249	
3、牧业	63							33	1		29		
4、渔业	4394	1606	187		88	211	1	256	88			1957	
5、农林牧渔服务业增加值	1256		153		58	200	87	–72			170	660	

监狱系统农场生产情况

项目	单位	合计	各农业子公司					
			沙洋广华	沙洋小江湖	沙洋漳湖垸	沙洋荷花垸	沙洋熊望台	沙洋苗子湖
全年农作物总播面	公顷	40541	3566	4238	1847	2088	5764	916
全年粮食作物总播面	公顷	31228	3169	3342	1847	2050	3143	849
全年粮食总产量	吨	204785	23658	23856	13171	11428	18264	4894
#夏粮播面	公顷	12030	1138	1441	868	640	948	286
夏粮产量	吨	69875	6230	8142	5237	3976	5204	1797
秋粮播面	公顷	18310	2031	1091	979	1409.8	2195	563
秋粮产量	吨	134622	17428	15714	7934	7452	13060	3097
棉花播面	公顷	1134						
棉花产量	吨	1037						
油料播面	公顷	4354		194	166	38	717	8
油料产量	吨	12876		408	498	226	3200	22
#油菜籽播面	公顷	3056		194			134	8
油菜籽产量	吨	6885		408			402	22
茶叶产量	吨	1						
水果产量	吨	380	380					
水产品产量	吨	8029	4294	621		150	402	5
大牲畜年末存栏	头							
#耕牛	头							
羊年末存栏	只	331						
家禽年末存栏	万只	0.1						
生猪年末存栏	头	1164						
肥猪出栏	头	2546						
家禽出栏	万只	0.1						
肉类产量	吨	165						
禽蛋产量	吨	0.2						
造林面积	公顷	481		111				
#当年造林面积	公顷	151		111				

续表

项目	单位	各农业子公司					
		沙洋新园	沙洋马良	沙洋平湖	襄北公司	江北公司	襄南公司
全年农作物总播面	公顷	1181	2415	248	9262	6024	2992
全年粮食作物总播面	公顷	732	2415	248	8806	3636	991
全年粮食总产量	吨	4939	17360	1830	47464	32298	5623
#夏粮播面	公顷	207	1177	124	4469	199	533
夏粮产量	吨	938	7148	672	26857	890	2784
秋粮播面	公顷	526	1238	124	4337	3438	378
秋粮产量	吨	4001	10212	1158	20607	31408	2551
棉花播面	公顷						1134
棉花产量	吨						1037
油料播面	公顷	140			451	2307	333
油料产量	吨	216			1946	5356	1004
#油菜籽播面	公顷	140			121	2259	200
油菜籽产量	吨	216			191	5142	504
茶叶产量	吨						1
水果产量	吨						
水产品产量	吨	416	120			2021	
大牲畜年末存栏	头						
#耕牛	头						
羊年末存栏	只				331		
家禽年末存栏	万只				0.1		
生猪年末存栏	头	920	180		64		
肥猪出栏	头	1410	634		502		
家禽出栏	万只				0.1		
肉类产量	吨	120			45		
禽蛋产量	吨				0.2		
造林面积	公顷					370	
#当年造林面积	公顷					40